トウキョウ建築コレクション2012

トウキョウ建築コレクション2012実行委員会編

建築資料研究社／日建学院

トウキョウ建築コレクション2012

全国修士論文展

展示　2012/2/28/Tue. ～ 2012/3/4/Sun.
ヒルサイド・フォーラム　11:00 ～ 19:00（※2/28/14:00～19:00，3/4/11:00～17:00）
公開討論会　2012/3/2/Fri.
ヒルサイド・プラザ　15:00 ～ 19:00

「理論からの発見」

コメンテーター
大月敏雄
金田充弘
倉方俊輔
田辺新一
中島直人

コーディネーター
今村創平

全国修士設計展

展示　2012/2/28/Tue. ～ 2012/3/4/Sun.
ヒルサイド・フォーラム　11:00 ～ 19:00（※2/28/14:00～19:00，3/4/11:00～17:00）
公開審査会　2012/3/3/Sat.
ヒルサイド・プラザ　10:30 ～ 20:00

「創作からの発見」

審査員
新居千秋
工藤和美
千葉学
マニュエル・タルディッツ
山梨知彦

トウキョウ建築コレクション2012

建築の発見 ～転期を経て～ 2012/2/28/Tue.～2012/3/4/Sun./11:00～19:00
代官山ヒルサイドテラス（ヒルサイド・フォーラム / ヒルサイド・プラザ / ヒルサイドテラス・アネックスA）

特別対談

2012/3/4/Sun./15:00～17:30/ ヒルサイド・プラザ
※定員300名（Web登録制）詳細に関しましてはWeb、またSNSを通じてお知らせ致します。

「日本における発見」

TEAMLAB代表
猪子寿之
×
西沢立衛
建築家

プロジェクト展

展示　2012/2/28/Tue. ～ 2012/3/4/Sun.
ヒルサイドテラス・アネックスA　11:00 ～ 19:00（※3/4/11:00～17:00）
アネックス・トーク　（#1）2012/2/28・（#2）2/29・（#3）3/1
ヒルサイドテラス・アネックスA　（#1）13:00-15:00・（#2）13:00-15:00・（#3）13:00-15:00

「外部からの発見」

#1 コメンテーター
大島芳彦
川路武

#2 コメンテーター
古田秘馬
竹内昌義

#3 コメンテーター
筧裕介
西田司

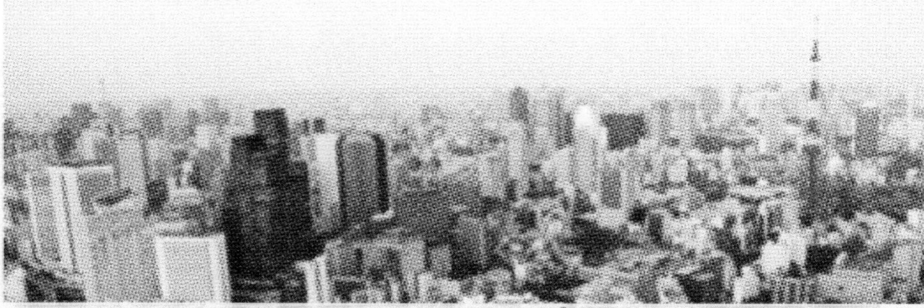

株式会社乃村工藝社　総合資格学院　三菱地所設計
トウキョウ建築コレクション2012 実行委員会事務局
登録 web http://www.tkc-net.org/
facebook http://www.facebook.com/tkc2012
twitter @TKC2012

「トウキョウ建築コレクション2012」企画概要

「トウキョウ建築コレクション」は、全国の修士学生による修士設計・修士論文を集め、日本初の全国規模の修士設計論文展として2007年に発足しました。それ以後、企画を継続、発展させながら今年で6年目を迎えることができました。

本展覧会は初年度から一貫して「修士学生の研究をもとに、建築学における分野を超えた議論の場をつくり出し、建築業界のみならず社会一般に向けて成果を発信していくこと」を目標としてきました。また、その成果は書籍化することを前提に活動を行なっており、本展覧会が今後長期に渡り継続し、時代性をもった「コレクション」が集積され「アーカイブ」としての価値をもつことで、建築の発展に寄与してゆける展覧会に成長していくことを目指しています。

6年目となる今回は、「建築の発見〜転期を経て〜」をテーマとして掲げました。開催にあたっては、主催する4つの企画それぞれの特徴にフォーカスを絞り、その可能性を追求することで、来場者を含めた参加者が建築について新たな発見を手に入れる場にしていけるのではないかと考えました。

修士設計展は創作について、論文展は理論や技術について、プロジェクト展は協働について、そして講演会は個人が培ってきた独自の視点について着目し、個々の企画を発展させるよう努めました。そうすることで、個々人それぞれがより明確な目的意識をもち、新たな発見を生み出す場となったのではないかと考えています。

トウキョウ建築コレクション2012実行委員 一同

全国修士設計展

「全国修士設計展」開催概要

「全国修士設計展」では、全国から修士設計を一堂に集め、審査員による1次審査で選ばれた19点の作品展示、公開講評会を行ないました。3月3日の公開講評会では、第一線で活躍されている建築家の方々をお招きし、ヒルサイドプラザでの出展者によるプレゼンテーション、ヒルサイドフォーラムでの巡回審査を経て講評を行ない、グランプリと審査員賞をそれぞれ選出しました。

今年の全国修士設計展は、「建築の発見」という全体テーマを受け、「創作の発見」を目標としました。完成した建築だけでなく、それに至るまでの着想やプロセスにまで目を向けることで、これから社会で活躍する時に、建築を生み出す核となる部分を確かなものにする必要があるのではないかと考えました。出展作品からは震災以後、グローバリズム、職能の拡張、利用者協働などのキーワードが挙げられ、これら修士学生の思考の塊を多角的に照射することで、「建築の発見」がわずかながらでも達成できたのではないかと思います。

トウキョウ建築コレクション2012実行委員

全国修士設計展審査員

新居千秋　Chiaki Arai

株式会社新居千秋都市建築設計代表取締役／東京都市大学教授。1948年島根県生まれ。1971年武蔵工業大学卒業後、ペンシルベニア大学大学院へ留学、1973年修了。1973年ルイス・I・カーン建築事務所で勤務した後、G.L.C.(ロンドン市都市計画特別局)、武蔵工業大学講師、東京理科大学理工学部講師を歴任。1980年に新居千秋都市建築設計設立。1998年ペンシルベニア大学客員教授を務め、2008年より武蔵工業大学(現、東京都市大学)教授。

工藤和美　Kazumi Kudo

シーラカンスK&H株式会社代表取締役／東洋大学教授。1960年鹿児島県生まれ。1985年横浜国立大学建築学科卒業後、IAESTEにてスイス・オランダへ研修留学。1987年東京大学大学院修士課程を修了し、1991年には同大学博士課程修了。1986年に共同設立した株式会社シーラカンスを、1998年シーラカンスK&H株式会社に改組し、代表取締役へと就任。2002年より東洋大学教授。

マニュエル・タルディッツ　Manuel Tardits

株式会社みかんぐみ共同主宰／ICSカレッジオブアーツ副校長。1959年パリ生まれ。1984年建築学校UPA 1卒業後、1988年東京大学大学院修士課程を修了し、1992年まで東京大学大学院博士課程に在籍。1994年よりICSカレッジオブアーツ非常勤講師を務める。1995年みかんぐみ共同設立。2005年よりICSカレッジオブアーツ副校長。

山梨知彦　Tomohiko Yamanashi

株式会社日建設計執行役員　設計担当プリンシパル兼デジタルデザイン室長。1960年神奈川県生まれ。東京大学大学院修士課程工学系研究科都市工学専攻を卒業したのち、1986年日建設計入社。2000年同社にて設計室長を務める。2006年より同社設計部門副代表、2011年より同社執行役員。

千葉 学　Manabu Chiba ／全国修士設計展コーディネーター

千葉学建築計画事務所主宰／東京大学准教授。1960年東京都生まれ。1985年東京大学建築学科卒業後、1987年同大学大学院修士課程を修了し、株式会社日本設計へ入社。1993年ファクター エヌ アソシエイツ共同主宰。東京大学工学部建築学科キャンパス計画室助手、同大学安藤忠雄研究室助手を歴任。2001年千葉学建築計画事務所設立。2009年スイス連邦工科大学(ETH)客員教授を務め、現在は上記に加え日本女子大学家政学部住居学科非常勤講師、早稲田大学芸術学校非常勤講師を兼任。

A butterfly in Brazil

リンク機構を用いた建具の研究

建築におけるあらゆる境界のあり方はこれまでさまざまな議論がなされてきた。しかし、実際に建築に目を向けると、その境界を構成する窓や扉などの建具は当然のように既製品であり、遮光性や断熱性など性能ばかりが重視されている。もちろんそういった性能は建具において非常に重要な要素であることは言うまでもない。しかし、一方で建具は空間を仕切ったりつなげたりと、空間に変化をもたらす性質をもっており、今日ではそういった空間的側面から建具が論じられることはほとんどない。本研究は性能ばかりが追求された今日の建具を、空間的側面から見直すことを一歩目とし、その可能性を追求するものである。

Name:
山中浩太郎
Kotaro Yamanaka
University:
神奈川大学大学院
工学研究科　建築学専攻
曽我部昌史研究室

Interview

Q:トウキョウ建築コレクションに参加しての感想
たくさんの人に作品を見てもらえたことはとても嬉しく思います。このような会を主催してくれたスタッフの方々に感謝しております。

Q:大学や大学院での活動や研究内容
大学ではスタジオ課題および都市空間の研究を行ないました。強力な仲間に恵まれ、幸せな時を過ごしました。大学院では古民家改修プロジェクトやデンマーク留学などの経験の中で、建築の多面性に触れたように思います。

Q:修士修了後の進路や展望
未定です。

1. リンク機構

リンク機構とは：機械工学の一分野に機構学という学問分野がある。この分野はカムやピストンなど機械の基本的な動作機構を扱うもので、リンク機構も機構学の中の伝達機構の一機構である。リンク機構は通常、ある入力の動作、速度、加速度を変換し、異なる出力に変える。この機構を通すことで、単調な入力が予期せぬ出力に変換される。

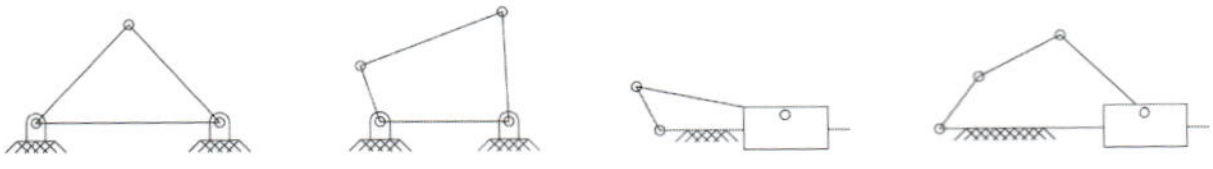

Truss　Four-bar lincage　Crank-slider　Five-bar lincage

異なる自由度のリンク機構
（Wikipedia掲載の図をもとに作成）

4つのリンクをもつ機構は、最も単純なリンク機構であり、図の様に4種類の出力動作をする。この機構をいくつか組み合わせることで複雑な動作を生み出すことが可能となる。

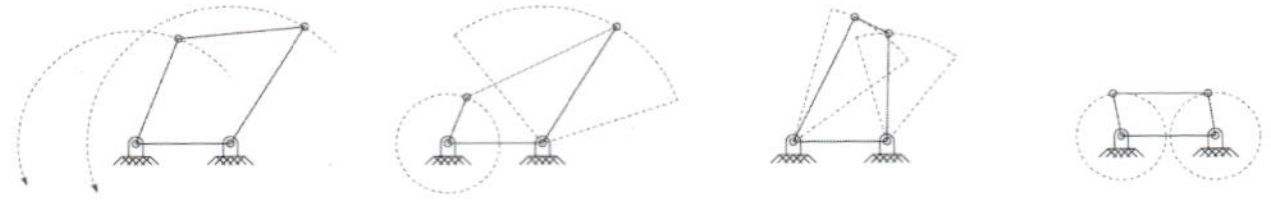

Drag-link　Crank-rocker　Double-rocker　Parallelogram lincage

4つのリンクを持つリンク機構
（Wikipedia掲載の図をもとに作成）

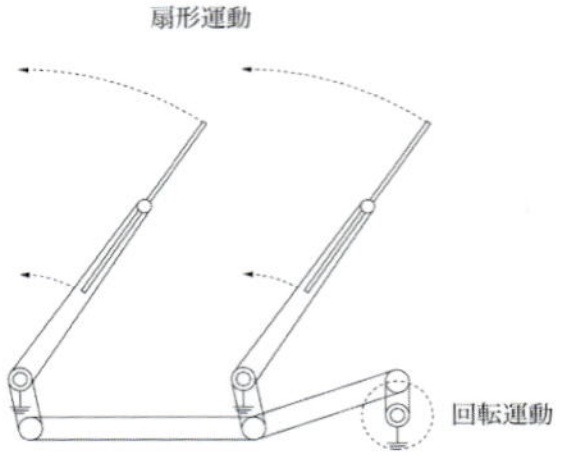

ワイパー

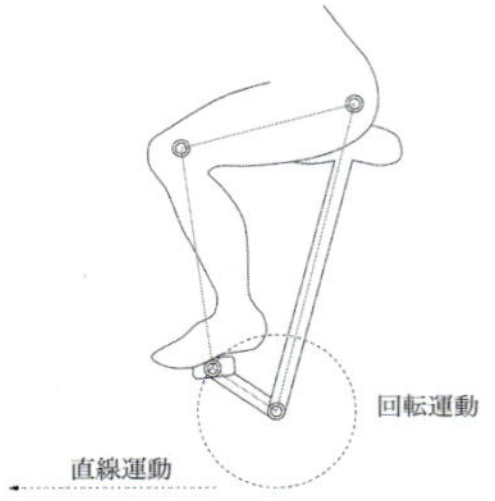

自転車

リンク機構の身近な事例

機構の構造モデル

2. リンク機構→建具

建具への導入：リンク機構の原理を建具に導入する。平面的に描かれていた図の各辺を立ち上げ立体的に積み重ねると、辺の1箇所を動かすだけで各パーツが連鎖的に動くというまったく新しい建具が生まれる。これまでの建具のほとんどは単調な動きをしており、個々の建具が建築の状態を劇的に変えるということは少なかった。しかし、この建具はそれを可能とするものであり、建築を「開く」という取り組みに新たな可能性をもたらすものである。

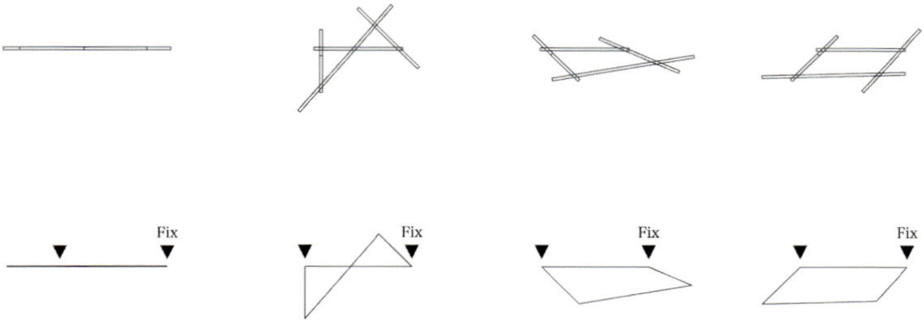

ある瞬間にそれぞれの辺が一直線にそろうように辺の長さと回転軸の位置を調整した機構の平面図およびダイアグラム。

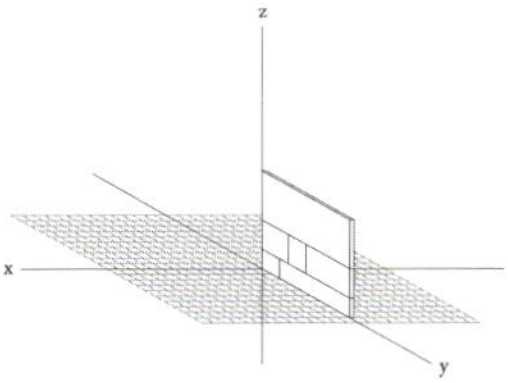

動きと向き：リンク機構を備えた建具を三次元空間に固定する。通常、機械などに備わっているリンク機構は、それ自体はそれほど大きくはなく、部品そのものは固定されていても、空間には固定されていない。そのため、その向きはそれほど問題にならない。しかし、建具に用い、ある大きさと空間的固定性をもたせると、例え長さや軸間の距離が同じでも、どちらに開くか、もしくはどこを固定するのかによって建具がとる形は大きく異なってくる。

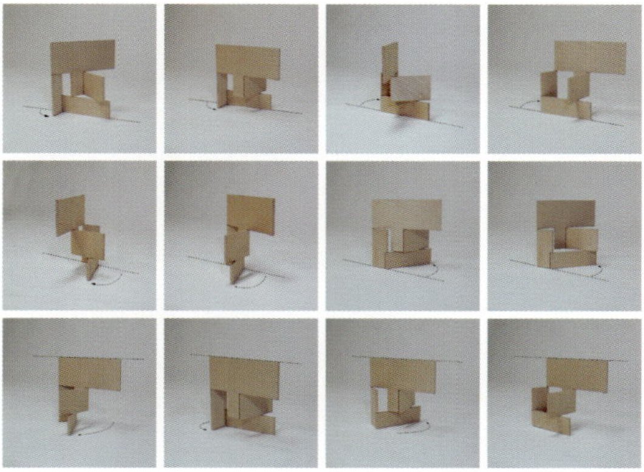

1段目を固定

2段目を固定

3段目を固定

状態 1 秩序

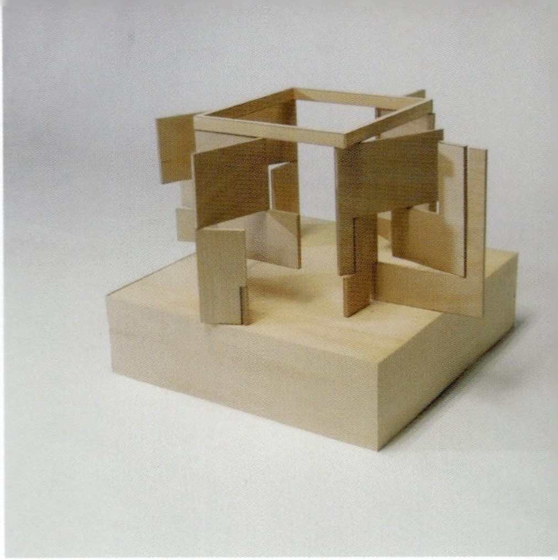

状態 2 混沌

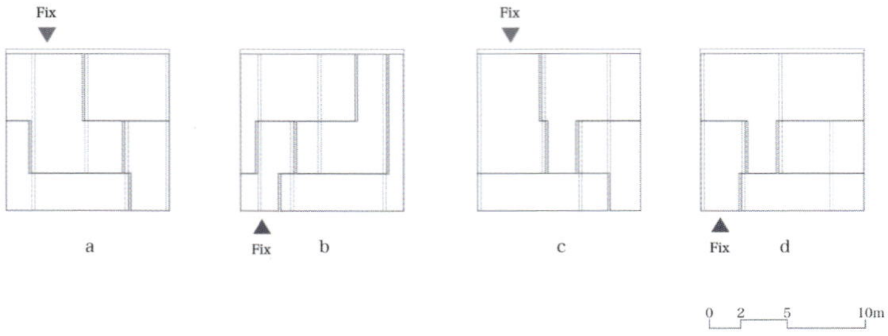

3. 建具→抽象的空間モデル

空間モデル：リンク機構を備えた建具で四辺を囲い、極めてシンプルな四角い空間をつくる。従来の扉を開くのと同じく、四辺それぞれ1箇所ずつ動かすだけで四角い空間が跡形もなくばらばらになる。この建具を使ってできた空間モデルは状態1（秩序）と状態2（混沌）の2つのまったく異なる状態を内包しているといえる。

スケール設定と空間イメージ：空間モデルのスケール設定は下段2,000mm、中段3,000mm、上段5,000mm、の高さ10,000mmとする。軸間の距離のとり方により、目線は遮るが上空は開ける。あるいは目線は通るが上空は閉じる。など、これまでの空間にない複雑な開閉の仕方が可能になる。さらに、境界を構成する建具が上中下段バラバラになることで、それまで境界線だった場所に小さなスケールの空間が生まれる。

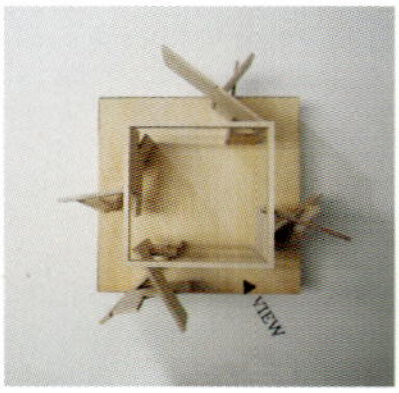

4. 抽象的概念モデル→建築

計画概要:敷地／神奈川県横浜市新山下地区
プログラム／メディアテーク&ギャラリー&スポーツジム
敷地面積／ 18,480㎡　各階床面積／ <B1F>3,997㎡、<1F>11,250㎡、<TOTAL>15,247㎡

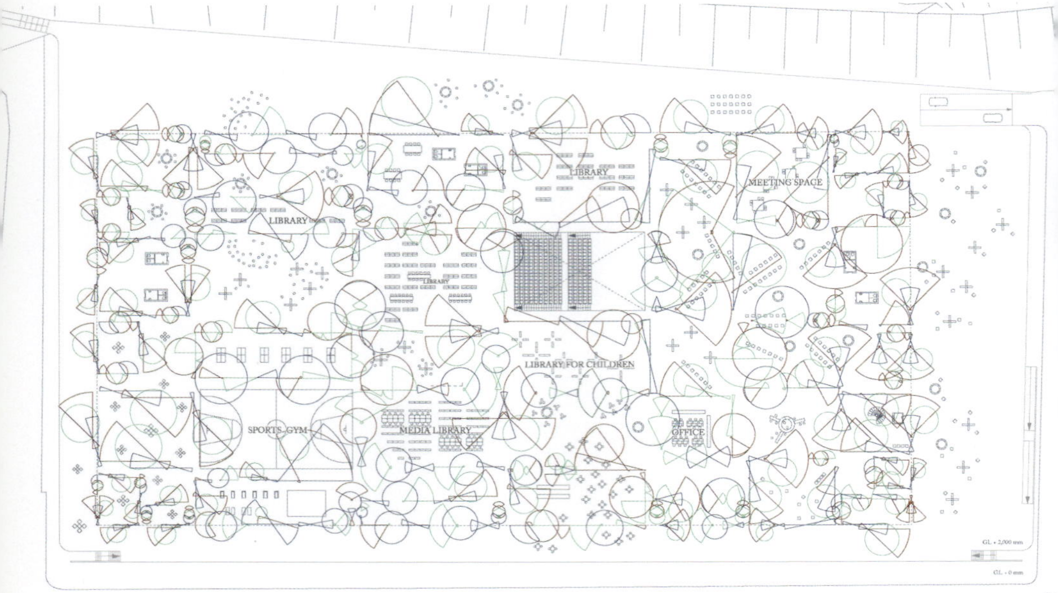

軌跡図:この新しい建具は、ある時は1枚の壁となり境界を形成し、またある時はバラバラになり人の流れや滞留を促す。その都度生成される空間は固定的な姿を持たず、従来の平面図のような時間軸を固定した図はこの建築の状態を正確に表すツールとはならない。ここでは極小時間を内包する軌跡図が平面図に取って代わる。

演奏時はオーソドックスなボックス型のホール。建具を閉じることで付随するホワイエ、エントランスも連動して生成される。演奏終了と同時にボックスを形成していた建具が一斉に開き、人の流れや溜り場を生み出す。

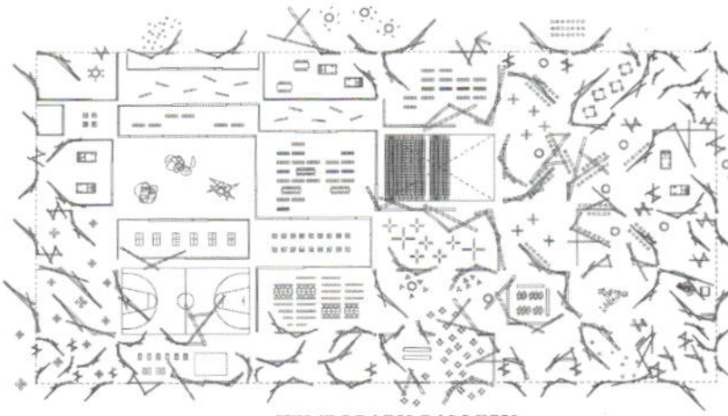

TEMPORARY GALLERY

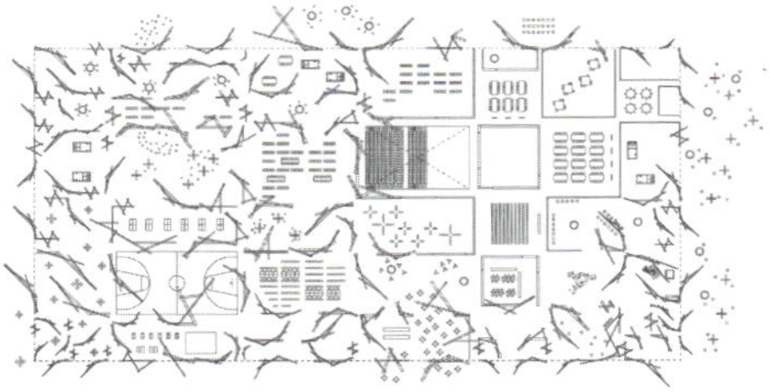

LECTURE & WORKSHOP

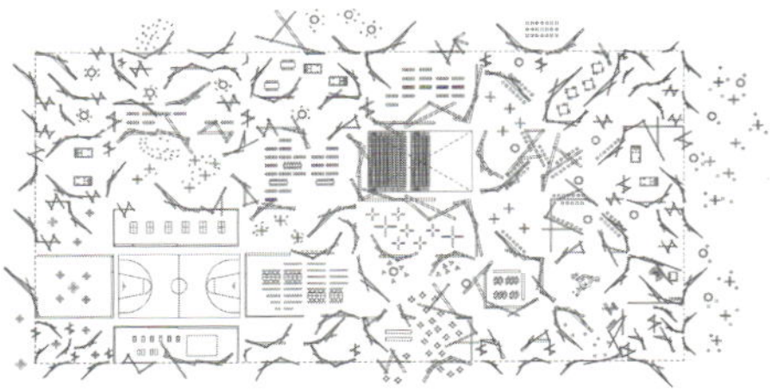

BASKETBALL

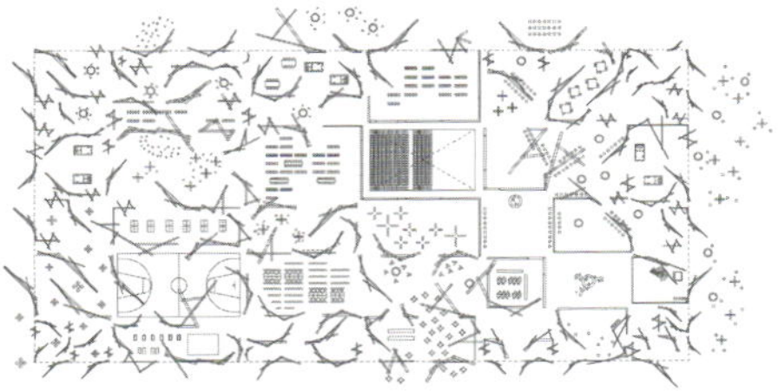

AUDITORIUM

卵が先か。鶏が先か。：建築の初期状態について考えた時、通常では閉じている状態が初期状態であり、そこから建築を開くことが能動的な行為となる。それは今日の建築において動く部分が圧倒的に少なく、開放という状態はあくまで閉鎖に従属しているからである。しかし、前述したとおり、この建築を構成しているのは、秩序と混沌の2つの状態をはらんだ建具であり、閉鎖と開放の関係は等価である。少し概念的ではあるが、ここでこの建築の初期状態を開放に設定する。つまり、建具が全部開いてバラバラになった状態がこの建築の初期状態である。その結果、閉じるという行為こそがこの建築の特殊状態を生み出す能動的な行為となる。原初に立ち返ると、そもそも建築というのは開かれた自然の中で、その用途に応じてどう閉ざすかを問題にしてきた。この建築は「開く－閉ざす」の位相を半歩ずらすことにより、建築の根源的な部分に立ち返るものでもある。

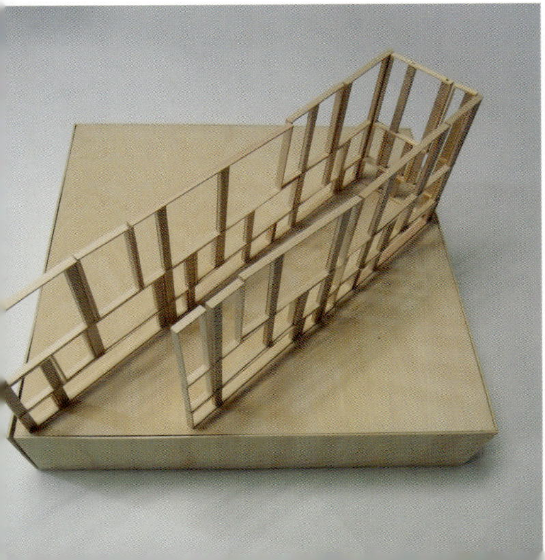

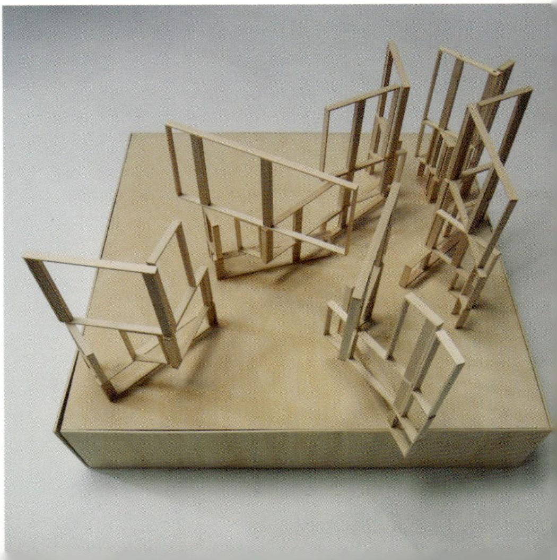

光とプログラム：建具が開いているとき。トップライトからの光を攪拌しリーディングスペースに明るい光を落とす。反対に建具が閉じているとき。建具上段のポリカーボネートによって均質な光がギャラリー空間に満ちる。

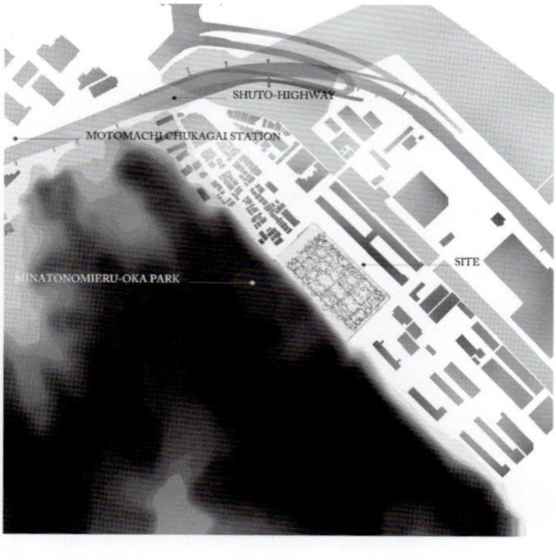

5. 建築→ランドスケープ

総体としてのランドスケープ：神奈川県横浜市新山下地区の一区画であるこの敷地は、背後に高さ約30mの丘が存在し、東側約100mには高架の高速道路が走っている。地形がつくるランドスケープと、巨大な土木構築物がつくるランドスケープが同居するこの敷地において、建築がつくるランドスケープとは何かと考えた時、人の使用によってその状態を変えるということこそが、地形、土木の不動とも言えるランドスケープにはない特性であると考えた。背後の丘と連続しながら、かつ、人のアクティビティがランドスケープに置換される。そのような風景の創出を目指した。

おわりに：以上に示したように、リンク機構を応用した建具は建築はもとより、ランドスケープまでを射程に捉えるものである。本設計は終始、現実社会に立脚して考えたものであり、その遺伝子の0.01%でも世に還元されれば、よりよい生活風景が生まれるものであると考える。

審査員コメント

審査員コメント@公開審査

新居：1つのヒンジで部屋がいろいろ変化していく、昨日はその場所にあったのに、今日は違うという感じで、身体性をもとにした装置が、偶発的に変化していくんですね。しかも、住宅レベルではなく、大きい建物に展開している点が面白いと思いました。劇場や図書館、ショップにも応用できる。家具や建具の概念を超えて、いろいろな変化に対応するところまでいけるのではないかと思いました。ただし、平面的な変化はあるけれど、断面的には変化が乏しいのが残念ですね。

山梨：キューブの一部を少し押すことで思いがけない開き方をする、単純な建築の仕組みとしてインタラクティブ。驚きのある動き方で素敵だと思いました。吉村順三さんの建築の引き戸は開放したときには建具を隠す方向でしたが、この建具は現しにしているのも面白い。

でも、建具はフレキシブルのようですが、制約があるはず。それを乱暴に大きく拡大してしまって、何でもできるパーティションと言った時点で、単なる可動間仕切りになってしまっている気がする。実は何でもできるといった瞬間にすごく弱くなる要素があるんです。むしろ、パネルが動く面白さ、四角いものが分解される喜びを感じられるような、例えば住宅など、もう少し具体的な、リアリティのある使い方を説明してほしかった。その点が少し引っかかりました。

タルディッツ：平面図を見ていて、建具が多すぎたかなという印象です。そこまでの必要性があるのかどうか、ちょっと疑問です。パネルは動くけれど、システムそのものは固定式で動かせないという点も気になりました。とはいえ、単純な部材でこれだけ豊かな動きのあるものをつくり出したという点で評価しています。非常にシンプルなシステムなのに、空間になった時にさまざまなバリエーションがある。非常にうまい使い方ですね。

工藤：プランが魅力的ですね。建築は固定化されているものだけれど、自由にカーテンのように動くことに惹かれました。「建具」というより、空間を変えられる新しい装置として、何か言葉を見つけられたらいいですね。

ただし、建築である限り雨露をしのいだり、遮音する必要性があって、屋根や床、いわゆる建築が必要ですから、別系統として何か提案があっても良かったかもしれません。パネルを動かしてからの状態で固定する仕掛けなど、現実につくるとなると問題点はあるでしょうし、建築としてどう表れてくるかを見る者の想像力に頼っているところはあります。でも手法としては新鮮。

千葉：面白い仕組みですね。何かを動かすことに付随して、いろいろなものが勝手に動き出す「不自由さ」が一番の魅力。これによってつくり出される新しいインターフェースの在り方も興味深い。ただ、こう動かすといろんなところが動いて見え方が変わりました、風が通るようになりました、といってしまうと、からくり箱みたいで新鮮な感じがしない。もう少し設定を絞って、例えば、住宅で、朝起きて、ちょっとした動作から自分が想定しなかったような風や空気の流れが生まれ、そこに毎日新しい生活の場が生まれてくるような、そんな強引なシナリオがあっても良かったように思います。

新居千秋賞

旅するサヴォア邸

私はプリミティブな環境技術に興味があります。

世界各地のヴァナキュラー建築のプリミティブな環境技術を、近代建築の象徴としての「ル・コルビュジエのサヴォア邸」をベースに交配させる方法論の提案を試みました。私のプロジェクトは、交わることのなかった両者を、現代から捉え直すアクロバティックな視点の方法論です。この視点により、現代における建築の再発見を目指しました。

設計プロセスは、まず、世界中のヴァナキュラー建築を気候や植生とともに調べ、それらを、サヴォア邸に適応したヴァリエーションのドローイングを制作し、気候風土による偏差を読み取り、提案としてそれぞれを比較できる組み合わせを絞り込んでいきました。最終的には、5つの環境的に厳しい土地のヴァナキュラー建築を取り込んだサヴォア邸を再設計し、プロジェクトとしました。

Interview

Q:トウキョウ建築コレクションに参加しての感想

学内での発表よりも精度を上げてプレゼンテーションすることができました。いろいろな批評をいただけたので嬉しかったです。

Q:大学や大学院での活動や研究内容

学部時は課題に没頭し、夏休みなどでは舞台美術のデザインや制作を行なっていました。大学院ではまちづくりの提案、前教授の展示、UIAでの国際ワークショップの企画運営など幅広く活動しました。

Q:修士修了後の進路や展望

組織設計事務所に勤務します。

Name:
高島春樹
Haruki Takashima
University:
東京藝術大学大学院
美術研究科　建築専攻
乾久美子研究室

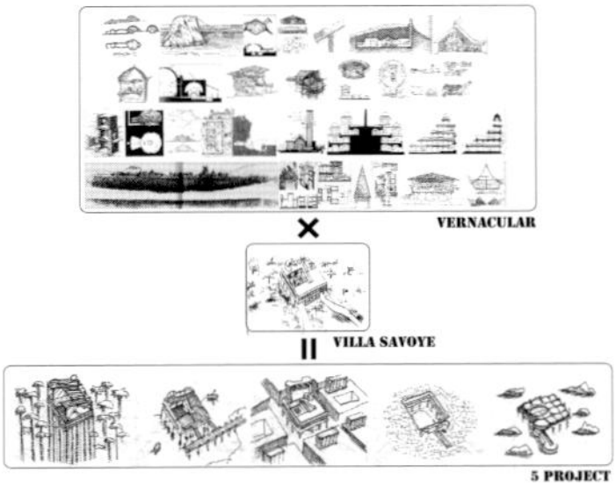

内容

世界のヴァナキュラー建築や地域に根づく環境的な工夫を調べていき、その中でも過酷な環境の場を5カ所選びました。そしてサヴォア邸を「パプアニューギニアのジャングル」「ブルネイの水上集落」「イランの砂漠」「中国内陸部の地下住居集落」「カナダ北部の寒冷地帯」に配置し、現地の素材や技術を利用し、サヴォア邸を変化させ、環境に適応させました。

こうした方法論を試した動機と理由

①私は建築が個体として比例的に完結した姿ではなく、建築が環境に順応する姿勢に建築の豊かさを感じています。それを表現する上で、個体として完結しているプロポーションをもつサヴォア邸をベースに操作を行なうことで、ビビッドにその環境への順応を表現し、要素を抽出できると考えました。
②代表的な近代建築の中でサヴォア邸を選んだ理由は、近代建築5原則など、サヴォア邸のもっている形態的特徴が強くあり、それらをさまざまなヴァナキュラーな環境技術へ見立て、応用することができると考えたからです。
③連続水平窓やスロープなどに加えて、建物と外部空間を一体化したサヴォア邸における内部の空間体験は魅力的です。その空間体験はヴァナキュラー建築にはない複雑性を獲得しています。サヴォア邸とヴァナキュラー建築を交配させることで、逆に、ヴァナキュラー建築に空間体験の豊かさを付与させたいと考えました。
④本来、サヴォア邸は漆喰で塗り上げられて白い箱のようになっていますが、内側にはレンガ造りの壁が隠れています、それはサヴォア邸自体も、ヴァナキュラーな要素を内包していると言えると思います。私はその白の内側にある姿を自由にしたサヴォア邸を見たいと思いました。

以上の理由から、本計画を行ないました。

VERNACULAR ARCHITECTURE

VILLA SAVOYE

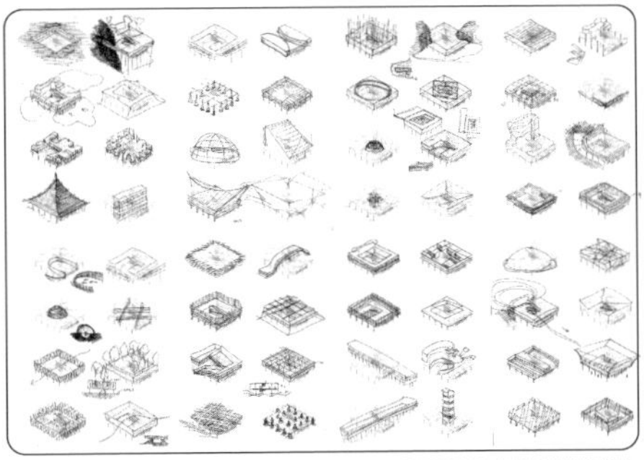

STUDY (DRAWING)

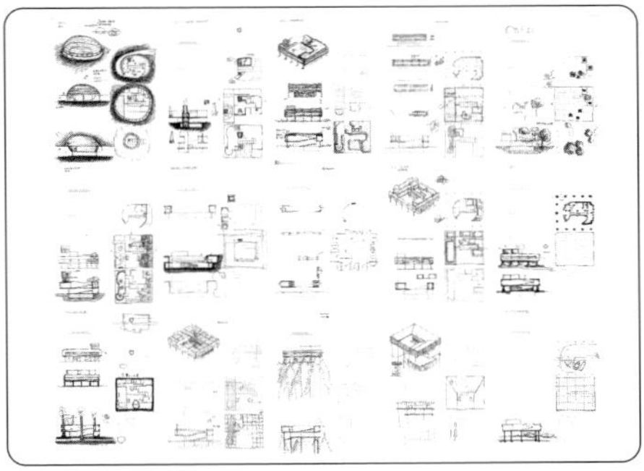

STUDY (PLANNING)

設計プロセス

サヴォア邸の空間や、柱、壁、窓などの構成要素を、ヴァナキュラー建築の要素に「見立て」ながらサヴォア邸に適応、変化をさせていきました。世界中のヴァナキュラー建築との適応を並列的に扱うことによって、気候風土による偏差を読み取り、提案としてそれぞれを比較できる組み合わせを絞り込んでいきました。最終的には5つの環境的に厳しい土地のヴァナキュラー建築を取り込んだサヴォア邸を再設計し、プロジェクト化しました。

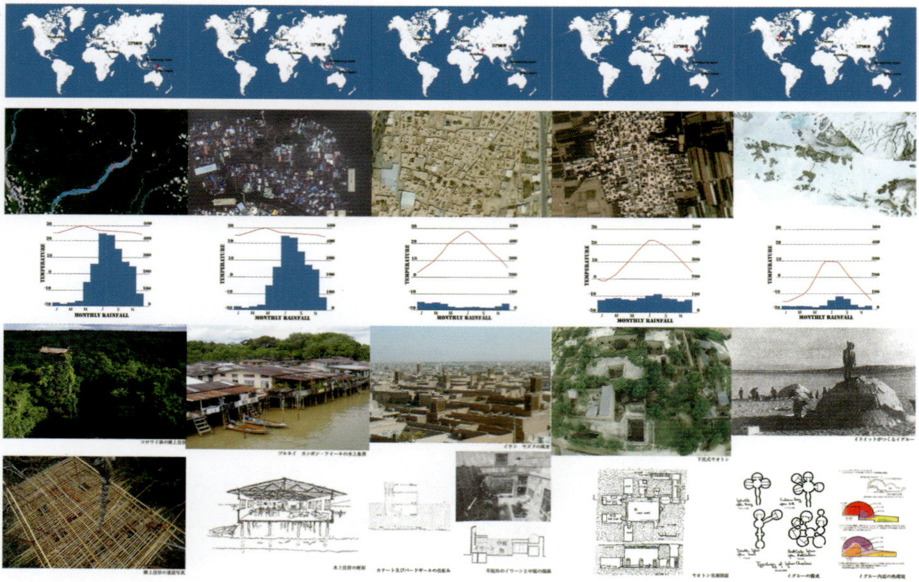

各敷地のリサーチ

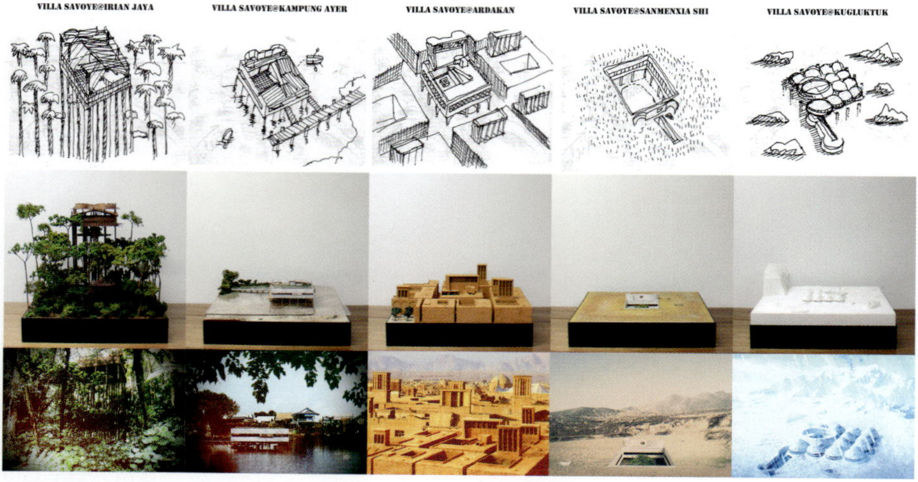

成果物による比較

この作業を行なったことにより、サヴォア邸のもつ図形的に完結な美しさが崩れている部分が生じます。厳しい環境のもとには、近代建築5原則の成立しない、もしくは歪んだ形で成立します。そこに注目することによって環境への適応を読み取ることができます。それらを5つ並列させて、場所ごとの環境をサヴォア邸を通して表現しています。サヴォア邸をベースに、世界各地のヴァナキュラー建築のプリミティブな環境技術を交配させたことによって、サヴォア邸がもつ「建築的プロムナード」に「その気候に対する心地よさ」を重層しました。それは近代建築5原則がどこにでも適応可能と想定した概念であったことに対して、私の提案は、その気候、その場で育まれた建築的工夫を取り入れ建築に内蔵し、空間的な流動性と気候的な流動性を、同時に体験できる設計手法です。ヴァナキュラー建築は今後、減少していく運命にあることは容易に予想されますが、そのなかで、ヴァナキュラー建築の培ってきたもの、その土地でしか成立しない持続可能な建設ができると考えています。「インターナショナル・スタイル」とは、どこにでも同じ建築がつくれるということに意義があるのではなく、建つ場所の気候風土や伝統を内包した時にはじめて真の豊かさを得るのだと思います。

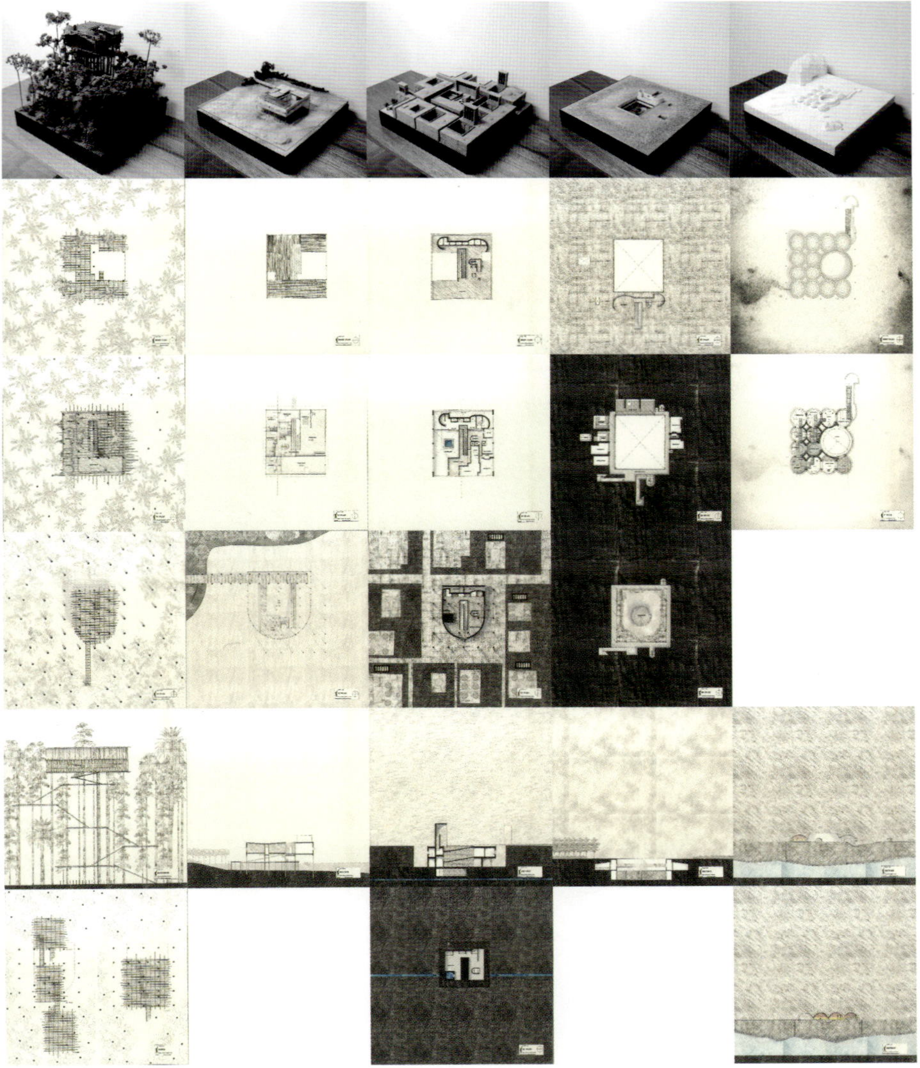

各プロジェクトの図面

各プロジェクトの模型

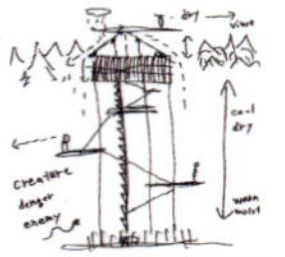

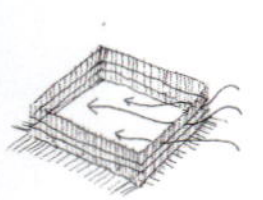

連続水平格子により通風を確保する

スロープは周辺の木々に延長され、樹上の視野を拡張する

サヴォア@パプアニューギニア・イリアンジャヤ

パプアニューギニアのイリアンジャヤのジャングルにサヴォア邸を置きました。

この場所では、コロワイ族の木上住居がヴァナキュラーな建築として現在もつくり続けられています。コロワイ族の住居は高いものでは30mから40mの高さに住居をもち、地上にいる虫や蛇の他、度々起こる洪水を避けるほか、湿気や暑さから逃れるという環境的理由から、この高さに住居を構えます。

イリアンジャヤのサヴォア邸では木々をそのままピロティとして使います。サヴォア邸のメインフロアの高さに応じて幾重にもスロープが連続され、それぞれのスラブは観察に利用されたり、落下の防止に使われ、木の生えている周辺へ拡張していくことが可能です。連続水平窓は、格子状になり、涼しい風を内部に取り入れます。また、地上レベルには家畜用の柵があります。

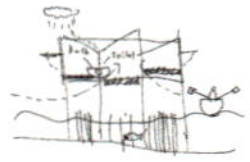

床に段差を持たせることで水面の涼風を取り込む
屋根が傾斜し、雨水を生活用水に利用する

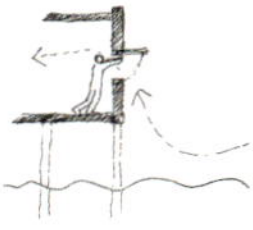

連続水平上げ戸が水面の涼風を誘い、また水面の反射光を取り入れる

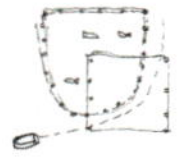

魚の生け簀の柵を船の軌跡に合わせる

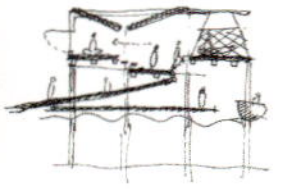

段差を持たせた床が、内部空間の移動に多様なシークエンスをもたらす

サヴォア@ブルネイ・カンポンアイール

東南アジアのブルネイにあるカンポンアイールと呼ばれる水上集落にサヴォア邸を置きました。

ブルネイは熱帯雨林気候でとても蒸し暑い気候です。一般的に地上の住居と比べて水上住居の環境性能は、水面で冷やされた涼風を取り込めるメリットがあります。

カンポンアイールにあるサヴォア邸では、多くの水上住居に見られるように床面に段差をもたせることによって、風通しを良くしています。その床レベル差を利用し、サヴォア邸の平面的な移動に、縦方向の動きをもったシークエンスをつくります。連続水平窓は廊下を歩く人の目線の位置にあり、居間などでは床に座った位置に合わせられます。屋根は、部屋ごとに一対一としてあり、屋根の傾斜の谷となる部分に風呂やトイレ、台所があり、雨水を水瓶に集め、生活水として利用することができます。また、ピロティの空間はスムーズにボートを引き込めるように杭を曲線状に配置しています、その杭に網を張り、魚の生簀も同時につくっています。

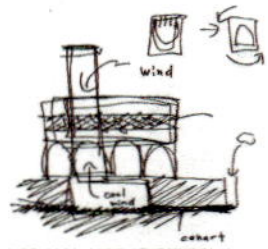

バードギールとカナートにサヴォア邸の構成要素を見立てる
2Fプランが180度回転しており、バードギールが地下まで通っている

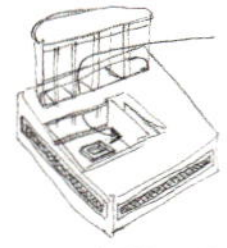

屋上の曲面を伸ばし、バードギール化した

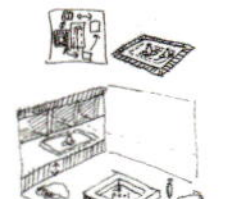

居間と中庭の関係は、イランのヴァナキュラー建築に通じる構成をもっている
夏と冬、昼と夜で、生活の中心はカーペットを移動させ共に変化する

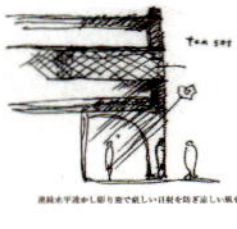

連続水平透かし彫り窓で厳しい日射を防ぎ涼しい風を通す

サヴォア@イラン・アルダカン

イランのヤズドのアルダカンにサヴォア邸を置きました。

アルダカンの気候は全体として非常に乾燥し、夏に暑く、冬に寒い。気温の変動は特に夏から冬にかけて激しく、また昼と夜との間でも著しく変動します。ここでのサヴォア邸は現地の既存の技術の日干しレンガでつくります。この場での建築は環境性能的に酷暑と乾きをしのぐことが重要になります。

ヤズドのサヴォア邸では水と涼しさを得るためにヤズドに敷かれる世界最大のカナート網を地下に引き込み、ヤズドの伝統建築に多く見られる、「バードギール」と呼ばれる風を引きこむ塔を設けています。屋上庭園にある曲線の壁を上部に伸ばし、バードギール化させ、2階、1階から地下まで貫通させています。この地方の風は北からの一方向のためバードギールも、その風に対応した向きのみから風を得ます。その構成を成立させるため、元のサヴォア邸の2階平面は180度回転させています。

サヴォア邸の2階にある居間とデッキに当たる部分は、ヤズドの伝統的な住居にある、イワーンと呼ばれる半屋外空間と、中庭に類似しているので適応させました。

ヤズドの建物は基本的に日干しレンガの壁で外側に対して閉鎖的で、中庭に大きくひらく構成をしていますが、ヤズドのサヴォア邸では、ピロティの空間をもつため、日陰の涼しい空間を外部に対して提供し、内部にアプローチする前の緩衝空間として働きます。

気温差の激しい地上部に対して地中は一定の熱環境を保つ

地上は乾燥と寒暖が厳しいが、地中は湿度がありくるみの樹を育てることが出来る

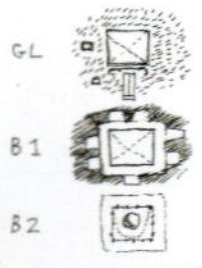

地下にサヴォア邸の構成を元にして再構成された空間が彫り込まれる

ヤオトンのサヴォア邸は、矩形のヴォイドとそれを囲む回廊、
展開の部屋と構成される

サヴォア@中国・河南省・三門峡市

中国内陸中央部に広がる黄土高原にサヴォア邸を置きました。

年間降水量が約400mmと少なく、内陸に位置するため夏は35度を超す酷暑、冬は零下20度を超す酷寒という気温差の激しい自然条件です。そのためヤオトンと呼ばれる地下住居がヴァナキュラーな建築としてつくられています。地下の家は外気に対して一定の熱環境をもつので夏涼しく、冬は暖かく、黄土高原の厳しい自然から人々を守ります。

この住居の特性をサヴォア邸に適応させ、再構築しました。ヤオトンの中でも下沈式と呼ばれる、地面に矩形に掘り込んだものを採用しており、そのためサヴォア邸の構成はリバーシブルされます。サヴォア邸のプランをバラバラに配置し直して、地面に掘り込み、木造の回廊でつなぎ、地面からピロティによりレベルを上げています。ピロティの空間は、庭園の回遊路や家畜小屋や作業スペースなどに使われます。この土地ではサヴォア邸の屋上庭園という概念は、大地に拡張され、畑や林など、生産作業に利用されます。

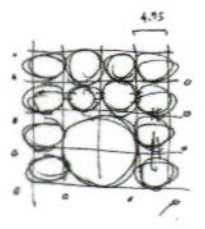

半球ドームをサヴォア邸のグリッドに合わせて連続的に配置
ピロティはヴォイド化され、魚を釣る穴となる

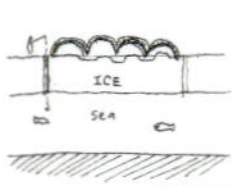

浮かぶ氷河の上に建設される

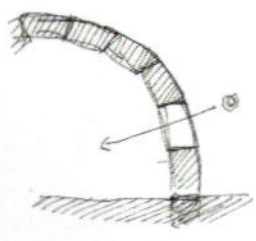

透明氷ブロックを連続水平に配置
極北で太陽高度が低いため、効率的に太陽光を得ることが出来る

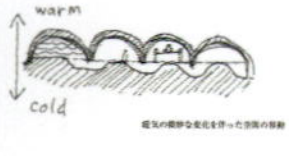

暖気の微妙な変化を伴った空間の移動

サヴォア邸@カナダ・クグルクトゥク

サヴォア邸を寒冷気候のクグルクトゥクに置きました。

極北のヴァナキュラーな建築である、イヌイットのつくるイグルーの構造を取り込み、再構成しました。

イグルーはイヌイットの冬用の住居であり、全てが現地で採れる雪や氷でできています。それらを加工し雪のブロックをつくり、半球ドーム状に積み上げてつくられます。半球ドームの形状は、表面積あたりの体積が大きいので熱を保つのに優れる形状です。アラスカのサヴォア邸では従来のイグルーのつくり方を踏襲し、半球ドームをサヴォア邸のグリッドに合わせて連続的に配置しました。

イヌイットの技術である、雪のブロックを透明の氷ブロックに変える方法を使い、透明氷ブロックを連続水平に配置します。効果は、極北であるための太陽高度が低いため効率的に日光を建物内に入れ、内部空間の移動をシークエンシャルにします。内部の熱環境は、半球ドームの上部には、オイルランプと人間の体熱による暖気がある。この暖気が流れ出さないように、部屋のレベルを上げ、移動空間は地面下に掘り込んでいます。床のレベルを上げる部屋、掘り込む移動空間は、サヴォア邸のプランをもとにつくります。アラスカのサヴォア邸では、半球ドームが連続しているために、暖気の微妙な変化を伴った空間の移動を演出します。

審査員コメント

審査員コメント＠公開審査

工藤：ヴァナキュラーについてリサーチした上で、近代建築の代表格であるサヴォア邸をひとつの種にして、環境の違い、世界の図式を見せたアイデアの良さ、分かりやすさを評価しました。モダニズムに染められている社会に対するアイロニカルな提案でしたね。ただし、模型でも図面でも中身までは見えなかったので、もう少し具体的な提案がほしかったと感じています。

千葉：藤森照信さんがどこかで書いていましたが、世界の建築の始まりは竪穴式住居で、世界中どこでも似たような建築をつくっていた。それが時代を経るにつれてどんどん多様化し、地域性が生まれてきたけれど、結局モダニズムの時代になって、また世界中で同じ建築をつくっている、つまり原始的な状態に戻っていると言うんです。そのような時代に、近代建築の象徴でもあるサヴォア邸を、あえて全然違う地域にあてはめて、そこから浮かび上がる土着性の課題に取り組むという設定が巧みでした。

　ただ選んだ地域の差異があまりに分かりやすすぎて、サヴォア邸をもち込んだ意味が薄らいでいる面もある。だから近代化の進んだ地域での差異にあえて取り組むなど、文化的なレベルの差異まで視野に入れられるとさらに良かった。

タルディッツ：自分が好きな建築から出発し、それをどのように表現していくかというときに、最も有名な近代建築をサンプルとして、ヴァナキュラー性を比べている点が面白い。形がうまいかは別として、自分の立てた仮説をきちんと説明しきっている計画が良いと思いました。

　藤森さんの話が出ましたが、高島君の場合はアイロニーもあるし、ポエティックな見方もあって、現代建築に対する理解度は高いと思いますし、魅力に感じます。ただし、それを超えての自分の表現にまでは至っていないように見えました。それと、パプアニューギニアやイヌイット族の住まいなど、意図的に誰も知らない、例外に近いところを選んでいると感じました。日本を例にすれば、ここまでの偏差は出ないから難しいと思いますが、それではラジカルとは言えませんよね。

山梨：「交配」という言葉を使っている点が面白いと思いました。メタボリズムもそうですが、バイオ・ミミクリーなど生態系をアナロジーとして建築を捉える中で、「交配」という概念は意外とないからです。例えば住宅公団は、海外から入ってきたインターナショナルスタイルと日本の田の字型プランが交配され、標準設計という規格ができて成立したともいえる。これまでもそういった様に「交配」して新しいものをつくってきたと思うんです。これまでもそういったように「交配」して新しいものをつくってきたと思うんです。

　ただし、この作品は、「交配」を通して何か新しいものが自然と生まれてきたかというとそうではない。彼は現地の人ではないから、これらはいわゆる「なんちゃってヴァナキュラー建築」なんですよ。だから、それだけを取り上げて面白いというだけでなく、この5つの建築を設計したことで何が生まれたのか、どんな意味を見い出したか、それらをもっと明確に答えてくれれば評価に値したと考えます。

新居：着眼点はすごく面白い。ただ、知らない地域で建物をつくっているため実感できないのは残念でした。5つの中に日本は含まれていませんよね。例えば日本で建てた時にどうなるか、もっといろんな、あらゆる地域で建ててみた時にどのような結果がもたらされるか、建築の評価が曖昧になっていると思いました。もっと事例を見てみたいですね。

居くずし

居くずし：“着くずす”ように、人の行為が、空間の型を崩しながら自身や他者になじませてゆくこと。

2009年に東京へ来て、その後トルコへ留学し1年を過ごした。自分が知らない土地に馴染んでいくという過程を短い期間に2度経験したのだ。トルコでは、「あのお店で、あのおっちゃんが、こんな椅子に座って、こんなモノに囲まれながら、こう過ごしていた。」と今でもありありと思い浮かべることができる。通りに多発する渦のような場に巻き込まれながら私はゆらゆらと歩いていた。この記憶は今でも私にトルコに住んでいたという実感を起こさせる。こういった、人を受け入れて馴染ませる、過ごさせる力をもった空間への興味から本研究を始める。

現地における路上空間の観察と分析《Research work_1, _2》、分析から得た空間と人の行為を架空の都市における物語として描く《Writing work》、以上から得た空間を形成する行為を【居くずし】と定義し、その分析と検証としての制作《Experimental work》を行ない、現実空間の中で人と都市が直につながる空間を追求する。

Interview

Q:トウキョウ建築コレクションに参加しての感想

いろんな方に制作を見ていただきご意見をいただけたこと、そしてともに話せる同年代の友人が一度にたくさんできたこと。この、自分という個人が外に広がっていく感覚は人生の中でとても貴重な瞬間でした。

Q:大学や大学院での活動や研究内容

友人とともにコンペ等の設計制作、ロシアの国際ワークショップに参加、大学で行なわれた海外の大学とのワークショップに参加、トルコに留学と、3年間とは思えないほど多くの人と関わりながら学ぶことができました。

Q:修士修了後の進路や展望

春、開いて間もない建築設計事務所に勤務します。責任と不安でいっぱいですが、それらを抱え込んだまま私をある未知の世界に連れ去ってしまうような、快い疾走感と期待感に満ちあふれた環境です。

Name:
榮家志保
Shiho Eika

University:
東京藝術大学大学院
美術研究科　建築専攻
北川原温研究室

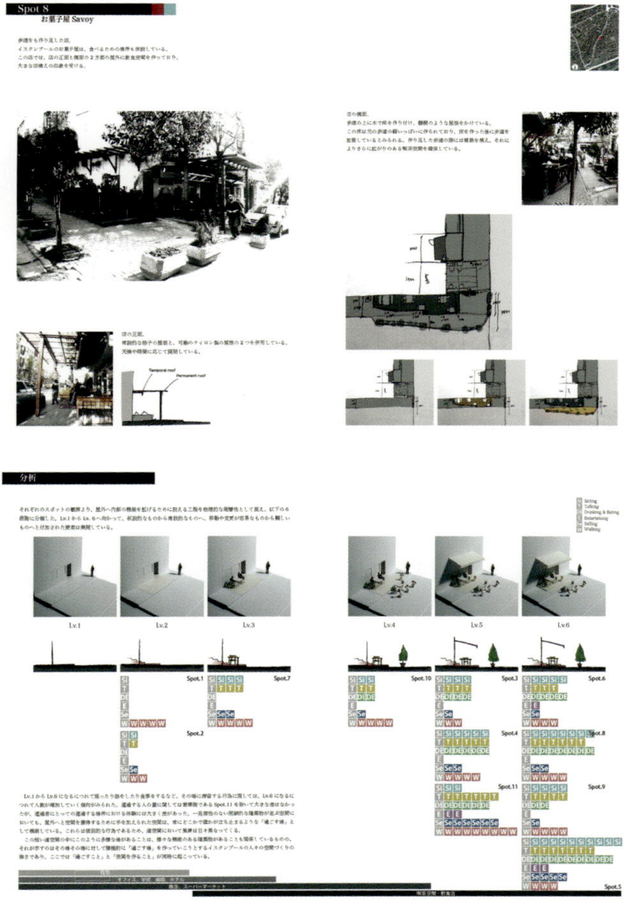

《Research work _1
-Street Life in Istanbul-》

イスタンブールの路上空間における日常的な行為と路上で見られる生活感を、物理的側面と行動的側面から一つひとつ観察し記述。そして人間が過ごす場を形成してゆく行為と空間の関係性を分析。ここでは、モノがたくさん付け加えられている場所ほど、滞留するさまざまな人の行為が見られることが分かる。

空間認識

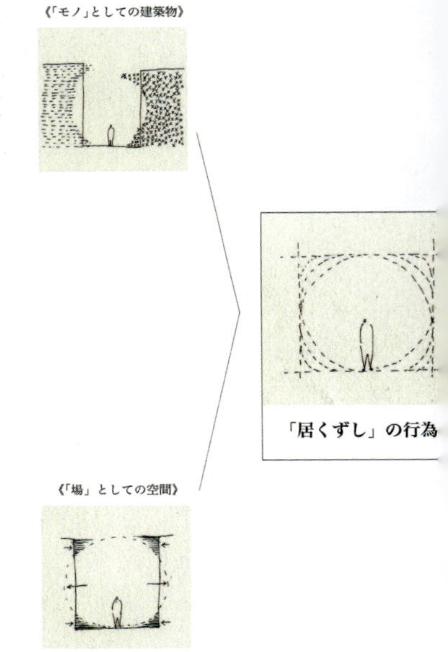

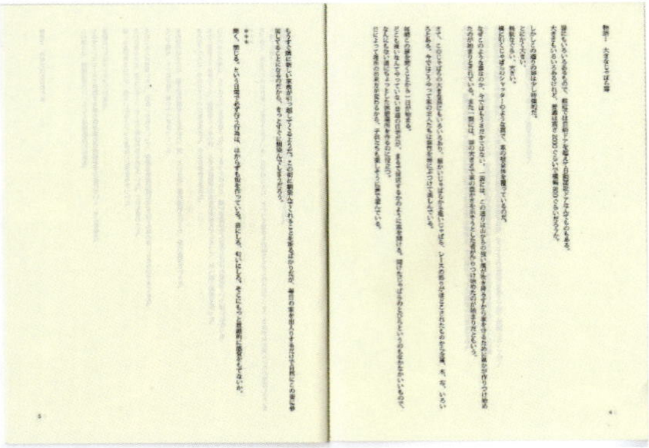

《Writing work -物語-》

Research work_1を経て感じた、人とモノの関係がつくり上げる日々の生活というものに着目し、そしてそれが文化的・宗教的背景を越えていかに自分自身と重なり合うことができるかを分析するために、実際にそこに存在する生活の断片を切り取り、ある架空の都市の物語として8つの短編小説を書いた。ここでは、過ごしながら空間をつくるということが個を越え他者を巻き込み始めたときに、物語が始まるのだということが分かる。

《Research work_2 -Street Life in Middle east countries-》

中東諸国を敷地とし、結果として現れている空間の形態・それを引き起こした人の行為・そこで展開する人間関係を中心とした物語性、これら3つについて各場面において取り出し分析。ダイアグラム化、空間形態の抽象化を行なうことで、そこに共通する空間性について追求する。

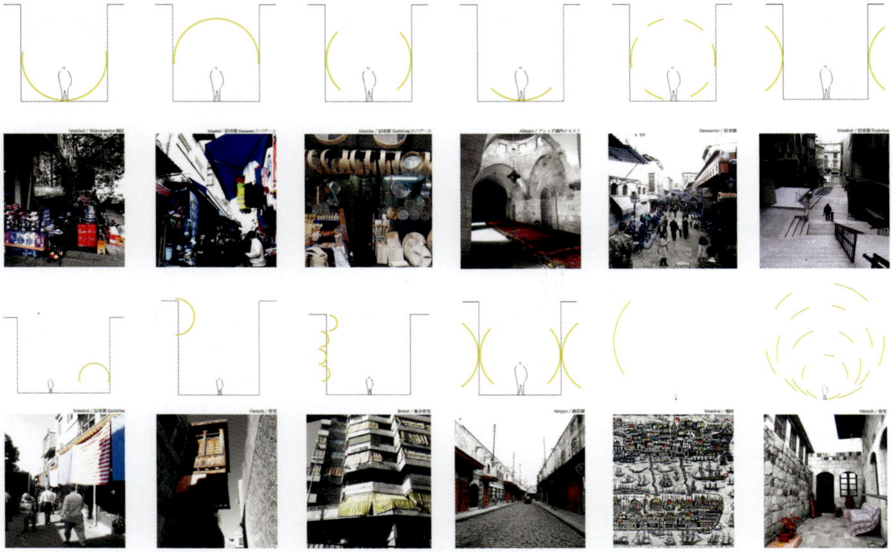

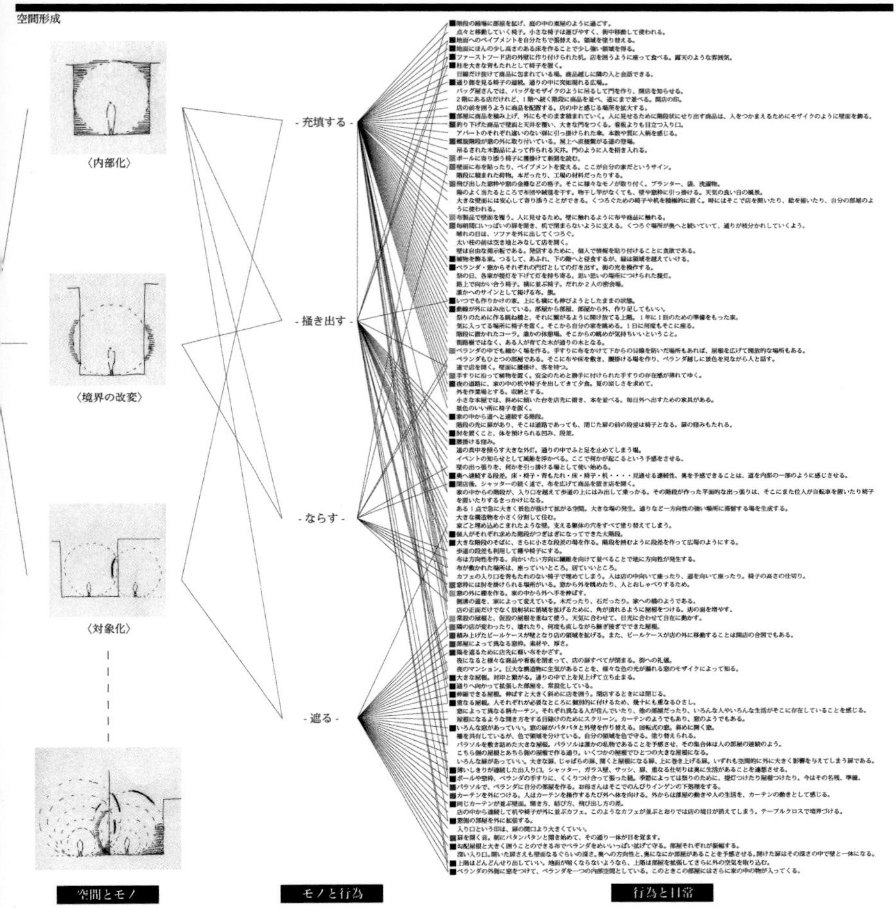

定義と分析

リサーチや物語から浮かび上がった空間をつくる行為を【居くずし】と呼ぶ。ここでの空間の認識の仕方として〈「モノ」としての建築物〉〈「場」としての空間〉、空間を形成する行為として〈内部化〉〈境界の改変〉〈対象化〉と定義する。「日々過ごすこと」と「空間をつくること」は、複雑に濃密に重なり合っていて、そこに境界線はない。

階段の踊場に部屋を拡げ、庭の中の東屋のように過ごす。

Istanbul / 新市街の住宅地

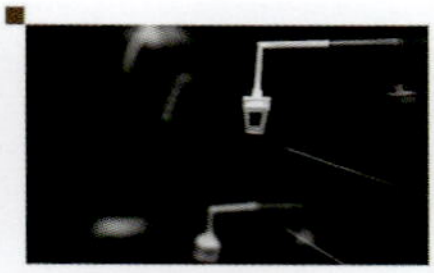

ベランダ・窓からそれぞれの門灯としての灯を出す。街の光を操作する。

Damascus / 旧市街の住宅

常設の屋根と、仮設の屋根を重ねて使う。天気に合わせて、日光に合わせて自在に動かす。

Istanbul / 新市街のお菓子屋

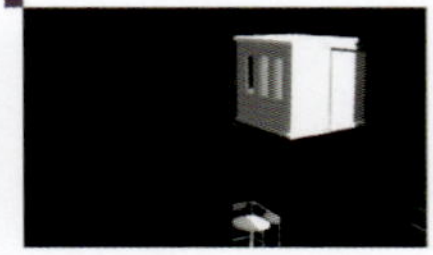

窓側の部屋を外に拡張する。

Hamah / 市内の路地

地面へのペイブメントを自分たちで張替える。領域を塗り替える。

Istanbul / 新市街の住宅地

いつでも作りかけの家。上にも横にも伸びようとしたままの状態。

Hims / 郊外の住宅地

隣の店が変わったり、壊れたり、何度も直しながら継ぎ接ぎでできた屋根。

Istanbul / 新市街のチャイハーネ

扉を開く音。朝にバタンバタンと開き始めて、その通り一体が目を覚ます。

Aleppo / アレッポ城近辺

地面にほんの少し高さのある床を作ることで少し強い領域を得る。

Istanbul / 新市街

動線が外にはみ出している。部屋から部屋、部屋から外、作り足してもいい。

Mar Musa / 修道院

積み上げたビールケースが壁となり店の領域を拡げる。また、ビールケースが店の外に移動することは開店の合図でもある。

Istanbul / 新市街の商店

勾配屋根と大きく囲うことのできる布でベランダをめいいっぱい拡げて守る。部屋それぞれが膨暢する。

Aleppo/ アレッポ駅近辺の集合住宅

ファーストフード店の外壁に作り付けられた机。店を囲うように座って食べる。露天のような雰囲気。

Istanbul / 新市街の飲食店

ベランダの中でも細かく場を作る。手すりに布をかけて下からの目線を防いだ場所もあれば、屋根を広げて開放的な場所もある。

Athens / 市内の集合住宅

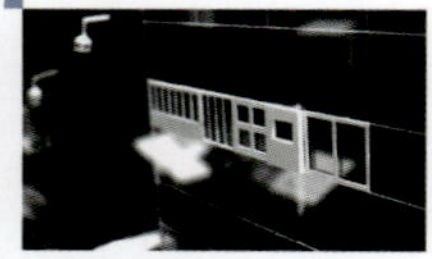

部屋によって異なる窓枠、素材や、厚さ。

Istanbul / 郊外の集合住宅

上階はどんどんせり出していい。地面が暗くならないようなら、上階は部屋を拡張してさらに外の空気を取り込む。

Aleppo / アレッポ駅近辺の集合住宅

柱を大きな背もたれとして椅子を置く。

Istanbul / 新市街

手すりに沿って植物を置く。安全のためと勝手に付けられた手すりの存在感が薄れてゆく。

東京 / 谷中の住宅街

陽を遮るために店先に軽い布をかざす。

Istanbul / Eminonu の商業地域

ベランダの外側に窓をつけて、ベランダを一つの内部空間としている。このときこの部屋にはさらに家の中の物が入ってくる。

Irkutsk / 集合住宅

《Experimental work -居くずし-》

【居くずし】という意識のもとで、私は再び新たな地に住み、馴染む過程を試みる。架空の都市を敷地とし、建築物を含めた敷地のすべてを地形と捉え、分析の中で得た【居くずし】のシーンを凝縮して起こしてゆく。
まず、建築物を含めた敷地をすべてを地形とし、【居くずし】から得た50個のシーンをそのまま起こす（白の模型）。この50個のシーンは、私が今までに滞在した街での【居くずし】の空間であり、数多く在る中から種として選んだものである(20個を抜粋)。

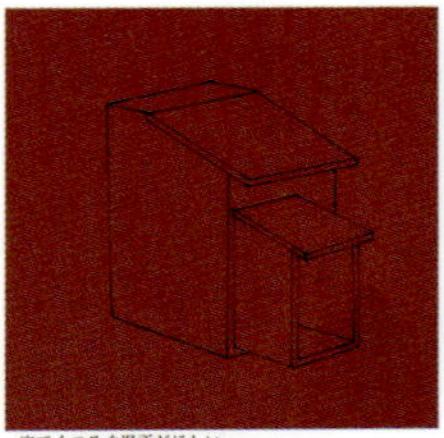

庭でくつろぐ場所がほしい。
でもここには庭がない。外を求める部屋の連続。

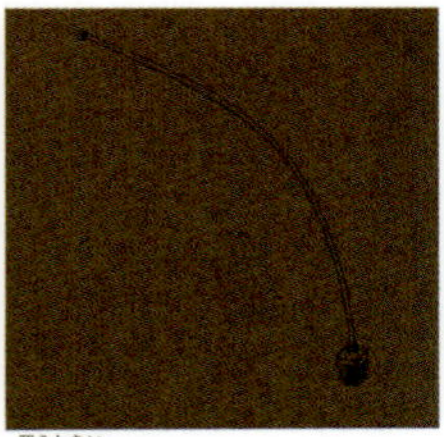

照らしたい。
街の中に、自分で操れる光があり、それが集まって街のあかりとなる。

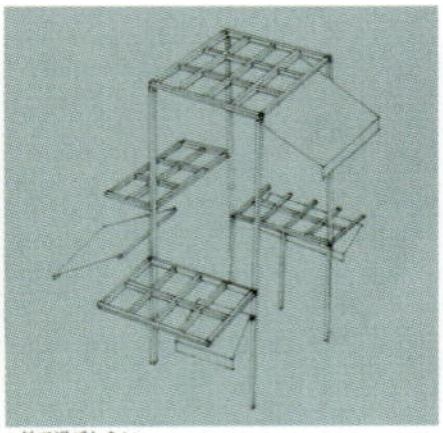

外で過ごしたい。
でも雨のときは屋根が欲しいし、少し囲われた場所がいい。作り付け合い拡張してゆく透けた部屋。

屋外の部屋が欲しい。
外に部屋を拡張していく中、外部の部屋をビルの中に作りたくなった。そこから更に部屋が増殖していく。

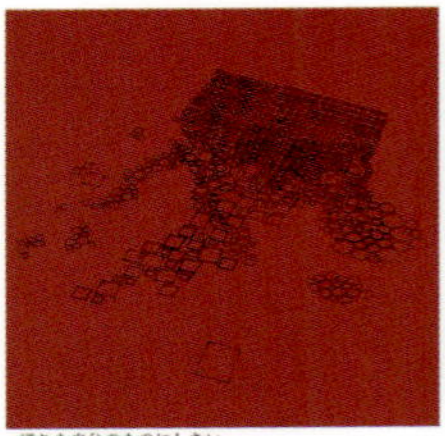

通りも自分のものにしたい。
地面のペイブメントで領域を塗り替えて、足元から人知れず陣地をとる。

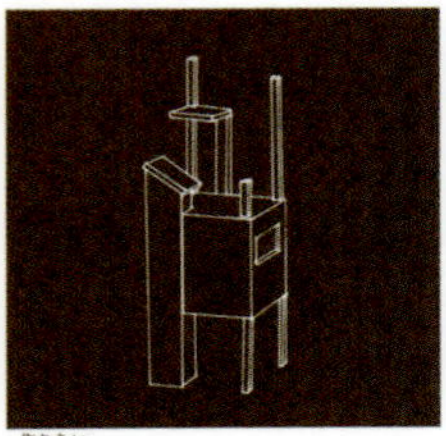

作りたい。
常に作りかけの部分を残す。このビルのかたちはずっと育っていける。

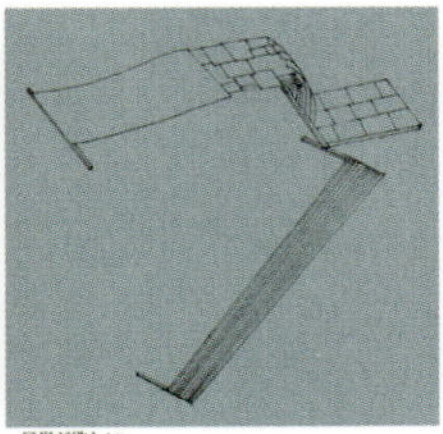

屋根が欲しい。
それぞれの都合で作り付けてきた屋根が繋がってしまう。その大きな屋根は大きな一つの部屋を作りはじめる。

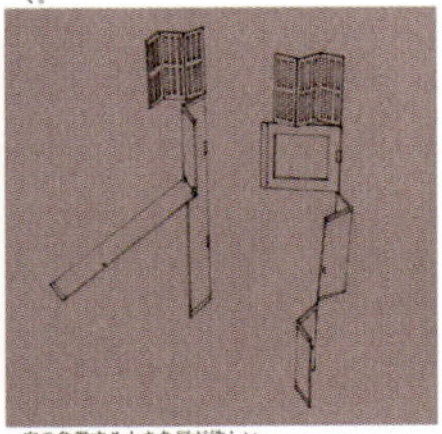

家の象徴する大きな扉が欲しい。
朝になるとパタンパタンとあちこちが開く大きな扉は、日々外に向かって場所を作り替えてゆく。

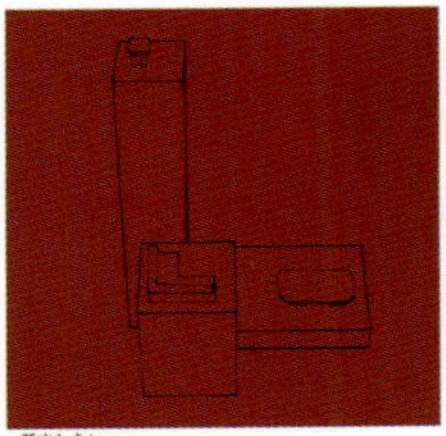

孤立したい。
隣より少し高く、もっと高く。一人になれる居場所を外につくる。

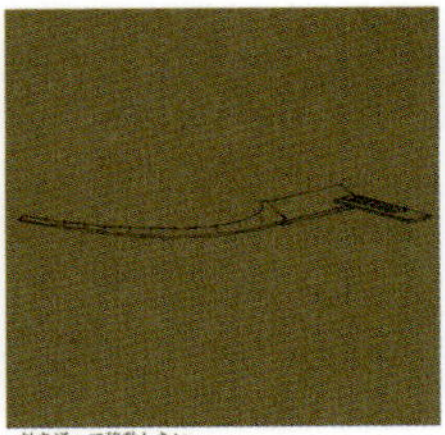

外を通って移動したい。
部屋から部屋へ直接繋がり、それが外に示される。週に1回、1年に1度の道も作っていい。

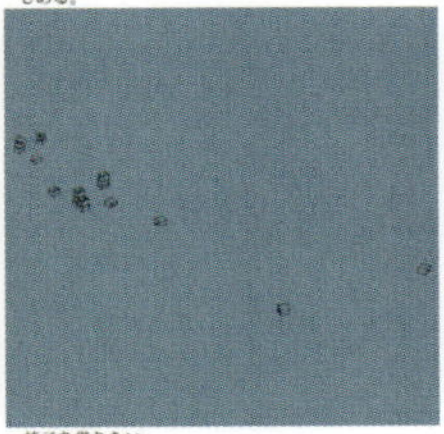

椅子を借りたい。
積み上げられたビールケースは貸し出され、1日の間であちこちに散らかる。いつの間にか帰ってこないものもある。

日陰でゆっくりしたい。
カーテンと小さな屋根が作る、小さな部屋の連続。カーテンと屋根の動きは人が部屋で過ごしていることを予感させる。

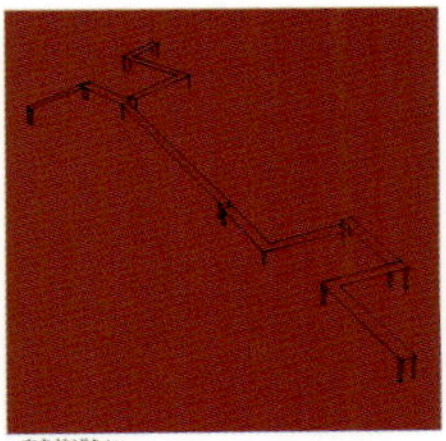

店を拡げたい。
店の中から連続して伸びる机。どこまでが店だかもはやわからない。かつては大きな店だったのか。

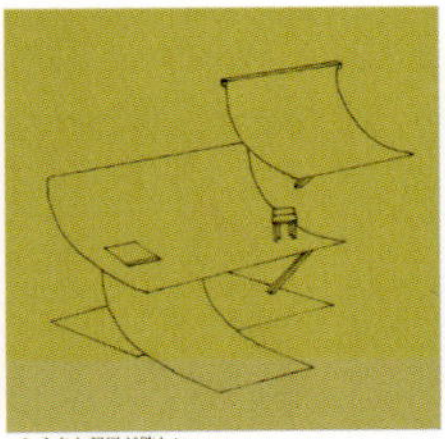

たくさん部屋が欲しい。
ベランダの中に、小さな部屋と大きな部屋を作る。家は部屋数を増やしながら拡がる。

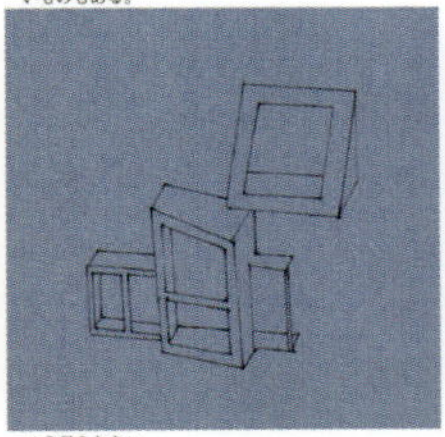

こう見られたい。
自分の家を切り取る窓は、額縁のようである。いろんな面を見せたくて、窓枠を変形し見せ方を試していく。

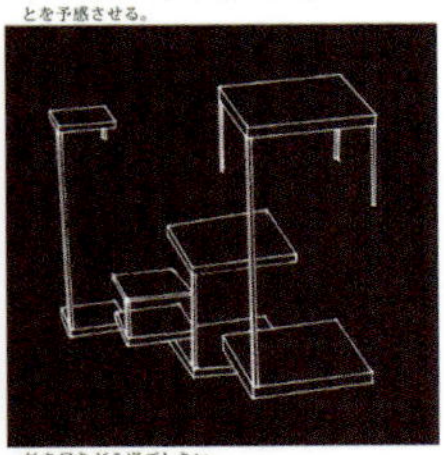

外を見ながら過ごしたい。
窓際を増やすために角度を振ってせり出していく部屋。外を見渡すことを求める。

もたれたい。
背もたれとしての大きな柱。それを背に景色を眺め、過ごし、眠る。

植物に囲まれたい。
元々あった手すりは植物で覆われ、それは緑の壁となり、小さな緑の部屋となる。

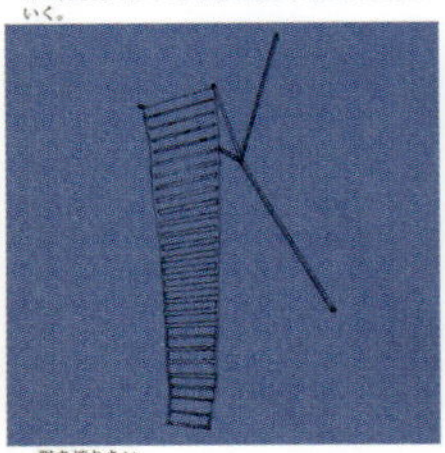

陽を遮りたい。
手をかざすように布をかざす。大きな布を腕のように操る。

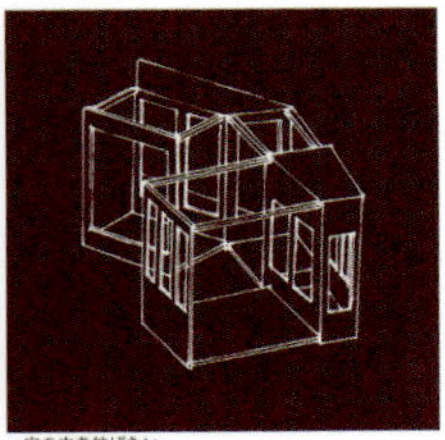

家の中を拡げたい。
窓の外をフレームで囲いながら、少しずつ家の中にしてゆく。家のモノが外へ徐々にせり出してゆく。

次に、これら50個のシーンを種として、過剰に発展した空間を創造し、重ねて起こしてゆく(色の模型)。
ここでは、各シーンにおけるある欲求や行為が過剰になり、他者にも影響を与え出すような空間へと発展した状況を表している(20個を抜粋)。

process

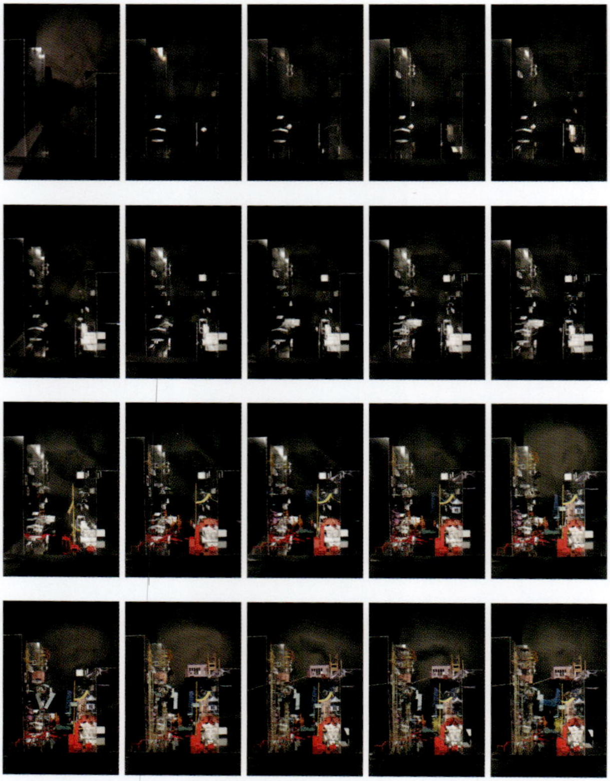

この模型全体としては、一見どんどん崩れ、無秩序へと進行しているように見える。

流れの中に存在する、ある彼らなりのルール。独自に進行しては崩れ、そしてまた新たに生まれる。

審査員コメント

審査員コメント@公開審査

工藤：人の行為をはじめ、地道なところからリサーチして、自分の発見をしっかり重ねているところで評価しました。日本の戦後、闇市のように自分たちで勝手につくっていた時代がありましたが、それも権利や、公共と民間の対立の中で消え去っていきました。でもビシッとしているよりも、もう少し崩した方が居心地いい、という感覚は多くの人が理解できると思います。この提案で結論が見えてくるわけではないけれど、この先に新しいものが出てきそうな気配をとても感じました。何かが起きそうな力がプレゼンテーションから受け取れたんです。

新居：1960年代後半に、東京藝術大学の院生だった元倉眞琴さんは、所属していた「コンペイトウ」というグループで、都市住宅における装飾やファサード、オーナメントなどをリサーチし、後に文章にまとめて『アーバン・ファサード——都市は巨大な着せ替え人形だ』を発表しました。僕はちょうど学生の頃で、それにすごく反発していたのですが、それに比べると、この提案はいかにも装飾的。また、ポストモダンを提唱したロバート・ヴェンチューリ、デニス・スコット・ブラウンらが『Learning from Las Vegas』をつくりましたが、それ以降も、こういったもので成功した事例がないんです。はたして将来的に進展するのか、どうしても読めないんです。

榮家：30-40年前にリサーチされてきたことが、いまの年代の私たちにとって魅力的なんです。今回、オーナメントやシステムが個人を超えて展開していく形を設計しました。日常での周期性を他者と共有することが目的です。

山梨：メタボリズムの時代に都市を用意周到に変化させようとしたけれど、実際にはうまくいかなかった。それをよそに都市は常に変化し、そして、近代において所有権がはっきりした瞬間に、キャノピーすら出すことのできない都市になってしまいました。ではどのように都市をライブに暮らしていくか、そのリテラシーを法規的に組み込むための動きは、日本ではかなり弱いといえます。

この作品は、旅の中で発見的に見つけたという視点や、「居くずし」という概念が面白い。ただし、できた作品は予定調和的で、面白い雰囲気を抽出してパターン化してしまったように見えてしまう。居くずすためのトリガーを何にするべきか、建築のシステムが説明し切れていない。

榮家：「居くずし」の行為の前提として、矩形の箱のような構造物に窓や庇、階段などを付着させることで、初めて人が住まう場所になり、所有していると認識できる、そういった空間認識の上で設計しています。

タルディッツ：コンポーネンツをリストアップして、カタログのようなものをつくることは、70-80年代のヨーロッパでもよくあったことで、新鮮味が感じられませんでした。作品の中でつくられている世界は魅力的なんだけれど、どこまでその世界を信じられているか。香港や中央アジアのパブリックとセミパブリックの関係性を、日本で同じような要素をもってきていますが、そのイメージはあり得ないと思います。法規や人の心理が考えられていない。日本の地域や環境といった現実的なところを読めないとただの絵になります。とはいえ、夢のような世界、場所、文脈の読み方は確かに面白い。

千葉：いろいろなものが街にあふれ出してしまっている状況自体の魅力はとても分かるのだけれど、建築をつくる側としてどのように関わるか、その線引きが分かりにくかった。この案のように、あふれ出し方までコントロールしてしまうと、本来の生きた都市の姿ではなくなる。人それぞれの多様な生活によって、都市の豊かさが生まれるわけですから、すべて演出してしまったらテーマパーク的になってしまう。そう考えると、この案は建築である必要性はなく、ルールづくりでもいいのかもしれません。

敷地境界から建築へ

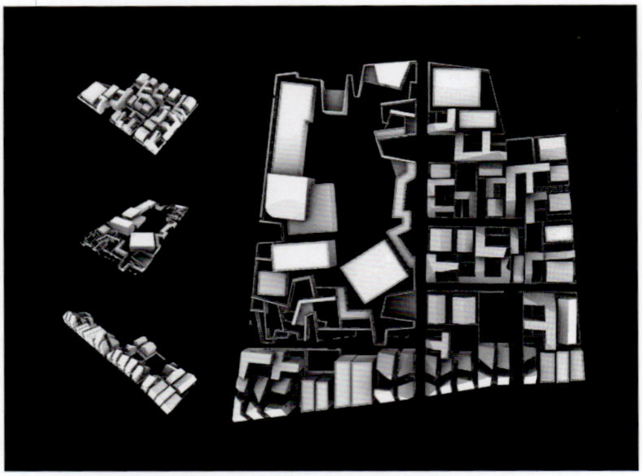

敷地境界を、「私と公」または「私と私」の間を取りもつものであり、都市空間の中で唯一両者のどちらにも属すような両義性のある存在として捉え、敷地境界から建築を考えていくことを試みた作品。敷地境界から建築を考えることで、建築と都市の関係、または建築同士が相互に関係をもちながら集合する状態をつくることができるのではないかと考えた。本研究では、「敷地境界」をキーワードに3つのプロジェクト「project01 -住宅地-」「project02 -商店街-」「project03 -幼稚園-」を行なった。

Interview

Q:トウキョウ建築コレクションに参加しての感想

本気で建築と立ち向かっている人たちと出会えたことが、とても良い刺激になりました。建築はすごく楽しいです。この場を借りて、お世話になった優秀で陽気な後輩たちにお礼をさせていただきます。ありがとう。

Q:大学や大学院での活動や研究内容

修士1年次では、上海崇明島を敷地に「生態系と共存する建築」をテーマに研究を行なっていました。また、コンペや設計事務所でのインターン、アートの制作、展示会の什器の制作、旅などをしていました。

Q:修士修了後の進路や展望

坂倉建築研究所で働いています。

Name:
西島 要
Yo Nishijima

University:
東京電機大学大学院
未来科学研究科　建築学専攻
山本圭介空間デザイン研究室

模型全景

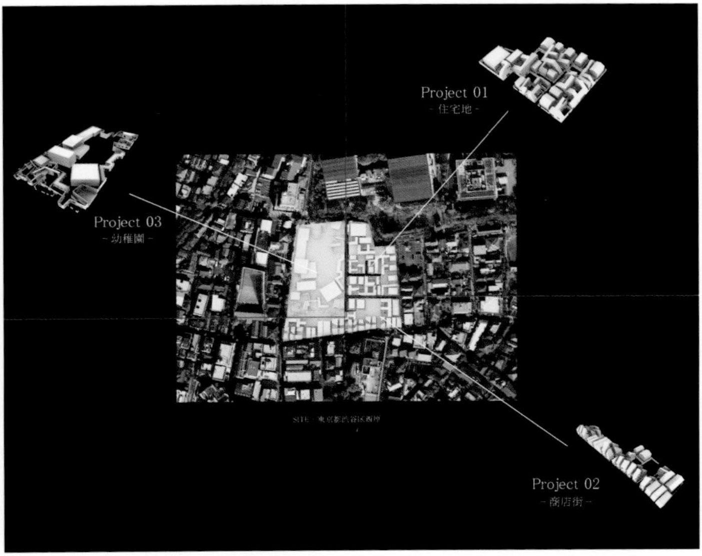

3つのプロジェクトの配置図

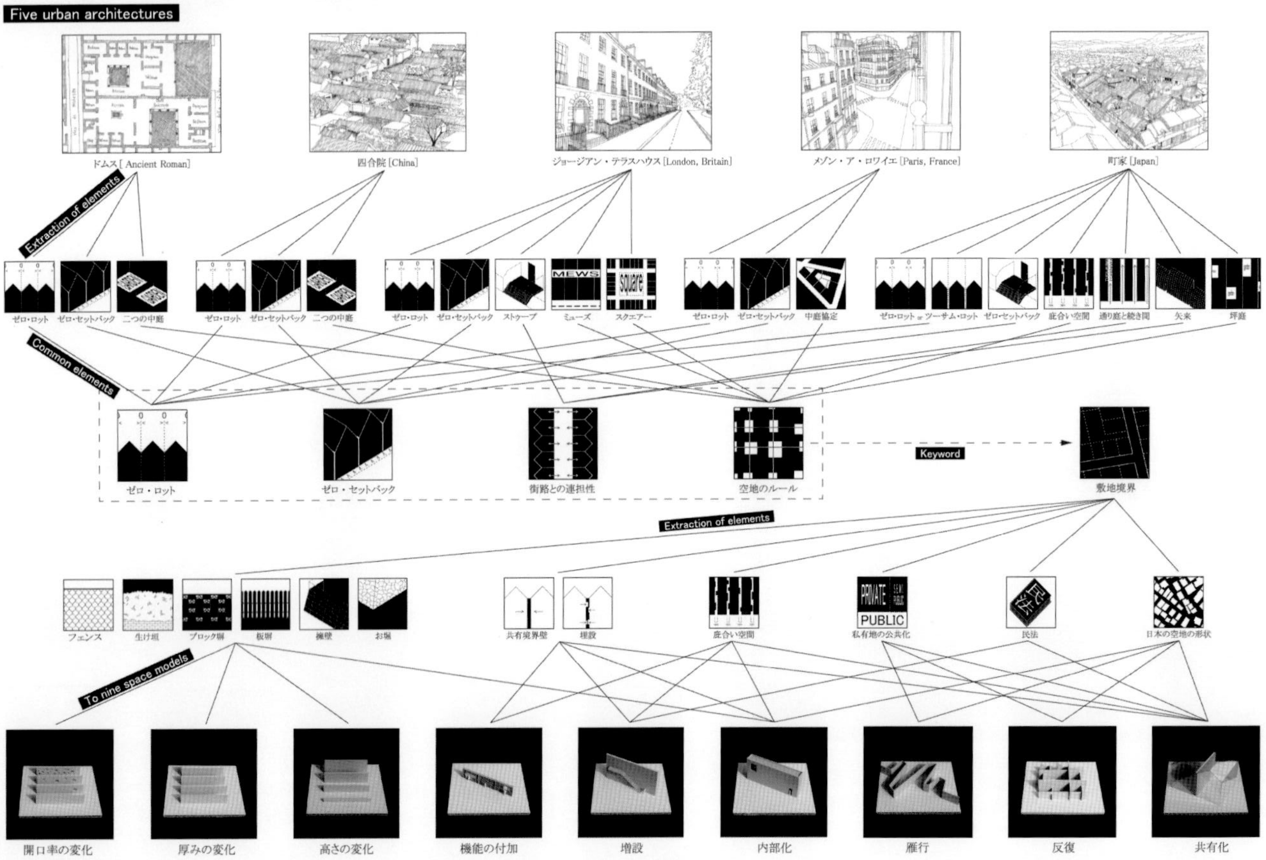

[5つの都市建築から9つの境界モデルへ]

「敷地境界」というキーワードは、5つの都市建築を分析することによって導き出されたものである。ドムス [Ancient Roman]、四合院 [China]、ジョージアン・テラスハウス [London,Britain]、メゾン・ア・ロワイエ [Paris,France]、町家 [Japan]。これらは、いずれも、国・時代・歴史文化の異なる中で存在したものであり、ある秩序を持ちながら集合することで全体の構造ができる形式をもつ。そこに共通の構造性を読み解くことができるとすれば、それによって都市建築の属性を明らかにすることができると考えた。その結果、抽出された共通要素から「敷地境界」といった一つのキーワードが導き出された。そこから敷地境界を構成する要素を分析し、敷地境界の空間構成を想起させる9つの空間モデル「開口率の変化」「厚みの変化」「高さの変化」「機能の付加」「増設」「内部化」「雁行」「反復」「共有化」を導き出した。これら9つの境界モデルを基にプロジェクトを行う。

Project 01 -住宅地-

戸建住宅地の更新の計画。住宅地の敷地境界には、「塀」が存在する。つまり、「塀」は公と私の間を取りもつものであり、そこには両者をつなぐ可能性がある。建築を塀に近づけることができたとしたら、建築と都市、または隣接する建築同士が相互に関係をもった状態ができるのではないかと考えた。戸建住宅地を塀（または塀のような建築）だけで構成する。この住宅地には「塀と庭」しか存在していない。ここでは、そういった住宅地の「塀と庭」の構成に対してルールを与えることで、プライベートな庭とセミパブリックな庭といった性質の異なる2つの庭をつくりだしている。塀の反復により、それぞれの隣り合う庭が、まるで部屋のようにつながり、意識の中で敷地境界は曖昧な存在になっていく。個別の建設により構成された1つの街区が、1つの集合住宅のようになる計画である。

diagram 1

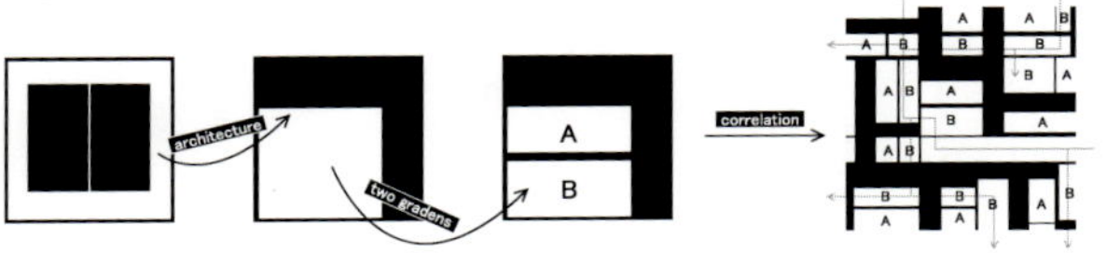

Present condition　Architecture ⇔ Fence　Two kinds of gardens A:private garden B:semipublic garden　Gardens connected like the room

diagram 2

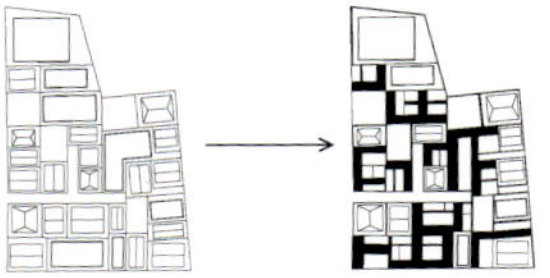

rule

ルール1［セミパブリックな庭］　ルール2［出入口の設置］　ルール3［庭の半外部化］　ルール4［ゼロ・ロット］　ルール5［ゼロ・ロットの制限］　ルール6［開口率の制限］　ルール7［ボイドによる緩和］

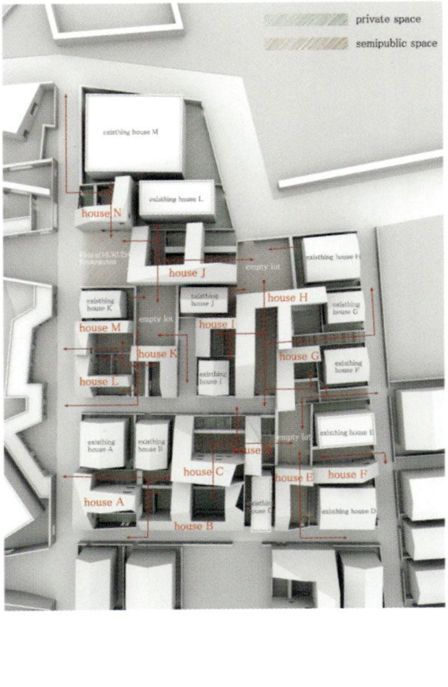

平面パース

模型写真

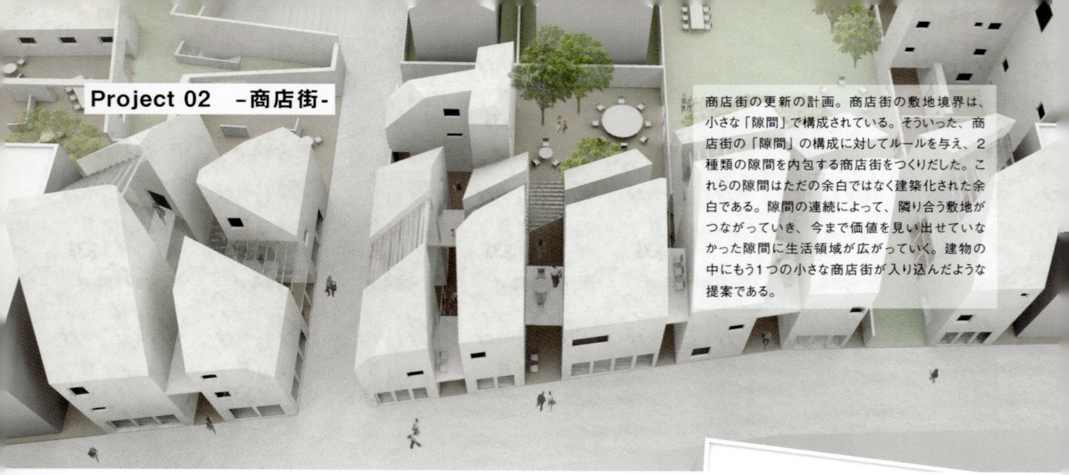

Project 02 –商店街-

商店街の更新の計画。商店街の敷地境界は、小さな「隙間」で構成されている。そういった、商店街の「隙間」の構成に対してルールを与え、2種類の隙間を内包する商店街をつくりだした。これらの隙間はただの余白ではなく建築化された余白である。隙間の連続によって、隣り合う敷地がつながっていき、今まで価値を見い出せていなかった隙間に生活領域が広がっていく。建物の中にもう1つの小さな商店街が入り込んだような提案である。

diagram

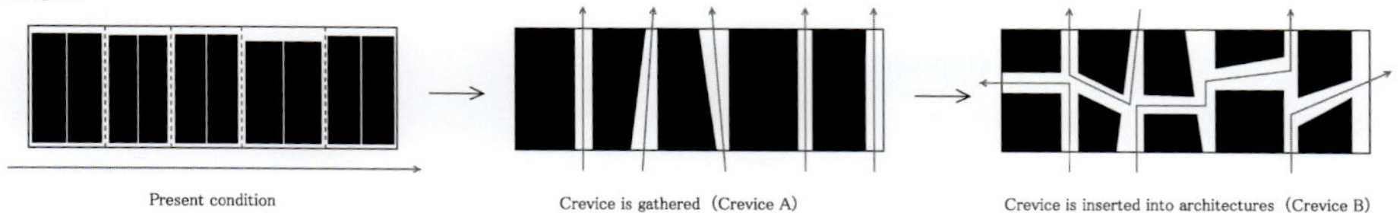

rule

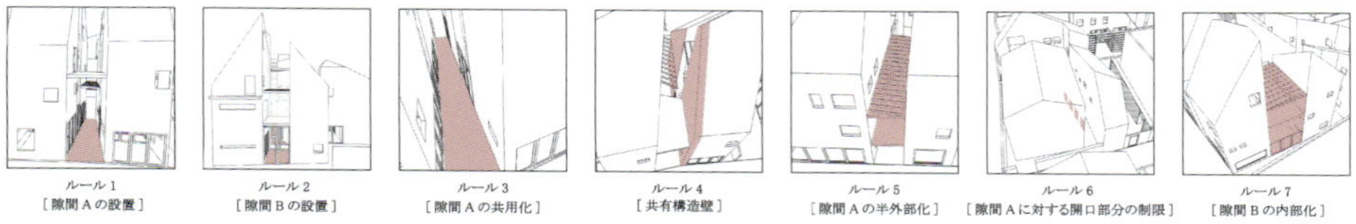

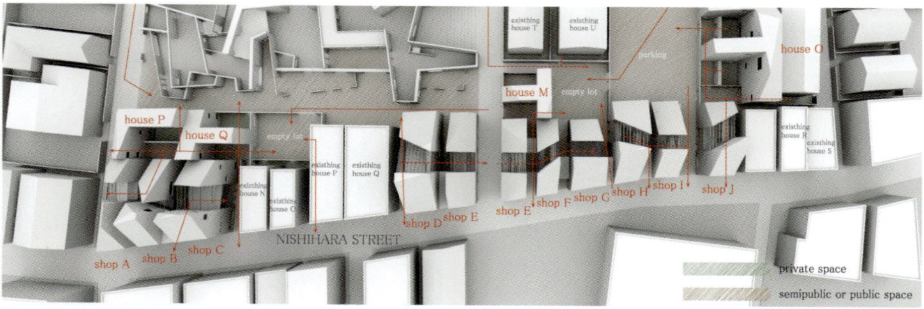

平面パース

模型写真

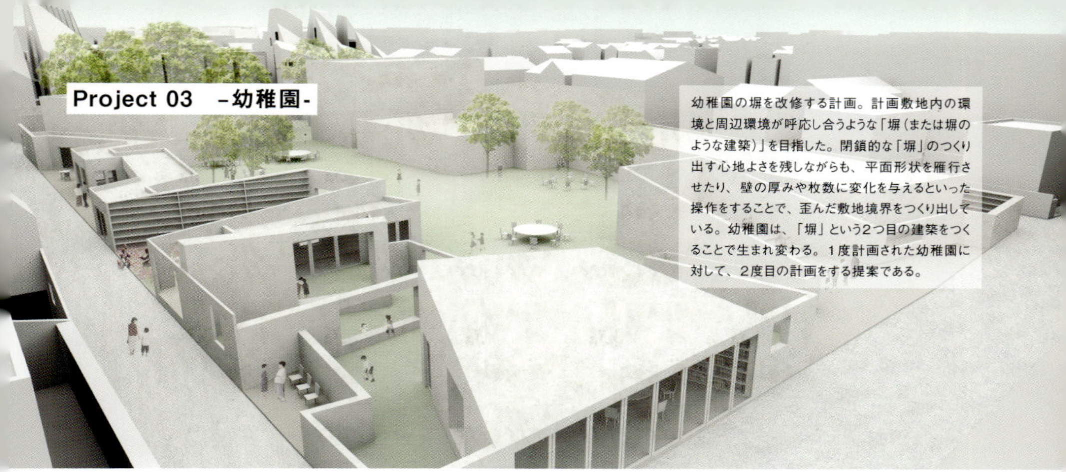

Project 03 -幼稚園-

幼稚園の塀を改修する計画。計画敷地内の環境と周辺環境が呼応し合うような「塀(または塀のような建築)」を目指した。閉鎖的な「塀」のつくり出す心地よさを残しながらも、平面形状を雁行させたり、壁の厚みや枚数に変化を与えるといった操作をすることで、歪んだ敷地境界をつくり出している。幼稚園は、「塀」という2つ目の建築をつくることで生まれ変わる。1度計画された幼稚園に対して、2度目の計画をする提案である。

diagram

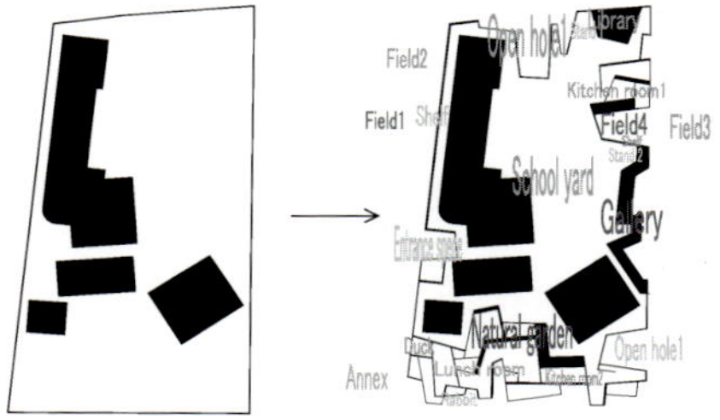

Present condition
- The first project -

Various environment of boundary
- The second project -

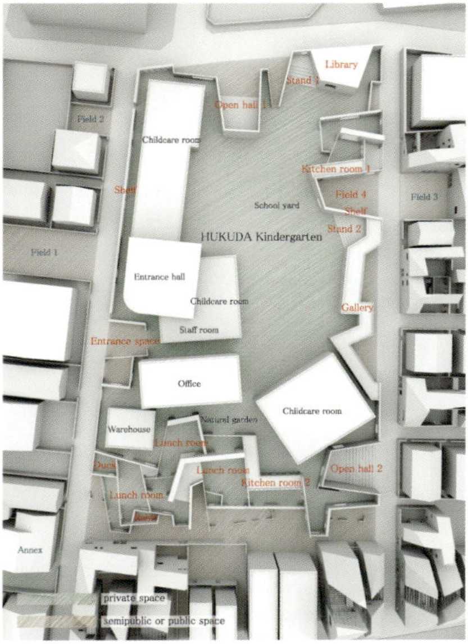

平面パース

模型写真

Project 01 + Project 02 + Project 03

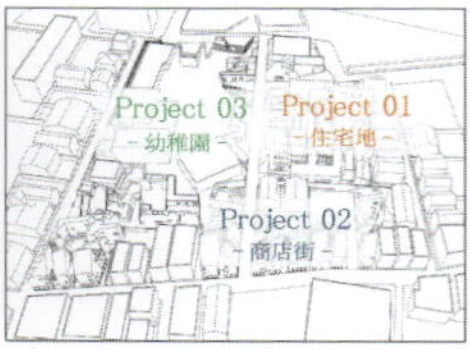

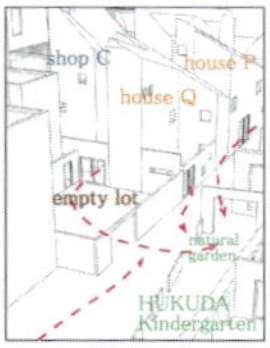

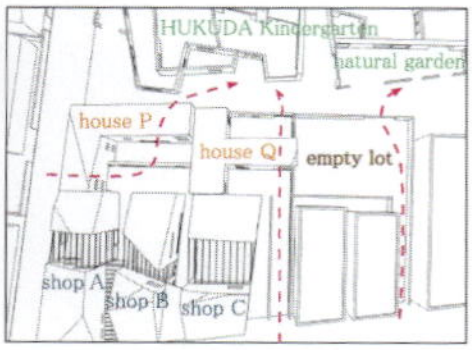

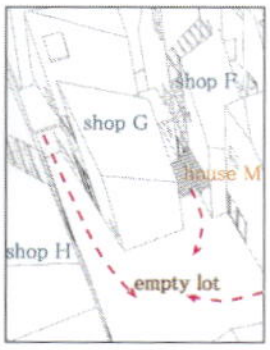

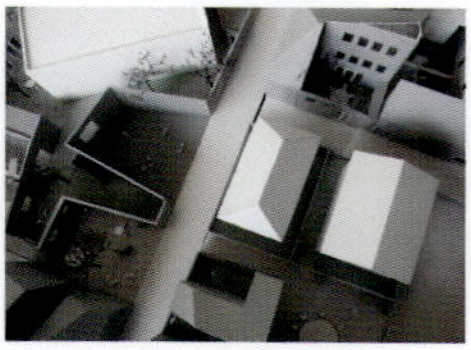

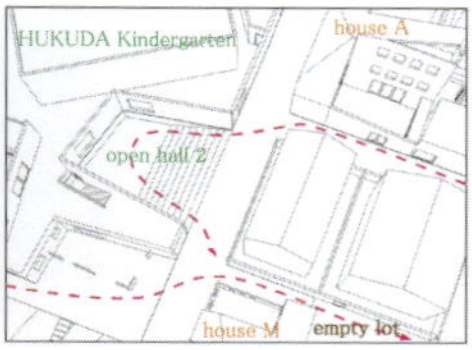

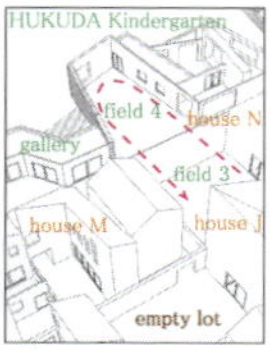

［3つのプロジェクトの相互関係］

プログラムやコンテクストの異なる3つのプロジェクトを「敷地境界」をキーワードに行った結果、それぞれのプロジェクトで異なる敷地境界のあり方を得ることができた。「住宅地 -project01-」では境界を反復させ、「商店街 -project02-」では境界を透明にし、「幼稚園 -project03-」では境界を歪ませた。そして、それぞれ形は違うけれども「敷地境界」という一つのキーワードによって計画されたプロジェクトを都市に隣接させて置いて見ると、それぞれのプロジェクトの空間は細胞のように自然とつながった。商店街の動線は住宅地のセミパブリックな庭につながり、住宅地の一部は幼稚園の敷地に引き込まれた。結果的に、それぞれのプロジェクトが相互に関係することで、公共の空間をまたいで私有の空間の中に多量の人の流れが生み出されている。「敷地境界」から生み出された建築は単体で完結することのない部分としての建築であり、部分は大きな広がりを見せ全体となるだろう。

審査員コメント

審査員コメント＠巡回審査

山梨：形態としては面白いんだけど、これまで敷地とパブリックを塀が隔てていたことで生まれていた二層構造が、塀に住居がくっついたことでなにが変わったのか明示されていないよね。無機能だった塀に機能が付加されただけで、なにか新しいことが生まれたように思えてしまうけど、実際には核心には触れていなくて。重要なのはこの計画によって塀が変わることではなくて、建築とパブリックが変わることだよね。その点をもっと明確に言及してほしかった。

工藤：幼稚園のモデルは外の人が使える場所は増えているけれど、内部は敷地が減っているよね。これはどういう関係になっているんだろう?

西島：内部の凹みには、外部とつながるような畑や、スタンド、遊具みたいな塀の立ち方をさせたりはしています。例えばキッチンルームの近くにランチスペースがあって、ここにテーブルが置けて10人くらい座れる席があったりして、中からもこういう使い方ができるようになっています。

工藤：それだけじゃ弱いわね。一番重要なのは「直線の壁じゃ生まれないこと」であって、それを明確に示さないと。それに、幼稚園児がそっち側の方で隠れちゃったら、心配でそっちに行かせられないといった現実問題も多く残ってる。もう一歩踏み込んで具体化し、そういうところを解決すると良くなると思う。プレゼンでは平面でのゾーニングを主に話していたけど、これがどんな素材で、どんな立面をした塀なのかによって遮蔽具合も変わってくる。そこら辺がもうちょっとあったら良かったね。

審査員コメント＠公開審査

新居：今回都市複合型の住宅が4つある中で、この建物は塀のあった場所に住宅を置き換えたり、迷路的につくり込んでいくところが一番リアリティを感じた。都市にかなり切り込んでるようだったので、4つの中からこれを選びました。

工藤：敷地境界の考え方は日本だけじゃないと思うのですが、なかなか建築家が関与できないとこを、魅力的に提案してるという点で評価しました。他方で、塀を強調することが必ずしも敷地境界に対する解答でないような気もしています。

タルディッツ：都市の読み方が特徴的で、やり方が非常に面白い。日本の街並みに対するアプローチは間違っていないと思います。けれど、立体的に立ち上がった建築は少し激しすぎるとも感じました。この案は西島くんのルールのもと、いろいろな建築家が設計するということでしたが、ルールがどこまでかも曖昧のまま。なので、案としては面白いですが、実際のビジョンがどうなるか見当がつきません。

千葉：敷地境界がこれほど明示されている都市ってなかなか世界になくて、日本独特のものだと思います。それは塀や垣根によって視覚化されているわけで、それの読替えとして見ると面白い計画だと思います。でも、これがまちを更新する1つの方法だと言った途端、解決しなければならない問題がたくさん露呈してくるわけです。隣の家がある日、建て替えられたら、いきなり敷地境界目一杯に建ち上がって、自分の家のわずか50cm先にとてつもない壁が生まれるなんて、とてもじゃないけど近隣が納得しない計画です。その辺の手続き論になにかもう1つアイデアがあると、これはとても興味深い提案につながったのかなと思います。

流動と磁場

地方型コワーキングの提案

独立した事業者がコミュニティをつくりながら働く場所として、コワーキングスペース（以下CS）が世界的に広がりつつある。現在はノマドワーカーやフリーランスが多い都心部に集中しているが、集まり方の特徴を調査していくと地方都市への適用に可能性が見えてきた。CSはシェアオフィスとは異なり、空間の有効利用よりも人々の集積による協働やコミュニティ形成を重視している。土地の余剰や車社会で人々が分散しがちな地方都市にとって、CSはそこに新しい流れをつくろうとする人々を集積させるような場所の可能性をもっている。本プロジェクトでは、現在実施計画として進行中である2つの地方型CSの提案と、都市再生への有効性について検討する。

Interview

Q:トウキョウ建築コレクションに参加しての感想

昨年度から2年続けて実行委員として関わってきましたが、出展することになり光栄です。実行委員のみんなにはかなり迷惑をかけましたが、一緒に素晴らしい会ができたと感謝しています。先生方からいただいたお言葉、出展者、実行委員とのみんなとのつながりを大切にしていきたいです。

Q:大学や大学院での活動や研究内容

場所のシェアについて先生方と研究を行ない、それが今回の修士設計につながりました。並行してDACCというコンピューテーショナルデザインの研究会を主宰してきました。現在はデジタルファブリケーションのシェア工房の設立準備をしています。

Q:修士修了後の進路や展望

studio_01というデザイン事務所を立ち上げ、富山と東京の2拠点で活動していきます。マネジメントやブランディングの提案も行ない、建築が持続的に使われる可能性について追求し、ゼネラリストとしての建築家の職能を開拓していきます。

Name:
浜田晶則
Akinori Hamada

University:
東京大学大学院
工学系研究科　建築学専攻
千葉学研究室

造船所モデル　コワーキングスペース

商店街モデル　ミーティングスペース

空間構成分析

空間構成と用途と席数の密度を示すダイアグラム

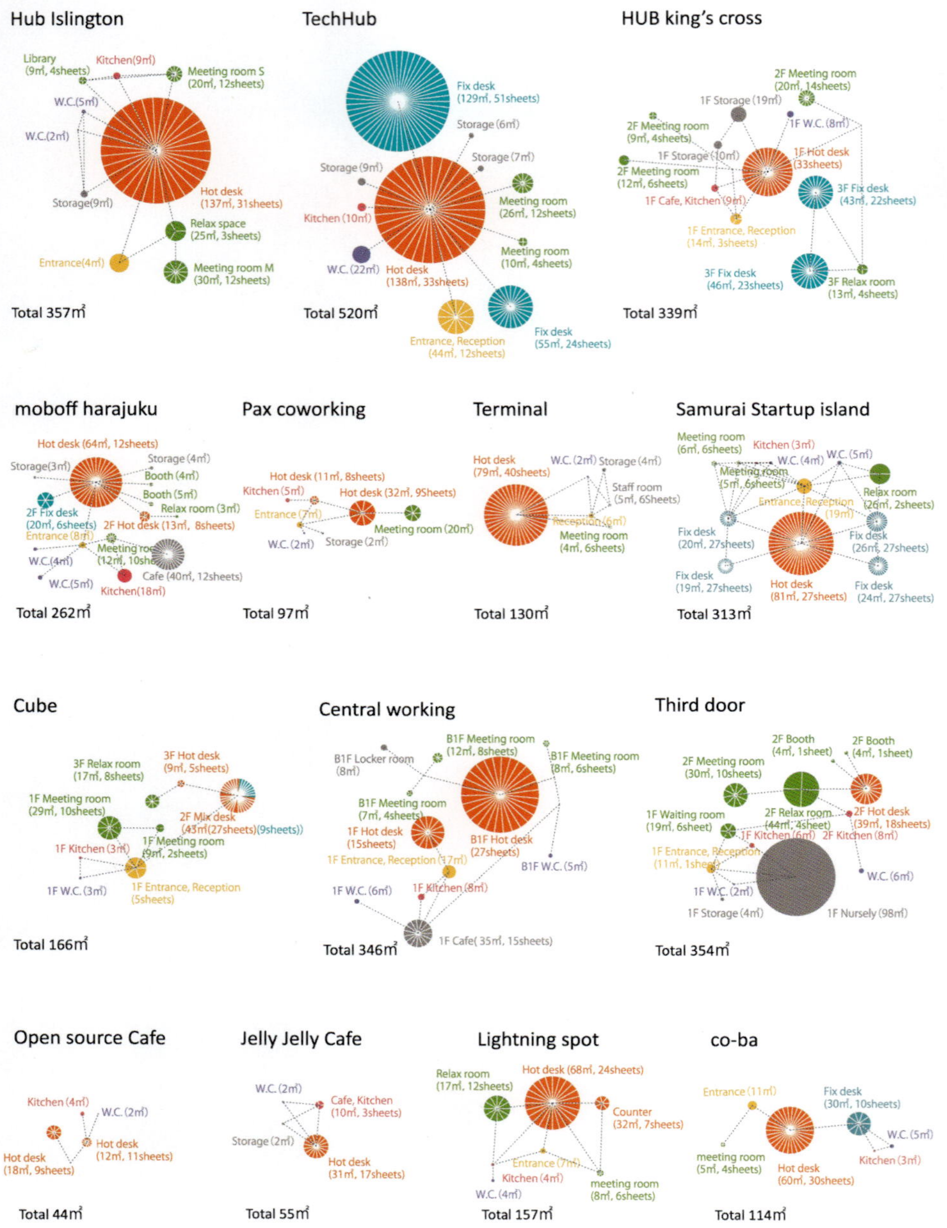
Hub Islington
Library (9㎡, 4sheets)
Kitchen(9㎡)
Meeting room S (20㎡, 12sheets)
W.C.(5㎡)
W.C.(2㎡)
Storage(9㎡)
Hot desk (137㎡, 31sheets)
Relax space (25㎡, 3sheets)
Entrance(4㎡)
Meeting room M (30㎡, 12sheets)
Total 357㎡
TechHub
Fix desk (129㎡, 51sheets)
Storage (6㎡)
Storage (7㎡)
Storage (9㎡)
Kitchen (10㎡)
Meeting room (26㎡, 12sheets)
Meeting room (10㎡, 4sheets)
W.C. (22㎡)
Hot desk (138㎡, 33sheets)
Entrance, Reception (44㎡, 12sheets)
Fix desk (55㎡, 24sheets)
Total 520㎡
HUB king's cross
2F Meeting room (20㎡, 14sheets)
1F Storage (19㎡)
2F Meeting room (9㎡, 4sheets)
1F W.C. (8㎡)
1F Storage (10㎡)
1F Hot desk (33sheets)
2F Meeting room (12㎡, 6sheets)
1F Cafe, Kitchen (9㎡)
3F Fix desk (43㎡, 22sheets)
1F Entrance, Reception (14㎡, 3sheets)
3F Fix desk (46㎡, 23sheets)
3F Relax room (13㎡, 4sheets)
Total 339㎡
moboff harajuku
Hot desk (64㎡, 12sheets)
Storage(3㎡)
Storage (4㎡)
Booth (4㎡)
Booth (5㎡)
2F Fix desk (20㎡, 6sheets)
Relax room (3㎡)
2F Hot desk (13㎡, 8sheets)
Entrance (8㎡)
Meeting room (12㎡, 10sheets)
W.C.(4㎡)
Cafe (40㎡, 12sheets)
W.C.(5㎡)
Kitchen(18㎡)
Total 262㎡
Pax coworking
Hot desk (11㎡, 8sheets)
Kitchen (5㎡)
Hot desk (32㎡, 9Sheets)
Entrance (7㎡)
Meeting room (20㎡)
W.C. (2㎡)
Storage (2㎡)
Total 97㎡
Terminal
Hot desk (79㎡, 40sheets)
W.C. (2㎡)
Storage (4㎡)
Staff room (5㎡, 6Sheets)
Reception (6㎡)
Meeting room (4㎡, 6sheets)
Total 130㎡
Samurai Startup island
Meeting room (6㎡, 6sheets)
Kitchen (3㎡)
W.C. (4㎡)
W.C. (5㎡)
Meeting room (5㎡, 6sheets)
Relax room (26㎡, 2sheets)
Entrance, Reception (19㎡)
Fix desk (20㎡, 27sheets)
Fix desk (26㎡, 27sheets)
Fix desk (19㎡, 27sheets)
Hot desk (81㎡, 27sheets)
Fix desk (24㎡, 27sheets)
Total 313㎡
Cube
3F Relax room (17㎡, 8sheets)
3F Hot desk (9㎡, 5sheets)
1F Meeting room (29㎡, 10sheets)
2F Mix desk (43㎡(27sheets)(9sheets))
1F Meeting room (9㎡, 2sheets)
1F Kitchen (3㎡)
1F W.C. (3㎡)
1F Entrance, Reception (5sheets)
Total 166㎡
Central working
B1F Meeting room (12㎡, 8sheets)
B1F Locker room (8㎡)
B1F Meeting room (8㎡, 6sheets)
B1F Meeting room (7㎡, 4sheets)
1F Hot desk (15sheets)
B1F Hot desk (27sheets)
1F Entrance, Reception (17㎡)
B1F W.C. (5㎡)
1F W.C. (6㎡)
1F Kitchen (8㎡)
1F Cafe(35㎡, 15sheets)
Total 346㎡
Third door
2F Booth (4㎡, 1sheet)
2F Booth (4㎡, 1sheet)
2F Meeting room (30㎡, 10sheets)
1F Waiting room (19㎡, 6sheet)
2F Relax room (44㎡, 4sheet)
2F Hot desk (39㎡, 18sheets)
1F Kitchen (6㎡)
2F Kitchen (8㎡)
1F Entrance, Reception (11㎡, 1sheet)
W.C. (6㎡)
1F W.C. (2㎡)
1F Storage (4㎡)
1F Nursely (98㎡)
Total 354㎡
Open source Cafe
Kitchen (4㎡)
W.C. (2㎡)
Hot desk (12㎡, 11sheets)
Hot desk (18㎡, 9sheets)
Total 44㎡
Jelly Jelly Cafe
W.C. (2㎡)
Cafe, Kitchen (10㎡, 3sheets)
Storage (2㎡)
Hot desk (31㎡, 17sheets)
Total 55㎡
Lightning spot
Relax room (17㎡, 12sheets)
Hot desk (68㎡, 24sheets)
Counter (32㎡, 7sheets)
Entrance (7㎡)
Kitchen (4㎡)
W.C. (4㎡)
meeting room (8㎡, 6sheets)
Total 157㎡
co-ba
Entrance (11㎡)
Fix desk (30㎡, 10sheets)
W.C. (5㎡)
meeting room (5㎡, 4sheets)
Hot desk (60㎡, 30sheets)
Kitchen (3㎡)
Total 114㎡

1. 造船所モデル

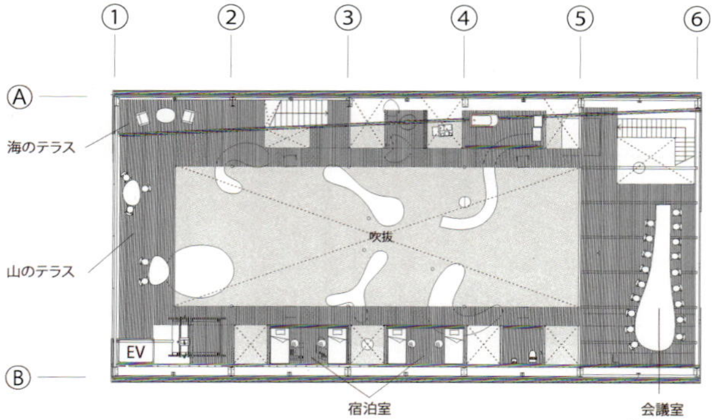

1階平面図

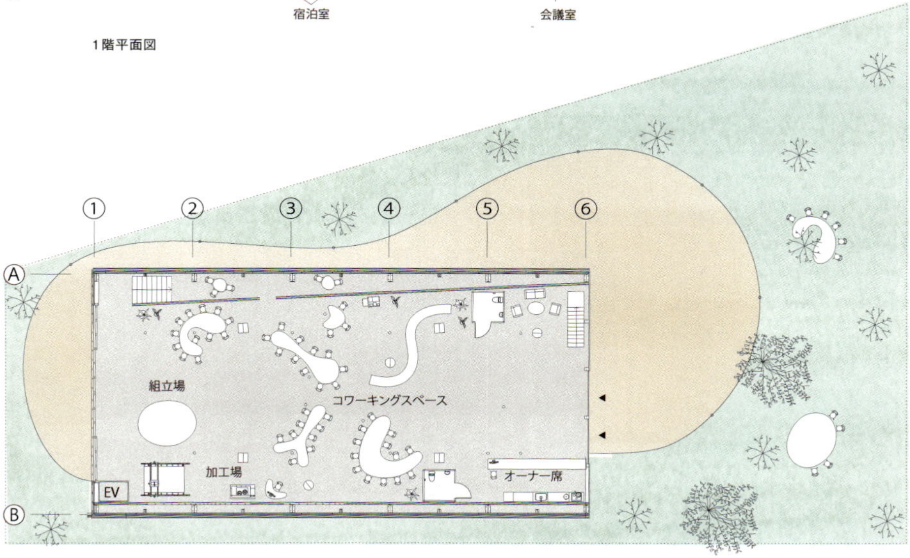

2階平面図

南側立面図

西側立面図

工房スペース

庭とエントランス

2. 商店街モデル

オープンキッチン

コワーキングスペース

惣菜売場

ラウンジ

審査員コメント

審査員コメント@巡回審査

タルディッツ：模型は立派だし、論理やコワーキングスペースというプログラムもよく分かります。ただ1つ非難するとしたら、造船所モデルの内部空間ですね。外皮を直して環境が良くなったとこまではいいですが、最終的にできた内部空間には、広い空間にスパゲッティとかヌードルみたいなぐにゃぐにゃした形のテーブルしか現れていない。この空間をワーキングスペースとして使用する際、どのような使われ方を想定しているのでしょうか?

浜田：この空間を設計するにあたり、まず考えたのは光環境をつくることです。そこに外皮の密度をいろいろ変えてシミュレーションを行ない、そこに合う設備環境をつくりました。例えば、照明と空調。人はそれぞれ環境の良い所に集まるので、僕はその集まり方をデザインしたいと思ったんです。コワーキングスペースでは場所を選択できることが大事だと思っていて、いろいろな集まり方ができる場所をつくりました。テーブルで言えば視線をズラしていて……。

タルディッツ：それは分かるけど、これだけではテーブルの設計ですよね?

浜田：光環境をやって、設備環境をつくり、その上でテーブルの設計と配置をしました。あとは、2階部分には個室もあって、ちょっとしたプライベートなミーティングができる場所をつくっています。

タルディッツ：なるほど、そういった部分まで説明をするべきですね。空間の機能的な話がほとんどなかった。環境、ビジネスモデルの説明もいいけれど、プレゼンはバランスを考えて、ちゃんと人に伝えなきゃいけないよ。

千葉：コワーキングを地方都市で考えるというところに可能性を感じている反面、それがどうなるのかまだ見えない。なんとなく東京モデルを地方に持ち込んでいる感じがして、富山モデルのコワーキングがなんなのか明確にされていないよね。PCだけあれば仕事ができるノマディックなスタイルでなくて、なにか地場産業に結びつくとか、別のアイデアが必要なんじゃないかと思います。

浜田：設計が終わってから感じたことなのですが、地方でやる意味はやはり第一次産業をどう活かせるかが重要なのだと思います。それをふまえた富山モデルの提案はこれから考えていきたいと思います。

千葉：今回の東北の被災地を見ても、やはり第一次産業が中心だからね。地縁的なネットワークがベースにはあるけど、その一方で商品がすぐ自分の手元から離れて、市場に出荷されて値段が決まり、収入を得るという流れだから、働いていることを介するつながりには限定的な側面もある。また第六次産業的に働いている人も結構いるから、そういうところに目を向けると、第一次産業なりのコワーキングも見つけられるんじゃないかな。実際に建てる計画なんだから、プログラムをもう少し詰めて、地元の人の話を聞いて、どんな場所が必要とされているかを考えてみてもいいんじゃないかな。

山梨：実際にここで起きそうなことを20個くらい抽出して、具体的に使われ方が見えてくると、「なんとなくきれいなもの」じゃなくて、もっとリアルで迫力のあるものになる。「いろいろ使えます」とかよく言うけど、「いろいろ」っていうのは5万くらいあればそう言えるけど、せいぜい30とかでしょ? そしたらその30くらいは言うべきだよね。これを言った瞬間に、プレゼンテーションの迫力が何倍も上がるよ。

山梨知彦賞

Record of a Living Being

アサガオは日没から後約10時間後に花を開く。アサガオは外環境の変化(時間・光)を感知し花を開くことで、自身の求める環境との交換関係を調整している。センシティブに環境とのインタラクションを行なう建築のイメージとして。

Interview

Q:トウキョウ建築コレクションに参加しての感想

たくさんの方に見ていただく機会を得られ、貴重な経験となりました。

Q:大学や大学院での活動や研究内容

建築の軽さ(重さ)について。環境の状態変化と動く建築の関係について。

Q:修士修了後の進路や展望

建築家として。

Name:
棚橋 玄
Gen Tanahashi
University:
東京藝術大学大学院
美術研究科　建築専攻
金田充弘研究室

この世界において時間は常に変化し続ける。それに伴って環境の状態(光、温度、風、音、人……)なども動き続ける。

建築において「動く建築」の例はたくさんあるが、それは形態を変化させること自体に目的があるのではなく、動きの結果として、空間の状態に変化を起こすことにおいて初めて意味がある。

この環境の状態と建築空間の変化との密接な関係をつくることの可能性において、私の動く建築への関心がある。

本モデルでは環境を構成する作用因子のうち「熱」という要素を取り上げる。

また外環境と内環境を規定し、人間の知覚においても影響の大きい「境界面」に着目し、温度変化に対して自律的に開閉するサーフェイスのモデルを制作した。

このモデルは環境の変化をマテリアル自体がセンシングし、自律的に動きつづける運動体であり、呼吸する生物のようでもある。

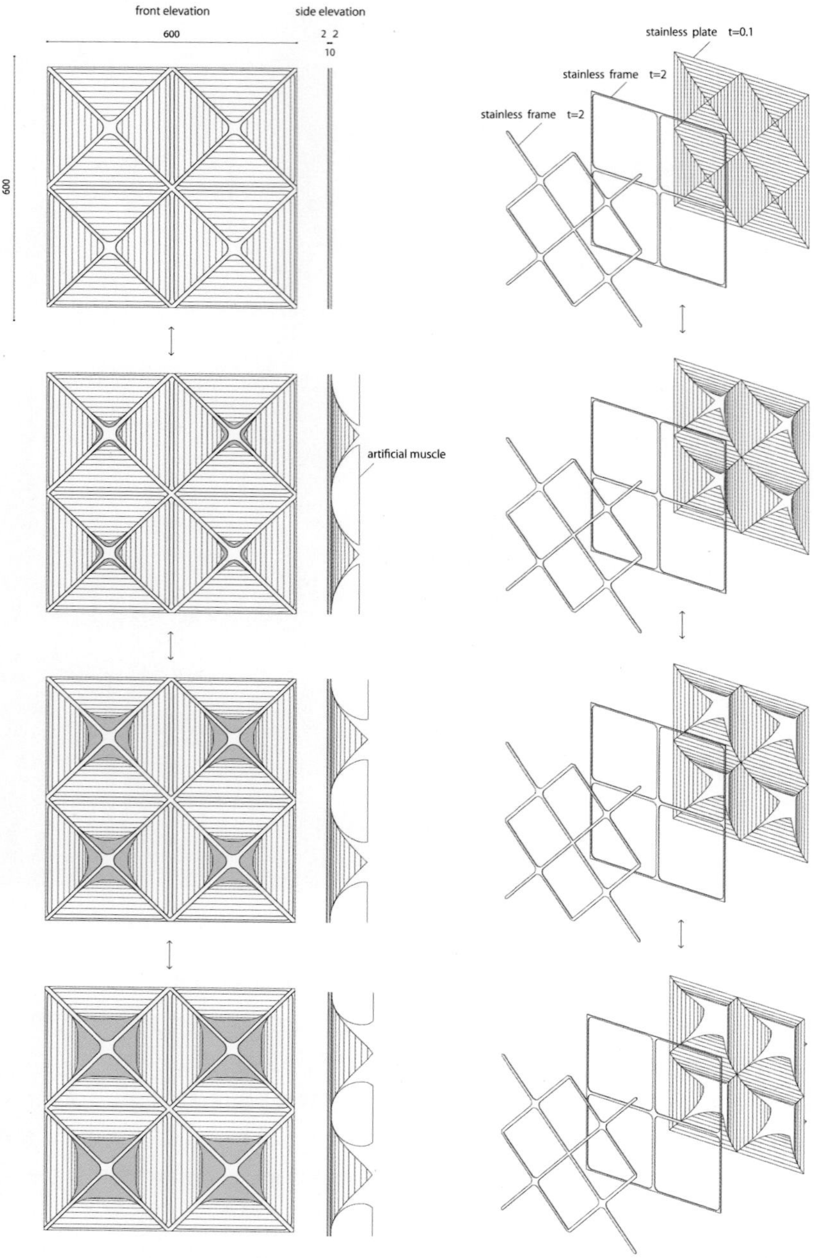

ステンレス板の裏に取り付けられた人工筋肉は変態温度以上になると収縮し、約50%の短さになろうとする。そこで発生する力によって面が引っ張られ、めくれあがる。温度が変態点以下になると収縮力が抜け、金属弾性の力によって再び元の位置に戻る。この一連の動作によって、動きを反復するシステムを組んでいる。

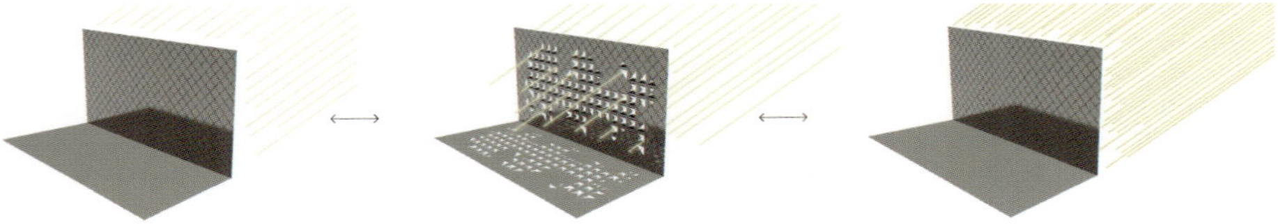

< light sensing type >

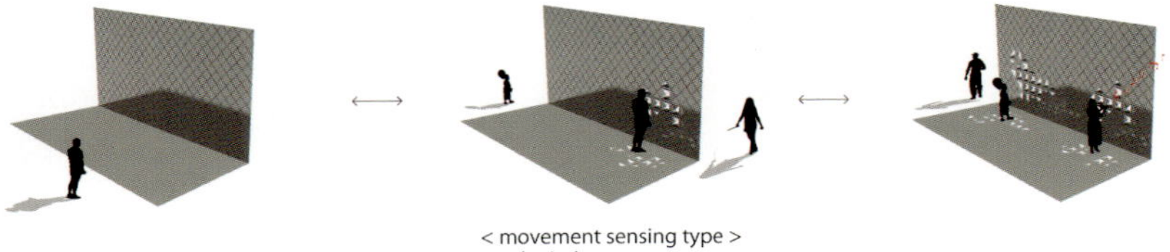

< movement sensing type >
(noise)

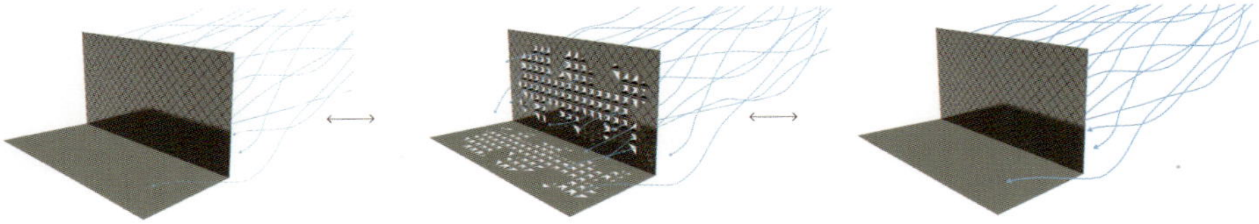

< wind sensing type >

センシングする環境要素はさまざまに考えられる。求める機能によって反応させる要素は自在であり、さらにその対象を複合化させることで、より綿密に環境変化に対応させることができる。

このサーフェイスは開くことによって光を取り込み、視線と空気を通す。また金属の表層は、そのめくれによって映し込む周囲の像を変え続ける。

space image

ここで使用される人工筋肉は形状記憶合金の一種であるため、変態点を自由に変えることが可能である。このモデルの動力となるのは最終的には熱（温度変化）であるため、自然環境下での温度変化域内に変態点を設定することで、電気を一切使用せず、自然の熱エネルギーを直接動きに還元することができる。

審査員コメント

審査員コメント@巡回審査

千葉:温度によって変化するんだよね。人が近づいて変化するっていうのは、人の体温で変化してるの?

棚橋:基本的に温度に反応して動くモデルとして考えています。これは時間をセンシングして動かしているという言い方になるのですが、オンオフのタイマーをセットして、オンになったとき電気を通して、裏に張ってある人工筋肉の温度を上げて動かしています。なので最終的には温度変化に反応して動くことは間違いありません。ただし、ここでは人の体温に反応しているわけではありません。

千葉:それはマテリアルの厚みを変えて調整するの?

棚橋:金属面の種類と厚さによる弾性力と、それを裏で引っ張り上げる人工筋肉の力の関係で、動きはさまざまに変えられます。

千葉:どのくらいの精度? 例えば1度くらいの微差を感知できるの?

棚橋:人の体温で反応するものをつくることも可能ですが、精度がどこまで出るかはまだ分かりません。

千葉:金属と形状記憶合金の張り合わせ方によって、今は比較的二次元に動いてるけど、三次元に動いたり、いろいろ可能性がある。試みとしては大変面白いね。

タルディッツ:これはどのような場面で使うことを想定してるのでしょうか。

棚橋:今回は壁のモデルとして提出しているのですが、光のコントロールであれば、むしろ天井面で使用する方が効果的かもしれません。マテリアル自体の性質で挙動しているのでメンテナンスの手間もそれほどかかりません。まずはこの1/1でつくったことから、より具体的な提案へ建築の可能性が広がればいいと思っています。

タルディッツ:今回はあくまでも部材の設計に徹底したということですね。分かりました。

山梨:今までのキネティックと違って、環境や人間のアクションをトリガーとして動くわけでしょ。そうすると、この変化するときの速度感がとても面白いよね。環境は時間よりも変化が緩やかで、滑らかで、微妙なものだから、こんなに明確に動かないと思うけれど、そこを埋めるアイデアはあるかな?

棚橋:形状記憶合金の変態点を下げて、実際にその自然環境下での温度域に合わせて開くようなモデルであれば、本当に花が開くような速度感でゆっくり開くことができると思います。光、風、音などに比べて熱の変化の「速度」は緩やかです。その熱特有の速度感が動きに反映されるのは、むしろ面白いとも考えています。

山梨:この案の一番の魅力は、通常のセンシングデバイスを使わず、形状記憶合金というセンシングデバイス自体の動きを見せているところだと思う。人間の動きを見せようと思った瞬間にセンシングデバイスをかまさなければいけないし、何かモーターをかませなければいけない。君はどちらをやりたいの?

棚橋:機械的なアクチュエーターで動かすのであれば、いくらでも今までも解法はありますし事例もあると思います。やはり、環境の変化にマテリアル自体が反応し、直接動きに還元するということがやりたくて。その点において効果的な機械をつくるというよりは、新しい生き物をつくり出すようなイメージに近いです。

幸せにみちたくうかん「新約エル・カミーノ」

本当に美しいくうかんに出会った時、それを感じる時、それが創り出された時、そこには理屈や意味なんてない。それでもくうかんは必ず共有されるだろう。それが純粋なる、幸せにみちたくうかん。

建築に理論や、時に理屈までもが必要になるのは「建築家自身が継続的に質の高い建築を生み出すために生成の手続きとして欲するため」、あるいは「説明や説得のために数値化できる客観性を獲得するため」ではないだろうか。もちろんこれら矛盾していそうな2つの事柄を、ぎりぎりのところで融合できる人が一流建築家になれるのだと思うけれど、何だか今の社会では、理論や理屈に重きが置かれすぎている気がするのは、僕だけだろうか？　そんな、もしかしたら誰でも知っていることに、僕がようやく気づいたことは、幸せに生きるとはどういうことだろう。そのために建築家として僕はどういったことができるだろう。と常に自問しながら歩き続けた巡礼の旅によって獲得できた、一番大きなものだった。

Interview

Q:トウキョウ建築コレクションに参加しての感想

大学院生活の集大成である修士制作を通して、メッセージを発信できたことはとてもありがたく、素晴らしいことでした。想像以上に多くの反応をいただき、TKCへの注目の高さを知り、またその運営陣にとても感謝しています。

Q:大学や大学院での活動や研究内容

大学院では途中スイスに留学し、国内外での建築思想に触れながら、多くの素晴らしい建築を見て回りました。そして自分の偏った価値観を知り、周りを見渡す余裕と、自らを相対的に考える視座をもてるようになりました。

Q:修士修了後の進路や展望

建築をもっと素直な気持ちと心で考えていきたいです。そのために自分と、自分の周りの環境を改善していくことから実践し、国境にとらわれない活躍ができる建築家を目指しています。

Name:
杉山幸一郎
Koichiro Sugiyama

University:
東京藝術大学大学院
美術研究科　建築専攻
北川原温研究室

上から　Chatreにある教会とその外部空間
巡礼路で出会った教会たち（抜粋）

昨年の大震災をきっかけに、僕は建築家として、１人の人間として一体何ができるのだろうと考えました。震災復興の計画を考えるのか、仮設住宅の質の向上を考えるのか、それとも考えるよりもまず先に現地へ赴きボランティア活動をするのか。結局明確な答えが出ないまま、僕は「自分でも分からない何か」を求めて巡礼の旅に出ることにしました。

巡礼路沿いにはかつての巡礼建築家が巡礼者のために建てた教会があり、建築史からみるとそれらはロマネスク建築に当たります。僕はこの建築が創り出す雰囲気に心から感動し、それこそが自分が創りたいと求めていた幸せにみちたくうかんに近いと感じ、巡礼しながらそれらの建築を丹念に訪れ体験し、そして記録していきました。

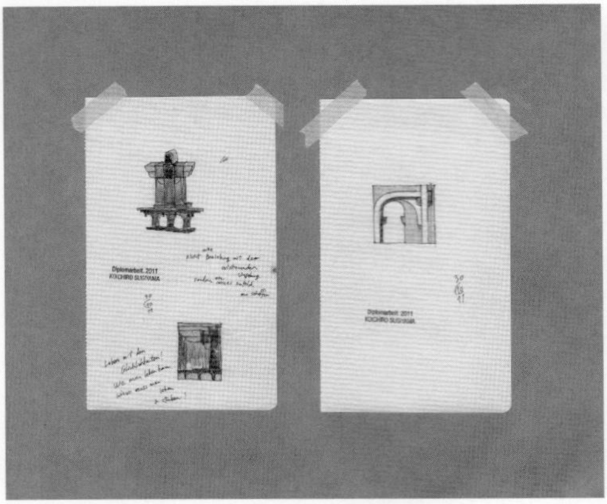

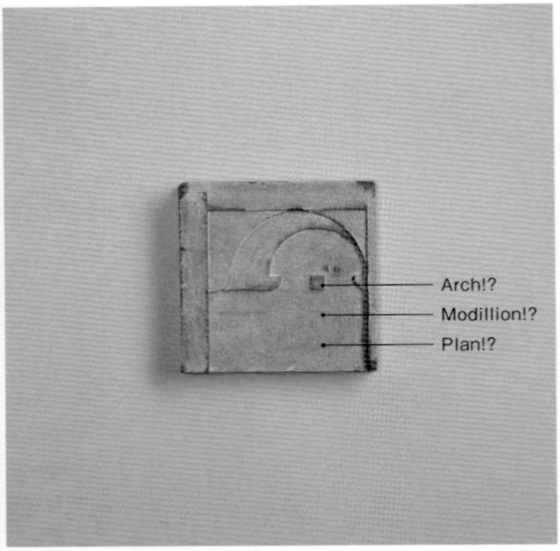

上から　スケッチの具象化から抽象化／レリーフモデルno.1
レリーフモデル(no.2 ～ 16より抜粋)

帰国後、スケッチを繰り返してイメージを膨らませていきました。しかし、具体的なモノやカタチが出てきてしまったので、意図的にある空間に納めることで自身の無自覚な感性に制限を与え、要素を減らし、自分の感動した事柄をあらわにしていきました（左上図）。そして初めにレリーフを造りました。ここにはアーチやモディリオンといった建築的要素を見ることもできます。またこれを平面図とも断面図とも、ある空間のパースペクティブとも捉えることができます（右上図）。自分の経験を消化する意味も含めて、さらにいくつかレリーフを造りました。この過程から分かってきたことは、僕の関心は特にモノとモノの間にできてしまう空間（Gebaute Leere）と、それらを全体として見た時に感じるモノの一体感(Gestalt)、構成の全体性(Komposition)にあったということです。

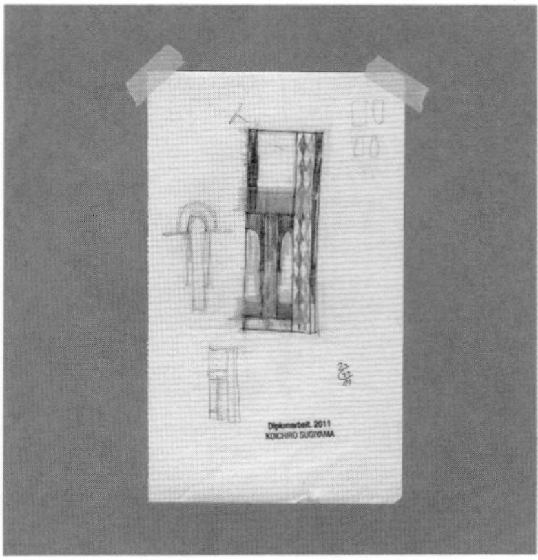

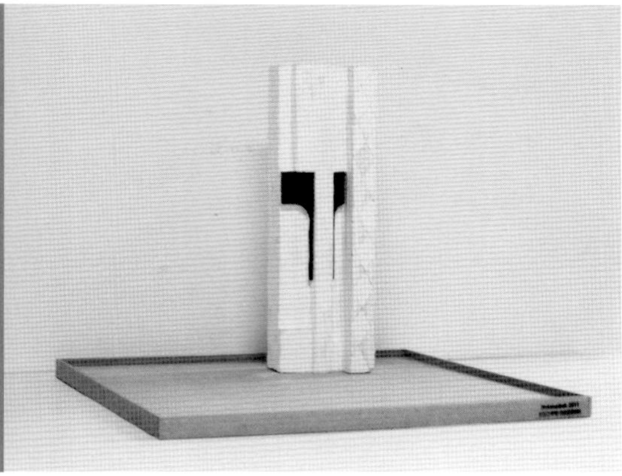
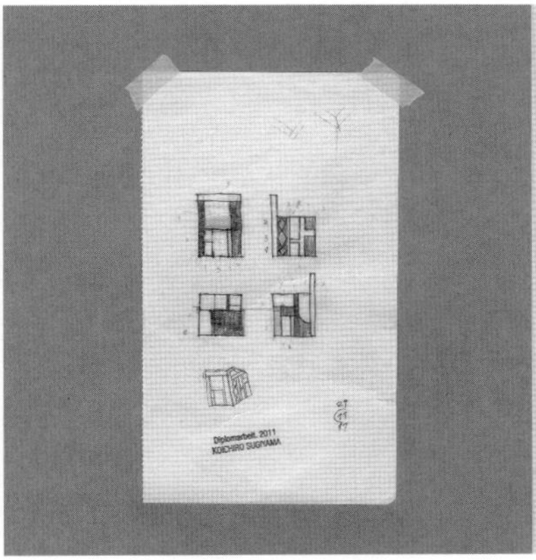

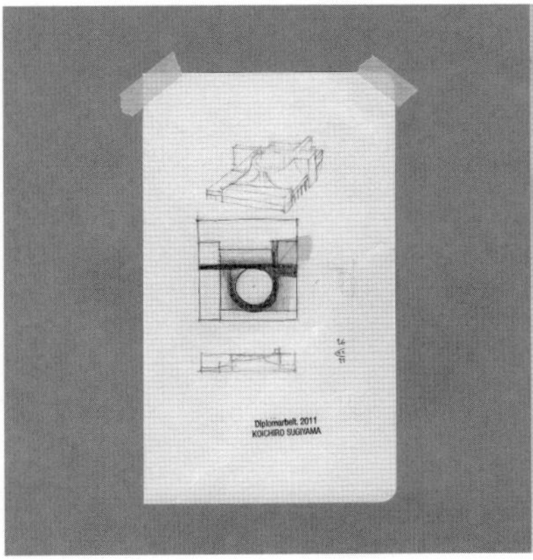

上から　レリーフを変形させてできた柱モデル
レリーフを組み合わせてできた教会モデル
レリーフを浮かび上がらせてできた地形建築モデル

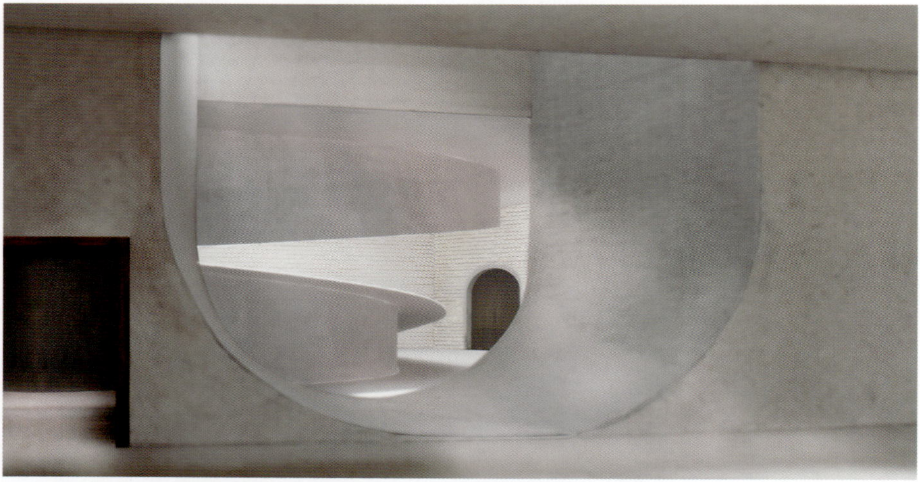

上から　中心の大きな空虚とそれを取り巻くスロープ　往復560m ／歩きながら考える場所
共同寝室から中心のスロープ空間を眺めたところ　地上階の半屋外ロッジアスペース

上から　最終建築イメージ／幸せにみちたくうかん
北立面／表情豊かなファサードと、それが創り出す心地よい外部空間

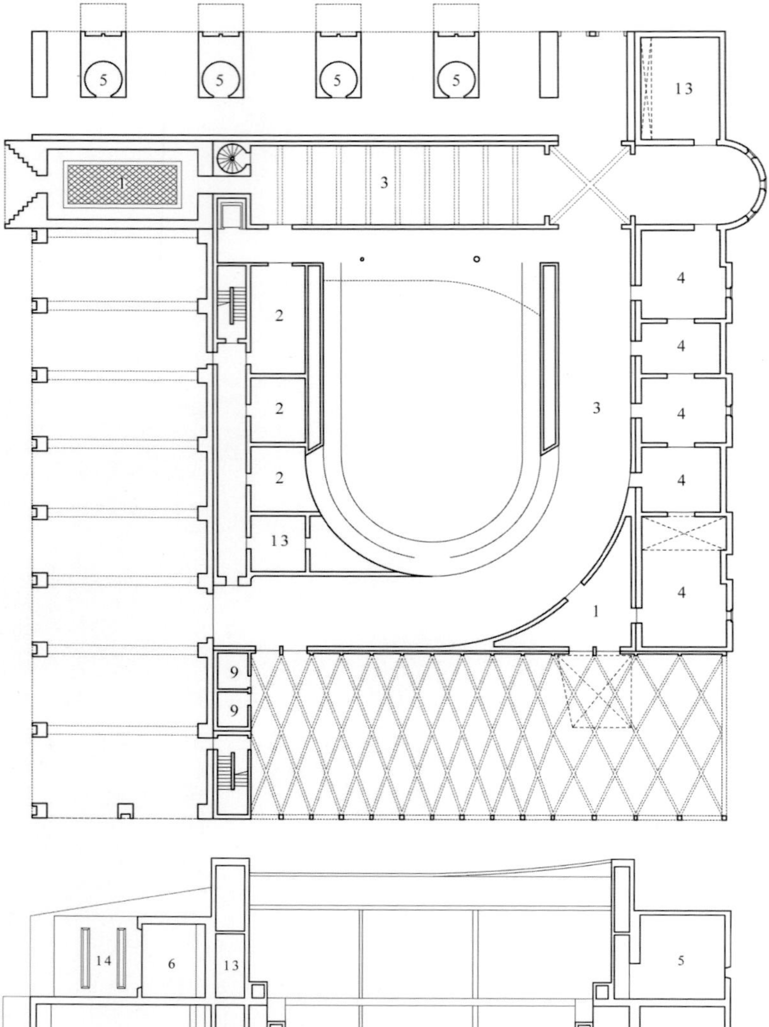

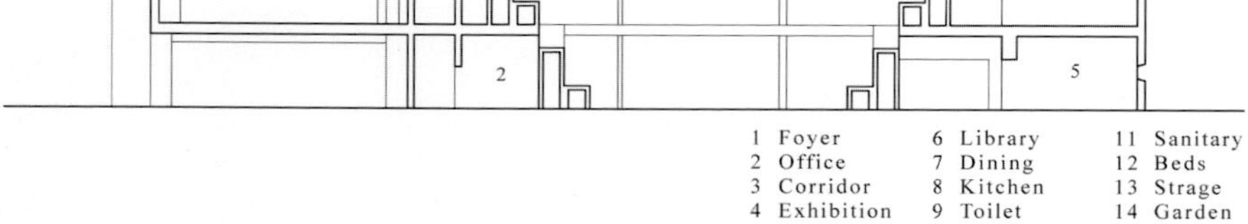

1 Foyer
2 Office
3 Corridor
4 Exhibition
5 Class
6 Library
7 Dining
8 Kitchen
9 Toilet
10 Shower
11 Sanitary
12 Beds
13 Strage
14 Garden

0 1 5 25(m)

建築としてある敷地に現代版修道院のような、しかし宗教性を除いた「考えて食べて寝る」機能をもった建築を創りました。利用者は一般的な都市生活者を想定し、都市から離れたこの場所で、2週間くらい共同生活をしながら、自分にとって幸せに生きるとは何なのかを考えてもらいたいと思っています。

最後に、僕はこの修士制作で、「巡礼とそこで出会った教会たち」という自身の経験から得た言葉によって建築を創りました。そして、それは決して独りよがりなものではありません。なぜなら、僕にとって建築とは効率の良い、住むための頑丈な機械ではなく、「人を、文化を形成するもの」だからです。

審査員コメント

審査員コメント@巡回審査

工藤：この形に至ったプロセスは?

杉山：最初に描いていたスケッチでは、イメージそのままだったのですが、それでは本当に深い意味での理解ではないと思い、自分なりに制限を加えました。何を表現するかというのではなく、自分でも分からない何かを見つけていく作業だったかもしれません。

タルディッツ：一次審査では巡礼の日記に興味を覚えました。歩きながら建築や空間、まち、風景を体験することは良いと思います。次にこれらの体験、自分のフィルターを通して、モチーフ、レリーフを製作したわけですね。そのプロセスの全体性は分かるのですが、どうしてこの空間ができたのかが少し謎なんです。

杉山：教会の様式や要素などを、空間の中にコンポジショナルに、プロポーショナルに納めていきました。

タルディッツ：そういった、出来上がった形の合理的な成り立ち、デザインの細かい設定を、先ほどのプレゼンテーションでもっと説明すべきでしたね。

山梨：巡礼は宗教的な行為だけれど、歩いている間に宗教を超えた何かをつかみましたか?

杉山：僕はキリスト教徒でもイスラム教徒でもないのですが、今回の旅で、自分の性格をあらためて考えることができました。それから、天気や自然をすごくセンシティブに見ることができるようになりました。巡礼を始めて1カ月くらいたって旅慣れてきた頃、雨上がりの光を見たときに、「ああ、すごく美しい」って。

山梨：この巡礼で精神的なものをつかんだはずなのに、できたものが意外と表層的だなと感じました。分析とプロセスまでは面白いけれど、昇華できていない。なぜ宗教的なものをつくらなければならなかったのかが分かりませんでした。日本人としての原点から全然違うつくり方もあったはずですよね。

杉山：教会を建築として見た時に感じるものが、僕は外部空間において多かったんです。本来、建築をもっとも表現できる部分は外部だったと思うんです。今回の巡礼は、それを再認識する行為だったと思います。僕は日本人として、いまの日本にとってこのような建築が必要だと感じてつくりました。

審査員コメント@公開審査

工藤：今、震災のことなど、何をテーマにするか非常に迷う時代背景がありますが、その中で精神的なところも含めて、1カ月の旅による自分の実体験を建築として形にするという、彼の生き様みたいなものを評価しました。

タルディッツ：彼は、巡礼という経験を通して、教会や修道院という建築がなくても、建築空間の力によって、そういった場所ができると考えたわけです。空間に対する意識が高いと思いました。

新居：レリーフ作品までは理解ができたのですが、最後の建築になるときに飛躍がありすぎました。その間を埋める作業が必要です。絵はとても上手だけれど、そこでストップしかねないので、意識的に絵を描かないようにして、もっと理論的に考えた方がいいと思いました。

千葉：抽象的な形態のスケッチをした後に、それを建築化していくというプロセスに興味をもちました。建築をつくる根拠を問い直そうとしていて、野心的です。でも、出来上がった建築が従来の修道院のイメージに引きずられていて、少々予定調和的なプロセスになってしまっているところが惜しいと思いました。

山間村落輪唱風景

Interview

Q:トウキョウ建築コレクションに参加しての感想

このような展覧会で数多くの方々と出会い、意見をいただけたことはとても幸せなことだと感じています。エスキスをしていただいた先生やお手伝いをしていただいた皆にはとても感謝しています。

Q:大学や大学院での活動や研究内容

数多くのプロジェクトを担当する中で、あらゆる社会環境における建築の可能性を追求していたように思います。

Q:修士修了後の進路や展望

進路はゼネコンの意匠設計部です。個人的には地元のまちづくり活動に参加しています。

Name:
木下和之
Kazuyuki Kinoshita

University:
神奈川大学大学院
工学研究科　建築学専攻
曽我部昌史研究室

近年、長野県下條村では農業従事者の高齢化、後継者不足、農作物需要変化などによる第一次産業の衰退と、人口流入による土地利用の転換などにより、共同体の地域性が失われつつある。一方、実態調査から農業に興味をもつ若者が8割も存在しながら、大半が土地の貸し借りや設備投資の難しさにより農業との関係をもてずにいることが分かった。また、この地には谷戸地形による多様な農地空間が広がっており、それらが民家の屋根まわりに複雑で豊かな表情を与え、その場の特性に応じた多様なアクティビティやコミュニティをつくり上げている。本計画では、調査結果により表面化した地域性「地形利用」「生産性」「社会性」などをもとに、共同体と現代社会との関係を再構築することで、共同体の持続的生活像と地域の取り組みを共に導く、独自性をもった山間村落共同体を提案する。

分譲住宅化した農村の住宅

国道沿いまで迫るマンション

多くの放棄農耕地

敷地

地域の中でも地域性と諸問題が顕著に見て取れる谷戸村落を選択し、地域の人を巻き込みながら計画を検討した。

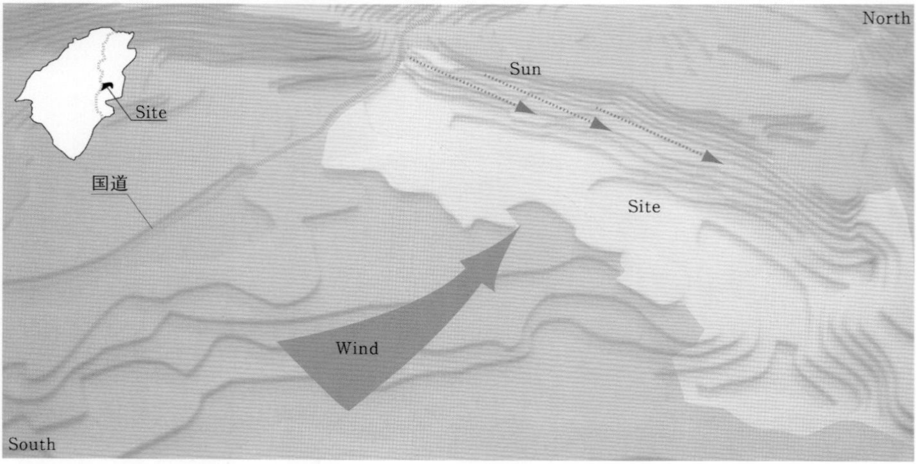

1：労働力の貸し借り（結い）
2：微気候に対応した地形利用
3：地形と微気候を利用した生産システム
4：アクティビティを誘発する、多様で多機能な空間構造

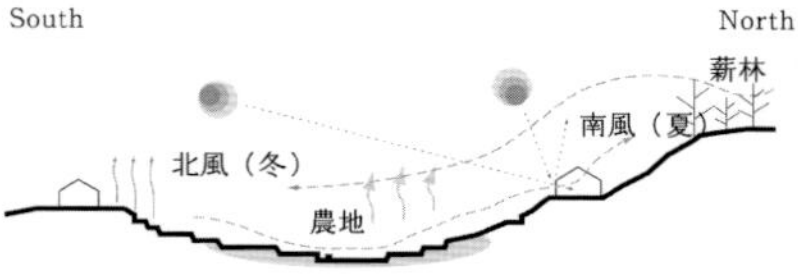

実態調査

第一次産業の衰退と人口流入による土地利用の転用により、共同体の地域性が失われつつある。
土地の貸し借りや設備投資の難しさから後継者が増えず、結果として地域性の損失、風景の荒廃が起きている。

実態調査結果1

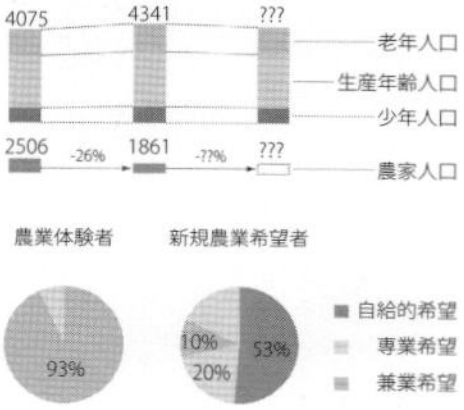

実態調査結果2

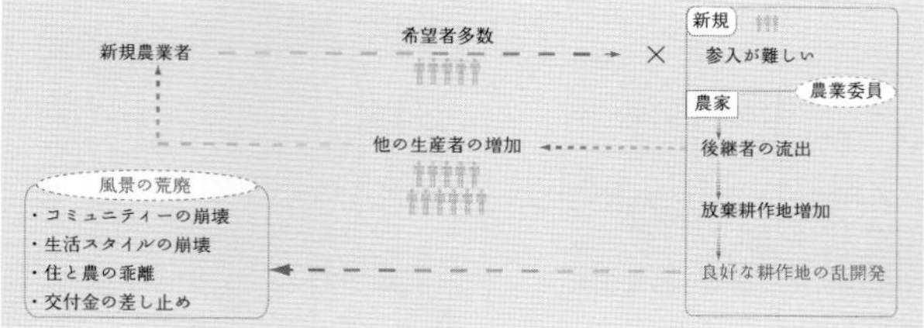

プログラム

単に畑を耕すだけでなく、第六次産業などによる農業への関わり方を増やすことで
住人と新規農業者との関係を構築する。

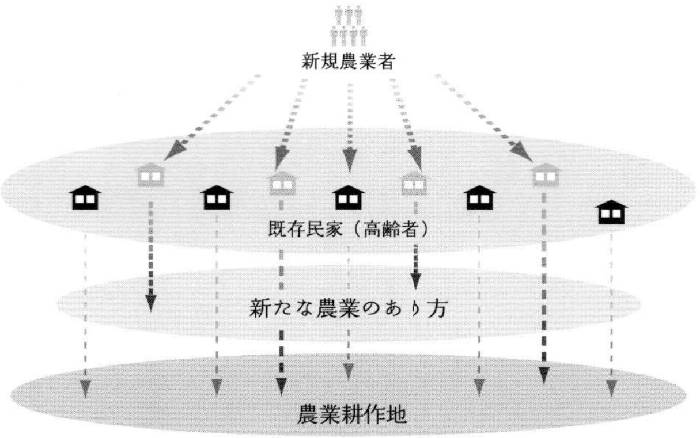

新規住宅
- 住宅
- 農作業場
- 農業耕作地

コモンスペース
- アトリエ
- 和室（茶室）
- 娯楽室
- 児童室
- 自給的農業耕作地

公共
- 図書情報コーナー
- 公民館＋広場
- SOHO

農業施設
- 農業耕作地
- 共同農業施設
- 加工施設
- 休憩所
- 直売所
- 畑レストラン
- 体験農業施設

生産加工　直売所　農業体験　共同農場

ゾーニング

広場のように利用される主要道路と空き地、そして地形の溜まり場にできる水門、
共同体の骨格となるレイヤー状の集落構図などに着目し、新規プログラムを接続する。

集落構図

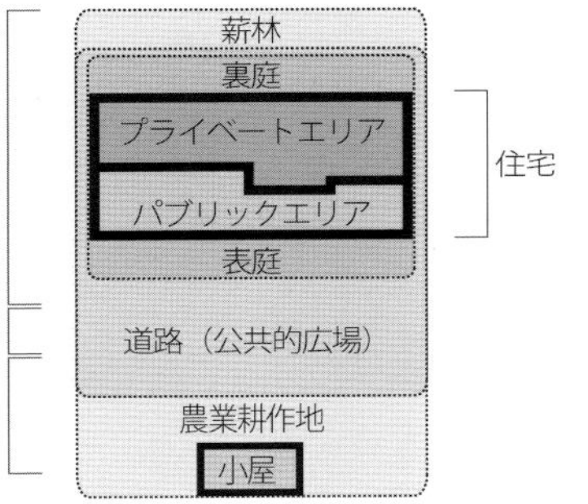

接続プログラム

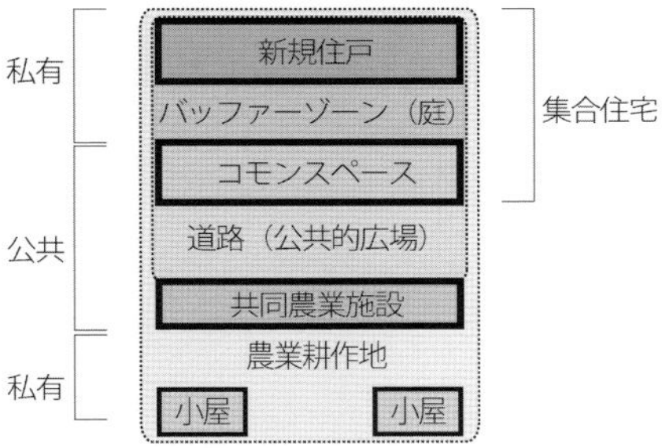

断面図

谷戸形状により機能を変化させる多様な農業空間が谷なりの屋根群より建築化される。

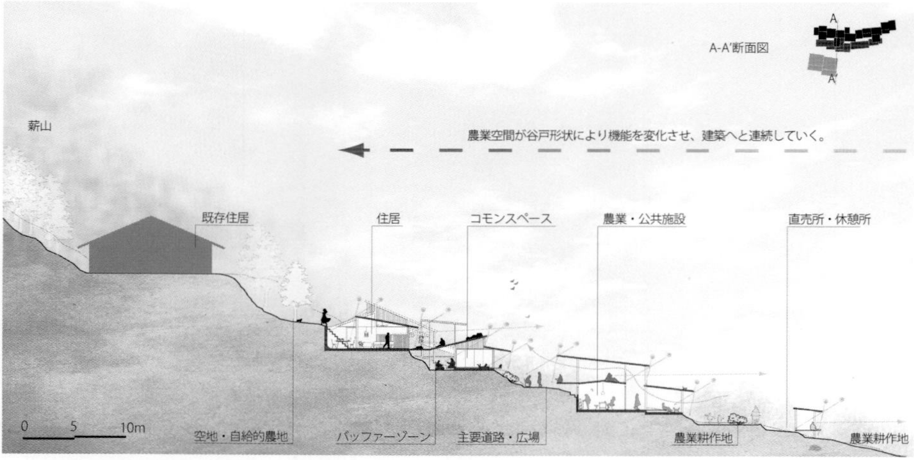

空間構成

谷戸がすでにもっている自然現象の流れに快適な場を見い出すため、共同体は傾斜に対して連続する複数枚の屋根により形成される。

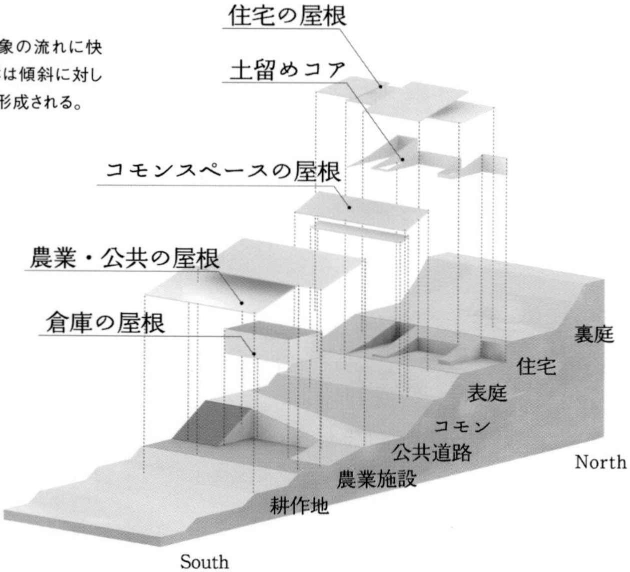

住宅：プライベート性の高い北側に位置しながらも、視線の抜けや光・風の操作によって連続性を保つ。

バッファーゾーン：既存の共同体との関係をとりながら、住宅へ光や風、多様な風景を取り込む。

コモンスペース：新規住民はその内外が連続するバッファーゾーンからコモンスペースを介して既存の共同体との関係をもつ。

主要道路（広場）：お互いに野菜を交換したり、おしゃべりをしたり、子どもが遊ぶ場となる。春にはお酒を酌み交わし、小正月にはどんど焼きが行なわれるなど、この道を中心に季節の行事が行なわれる。

耕作地：各農道には休憩場所や小さな直売所が配置される。

農業公共施設：共同の農業機械置き場、作業場、蔵、集会場等など公共的な場が担保される。広場として使われる主要道路に隣接し、「結いコミュニティ」を成立させる場となる。

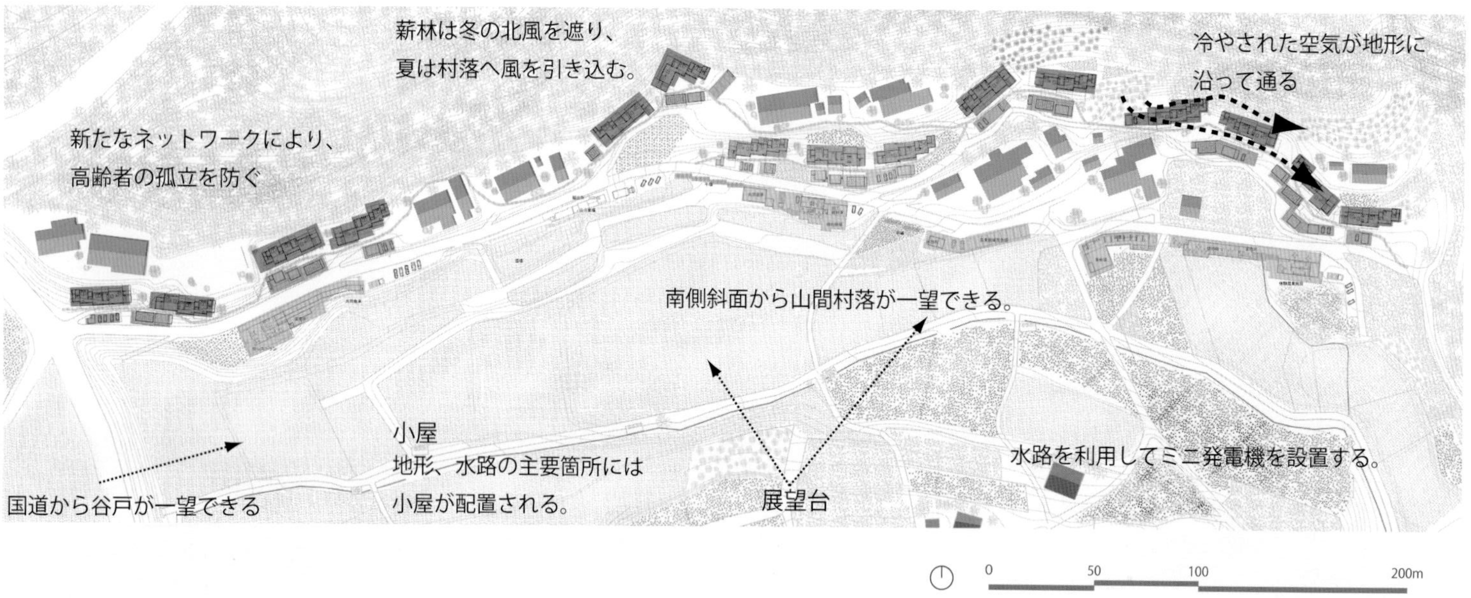

新たなネットワークにより、
高齢者の孤立を防ぐ
薪林は冬の北風を遮り、
夏は村落へ風を引き込む。
冷やされた空気が地形に
沿って通る
南側斜面から山間村落が一望できる。
小屋
地形、水路の主要箇所には
小屋が配置される。
国道から谷戸が一望できる
展望台
水路を利用してミニ発電機を設置する。
0
50
100
200m

平面図

広場として使われる主要道路、高齢化によって増加する空き地を中心にプログラムが配置される。

審査員コメント

審査員コメント@巡回審査

タルディッツ：模型がすごく力強く、建築的な意識をもちつつ、ソフトにも力を入れて田舎に活力を与えていこうという提案は面白いと思います。あとは細かい設定が必要だね。住まいだけじゃ人は住めなくて、そこに経済がないといけない。農産業についてはどう考えているの?

木下：農産物や土地利用に関しても細かくリサーチを行なっています。この提案では高齢者と地元出身の新規農業者が、特産物を第六次産業的に消費するようなモデルを考えています。直接、役場の方や農業委員会、各地域の有識者と、何度も話し合いの場を設けリアリティがあるか検討してきました。

工藤：気になるのは、集落の数に対してあなたの提案しているもの、つまり公共建築がとても多すぎるんじゃないかということ。それに牧歌的な模型やプレゼンに対して、あまり高密度のものは合わないんじゃないかな?

木下：すぐ近くの国道脇で増加傾向にあるマンションの規模に合わせた計画をしています。密度に関しては、谷戸の地形に沿ってはしる主要道が広場のような使われ方をしていたため、谷に沿って賑わいを集約するようつくりました。各建物は必要最小限のサイズにとどめ、農耕地の牧歌的なイメージは意識的に残すようにしています。

工藤：規模の話はお金の話に絡んでくるから、大きな規模は大きな資本を伴わなければならなくなる。補助金の計算も行なっているのはいいことだけど、部分を変えるだけで何かが変わるといった小さな計画も大切よ。実現に向けてがんばって。

千葉：第六次産業の話はリアリティもあってすごく面白いね。ただ、今回の提案は住宅にフォーカスが当てられすぎていて、経済活動の話と建築提案との因果関係が見えていないのが弱い。経済が変わればインフラを含めたもっと大きなスケールでのプランニングも必要になってくると思うけど、そのあたりはどう考えていたんだろう?

木下：全体模型で見ると分かるのですが、近くには国道が通っていて通行量がかなり多く、開発が進行している場所なんです。放棄農地を利用することで、観光客が車を停めて直接果実を買ったり、農業体験をすることを考えています。

千葉：その辺の戦略が一番重要じゃないかと思ったんだよね。建築ももちろん大事だけど、今までのそこに地場で住んで、そこで耕してっていう人たちの全然違う流れが起きるわけじゃない。そっちを全面的にプレゼンした方が良かったよね。

山梨：インターネットを集会所に通して農産物を宣伝すれば、農村の構造を大々的につくり替えずレガシーなままでも充分いられる。そういった質問もあるかもしれないけど、この作品は建築でその問題を解決したいんだよね。だとしたら、マンションや分譲住宅ではなくて、低層の農村住宅でも充分経済活動は成り立つというのをはっきりと示すべきだよね。

審査員コメント@公開審査

新居：数ある住宅作品の中で、木下さんのは空間の構成がすごく良かった。でも、今日話して若干違和感をもったのは、既存との関わり方。単体の建築としてつくった方が魅力的だし、君の言うように昔の家に住んでいる老人はそのままというのじゃ難しいと思う。農村の構造に対する考えはちょっと甘いんじゃないかな。

山梨：計画まではいいけれど、ヴァナキュラーな形態に落とした時にどうしてもキッチュに見えてしまって、もう少し建築的なやり方があったんじゃないかと思っています。こういったことをやるときはかなり慎重にやらないと、ディズニーランドのような観光農園になってしまうことがある。そこが僕には「どうしようかな、すごく文化的なことはあることなんだけど、際どいな……うーん」というふうに思ったので、最後は推せませんでした。

Circulating Architecture

絶えず都市の環境問題として生じるwaste energyとしての石油流出事故に着目しながら、それを都市生活の流れの中で解決するための循環システムを構築する。日常生活においてwaste materialとされている毛髪をその油吸着能力から油吸着材として利用する。毛髪のmaterial bihaviorをシミュレーションすることで、あらたな石油吸着材の形態を効率とデザインの双方の態度から考察しながら作成し、東京湾の5カ所で指定されている油防除資材配備基地に設置する。ヘアサロンの寄付から事故利用に至るまでのマテリアルフローを定量的に分析し、利用後この物質を建築として使用することを試みる。

都市の日常の中にこの循環を組み込ませるために、現在の社会において変動する都市の居住形態である、2年間で居住者が入れ替わる雇用者のための住宅をプログラムとして設定する。

このように建築がエコロジカルな循環とともに生じ、都市生活に新たな変革をもたらす、エコロジカルアーバニズムの発端としての建築を提案する。

Interview

Q:トウキョウ建築コレクションに参加しての感想

今回が東大初の修士設計だったので展示、発表できたことはとてもうれしく思っています。

Q:大学や大学院での活動や研究内容

海外コンペ、デジタル技術に関する授業、実践課題、ワークショップ(国内、海外)など。

Q:修士修了後の進路や展望

アトリエ勤務。

Name:
友枝 遥
Haruka Tomoeda

University:
東京大学大学院
工学系研究科　建築学専攻
隈研吾研究室

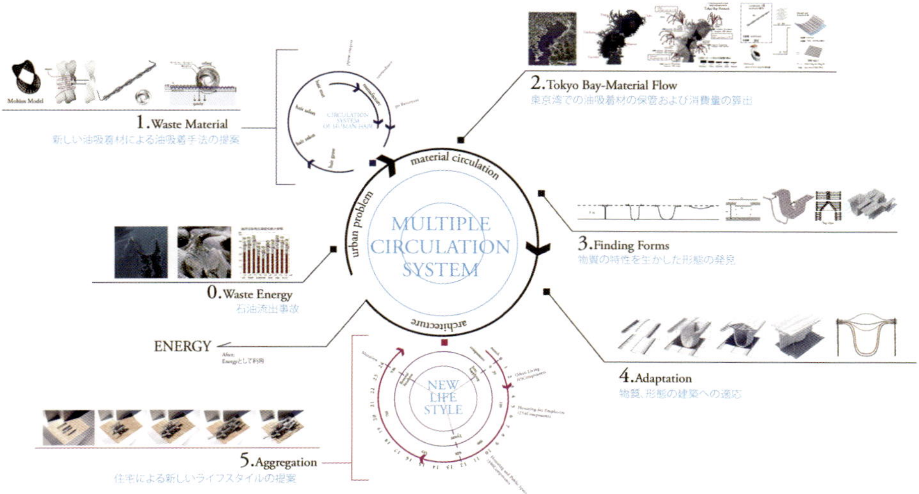

全体の物質循環：ヘアサロンから物質が供給され、東京湾への部材の配備、敷地への供給、時間経過とともに蓄積される部材による建築の形態変化を1つの循環図として表現する。

環境問題としての都市のWASTE ENERGYとWASTE MATERIALへの着眼

Disaster

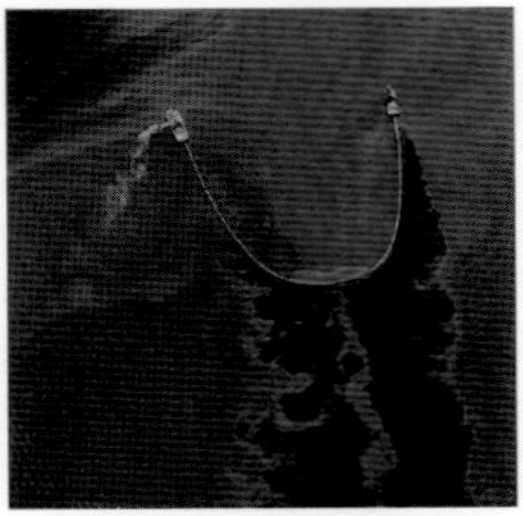

写真提供：The *Exxon Valdez* Oil Spill Trustee Council

Oil Spill

海洋汚染発生確認件数の推移

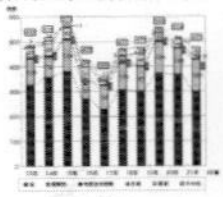

毎年300件 油濁の件数

東京湾汚染発生確認件数の推移

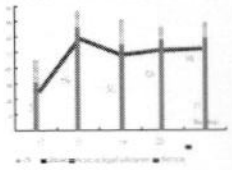

東京湾6年間平均51.7件

写真提供：The *Exxon Valdez* Oil Spill Trustee Council

廃棄の現状

オイル吸着マット

30.039t/1year　61845000円/1year

毛髪の油吸着性能実験

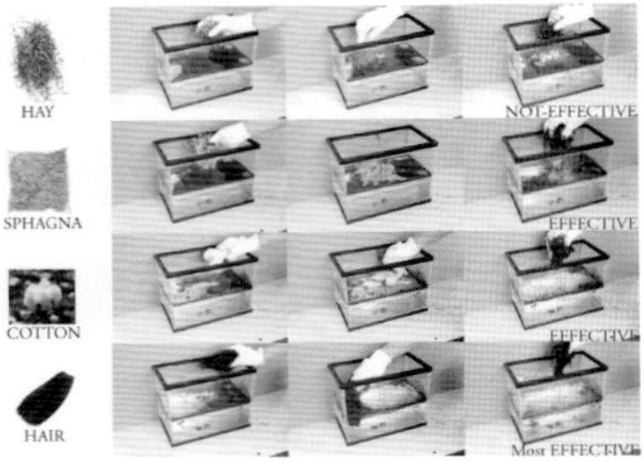

石油流出事故は恒常的に生じている、防ぐことのできない災害の内の1つである。しかし、毎月何回生じており、どのくらいの資源を消費しているかなどの現状についてはあまり知られていない。そこで、はじめに、これらの調査と、エネルギーや資源を無駄にしない新しい手法について調査した。調査の中で、現在海外で行なわれている毛髪を利用したプロジェクトがエネルギーと物質を同時に対処している事例として見い出された。このエコロジカルな循環をより日常生活に取り入れていくことは可能だろうかという問いが、建築の新しいあり方について考察する端緒となっている。

MOBIUS MODEL

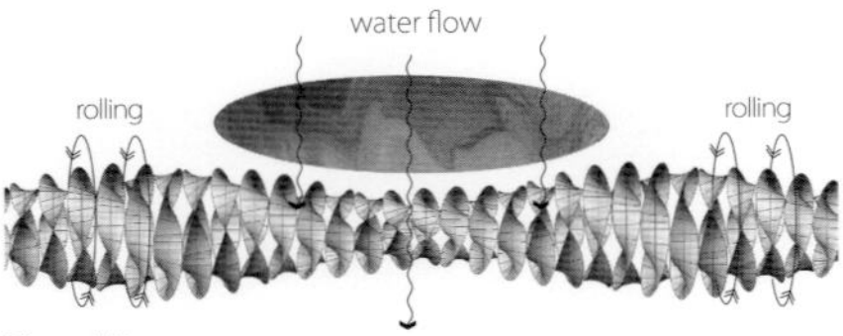

Top View

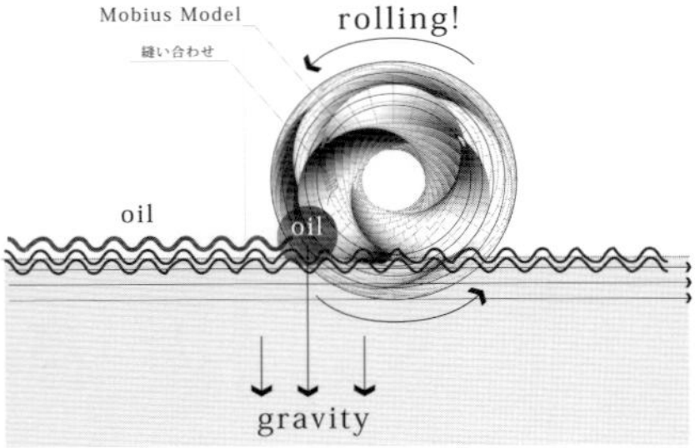

Section

hair mat

+

tube model

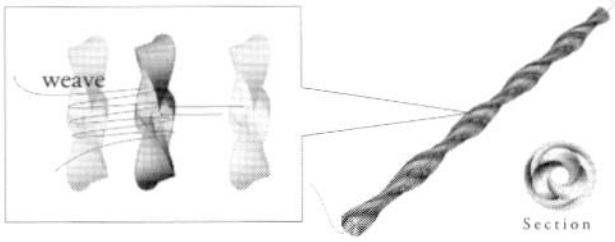

毛髪をマット状にした製品であるヘアマットを利用し、従来のチューブ型油吸着材の油を包囲しながら吸着するという特性を利用しながら、その構造的な弱さ、一方向の面にしか油が付着しない非効率性を改善するモデルをヘアマットを利用することで解決することを試みる。また、大量の廃棄物もこの提案が可能となれば、削除することができ、よりエコロジカルなプロジェクトとして世界に働きかけることが可能となる。

毛髪油吸着量とその性能比較

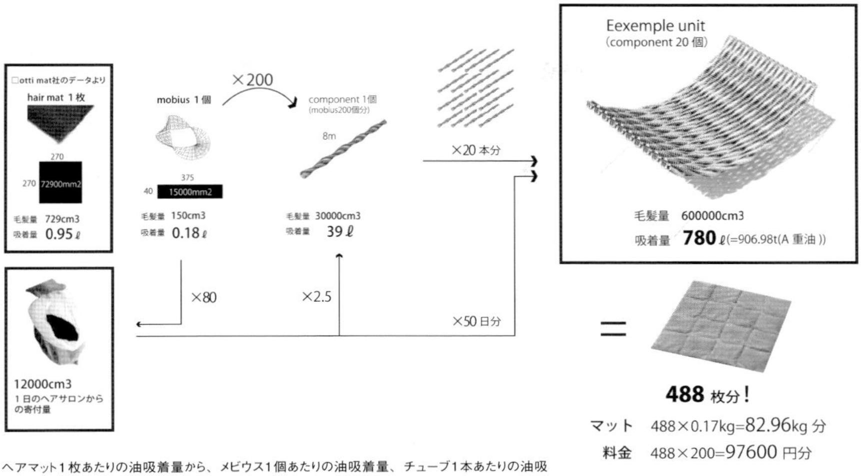

ヘアマット1枚あたりの油吸着量から、メビウス1個あたりの油吸着量、チューブ1本あたりの油吸着量をもとめ、小建築単位を構成するとどのくらいの油が吸着されるかの算出を行なった。なお、ヘアマットによる吸着量は現在利用されている油吸着材と性能は同等であることがわかる。

東京湾マテリアルフロー分析

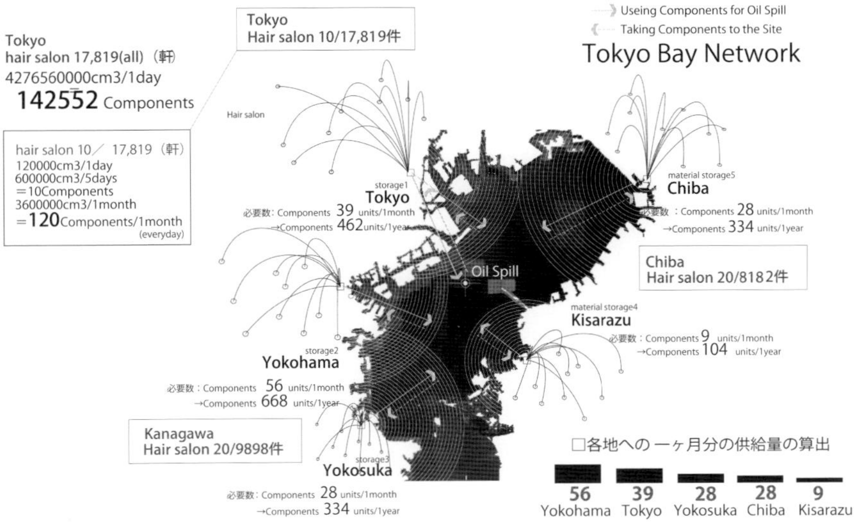

現在、東京湾における油防除資材配備基地として、東京、横浜、千葉、木更津、横須賀の5つが、海上保安庁により定められている。この5つの地域における油流出事故の現状として過去3年間分の油流出事故原因と各事故件数および、各地域に備えてある油防除資材用の倉庫数と油吸着材の総保有量、各倉庫間における最大油防除保有量と最小油防除資材保有量および各地域ごとの倉庫全体における平均油防除資材保有量を調査した。それらと油吸着量、ヘアサロンからの寄付量をあわせて東京湾における物質の流れを図示し、定量的数値として算出した。この流れの後、敷地にこの物質が運ばれ、随時建築として新しく生み出されていくこととなる。

FINDING FORMS

study1

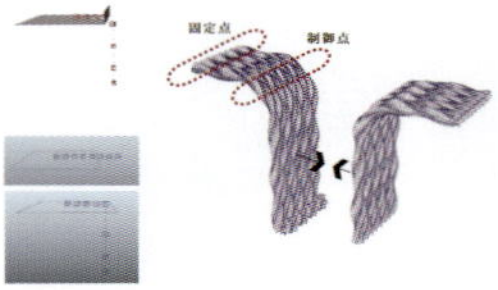

study 1

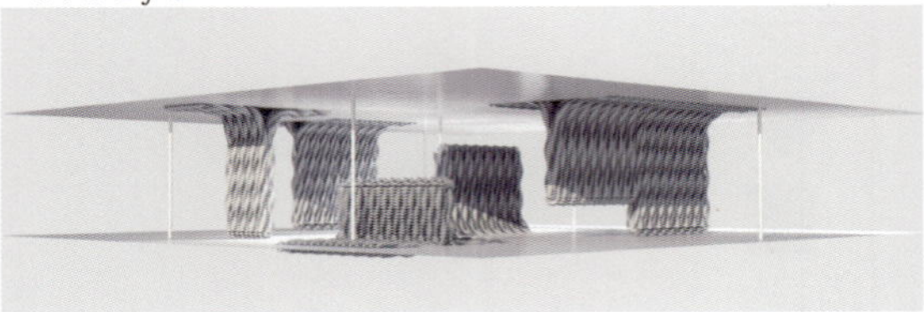

study2

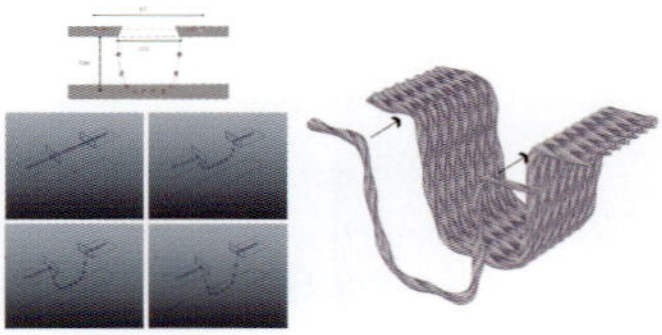

study 2

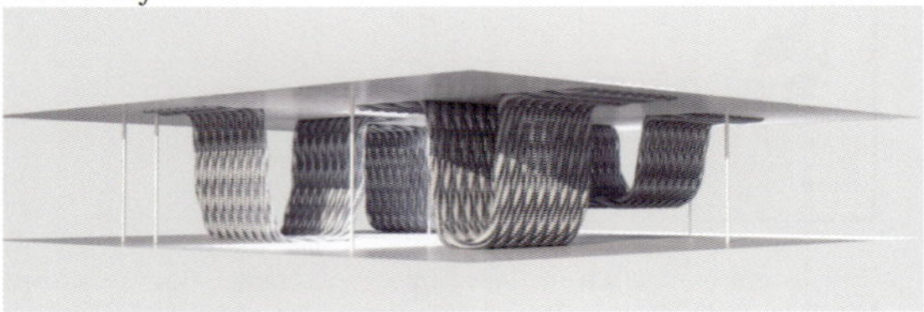

study4

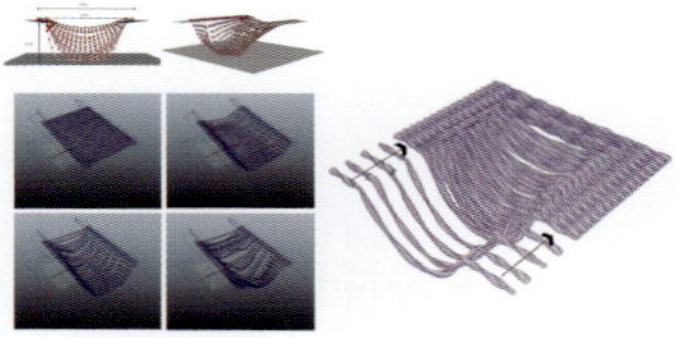

study 3

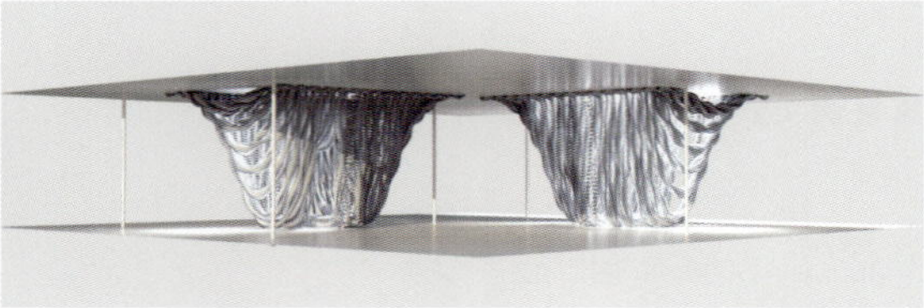

study3

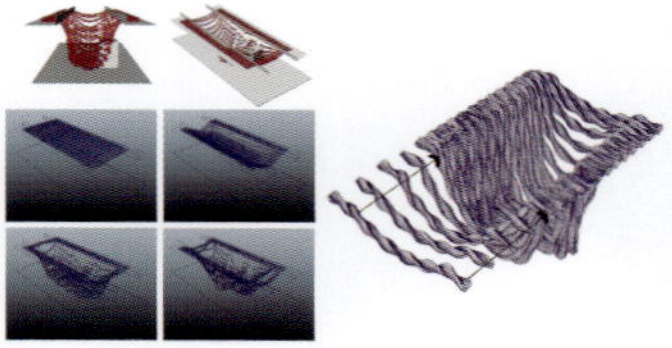

study 4

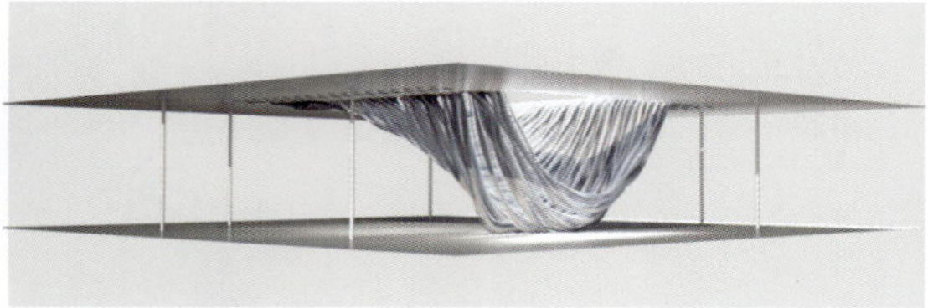

study5

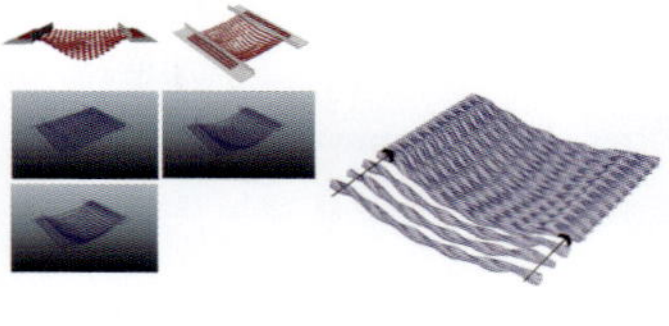

study 5

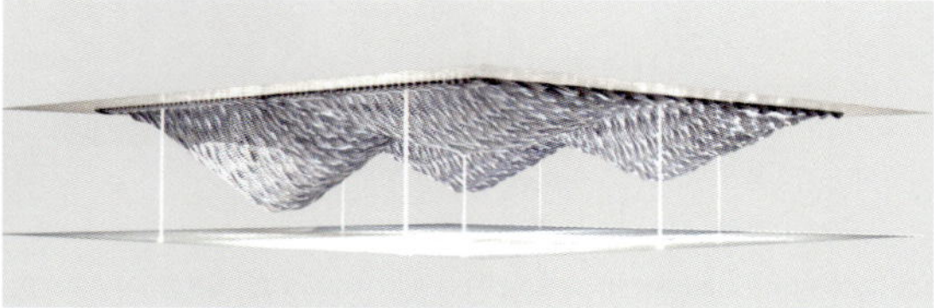

自然の形態を生み出す力に重力がある。この部材を利用することによりできる形態として、重力を利用しながら、その制御の仕方をコントロールしていくことで建築を生み出すための単位を形成していく。Autodesk Maya2012により重力シミュレーションをし、メビウスのねじれる回数、大きさ変化、回転する角度調整によりできる空間の質の変化を確認する。今回用いたのは、3回ねじりメビウスがcosθを関数とし拡大縮小しながら、10°ずつ回転しながらつなぎ合わさっていくモデルである。

建築への適応

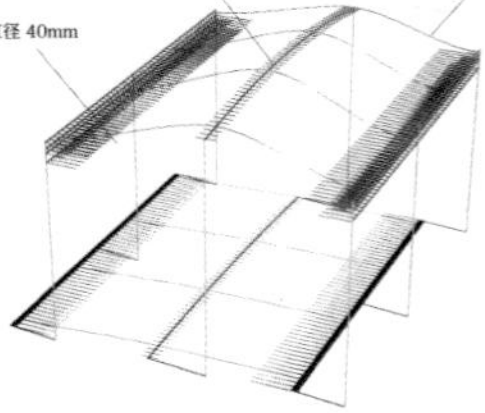

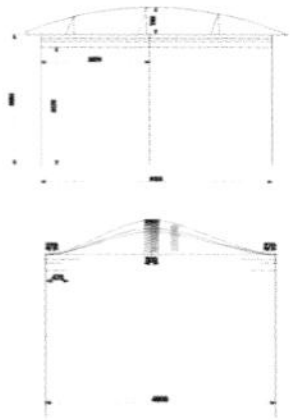

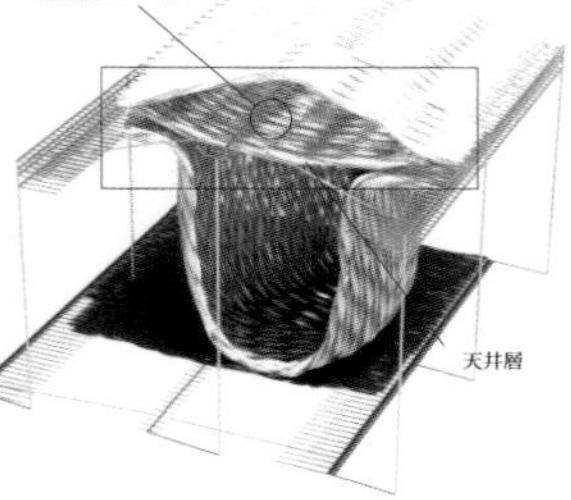

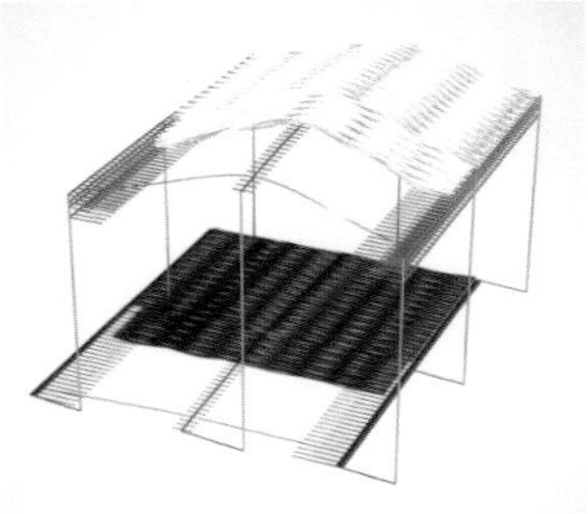

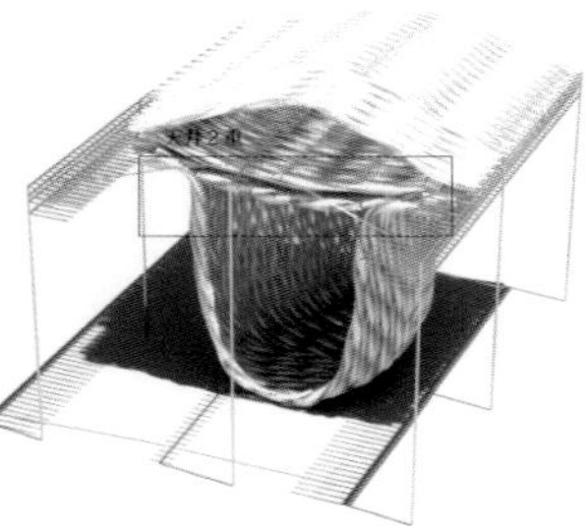

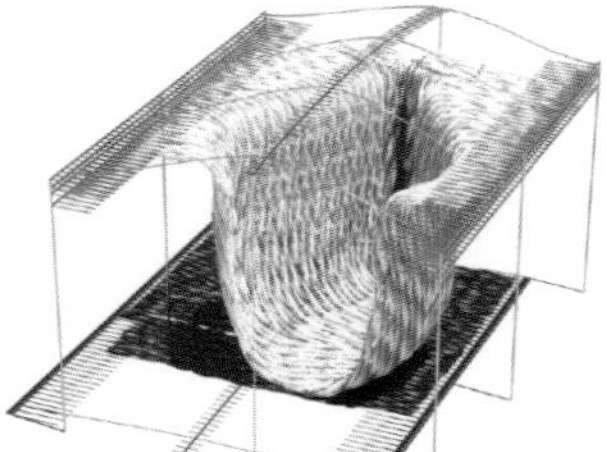

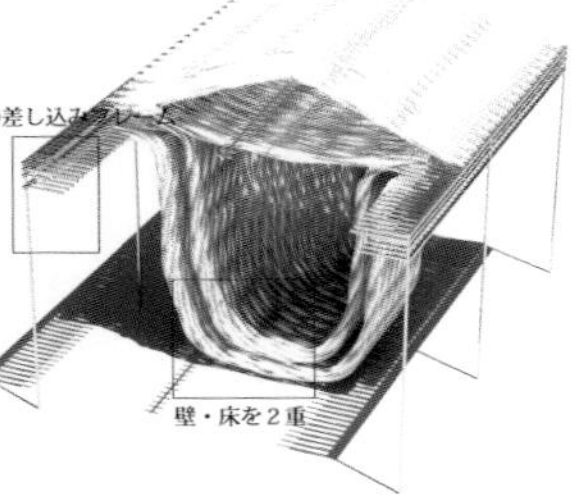

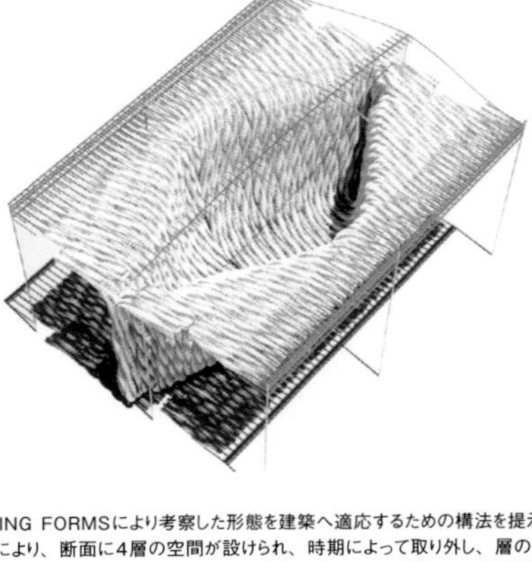

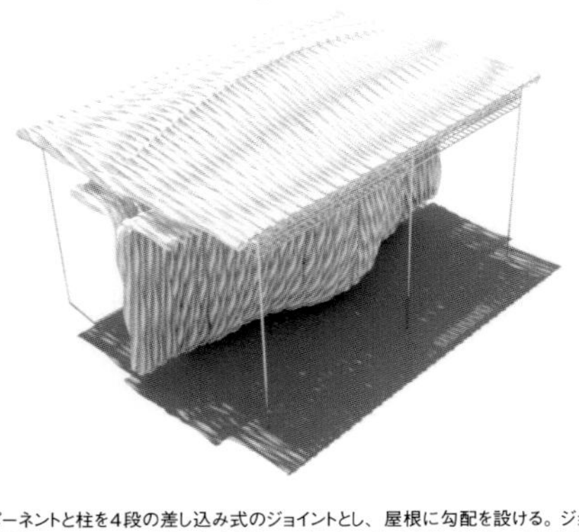

FINDING FORMSにより考察した形態を建築へ適応するための構法を提示する。コンポーネントと柱を4段の差し込み式のジョイントとし、屋根に勾配を設ける。ジョイントにより、断面に4層の空間が設けられ、時期によって取り外し、層の調整を可能な構成となっている。柔らかな素材をつるすことにより変形させた後、A重油に有効な油固化材（αゲル2000）により、油を無害なものに変化させながら固化させる。表面は塗料により防火、防水を行なう。

経時変化

調査によって算出された毎月の供給量に対し、その蓄積量とともに変化していく建築を、これまでの形態の考察とその建築的応用を用いて生み出していく。以下にその経時変化と利用するコンポーネント数および機能ダイアグラムを載せる。ここに掲載するのは絶え間なく変化する循環の中の建築の一部である。

経過2カ月
Urban Living
/45Components

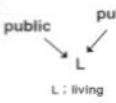

経過3カ月
Urban Rounge
/88Components

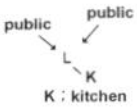

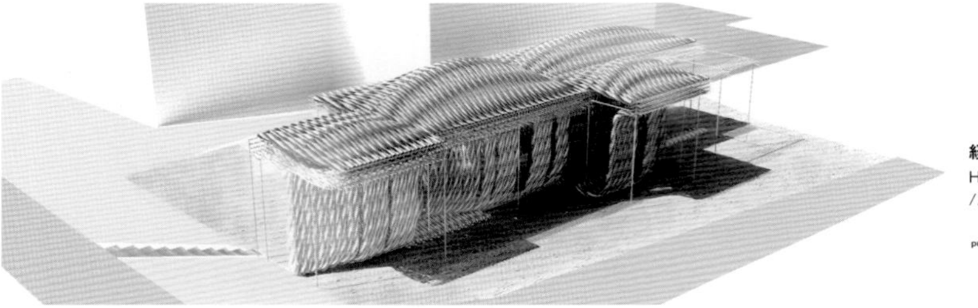

経過6カ月
House for Employee
/234Components

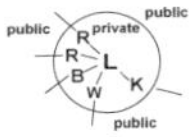

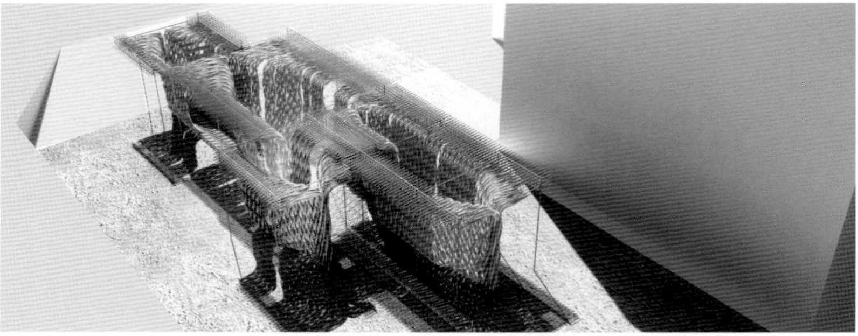

経過6カ月
INTERIOR
PERSPECTIVE

経過10カ月
Housing and Public Space/390Components
毛髪 780kg（ヘアサロンからの寄付975回分）
石油 15210ℓ分のエネルギー
（1617.72kg,1903200円分の油吸着材を削減）

審査員コメント

審査員コメント@巡回審査

タルディッツ：プロセス自体は面白いのですが、実際にできた住宅をどう使うか想像ができません。平面図に描いてあるのは単なるアイコンですよね？ 家具が空間の機能を規定するとも読めますが、この模型を見る限り、これまで通りのライフスタイルから変わっているように見えません。気密性といった機能面でも疑問が残っているんだけど、この住宅は防水できるの？

友枝：油を固化しているので、このままでも水を弾くようになっていますが、塗料でさらに防水処理すること想定しています。また、新しい素材から生まれた形態を住宅にすることによって、新しいライフスタイルを提案できるのではないかと考えました。

タルディッツ：住宅にすること自体は否定しないけど、その肝心なライフスタイルの提案が今はないよね。アイデアを壊さずどういうふうに加工するのか、そこまで聞きたかった。

工藤：アウシュビッツ強制収容所では人の髪の毛で編んだロープが使用されていたことを知っていますか？ 自分の設計した『大阪国際平和センター』の開館時に展示され、涙を流したことを覚えています。今回使っているのは美容院で切ったもので、あなたには一切悪気がないとしても、それを見て悲しむ人もいるということは忘れないでください。

それに、たぶん皆が引っかかっているのはこの素材を住宅にしたことで、化石燃料を多用しないことを訴える記念館のようなものにしても良かったんじゃないかと思います。

友枝：この建築を利用した後はエネルギーとして活用するんですけど、そういう日常で使うエネルギーとしてまた最後戻っていくっていうところが重要だと思ったので……。

工藤：でも、表現としては美しくないよね（笑）。建築は最後に現れたもので勝負しなければいけない世界だから、ストーリーが立派なだけではだめなんです。見た目だけのものに対して「建築はそうじゃない」って気持ちをもつことはすごい大切だけど、だから見た目がそのままでいいことにはならないのね。君はまだ課題をいっぱいもった状態で卒業することになりますね。でももってるエネルギーはすごいから、これからも頑張ってください。

山梨：mayaでいろいろシミュレーションして、ジオメトリーや、カテナリーを追求しているのは面白いんだけど、まだそれはエレメントであって、建築的段階までいってないよね。材料はリアルなんだけどまではリアリティがあっていい。ですが、僕はあえて、このままじゃフィルターを設計しましたっていうのとあんまり変わってないんじゃないか、って君に問いたい。

友枝：私はこれは建築の形態だと思ってます。住宅を満たす機能は完全に満たせていないかもしれないですけど、やはりこういう形態だから生まれるライフスタイルがあるのではないかと考えてます。

山梨：でも馴染まないよね、普通の感覚じゃ。

友枝：だからこそ、日常的にこの循環を浸透させるためにも住宅にし、この形態だからこそ生まれる生活をつくれるのではないかと思っています。

千葉：これはオイルを吸った後は毒性はなくなるの？

友枝：はい。

千葉：構造的には効くの？

友枝：垂直力には効きませんが、水平力には効くようになっています。

千葉：素材としては面白いから、外皮としての性能を追求するという方向もあったかもしれない。ゴアテックスのような何かを通して何かを通さないといった透過性を追求するとか、構造的利点を見い出すとか。それによっては住宅でなくて備蓄倉庫のようなものに適しているといった論証ができたかもしれないね。

人々のあつまる風景を広げる建築群の設計

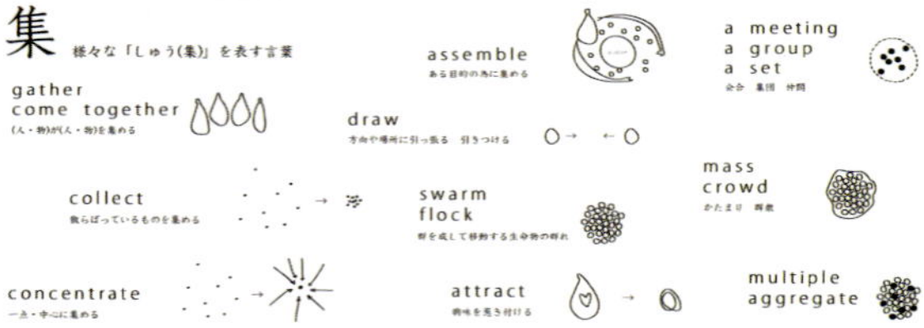

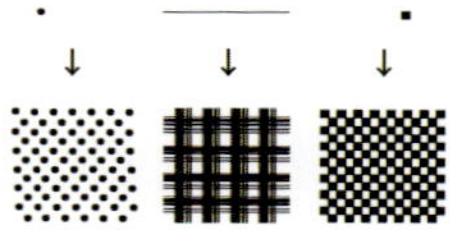

名称のある模様もまるや線
があつまることで意味を成す

Interview

Q:トウキョウ建築コレクションに参加しての感想
学生生活最後に著名な先生方の意見をいただくことができ忘れられない機会となりました。後輩や研究室の仲間の支えがあってこの場に立つことができたことをあらためて感謝します。巡回審査の時が一番楽しかったです。

Q:大学や大学院での活動や研究内容
日々の生活から自分の目を通して見た風景や体感したことを、建築の思考に置き換えるということを常にどこかで意識していたように感じます。

Q:修士修了後の進路や展望
建築設計事務所勤務。

Name:
山梨綾菜
Ayana Yamanashi

University:
前橋工科大学大学院
工学研究科　建築学専攻
石田敏明研究室

Elevation

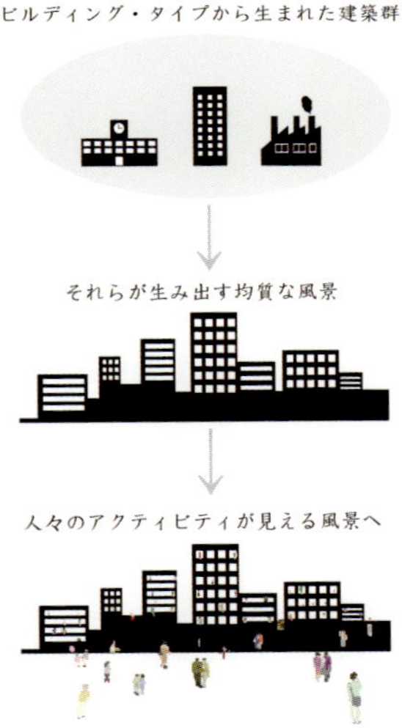

「あつまる」現象の中で人々のあつまる風景に着目する。現代の建築群が生み出す均質な風景を、人々のあつまる風景を広げる建築を生み出すことによって変化させる。

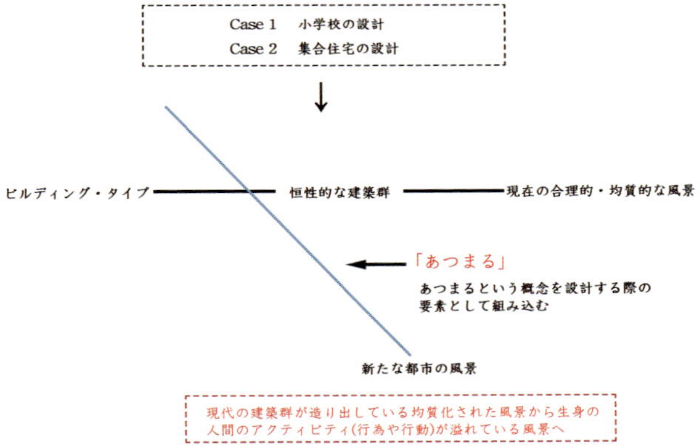

私たちの身の回りはさまざまなものがあつまることによって形成されている。建築は空間の集合であり、都市は建築の集合であり、人、金融、交通、制度を統合することで国家が成立していると考えることができる。その中心には利用者であり社会を動かしている人々がいる。その人々も個人のあつまりであり、家族やさまざまな集団のあつまりである。人々はあつまることで村落を形成し、発達し、産物を生み出してきた。「あつまる」ということは、それを形成している個々の要素の可能性を広げる現象である。その中でも、人のあつまる現象に着目し、建築においてあつまる要素を生み出すプログラムを組み込むことで現代の都市の風景を変化させる試みである。本設計ではビルディングタイプが確固なるものとして現れている集合住宅と小学校を選び設計を行なう。

Case1 Site: 群馬県前橋市古市町

前橋市の示す適正規模を大きく上回っている前橋市立東小学校の通学域に、東小学校の適正規模化を促すための新設分設として提案を行なう。住宅街に囲われた敷地はそこに生活しているはずの人々の姿が垣間みれない。児童の生活風景と人々の生活風景が周囲に広がる小学校を設計する。高さのある、容積いっぱいに教室を並べたビルディング・タイプとしての小学校ではなく、低層の7つの棟を敷地に広げる。中心の棟と外側の棟は、周辺との距離感がことなりそれぞれ特有の外部との関係ができる。児童の生活風景は棟と棟の隙間や、1層の浮いたスラブの下の空間から周辺へと広がっていく。

Site

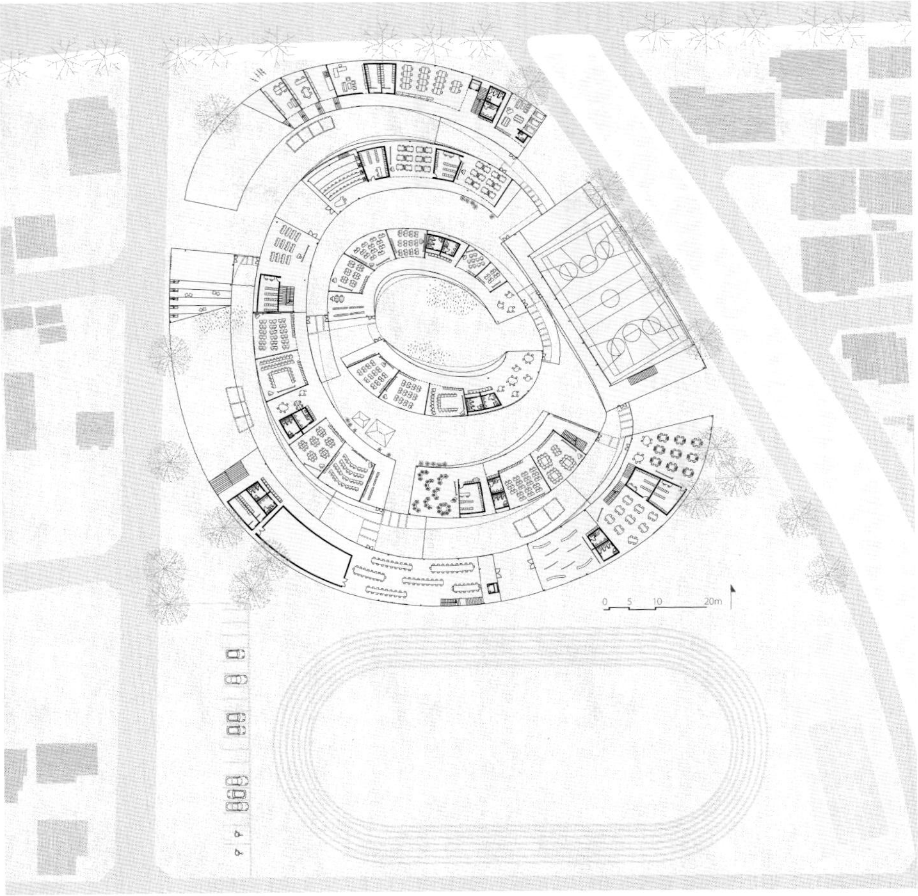

1F Plan

Section

Elevation

Case2 Site: 群馬県邑楽郡大泉町西小泉

工業都市として発達してきた大泉町は不足していた労働力として南米外国人を誘致してきたため、外国人比率が16%と全国で最も日系外国人が多いまちである。しかし、日本人と外国人の両者の関係は友好的ではなく良いコミュニケーションの関係は生まれていない。そこで両者の関係を生み出すコミュニティ施設と集合住宅の提案を行なう。リングの中心は住民があつまる場所でもあり、地域に開放された場所でもある。そうしたあつまる場所がさらに左右に連なることであつまる場所が連続していく。各々の広場は1層の接していることなる施設の機能により、特有の使われ方がなされる。広場から広場へと先に見える景色は、アクティビティとともに変化していく。

Site

広場から広がる人々の風景

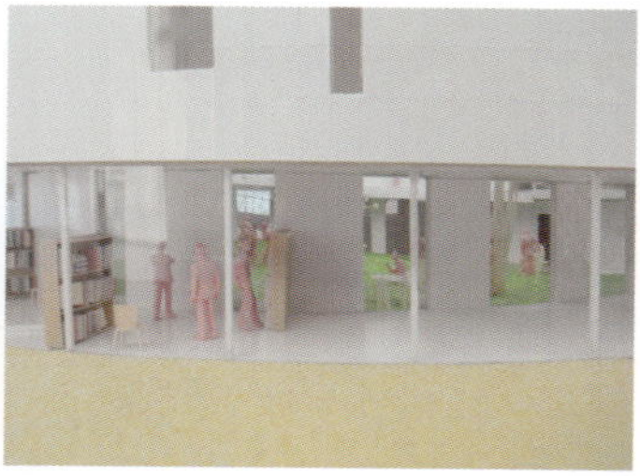

3F Plan

2F Plan

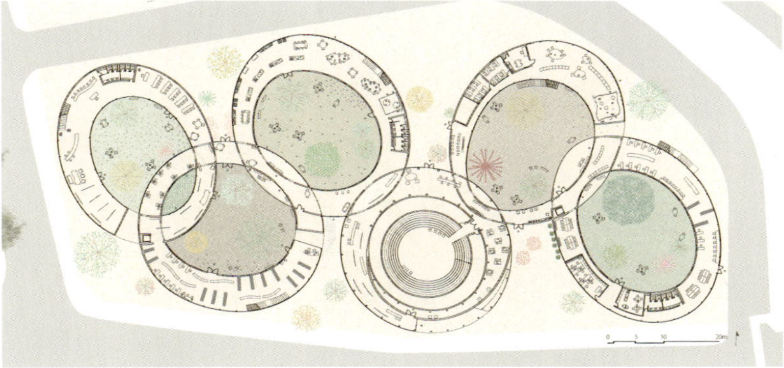

1F Plan

Section

審査員コメント

審査員コメント＠巡回審査

タルディッツ：私は事前の審査でも選びましたし、今日のプレゼンも非常に明快かつ論理的で良かったです。でも、すこし円形がしつこい気がします。すべてが円形である必然性はないのではないでしょうか。

山梨（綾）：これはどちらにも円形を使いたかったというわけではなくて、敷地に対して設計していった結果、最終的にこういう円形だけが出てきたと私の中では認識していています。

タルディッツ：そんなはずないでしょ。そこまでこだわっていなかったら、ここまで円形にはならない。

山梨（綾）：最初は四角で囲まれた広場をつくっていましたが、余白部分というのが広場と同じくらい大事な空間だという認識からいくと、広場に行くのにアプローチを通る時、角ができてくることによってそこからシークエンスが阻害されてしまうように感じて。普通に歩いているうちに自然と中に入って行ったりすることを考えていて、そういう円形の方がこの場合はふさわしいのではないかと思い、最終的にこういう形になっています。

タルディッツ：言っていることは分かりますが、円形でなくても同じ話はできるのではないでしょうか。例えばこの隙間と言っている場所は隙間と言えないほど広いし、円の外の残余空間の使い方もよく分からない。

山梨（綾）：中心の広場は中の人のオープンスペースであって、残余の部分は周辺の人にとって開かれた場所になっています。ここがあるために周囲の人たちが広場に入り込みやすい役割をもっていて、例えばこの2つが直線系でつながることで、中心の広場へ、すごく自然に入って行けるような形状になるんじゃないかというふうに考えています。

山梨：集まることが大事だってことは分かったけど、どうも、流行りの形に見られがちだよね。円形が組み合わさるとか、入れ子状になるとか、それがどんな違いを生むのかちゃんと説明しないと。そして、それが形だけでなくて、機能的にも解決されているということも。この隙間はどんな人が使うのか、セキュリティはどうなってるのか、そういったとこまで言う必要があるよね。例えば小学校でいうとなんで校庭は外なの？ 場合によってはヒダ状のもので囲うこともできたんじゃない？

山梨（綾）：トラックを中に取り込むことも考えたんですが、棟と棟の距離が開きすぎて関係性が弱くなる気がしたんです。それに中心は低学年の小さな空間をつくりたくて、トラックを巻き込まない方がこの場合はいいのかなと思い別々にしました。

山梨：すごく疎外をされているように見えるから、ここに置いた必然性をきっちり言わないと。校舎だけが浮いて見えて集合住宅に比べてスキームの弱さを感じるね。

審査員コメント＠公開審査

千葉：最初にこれを見た時は、一瞬の思いつきで描いたように見えたのですが、よくよく図面を見てみると思いのほか良くできているんですね。断面図が実際の空間の魅力をうまく伝えられていなくて惜しかったのですが、集まることの魅力がそれぞれのプログラムに応じて、実によく建築化できている。ただ、敷地に対して円形がうまくいっているかどうかについては疑問が残りましたね。丸によってできた残余が快適な場所になっていないように見えます。

Transit Space ―変移する身体―

衣服のすき間と身体の関係性から建築をつくる試み

Name:
高橋優太
Yuta Takahashi

University:
東京都市大学大学院
工学研究科　建築学専攻
新居千秋研究室

Interview

Q:トウキョウ建築コレクションに参加しての感想

準備から本番まで本当にたくさんの人に支えられての出展でした。心から感謝しています。ありがとうございました。

Q:大学や大学院での活動や研究内容

いくつかのプロジェクトに携わり、そこで出会った方々からたくさんのことを学びました。特にあるビルのリノベーションの現場では建築家やデザイナー、アーティストの下で設計・施工を行ない、創ることとは何かを考えていました。

Q:修士修了後の進路や展望

留学予定です。

天井高が低く薄暗い空間から、天井高が高く明るい開放的な空間へ、壁や天井が捩れるようにしながら流動的に変化していく。

私が修士設計でやりたかったことは、個人の知覚を喚起する要素を、建築の一部に組み込むことである。それによって使い手が、その要素を含んだ建築を知覚し、そのこと自体が自分自身に生まれた個人的感覚に向き合うことになる、またそれによって微細な変化を受け取り、個人の知覚と建築の関係性が強調されるのではないかと考えた。

皮膚が微かな気流や気配を察知して人間がそれを感知するように、当たり前にあるが気づきにくい皮膚感覚を生む要素、つまり光や、風や、音や、人などとの接し方がデザインされた「ふわりとしたドレス」のような建築を提案する。人間の身体感覚が入り込んだ、人間的な建築である。

人間各個人に対して関係を生む建築こそが時代や文化を超えた普遍の価値観の中で共有できるものとなるだろう。

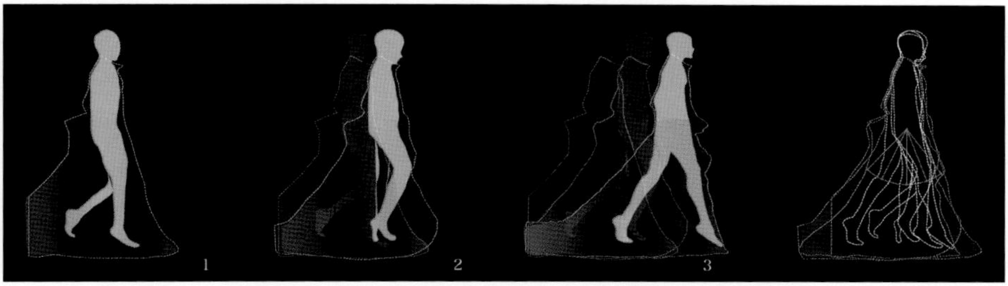

「衣服と身体のすき間のデザイン」とは「着心地のデザイン」につながるものである。ファッションデザイナーのヨウジヤマモトは、皮膚感覚をどう知覚させるかという視点から1枚のドレスをつくりあげた。衣服と肌の接し方のデザイン、つまり衣服のすき間をデザインすることが、そのドレスを着衣したときの心地良さにつながるのである。

PROCESS 01: devide

…身体に対して新しい視点を持つデザイナー約 100 人をサンプリングし 4 つの共通項目に分類

PROCESS 02: abstraction

… 4 つの分類からデザイナー 8 人を選択し、すき間と身体の関係性を考察

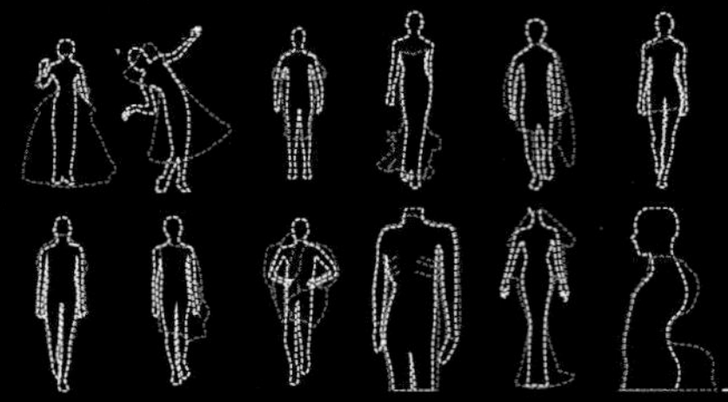

① Dissimilation

（i） slack　（ii） lump

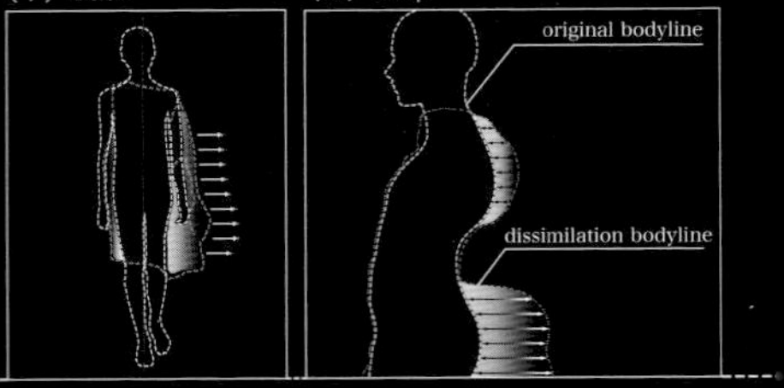

② Locus

（i） flexure　（ii） cover

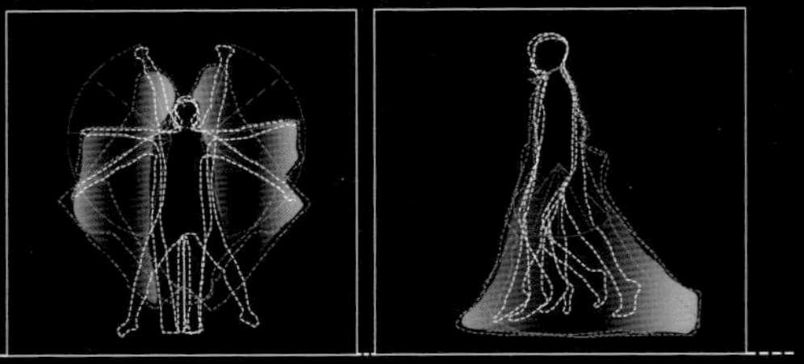

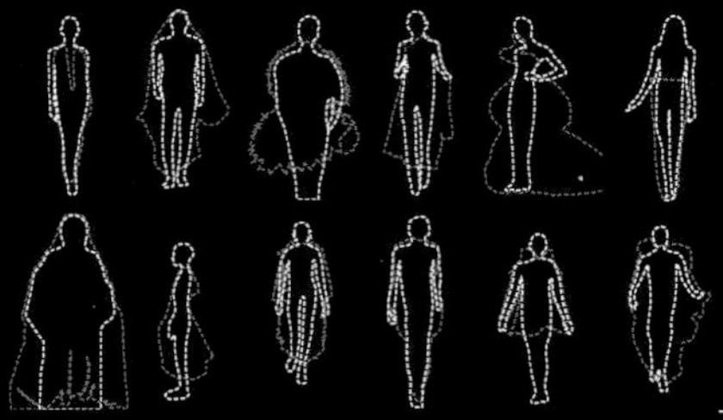

③ Comparison

（i） twist　（ii） flat

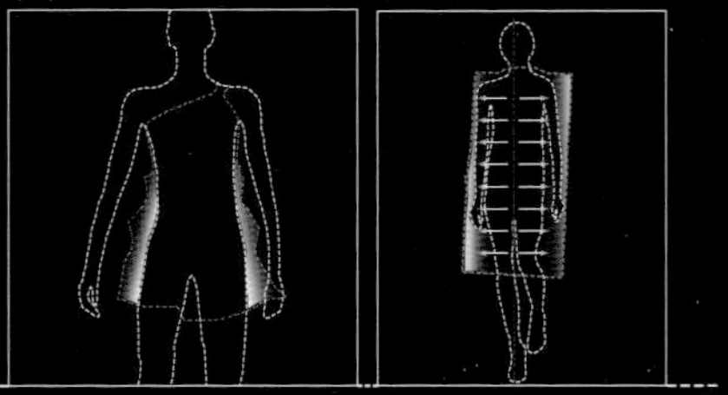

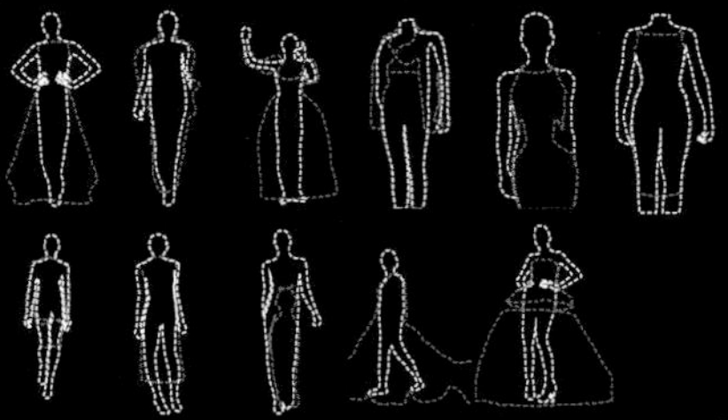

④ Assimilation

（i） nakedness　（ii） cutting

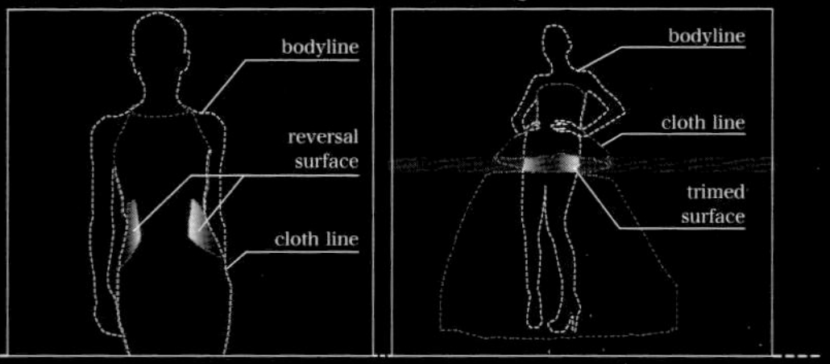

PROCESS 03: notation

… 考察した項目から要素を抽出し空間化

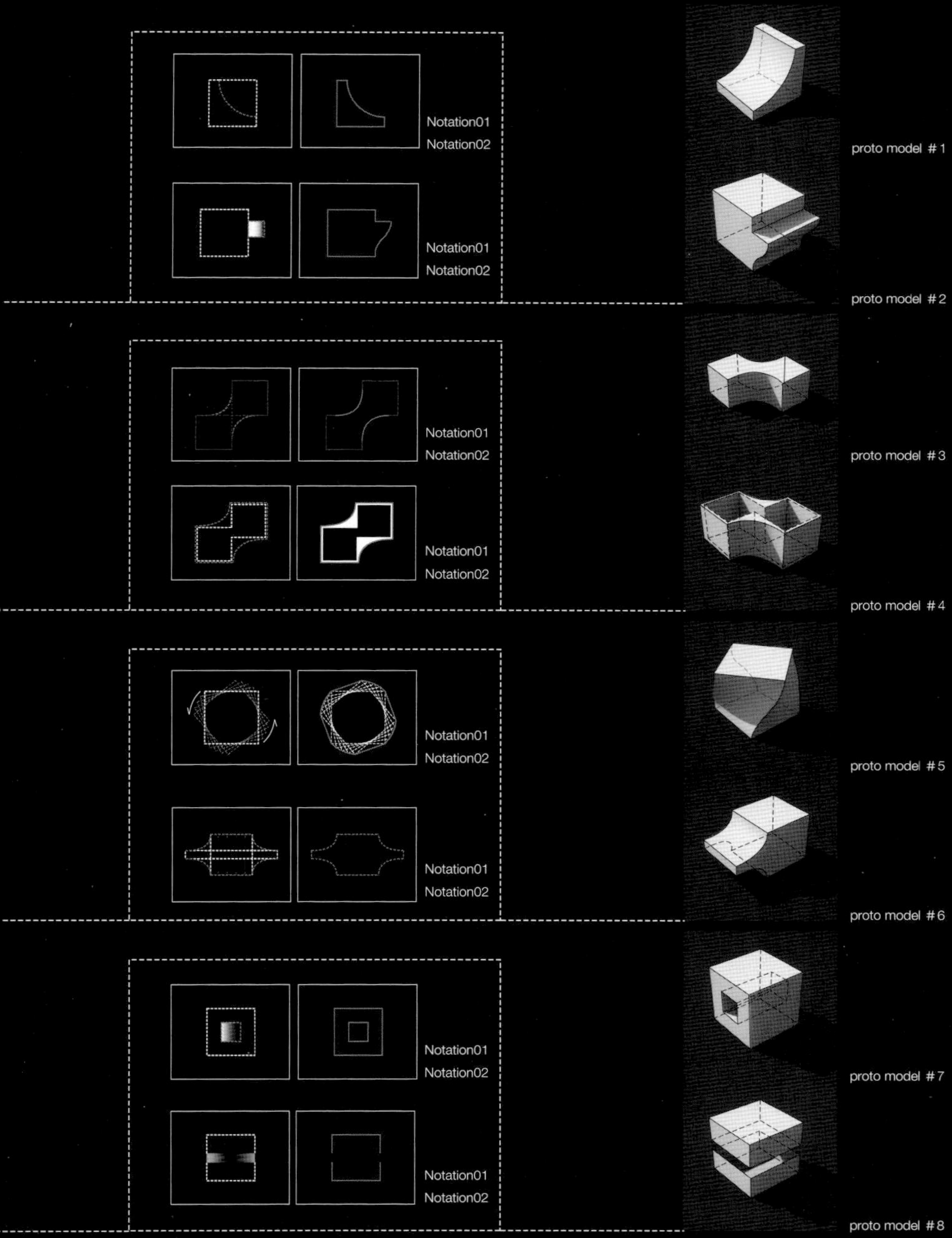

The study of 1cube model

It is the study which combines the characteristic of a gap in one space.
I proposed 25 kinds of models.

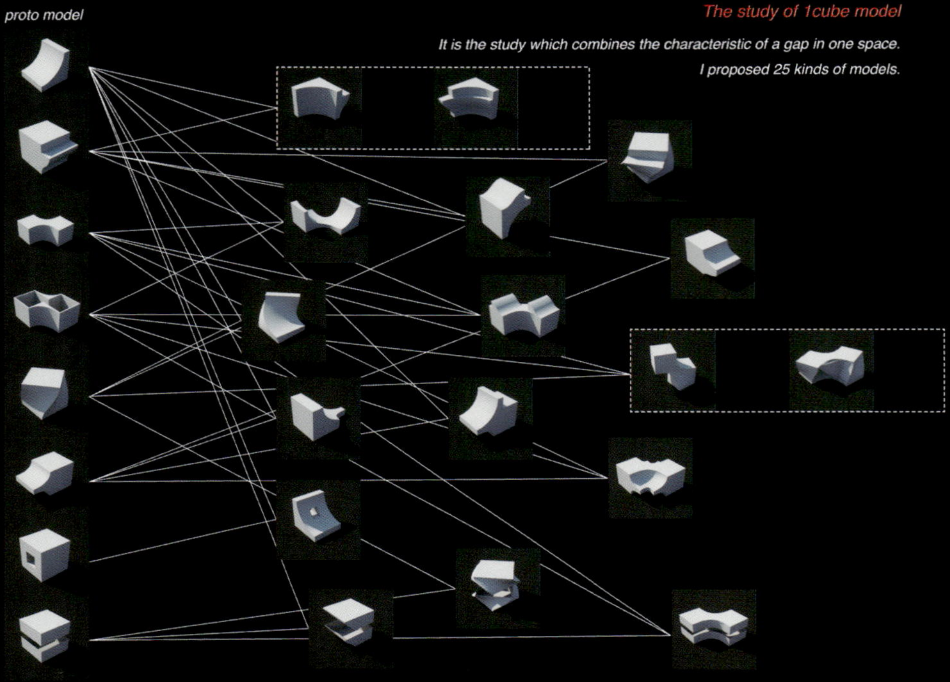

一つの空間内ですき間の特性を組み合わせるスタディ。

The study of 2cube model

It is the study which the characteristic of a crevice is made sequence in two space. I examined two kinds of continuation methods. The first study is a planar continuation case and second study is a sectional continuous case. I think that these study made the gaps multilayered.

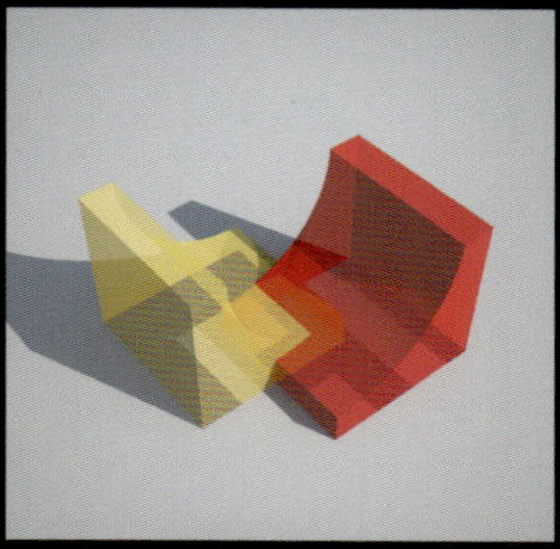

horizontal model

… This model is combined the extracted element planary. In this model, it makes area continue in physical and divide in metaphysical.

vertical model

… This model is combined the extracted element sectional. In this model, it makes area divide in physical and continue in metaphysical.

2つの空間内で、すき間の特性を連続させるスタディ。平面的に連続するものと、断面的に連続するものの2種類の連続方法を検討。これらのスタディではすき間の特性の組み合わせ、または連続によってすき間の重層性をつくりだすことを考えた。

#1「ある一人のための家」

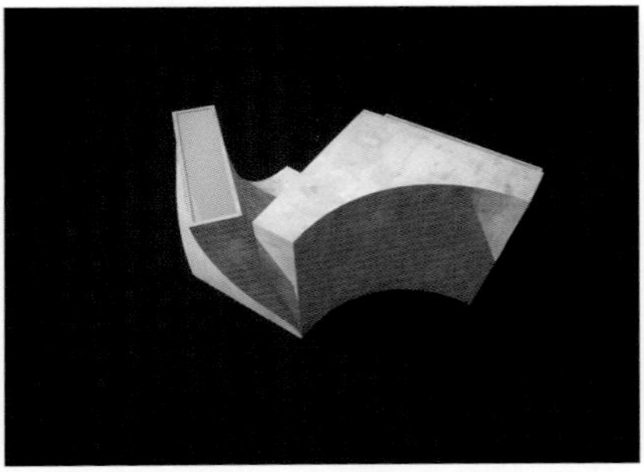

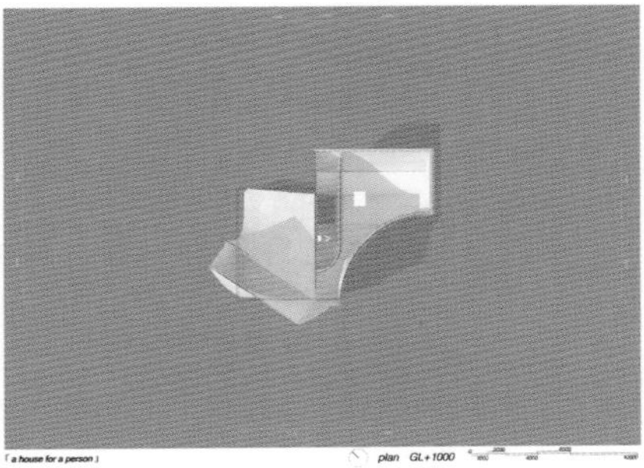

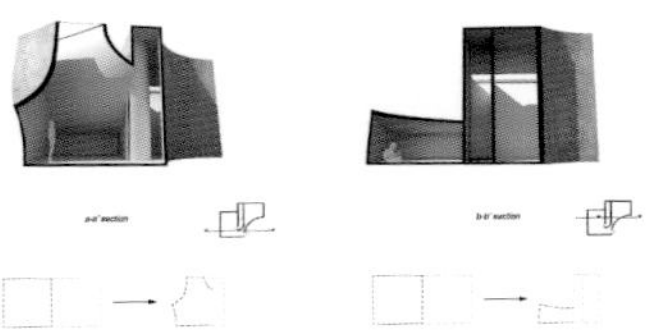

垂直方向にその形を変化させながら抜けるようなすき間と、奥に回り込むように抜けるすき間の、質の異なる2つのすき間を平面的に連続させることでつくられる。天高が低く薄暗い空間から、天高が高く明るい開放的な空間へ、壁や天井が捩れるようにしながら流動的に変化していく。

#2「ある夫婦のための家」

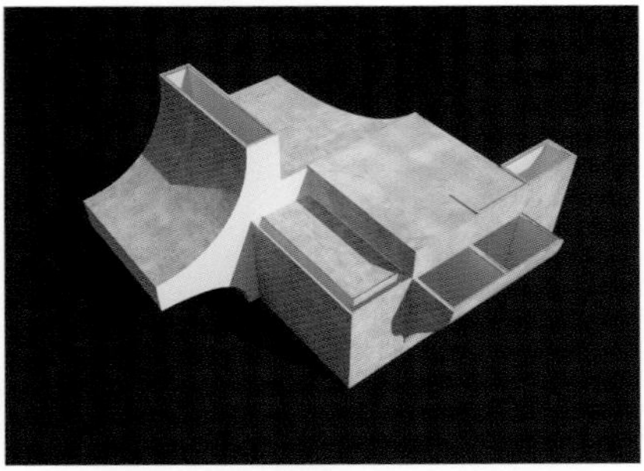

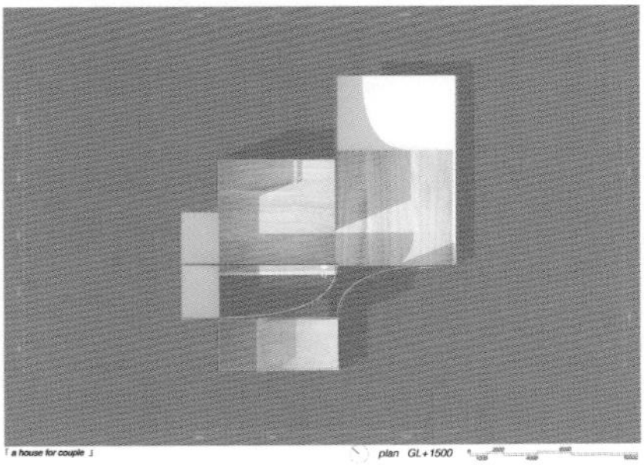

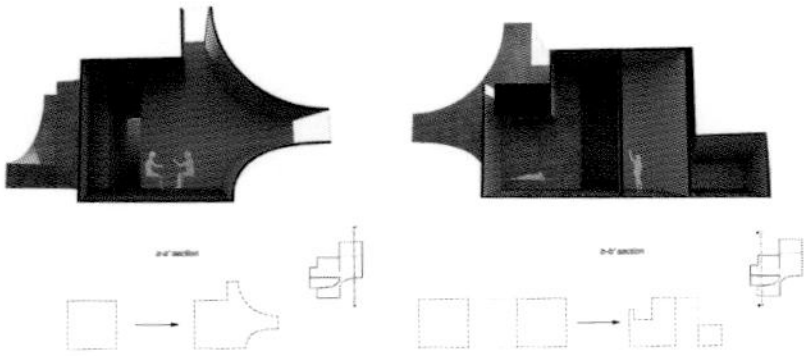

4種類のすき間を平面的に連続させることでつくられる。2枚の湾曲した壁に沿ってその先に誘い込まれるように空間の間を抜けるすき間や、外部に抜けるようなすき間は、そのスケールや抜ける方向を変化させながら連続的につながることでさまざまなものに意識を向けさせる。

#3「ある二人の友人のための家」

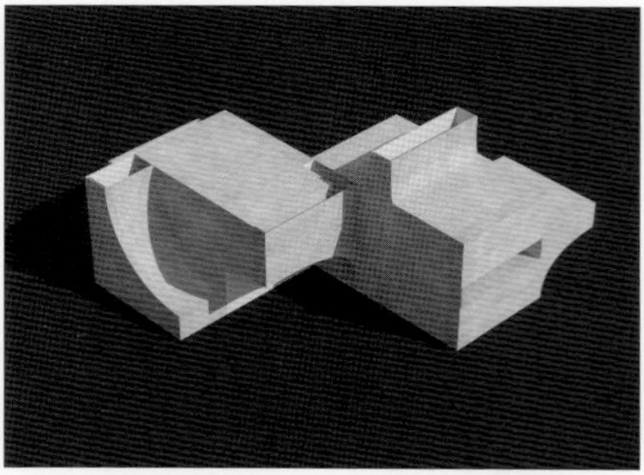

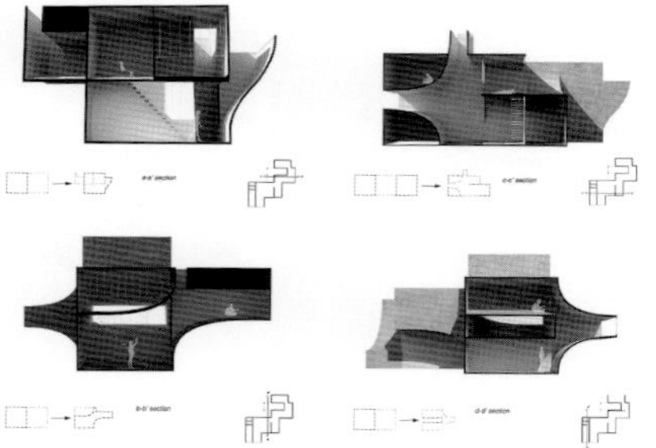

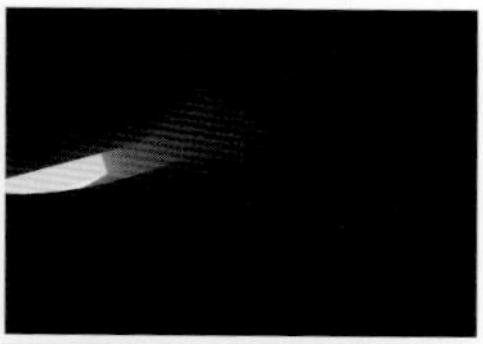

6種類のすき間を断面的に連続させることでつくられる。音や光が抜けることで気配は感じるが視線が抜けないような立体的につながるすき間は、お互いの気配は感じながらも別の空間にいるような認識をもつ。

#4「ある四人家族のための家」

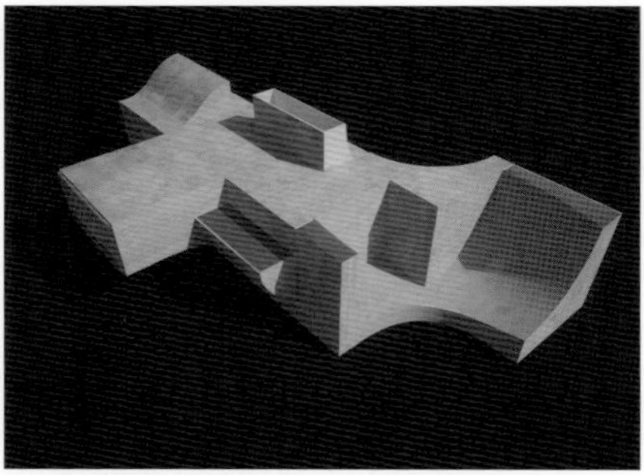

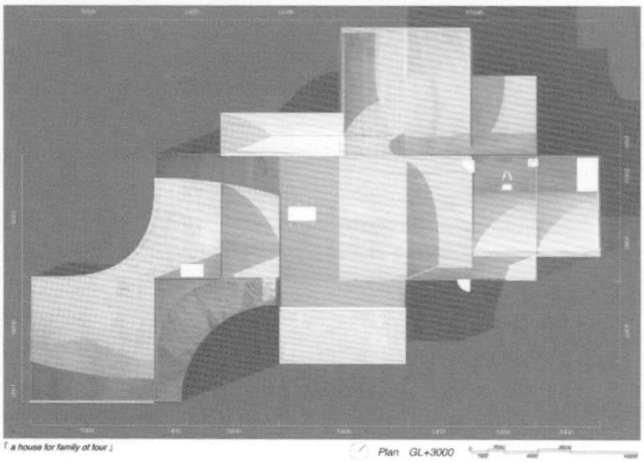

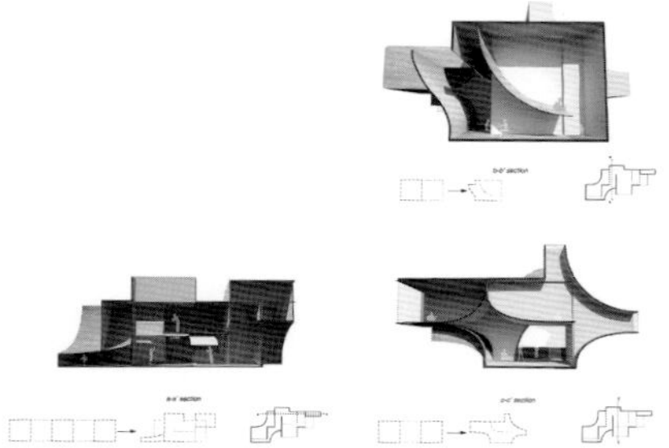

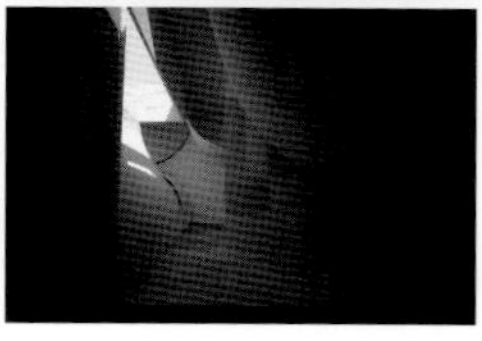

8種類のすき間を平面・断面の二方向に連続させることでつくられる。ひとつながりに、さまざまな方向に連続する重層性をもちながらも、一度に目視できないすき間は、光や風や音や人の気配も同時に重なり合い、その変化を微細に感じ取ることができる空間となる。

審査員コメント

審査員コメント@巡回審査

千葉：僕が建築を勉強していた80年代はアルマーニがスーツを発表した年で、その最大の特徴は立体裁断にあった。まったく同じ年に、イッセイミヤケはプリーツプリーツを発表したんだけど、これは置くと真っ平らになるというもの。どちらも身体との関係性から生み出されている服だけど、一方は限りなくフィットさせようとし、もう一方はギャップをデザインすることで、いろんな体形の人が着られるようになっている。同じ身体性から始まりながら、まったく異なる空間を生み出していることを思うと、服に着目して建築をつくろうという試みは、興味深いと思う。でも、身体と衣服の隙間のデザインの話が抽象化されすぎて、単に立体の問題に置きかわってしまっているのはどうなんだろう。

高橋：形態自体が重要なのではなくて、形態のつくり出す環境が重要だと考えていました。そして身体性とは、この形態が取り込む光、風の抜け方といった要素を知覚することだと思っています。そういった人それぞれの身体性と建築が密接な関係性を結ぶものが、身体性の建築だと認識しています。

千葉：まさにそうなんだけど、建築ってしょせん何をつくっても身体的なものであるから、服にこだわっても良かったよね。すごく面白いアプローチなんだから。

山梨：衣服には素材感があるように、建築におけるマテリアルが何なのか、身体性を語るうえではそこが大切だよね。柔らかいカーブがあるだけで、つい身体性を考えているように見えてしまうけど、インスピレーションを形に直接に置き換えているだけで、実際に本当の意味での隙間へ迫りきれてないような感じに見てしまう。同じような曲率のカーブばかりが目立っていて、ただのスタイリングに感じるんだよね。

高橋：今回はこのプロトモデルとして、建築、敷地は具体的なものを設定していないんですが、ある一定の曲率みたいなものもそれの組み合わせによって、すごい多様な空間をつくるためのルールをまずつくることがすごく大事で……。

山梨：君自身が説明してくれたように、体と周りの間にさまざまなインタラクティブな空間ができるはずなのに。昔に磯崎さんがやったモンロー定規とどんなが差があるんだろう？ むしろマリリン・モンローっていう個性が被さってるから面白いけど、匿名化してしまった一般的なカーブにどこに面白さがあるのか、そこを聞かせてほしいですね。

タルディッツ：これは主には住宅ですよね。なのに、住宅には見えない。この曲線が1つなかったら住宅に対してはどれだけ影響があるのか、それともないのか。住宅は機能が大事なのに、その使い方が一切表現されていない。その住宅の機能性が見えて、ライフスタイルが見えてくると、この空間の遊びがもっと意味あるものになるかもしれませんね。

工藤：あなたの説明は普通に建築家が自分で建てた建築を説明する時にもよく使う言葉と一緒な気がするんだけど、それとあなたのいう身体性はどう違うの？

高橋：僕はすき間の組み合わせによって、光がどう入るか、風がどう流れるか、視線がどう動くかというものを複合的に考えていったので、違うものになっています。あとはその形状は光をとるだけではなくて、例えばその曲面になったスラブのところで寝転ぶことができたりだとか、その天井が反り上がるところで視線が……。

工藤：あなたが「新しい身体性」を提示したいのであれば、衣服とかの身体性から新しいボキャブラリーを生み出してほしかった。今説明してる一つひとつは住宅特集で見れば皆書いてるよ。だからこれからあなたのオリジナリティを伝える言葉を見つけないとね。

Gradational Landscape
人工造成地における地域・建築設計手法の提案

Interview

Q:トウキョウ建築コレクションに参加しての感想

自らの作品が多くの人に批評される場所に立てたことがとても良い経験になりました。また、実行委員や出展者という同年代の個性的な友人が多くできたことにとても感謝しています。本当に楽しかったです。

Q:大学や大学院での活動や研究内容

45カ国以上への旅を通して場所がもつフィジカルな痕跡が強く染み付いた空間・都市に惹かれ、その力を顕在化させることをテーマに設計を進めてきました。

Q:修士修了後の進路や展望

今まで培ってきた感覚を実践の場で活かし、建築を通して社会に何ができるかを考えていきたいです。

Name:
小野晃央
Akio Ono

University:
京都工芸繊維大学大学院
工芸科学研究科　建築設計学専攻
木村博昭研究室

日本では初期に開発された多くの造成地が住民の高齢化により、売り地、空地となり地域が衰退化している。日本の沿岸部にも多くの同類の敷地が存在する。この地域は海と傾斜に挟まれており、災害時のコミュニティ、避難を考えても地域にとって傾斜地の重要性が増していくと言える。そこで、人工造成地のもつ傾斜地特有の(微地形)と自然の地形(道に残る自然な地形)によってつくりだされた多様な関係性を利用することで領域が緩やかに分節、連続していく建築、地域設計を試みる。グラデーショナルに移り変わる敷地の関係性を建築の一部として捉えることで、建築から地域までが連続的に広がりつながっていくあらたな環境を提案する。

基壇

基壇の微地形は建築の最も北側の境界として領域をつくりだしている。

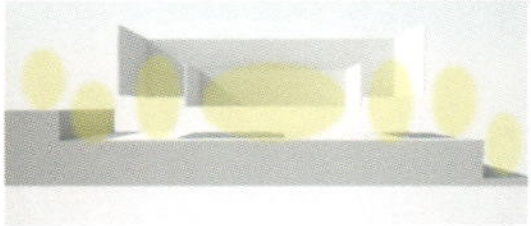

150mmの帯

大きく内部環境を囲い込んでゆく帯。

100mmの帯

半外部として大きく環境を囲い込んでゆく帯。

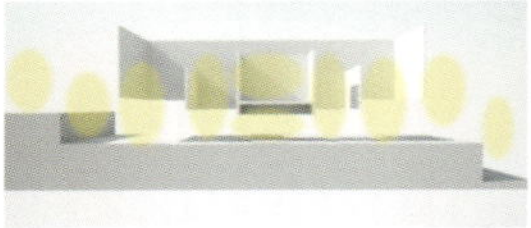

200mmの帯

さらに小さいスケールで環境をつくり出していく帯。

グラデーショナルな関係をもつ敷地境界を利用し領域を連続的につくり出してゆく。

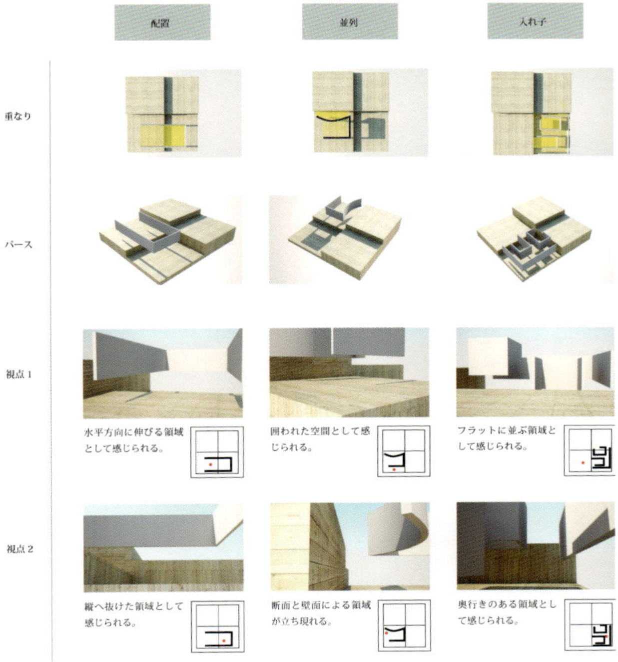
配置
並列
入れ子
重なり
パース
視点1
水平方向に伸びる領域として感じられる。
囲われた空間として感じられる。
フラットに並ぶ領域として感じられる。
視点2
縦へ抜けた領域として感じられる。
断面と壁面による領域が立ち現れる。
奥行きのある領域として感じられる。

視点によって異なる空間を重ねていく。

環境を取り込む壁　大きく内部空間を定義する壁　小さく内部空間を囲い込む壁

コミュニティ住宅

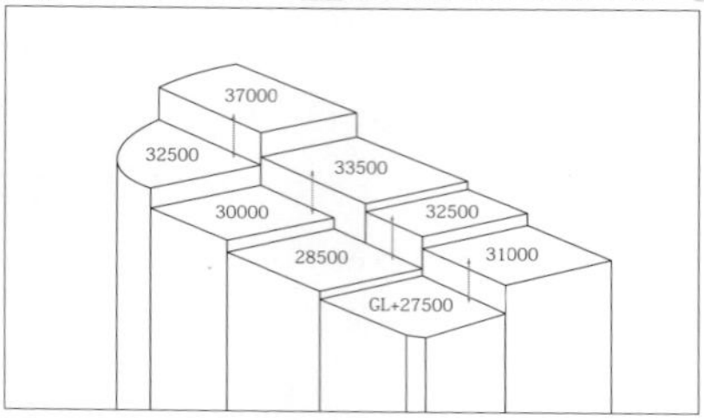

最も低地のこの敷地は、前後の基壇に 3m 以上の高低差があり
敷地内に大きな分断がある。

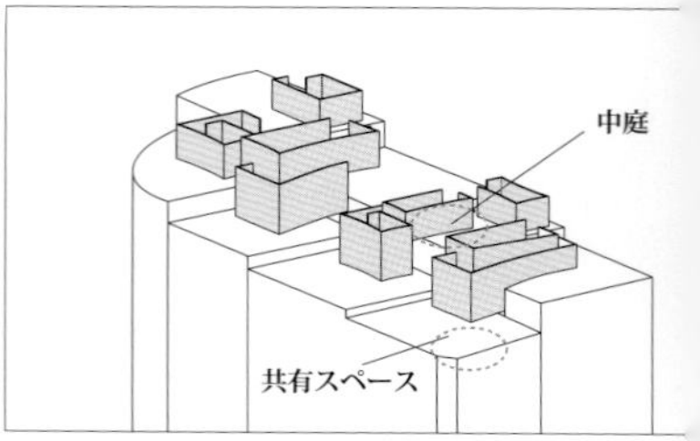

個室をつくり出す帯を 4 つの団の集まる点を中心に点在させ
中庭は分節された中庭、個室の下には共有の住空間が生まれ

集会所

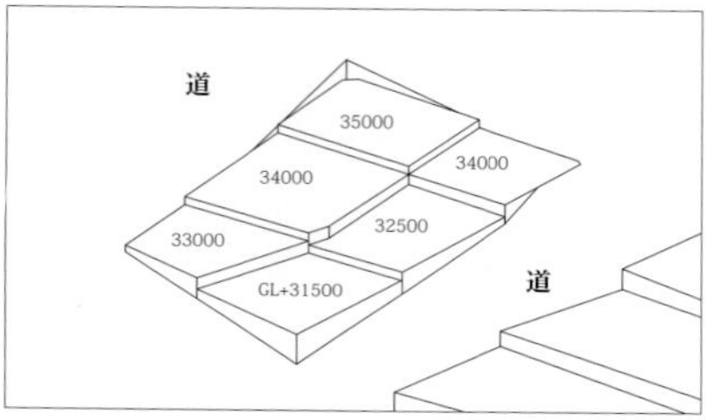

敷地と道はグラデーショナルな段差が広がり、
敷地内には小さな約 1.5m 程度の段差が広がる。

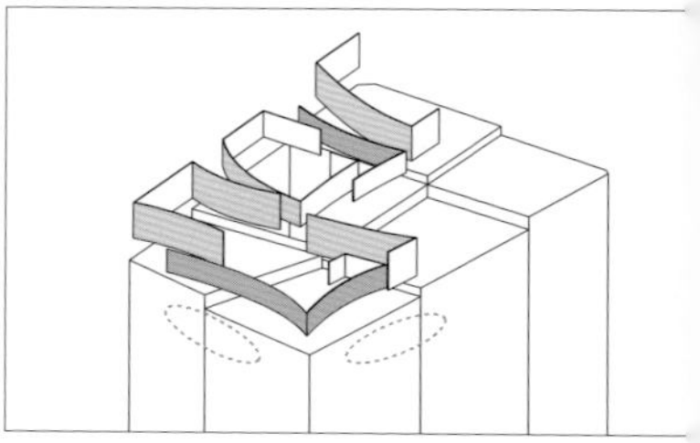

道との高低差の大きい箇所、敷地内の段差には
曲面の壁によって小さな溜まりをつくり出していく。

児童館・託児所

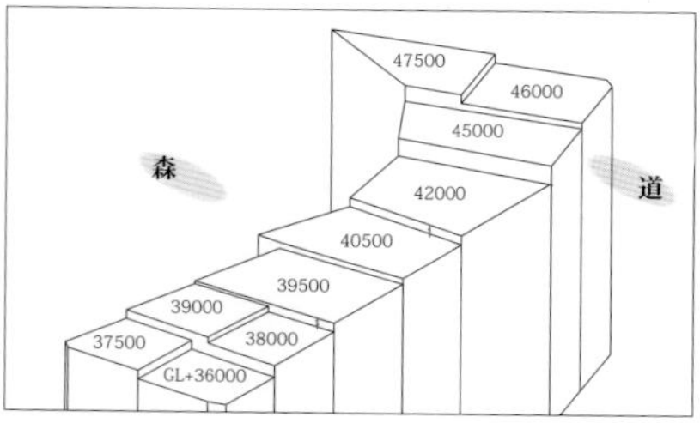

敷地内には緩やかな段差が広がり、南は森、
北は道となっている敷地。

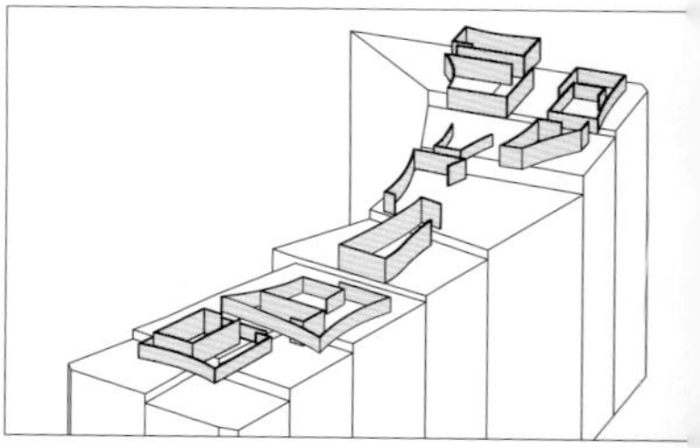

緩やかな段差を利用しながら、領域が重なるように帯状の壁
領域をつくり出していく。段差を中心にいくつもの空間が帯
段差によって緩やかにしきられることで生まれる。

公民館

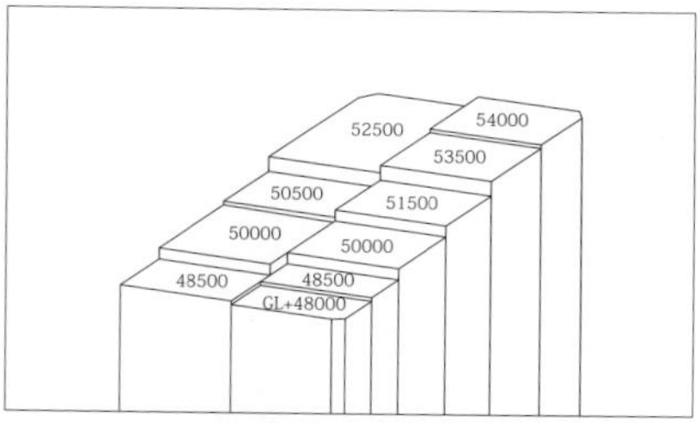

敷地は 10 個に分割されており、敷地内部でつながる部分、大きな
段差で分割される部分と、他の敷地に比べて変化の多い敷地である。

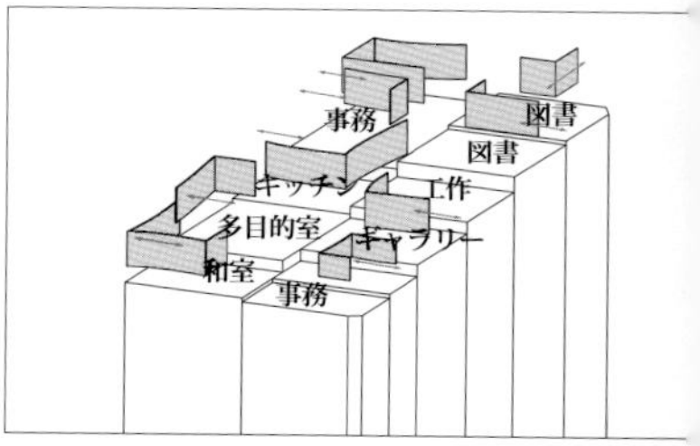

さまざまな機能ごとのエントランスとなる、外部環境を囲う帯
基壇ごとにさまざまなエントランスを決定していく。

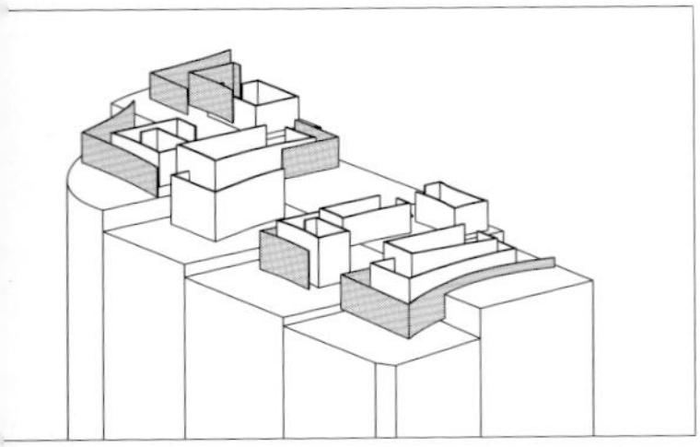

らの空間を囲い、込むよう外部環境を囲い込む帯が
込んでくる。

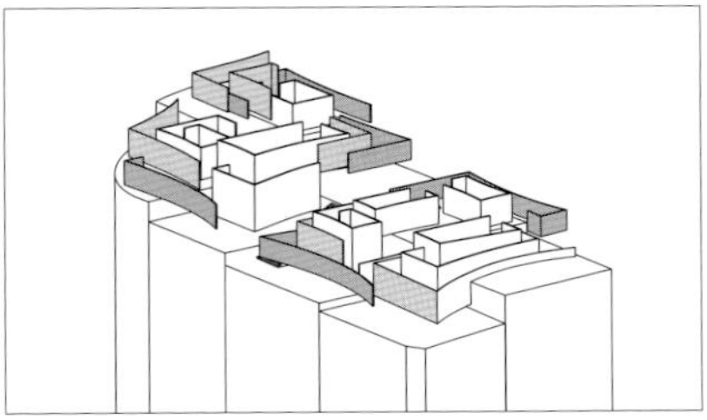

内部を大きく囲い込む帯によって全体をつなぐ。外部環境は共有スペースと道、外部スペースとの緩やかなバッファーとなっていく。

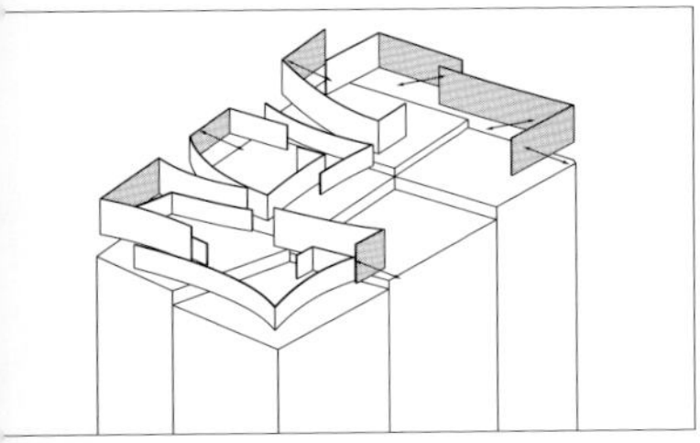

らの高低差が小さい箇所は、道か距離に帯が広がることで
と周囲の境界が曖昧になる。

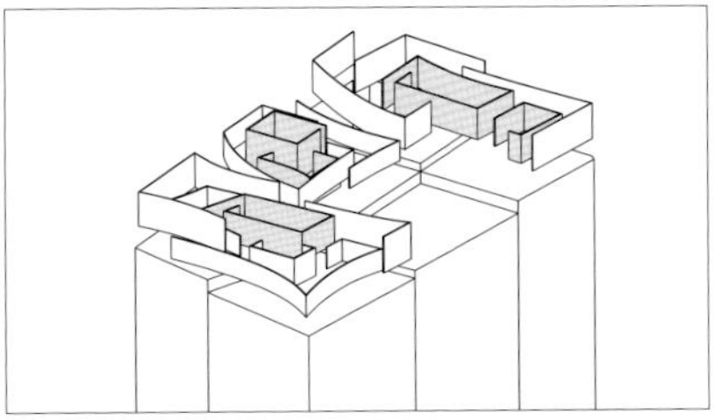

最後に内部の個室を規定する帯を入れ込み、周囲に多様な細分化された外部スペースをもつ集会所はできている。

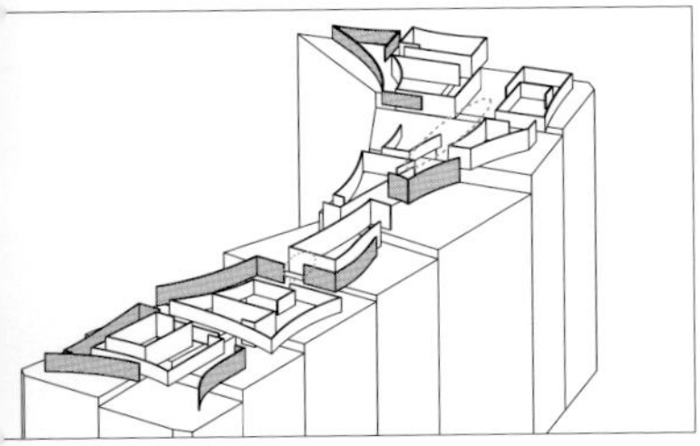

きく空間を囲い込む帯によって全体をおおらかにつなぎ合わ
ていくことで、中央に大きな空間をつくり出していく。

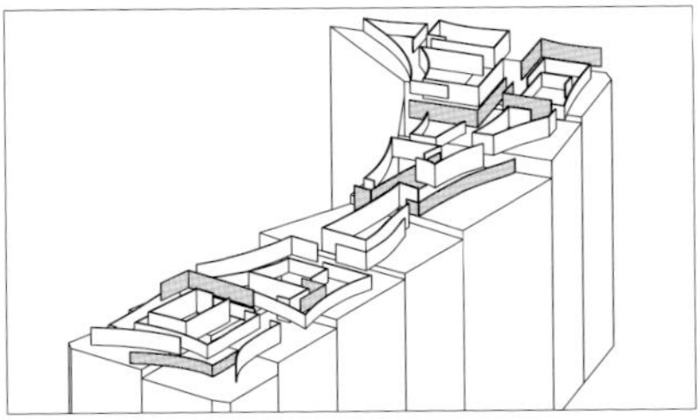

外部を引き込んでくる帯によって光、風などが中央の大きな空間、分節された個室へと入り込んでいく。

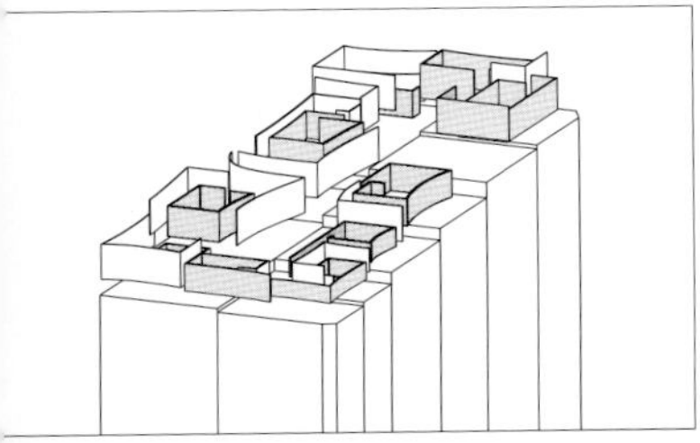

差をまたぐように、内部間を規定する帯が通ることで、
まざまな機能をもつ空間が連鎖的につながっていく。

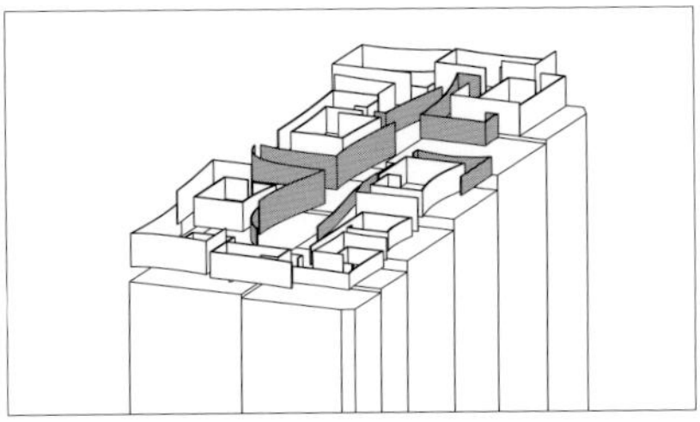

最後に全体をおおらかに包み込んでいくことで、つながりを生み出していく。

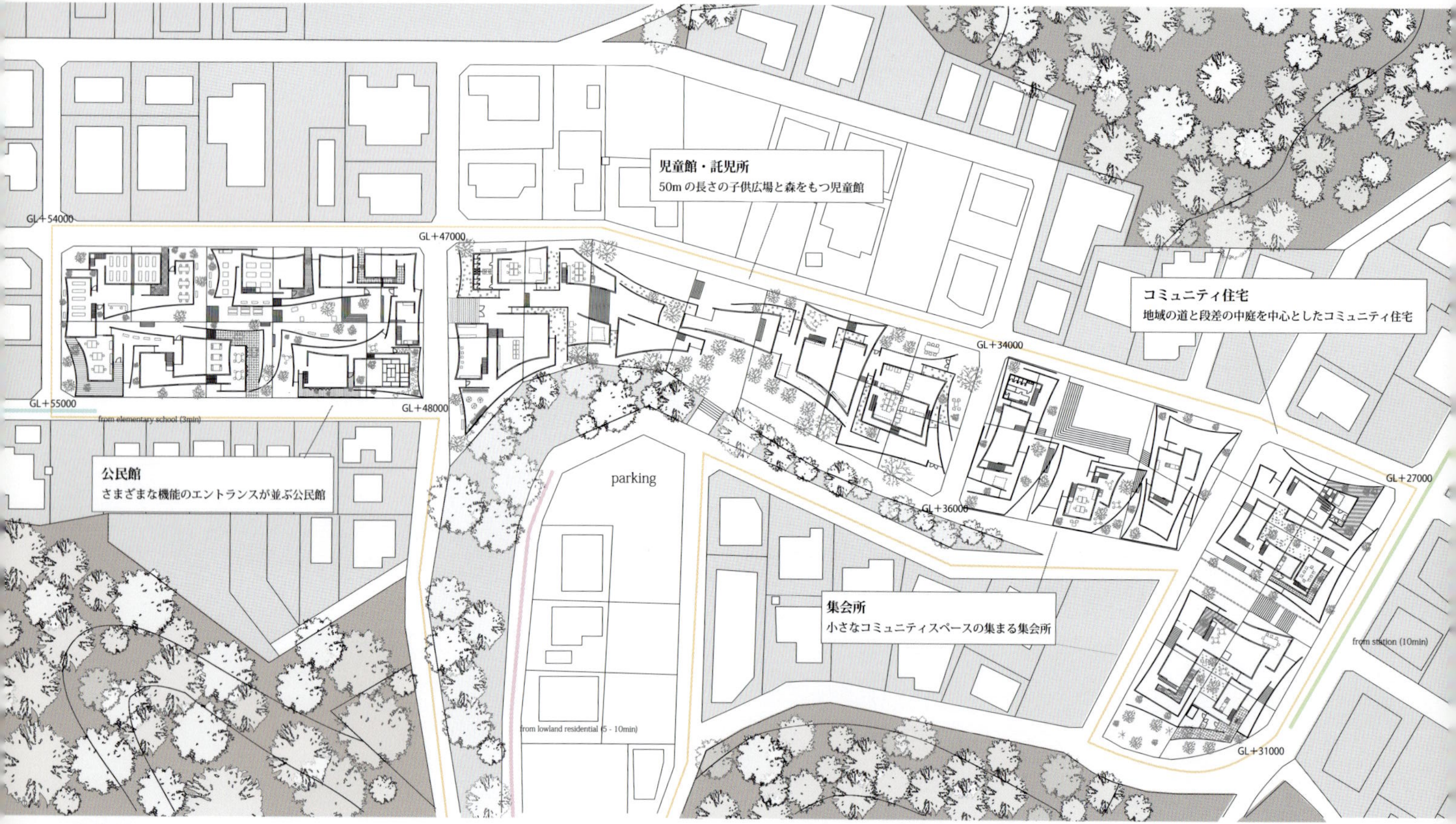

地域平面

建築から地域までが段差と帯を介して緩やかにつながってゆく。

住宅と地域の道

集会所広場

児童館内部

公民館内部

community housing

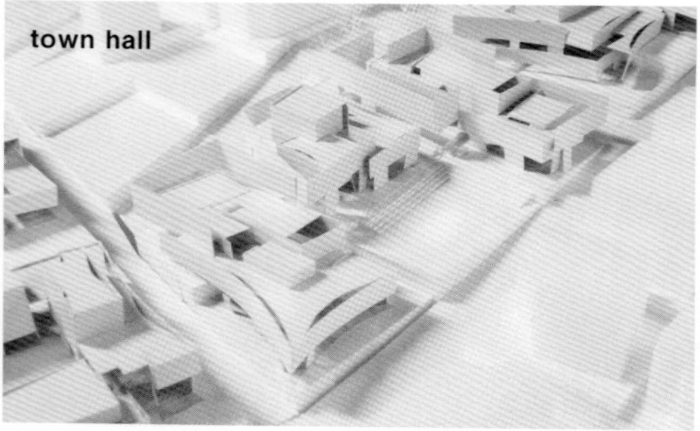
town hall

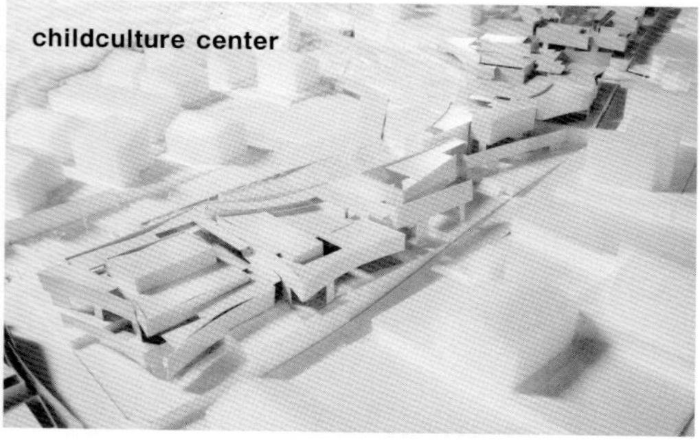
childculture center

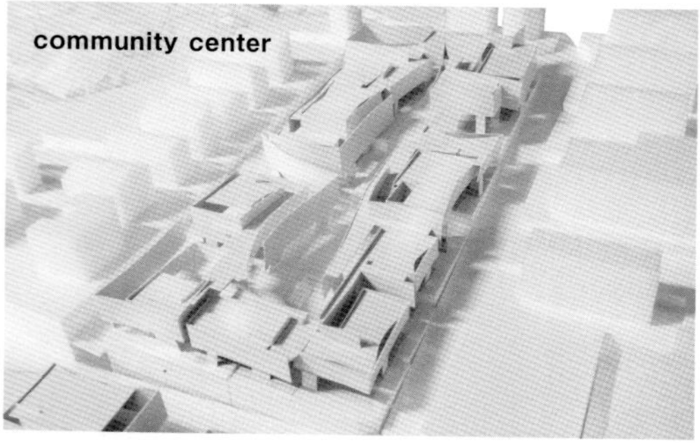
community center

審査員コメント

審査員コメント@巡回審査

タルディッツ：全体は良いと思いますが、疑問に思ったのは曲面というボキャブラリーがどこから出てきたのかということ。なるべくアールをつくっていると言いましたが、アールと直線の違いはなんなのでしょうか。システムとして使っているのは分かるけど、必然性はあまり感じられない。

工藤：海側の人たちと山側の人たちをつないで、縦方向に関係性をつくっていくのはとてもいいコンセプトだと思います。ですが、これは結構多くの人に言えることだけど、こういった地域につくるにはヴォリュームが大きすぎる気がするのよね。本当にこんなに大きな公共施設が必要なのかしら。この規模はどうやって設定したの?

小野：これは低地の半径1kmにバラバラとあった公共施設を集めて、計画地内部に散在させました。

工藤：そうしてしまうと別のところで新しい不和が生まれるでしょ。スタートの論理として、ここを補強するのはいいんだけど、もう一方をゼロにしていいのか疑うことがこれから絶対に必要になってくる。今やっている東北の方も住まいが全部高台へ移転したとしても、相変わらず仕事は海際にあって、やがて、またみんな下に定住するような歴史が繰り返されるのではないかな。あの問題は1か0かの選択になっているところで、そうじゃなくて、0.5と0.5くらいで安定できるようなやり方を考えていかなくてはならないと思うのね。

山梨：君のテーマにしてる「コミュニティ」って言葉は東日本大震災以降によく聞くよね。3.11の前に戻ると、地域コミュニティって本当に存在したのか疑問で、それより職場でのつながりの方がはるかに強いし、ウィークタイって呼ばれるインターネットとかを通じた新しい人のつながりの方がよっぽど強かった。その状況がコミュニティという定義をうやむやにしていたけど、それが3.11を経た瞬間にすごくリアリティをもって見せつけられた。となると、君の言うコミュニティがなんなのか、まず最初に定義しなくてはいけないよね。僕からすると、君がつくり上げた1つのシステムでコミュニティをつくり上げるというのは、ファシズムとか宗教に近いとも思えてしまう。同じコミュニティだから、同じシステムの建築で、っていうのはすごく前時代的だよね。本当にコミュニティって言うのであれば、個々の人が共有できるものを最低限にして、それを個々の人に任せるべきだよね。もし君が「そうじゃなくて一人の建築家がここに形態を与えるのにはこういうことがあるんだ」と言うのであれば反論してくれると嬉しいんだけど、どうでしょう。

小野：低地と傾斜地が分断されている状況の中に、縦方向のつながりを潜在的につくることが目的でした。潜在的にその流れを意識づけて、非常時には防災に役立つというのが僕の提案です。

山梨：それはこんなにつくる必要はあったのかな、こんなに強い形で。

小野：最初のアイデアとしては、もともとは建築の間を縫うように段階的に建て替えていくことを考えていて、構造的に独立しているユニットの組み合わせでつくることを考えていました。そこから出発して、層状に展開するユニットを考えて、やがて、1つの建築から、部分から地域に広がっていくようなイメージでつくっていきました。最後にできたものも、建設計画は段階的に行なっていて、次第に地域の風景になるよう考えています。造成地という特性から土木に近く見えますが、建築と地域を一体的に捉える手法の1つとして行ないました。

山梨：それを表現しなければすごく閉じたコミュニティで、一気につくったように見られちゃっても仕方ない。非常にもったいないね。

Weathering Temple

コンクリートの風化デザインを用いた空間と時間の設計

これは建築を1000年生き続けさせるための建築設計です。風化を建築が生きている証としてポジティブに捉え、風化のデザインを行ないます。手法はコンクリートの配合や骨材径からの設計です。小さな素材スケールから大きな建築スケールまで空間をシームレスに設計することにより、風化のデザインを行なうと共に微生物や植物に対しても空間設計を行ないます。

今回はこの手法を使い、お寺の設計を行ないます。常に移り変わり、さまざまな生物に開かれたお寺は、仏教の『無常』と『山川草木悉皆成仏』という精神性を建築空間として体現することができます。風化を受け入れ、デザインするということは、建築を生き続けさせるためのビジョンを設計者がもつことにつながります。軽くてインスタントな建築があふれかえるこの世の中で、風化するお寺が建築設計の有り方を時間という概念から再構築することで、建築自身に新しい価値が生みだされることを期待しています。

Interview

Q:トウキョウ建築コレクションに参加しての感想

この場に立てたことを嬉しく思います。審査員の方や同世代の学生から多くのことを学ばせていただき、とてつもない刺激になりました。また、この場に立たせてくれた家族、友人、先輩、後輩、手塚先生に感謝します。

Q:大学や大学院での活動や研究内容

よく放浪をしていました。海外に行ったり、自転車やカブで野宿しながら日本全国の街や建築、自然を体感しに行きました。あとは、コンペに出しまくっていました。研究室ではコンペや、膜建築の研究等を行ないました。

Q:修士修了後の進路や展望

国内のアトリエ事務所勤務です。豊かな建築を通して少しでも世の中を明るくできたら良いと思っています。面白いことがあれば、どこでも首を突っ込んでいきたいので宜しくお願い致します。

Name:
薗 広太郎
Hirotaro Sono

University:
東京都市大学大学院
工学研究科　建築学専攻
手塚貴晴研究室

風化を受け入れるという事

風化を設計者がデザインとして取り込み、建築ハードの時間軸を設計する事で建築は時間を経るごとに魅力を増していく。

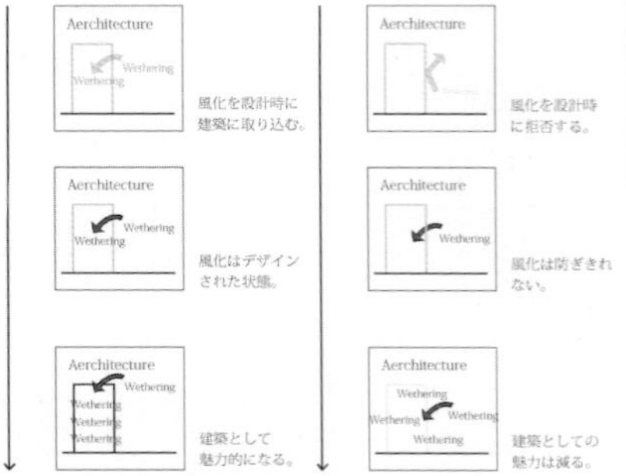

コンクリートの成分・構成方法によって空間と風化速度をデザインする

様々なコンクリートのパラメーターを操作する事で風化速度だけでなく、空間や環境に対して様々な影響を与える。

■水セメント比
風化速度とテクスチャに影響

大 ← 水セメント比 → 小
早 ← 風化速度 → 遅
滑 ← テクスチャ → 荒

■セメント量
風化速度に影響

小 ← セメント量 → 大
早 ← 風化速度 → 遅

■砂率
風化速度に影響

大 ← 砂率 → 小
早 ← 風化速度 → 遅

■壁厚
風化速度と環境透過率に影響

大 ← 壁厚 → 小
遅 ← 風化速度 → 早
小 ← 環境透過率 → 大

■骨材粒径
風化速度と環境透過率とテクスチャに影響

大 ← 骨材粒径 → 小
遅 ← 風化速度 → 早
大 ← 環境透過率 → 小
荒 ← テクスチャ → 滑

■充填度
風化速度と環境透過率とテクスチャに影響

大 ← 充填度 → 小
遅 ← 風化速度 → 早
小 ← 環境透過率 → 大
滑 ← テクスチャ → 荒

微生物から人間まで - 新しい建築のスケール -

コンクリート骨材のグラデーションによってミクロスケールから、ヒューマンスケールまで様々な空間がグラデーションになり建築として出現します。それは、様々な生物に対する最適な空間の提供であり、人間のためだけの空間ではありません。

また従来の建築がヒューマンスケールを最小単位として都市へ広がっていくのに対してこの建築はヒューマンスケールを最大単位としてミクロ世界へと広がっていきます。この提案は微生物から人間までのスケールがシームレスに繋がる環境の創造であり、新しい建築のスケール感になります。

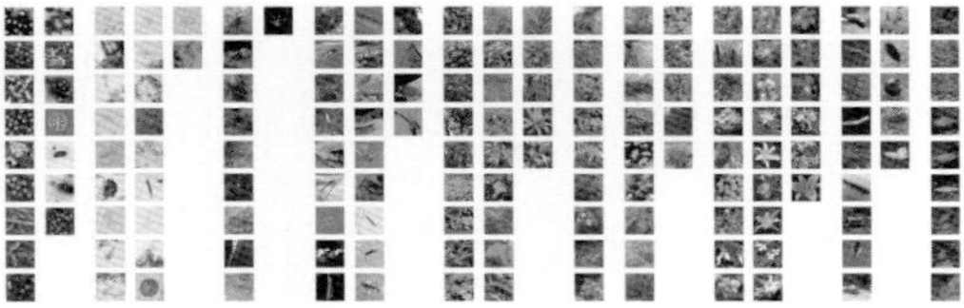

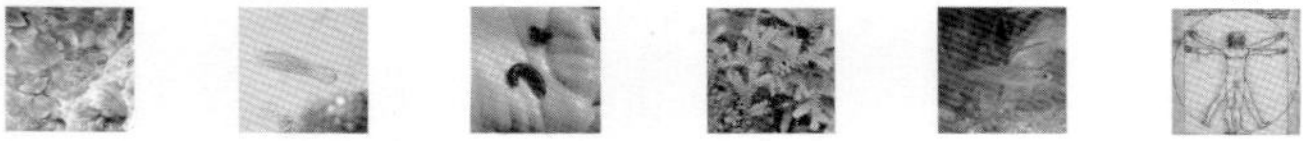

	好気性菌	カエトノスツ	ケラ	クラマゴケ	メダカ	人間
空隙率	１０％	１０％	１８％	２５％	１８％	１０－４０％
空隙径	５０μｍ以上	６００μｍ以上	3 mm 程度	2 mm 程度	10mm 程度	－
骨材の大きさ	0.5-1mm 程度	1mm 程度	2-10mm	5-15mm	15-25mm	5-100mm

さまざまなコンクリート模型を作製し、スタディを行なった。

長期時間軸による空間の変容

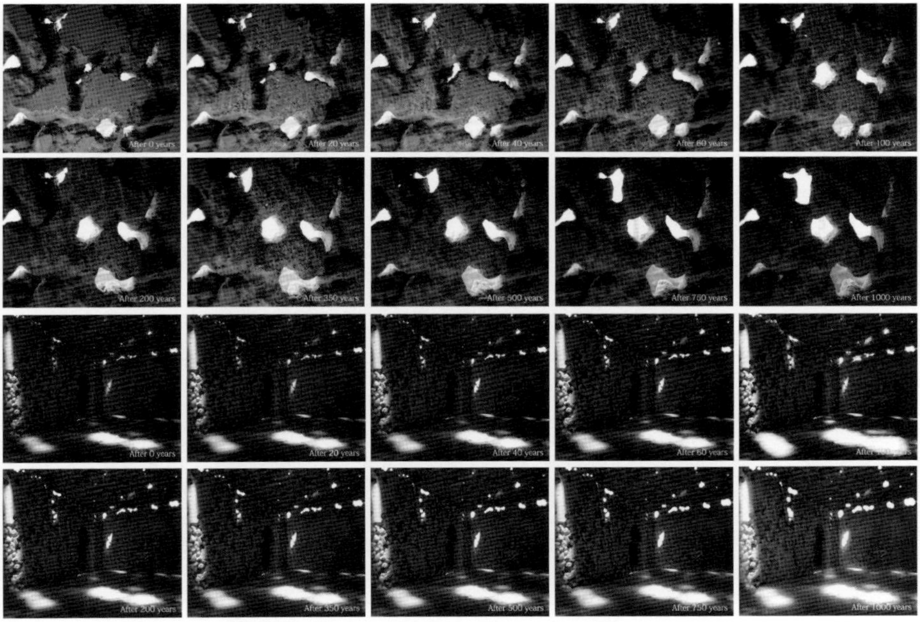

年月が経つにつれ、丸みを帯びた輪郭を見せ始める。人工物は限りなく自然物へと近づくとともに、空間の様相を変化させていく。

短期時間軸による空間の変容

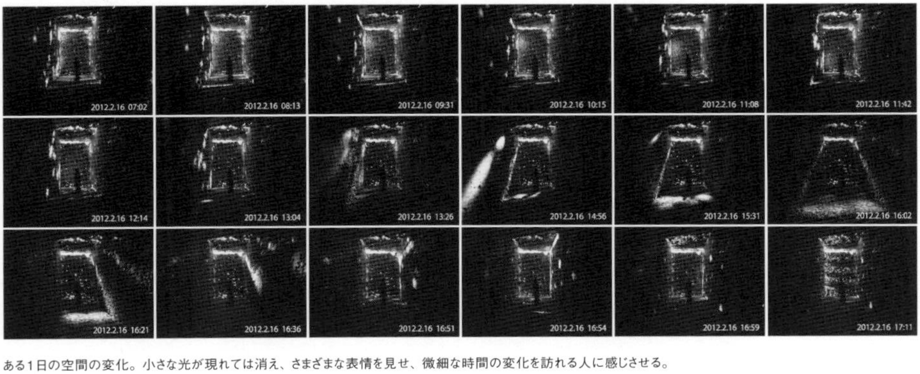

ある1日の空間の変化。小さな光が現れては消え、さまざまな表情を見せ、微細な時間の変化を訪れる人に感じさせる。

エントランス部分では、空隙径の小さく、空隙率の大きいコンクリートによって、建築は周辺環境と一体化しながら人々を誘う。

通り道では壁の隙間から普段よりも近い視点から
小さな自然を感じることができる。

天井だけ空隙率が高いために雨だけが降り注ぐ空間。
常に湿気があるために苔の生える落ち着いた空間になる。

空隙率、空隙径共に大きいコンクリートの空間。光が降り注ぎ、植物の生える庭のような空間は季節と共に移ろう。

祈りの空間に入ると、光が降り注ぐ水面の上に
観音様が浮いているのが見える。

空隙径、空隙率共に高い壁、天井を透過した光は
水盤に反射し、私たちを包み込む。

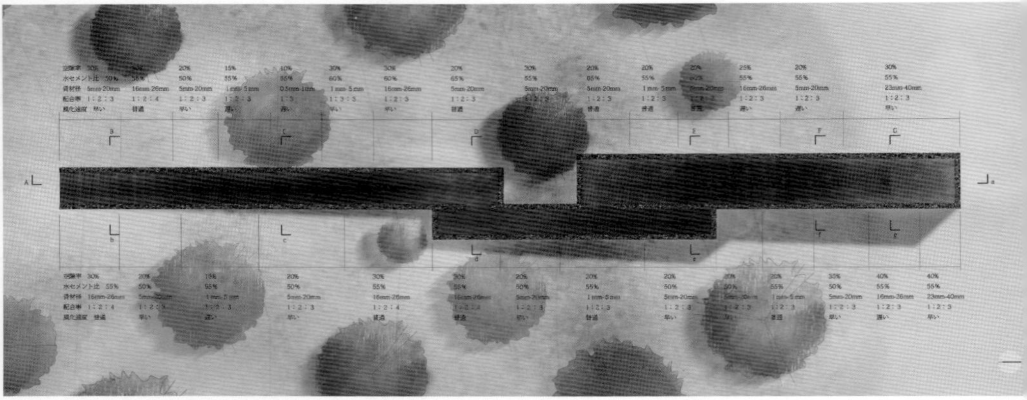

単純な形態の中に種々のコンクリートが内包されることによりさまざまな環境を生み出す。

この建築はさまざまな生物に対して開かれている。

湖畔からみた寺

審査員コメント

審査員コメント＠巡回審査

タルディッツ：コンクリートの風化の度合いについては、実際に計算されているのでしょうか?

薗：コンクリートの配合と風化のデータがあり、それをもとにしていますが、環境は日々変動するので計算通りにはいかないかもしれません。それでも設計者が数百年単位のビジョンをもつことが重要と考えています。

タルディッツ：例えば300年後に見る人は表現の変化をそこまで意識しないのでは? これは表現の変化、素材の質への意識、そのどちらを狙っているのでしょうか?

薗：変化を通して、時間に対してどれだけのインスピレーションを受け取れるかということを目的としています。

工藤：「廃墟」のイメージがあるようですね。なぜこの形になったのかが気になりました。

薗：あまりきれいなものにすると、風化を拒絶するイメージになってしまうので、風化をデザインとして受け入れられるものにしました。そして、祈りの空間に至るまでのアプローチが、一気に見えるのではなく、俗世界から聖世界へ、また聖世界から俗世界へ徐々に移行できるように、多様なシークエンスを用意しました。

千葉：「風化」をイメージして選んだコンクリートの表面積をコントロールして建築をつくろうという計画ですね。風化したコンクリートの強度は検証したのですか?

薗：炭素繊維を混ぜて引っ張り強度を確保する考えですが、実験はしていませんので実証はできていません。

千葉：遺跡を模してつくった建築のようにも見えますが。

薗：意図したわけではなく、コンクリートの表面積を増やすことで風化速度が操作できるのではないかと考えた結果、洞窟のような素朴な感じになりました。

千葉：風化の要因はさまざまで、植物が入り込んだり、苔が生えたり、予測不能なことがたくさん起こる。だから現実には、風化の度合いが違って崩壊の仕方も変わり、これほど美しい風景にならないのでは?

薗：例えば、一般的な建築も「こういう使い方をしてほしい」と考えてプランを描いても、それが叶う時も、叶わない時もあります。ですから、時間についてもビジョンをもって設計すれば、建築の価値観が変わるのではないかと考えました。

審査員コメント＠公開審査

山梨：エージングをポジティブに捉え、千年というタームで建築を生き延ばそうという計画。直球のスタンスです。現代の建築にはエージングへの意識が抜け落ちていますが、僕自身はすごく大切に思っているので、共感を覚えました。コンクリートの表現とも合致していて、すごく素敵だと思います。でも、千年も存続させるにはマテリアルだけでなく、人間の営みが大事だと思うので、プログラムの設定も同じくらいリアルに考えなければ。物理的に残るのではなく、たとえ風化して朽ちそうになったとしても、人間が残したいという意志がないとダメ。そういう意味で、観音堂が適切かどうかが疑問でした。

今、日本では、無宗教の人も結構いますよね。僕もそうです。だから仏教の施設に熱意を込めることにピンとこないんですよ。例えば小学校だったらどうでしょう?

何十年後かに訪れた時に苔むしていたり、生物が生息するようになっていたり……。その他に科学館とか駅舎など、もっと目に触れる、自然の奥深くに埋もれてしまわない建築の方が、風化のコンセプトが明快になるのではないかと思います。

新居：膨大なスタディをしているようですが、他のものとの比較をもっとしなければ。それと最後の形が恣意的になっているように思えてならない。観音堂のストーリーと空間の関係性をもっときちんと説明するべきですね。

図式から空間へ

Le-thoronet修道院の光と影について

Le-thoronet修道院：プロヴァンス地方にある、シトー派の修道院の1つである。ロマネスク教会には必ずある彫刻がほとんどない。また、さまざまな建築家がその影響を受けていると言われている。

このような評判をよく聞くうち、この修道院に大変興味を持ち修士研究のテーマにした。修道院の魅力は簡素な素材の構成だけにより、豊かな光の空間をつくり出していることである。光と言ってもさほどの光量もないはずであるのに、不思議な明るさを感じる。そのような不可解な魅力こそ、明快さを求める現代建築から抜け出せるのではないかと考えた。

このようなコンセプトを踏まえ、架空のプロジェクトを創り、設計を行なった。目黒の庭園美術館の隣にある、国立科学博物館付属の植物園管理棟を増築し、偏った面積構成を一般的な博物館の面積構成にするというものである。

Interview

Q:トウキョウ建築コレクションに参加しての感想

ヒルサイドテラスで展示したこと、建築家の先生から意見をいただいたこと、同世代の知り合いがたくさんできたこと、すべてが良い経験になりました。またスタッフの方々には感謝しています。ありがとうございました。

Q:大学や大学院での活動や研究内容

コンペばかりしていました（あまり勝てなかったけど……）。また菊地先生にはさまざまなところに連れていっていただき、多くのことを教わりました。

Q:修士修了後の進路や展望

良い建築をつくりたいのはもちろんのことですが、まずは建築設計を長く続けたいと思っています。

Name:
峯村祐貴
Yuki Minemura

University:
武蔵野美術大学大学院
造形研究科　デザイン専攻
建築コース　菊地宏研究室

1

2

3

4

5

6

7

8

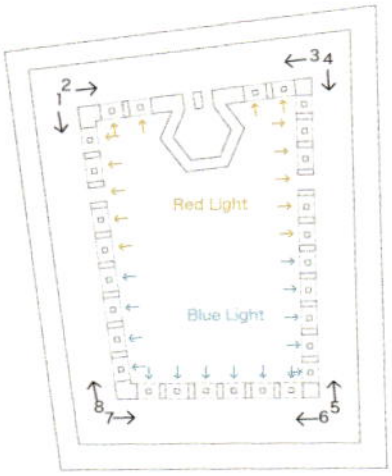

光の入る方位の違いによる、光の色味の違いについて。

天井がフラット

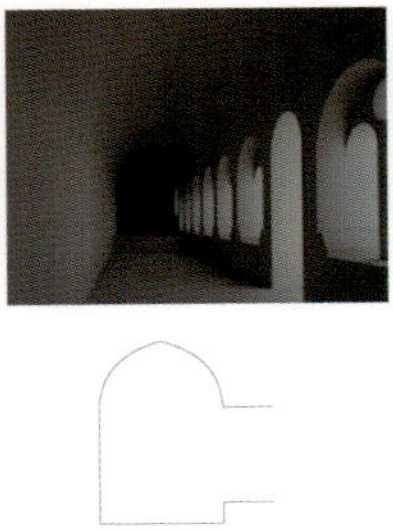

Le Thoronet の現状

天井がフラット
+
開口が床まであるパタン

開口が床まであるパタン

天井がフラット
+
壁が薄いパタン

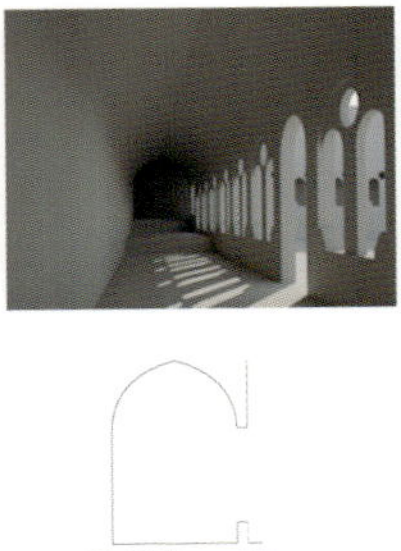

壁が薄いパタン

開口が床まであるパタン
+
壁が薄いパタン

CGによる断面形状の変形に伴う、空間変化の比較。

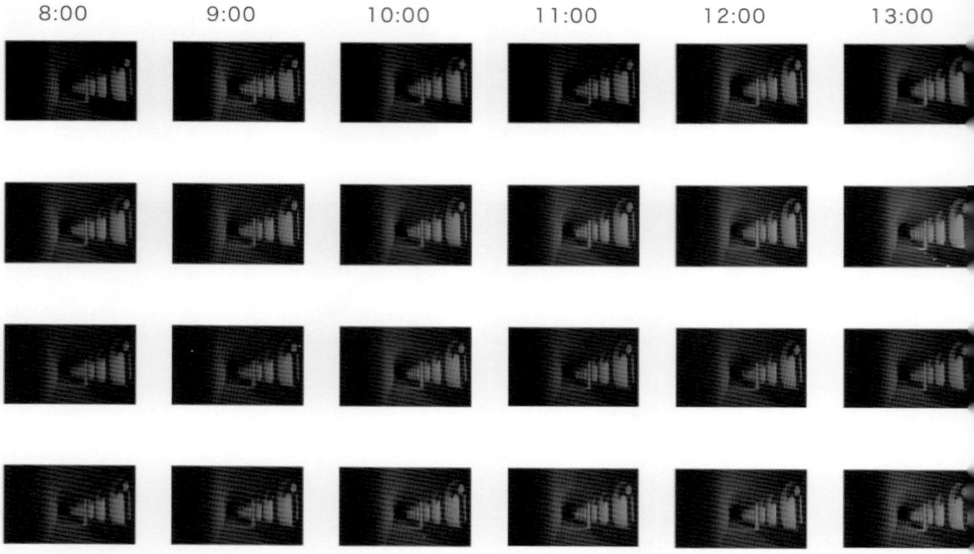

緯度、経度の変化に伴う時間ごとの比較。

2都市における、四季の比較。

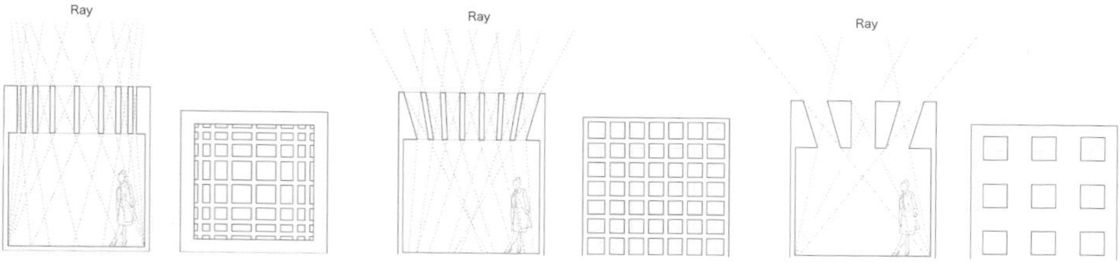

ある1つの面だけに光をあてるための、開口形状のスタディ。

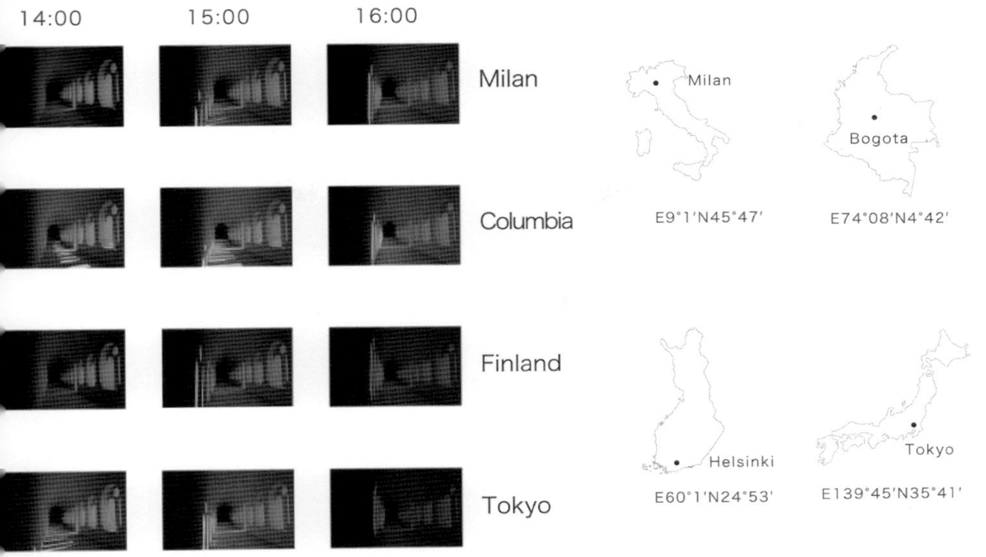

写真

陰線消去図

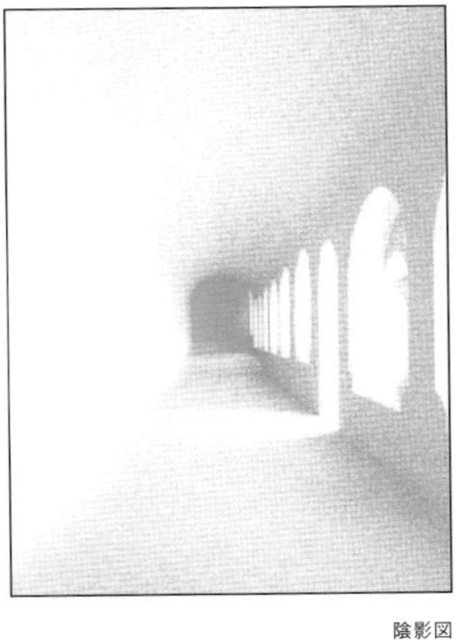

陰影図

画像処理による、写真、陰線消去図、陰影図の比較。

1

3

4

2

5

6

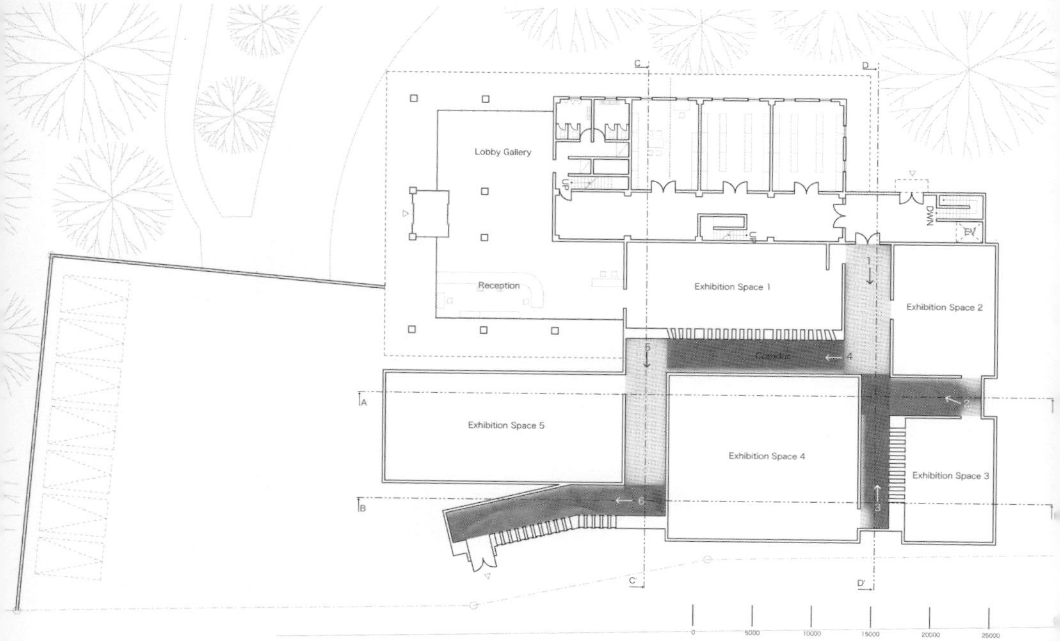
Lobby Gallery
Reception
UP
UP
DWN
EV
Exhibition Space 1
Exhibition Space 2
Exhibition Space 3
Exhibition Space 4
Exhibition Space 5
Corridor
1
2
3
4
5
6
A
B
C
D
C'
D'
0
5000
10000
15000
20000
25000

Plan

審査員コメント

審査員コメント@巡回審査

山梨:ル・トロネの空間を全然違うコンテクストに置くことによって、皆がなんとなく良いなって思っている空間が、その光と環境の中でしかできないものをすごく明確に引き出したプロセスがすごい鮮やかで良かった。だけど、その分析から設計された建築のプログラムと空間がどうも合ってないような気がするんだよね。

峯村:正直に言うと、プログラムについてはこれで良かったのかと思う部分があります。ですが、建築の構成で言えば、展示室という均質な光が入ってくる部分と、それをつなぐ廊下という部分の2つを対比して設計することによって、より豊かな空間をつくれるのではないかと考えました。

山梨:素直に過ちを認めることもいいけれど、勝負というか審査の場だから、もう1回あとわずかな時間を使って、自分がなぜこれを選んだかを読み解いて、皆に言葉で言えるようにしておいた方が良い。

千葉:光をスタディして建築化するのは、どんな時代にあっても建築の永遠のテーマみたいなところがあるけど、この計画の場合、光の状態をどのように再解釈したかが重要じゃないかな。

峯村:現代建築は図式的にできていて陰線消去図的に認識することが多いですが、CGをつくっているなかで、ル・トロネは陰影的なものに見えたんです。なぜなら、エッジの部分にしっかり影が落ちているとか、ヴォールトに光が当たって連続して見えるからなんですね。それを取り出して、ある一面にしか絶対に光が当たらないスタディモデルつくりました。これはどう動かしても絶対に横面に光が当たらないのでエッジ部分が消えるようになっています。それをどういうふうにプランとして使うかを考え建築をつくりました。

千葉:こう見えるのは、ものに厚みがあるからなんだろうね。今の建築はどんどん厚みを消す方向に動いているけど、そういう動きに対してこの設計は、厚みが果たす役割を1つ表明しているんだね。それはとても可能性があると思うけど、そこからさらにプランニングにまで展開できるともっといいよね。壁が厚くなることで、それはもはや壁じゃなくて、何か別の機能をもち始めたりする。そんな展開の先に従来の建築の再解釈が見えるといいな。

タルディッツ:ル・トロネというロマネスク時代のシンプルな修道院を選んで光の分析をしたところまではいいですが、あれはあくまでも修道院で、今の時代に別のプログラムとしてもってくるとちょっと殺風景すぎるよね。それに模型はすごくきれいにできてるけど、太陽光は動くし、博物館であれば照明も入る。いろいろな要素が足りてない。その抽象化具合が面白くもあり、残念なところでもあります。

峯村:自分は光の研究を通して、できるだけその成果を純粋に伝えようと思って他のことはかなり排除してしまいました。かなり悩んだところではあるんですが。

タルディッツ:そうでしょうね。これはもっと面白くなりますよ。まったく違う機能にもっていくと面白いかもしれない。

工藤:これ、東京の緯度なんだよね? 深さはどれくらい?

峯村:その部分で厚さ1mくらいですね。

工藤:1mもあったら、こんなに光は入らないでしょうね。真横からの光は本当にこのパースみたいにいくかなという疑問が私の中ではありますけど。これはリバウンドする光でしょう? 実際には天井にもリバウンドするんじゃないかな。

峯村:リバウンドする光っていうのは、普通に開口を設定したよりは少なくなるはずなので、明るい面と少しだけ明るい面ができて、その差を感じてもらえると……。

工藤:それは相当マニアックな人じゃないと分かってもらえないかもね(笑)。説明しないと「あ、なんか通り過ぎちゃった」っていう感じになりそう。

biblioteca da floresta

Interview

Q:トウキョウ建築コレクションに参加しての感想

多くの方々に作品を見ていただけたことを大変嬉しく思っています。手伝ってくれた後輩、楽しく語り合えた同期、エスキスをしていただいた先生、学生時代に出会えた素晴らしいライバルを大切にしたいと思います。

Q:大学や大学院での活動や研究内容

設計課題とコンペ、学外の活動に没頭していました。

Q:修士修了後の進路や展望

ibda design（Dubai, UAE）という設計事務所に勤務します。建築の文化が成熟していない場所に、そこあるべき空間を創り出したいと考えています。

Name:
針貝傑史
Takeshi Harikai

University:
東京理科大学大学院
理工学研究科　建築学専攻
岩岡竜夫研究室

地域独特の環境（風景の在り方までを含む）を考慮して生まれた建築の内部には他の土地にはない新しい空間性が提示されているべきである。しかし、地域独特の美を最大化するような空間性は既に建築や都市に内在しているものではなく潜在的なものである。そのような建築を設計することは文脈から断絶された概念をもち込むような強引さに満ちている。強い批判をあびた建築が時代を経てその場所の象徴になることが現実にあるように、地域の魅力を最大化する建築を設計することとその地域について考えることは相反することである。 本設計ではブラジル特有の内部のような軒下空間、超越的なスケール、多方向配置、折れ曲がる傾斜路を設計の手掛かりとし、ヴィトリア（ブラジル、エスピリサント州）に風を感じることのできる図書館とコミュニティセンターの複合施設を計画する。

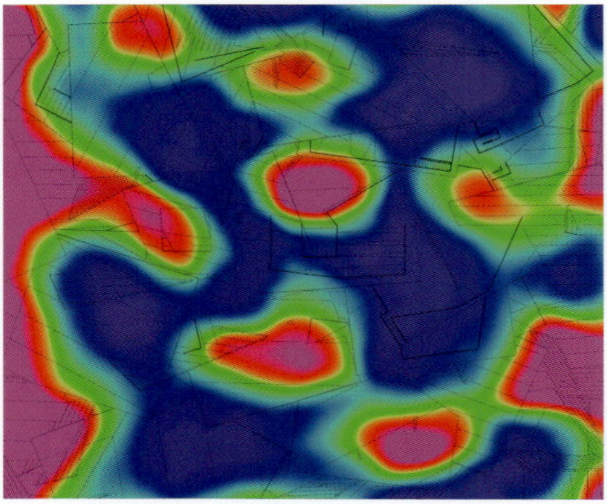

屋根の枚数が2枚以上ある場所を青く図示している。青い部分が内部空間であり、赤い部分は外部空間となっている。

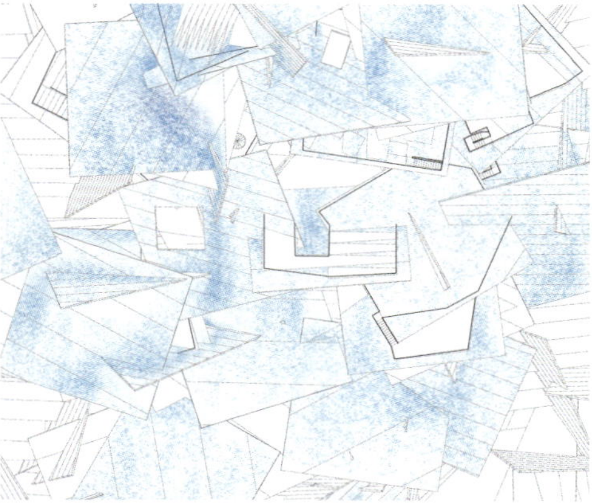

屋根面を流れる雨の方向を図示している。雨水利用のため、雨を貯める。もしくは外に流れるようになっている。

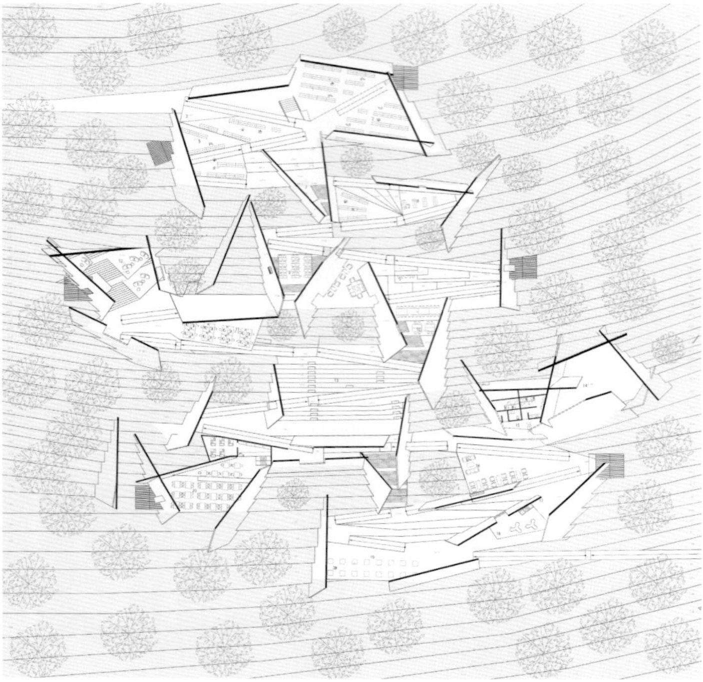

平面図

審査員コメント

審査員コメント@巡回審査

千葉：傾いた壁で全体の空間が緩やかにつながったり分節されたりして、それが結果的に読む場所になるというのは良いと思うけど、この操作は、きりがないところもあるよね。この1枚の床を加えてもいいのかいけないのかの判断がどんどん難しくなる。だからどこかに造形原理が必要だと思うんだけど、それは何か見つけた?

針貝：面を減らそうとする段階に入ってから、ひたすらスロープでつながる部分が必ずあるようにということと、ずらしながらなるべく3枚にならないようにするといったルールを定めてニュートラルにフォルムを決めていきました。

千葉：1つの空間のイメージとしてはものすごく鮮明で魅力的。なおかつ気候に合っていればいいなと思うんだけど、どこかでブレーキをかけるファクターを探していくのも重要で、通常だとそれが構造だったりするんだけど……。

針貝：神戸ビエンナーレの出展作品として1/1模型を製作しました。素材は木なんですが、これと同じような寸法で、構造解析も行なって大丈夫だろうということで……。

千葉：でもそれは家具スケールでしょ? コンクリートは単位体積当たりの重量が大きいわりに引っ張り強度はないから、自重でだいたい破壊してしまうよね。まあ、がんばれば建たないものはないけど。

山梨：君は普遍的に使える幾何学だと思っているわけだよね。そしたらかなり現代の建築教育に喧嘩を売っているわけだから徹底的に言い切った方がいいと思う。「これは世界中に適応し得る」ってね。

針貝：膨大なスタディ模型をつくっていく中で、なんで面白いのか分からないんだけれども全然別のものができているっていう感覚があって。なのでなるべくこの面白さを山梨さんにも共有していただきたい。

山梨：君は建築家だから毎回同じ形じゃおかしいと言われてしまうかもしれないけど、君が彫刻家だったら世界中にこのボキャブラリーをもって、普遍的な解として、これだけしか使わないけどあらゆるものに対応できる建築をつくり得るんだ、ってきっと言うよね。

審査員コメント@公開審査

新居：すごく格好良いんだけど、この作品が惜しいところは、模型と一緒に展示されていた斜めの壁が組み合わさっているたくさんのパターンと最終形が連動してないことだね。形のスタディをして20くらいつくったら、その中から5–6個に絞って、それに自分でコンセプトを付加して、選んだパターンの組み合わせでこれができた方が良かった。ただ、単純に好きか嫌いかだけで1つか2つ選ぼうと思って、これは好きだったから選びました(笑)。

山梨：まったく僕もそうで、見た瞬間、ああ、かっこいいなぁって(笑)。そういうことで選んじゃいけないってよく言われるけど、それも大切だと思います。

タルディッツ：かっこいいね!(笑)。いや、これは冗談じゃなくて、本当に造形的な魅力はあります。ただ、プログラムが図書館では、非常に無理があるという感じがしますね。造形にすごく力を入れていること自体は良いんだけれど、図書館である必然性は感じない。

千葉：僕もかっこいいと思って票を入れました(笑)。最初は無理があるように感じましたが、ブラジルでは気候的にほとんどインテリア空間をつくらなくても良いそうで、それなら現実味もあるかと思いました。ただ、小さなオブジェをつくって、「あれで成り立ってるから、これも頑張ればいける」というのはさすがに無理があると思いますよ。

線状共住体研究

都市の線状空間を用いた地域居住モデルの提案

住宅は私たちの最も身近な空間であり、都市を構成する主要な要素である。しかし社会的環境や、経済活動、交通システム、家族像やライフスタイルの変化など、都市を使う主体や社会構造は変化しているにもかかわらず、住宅は合理的システムによって大量生産された結果、多くの問題と他者とのつながりが生まれにくい現状をつくり出している。さらに3.11を経験して、それらの都市は主要なインフラが麻痺したとたんに機能停止する、脆弱なシステムに支えられていることが露呈した。だが一方で、この震災の被災地で人と人のつながりによる共同体の重要性が再認識されたのも事実である。このような状況であるからこそ、現代のさまざまな問題を受け止めるものとして、住宅と共同体が都市と一体的に考えられる必要がある。本修士設計では、都市の線状空間に着目することで都市居住と共同体が一体となった地域再生の新たな居住形式を線状共住体と定義し、3つのモデルを提案する。

Name:
坂爪佑丞
Yusuke Sakazume

University:
横浜国立大学大学院／
建築都市スクール
Y-GSA

Interview

Q:トウキョウ建築コレクションに参加しての感想
審査員の先生方から多くの批評をいただきき、いろんな考えをもっている同世代の作品をじっくり見れ、これからの自分の方向性を考えるいい機会になりました。

Q:大学や大学院での活動や研究内容
スタジオ課題に加えて、地域社会圏プロジェクトやAmsterdamでのインターン、牡鹿半島の復興計画に小嶋スタジオとして参加しました。

Q:修士修了後の進路や展望
日本設計で働いています。自分が学んで経験してきたことを携えて、これからの都市や建築の未来について考えていきたいと思います。

Model A

横浜市西区西戸部町は沿岸再開発地域である、みなとみらいから程近い、木造住宅が密集した斜面住宅地である。本計画では老朽化した木造家屋の建て替えを通して、斜面と路地という2つの都市骨格を抽出した地域固有の住宅＋グループホームを計画する。

Model B

目黒区目黒本町は東京都が推進している木造密集市街地重点整備地域に指定されており、多くの細街路、老朽化した住宅が見られる地域である。本提案では木密地域における車が通り抜ける二項道路の街区構造に着目し、道路の十字路をT字路に転換して、既存のインフラを地域共有の線状空地へと変換することで地域再生のコアとなる建築を計画する。

Model C

世田谷区等々力駅沿線の衰退した商店街とコミュニティの再生計画として、鉄道の地下化によって生じた線路跡地を利用し、線状の都市公園と街が一体となった新たな地域拠点を提案する。都市の転換期にみられる線状の都市空地をきっかけに、緑道沿いの建築の配列を変化させ、街と緑道をつなぐ長屋という小さな単位をつくる。その棟から棟へと屋根を架け渡していくことで、屋根の単位が変わり、それによって生まれた屋根の下の大小さまざまな場所が、住み手や使い手の居場所になる。

線状空間について

Study of Linear Space

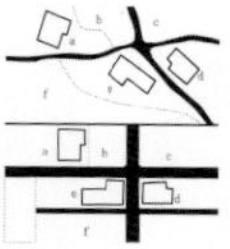

土地区画整理事業

豊かな共有地としての路地

同じ面積でも周長が大きく、外部空間と多くの接触を図ることができる

線状空間は場所と場所をつなぐ交通の空間であり、同時に様々なモノやコトが流れる交流の空間である

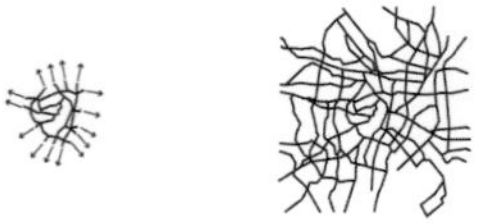

既存のネットワークと連続し、都市への広がりを獲得する線状空間

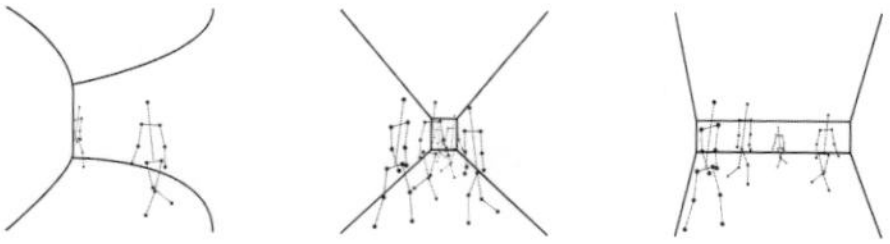

先が見通せないとさらにその先に行きたくなる空間や活動がオーバレイしたにぎやかな空間をつくる

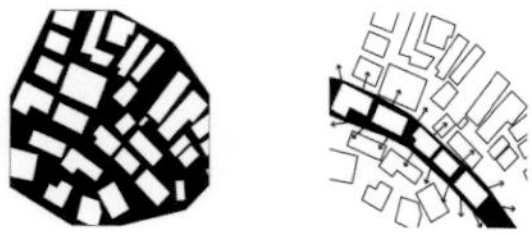

小さな介入で大きな波及効果を期待でき、局所的な協調のみで迅速な提案が可能

都市空間の骨格を形成する線状空間に着目することで、住宅内部だけでなく、都市への広がりを獲得した地域固有の暮らし方が可能になる。さらに本提案では街路や道の空間などの地域の骨格といえる線状の空間を発見し、コンテクストとして受け継ぐことで、周辺環境と連続した共有空間のネットワークを併せもった線状共住体をつくる。

設計手法

Method of Planing

線状共住体の設計手順は以下の5つのアプローチをもとに行う。

線状共住体のための５つのアプローチ

1 敷地と課題
Site and problem

2 マスタープランと更新手法
Master Plan and Method of Redevelopment

3 他者を受け入れる空間の形式
Form of Acceptable Space for the Others

4 構造·構法と空間システム
The System of Structure and Space

5 プログラム-サービスの交換をつくる-
Program -Making Exchange System of Public Service-

既存の路地や斜面を継承し、再構築する

model A

路地、斜面地

街区構造を転換する

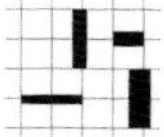

model B

二項道路、十字路

都市空地により、建築の配列を変化させる

model C

鉄道線路跡地、緑道

対象とした3つの敷地から都市骨格としての線状のマスタープランを抽出し、3つの線状共住体モデルを提案する。

① 敷地と課題
Site and problem

	model A	model B	model C
敷地	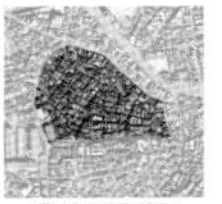 横浜市西区西戸部町	 目黒区目黒本町	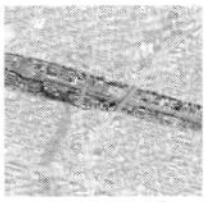 世田谷区等々力駅
敷地面積	4.6ha	18ha	11ha
敷地計画面積	1.05ha	1.3ha	1.4ha
用途地域	第二種中高層住居	第二種中高層住居	近隣商業・第一種中高層住居
計画主	横浜市＋住民	コミュニティビジネスNPO団体＋目黒区＋住民	鉄道会社＋世田谷区＋住民
居住者人口	450人（既存定住者212人＋新規居住者238人）	420人（既存定住者287人＋新規居住者138人）	460人（既存定住者252人＋新規居住者208人）
人口密度	174人/ha	287人/ha	152人/ha
1世帯当り人口	2.24人	1.92人	1.82人
地域の課題	斜面宅地、木造密集市街地、空き家	木造密集市街地重点整備地域、二項道路	地域商店街の衰退、待機児童
共通する課題	少子化、高齢化、スプロール、雇用、コミュニティやつながりの希薄、孤独、住環境の悪化		

本計画ではそれぞれで課題を抱える、木造密集市街地、斜面地住宅地、商店街、都市の転換期に現れる都市空地などを計画対象とした。

② マスタープランと更新手法
Master Plan and Method of Redevelopment

都市骨格から抽出した線状の集合形態（マスタープラン）

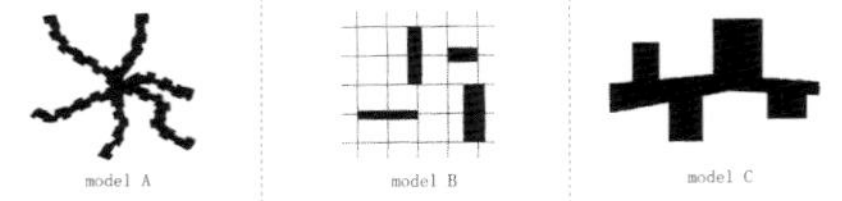

更新手法

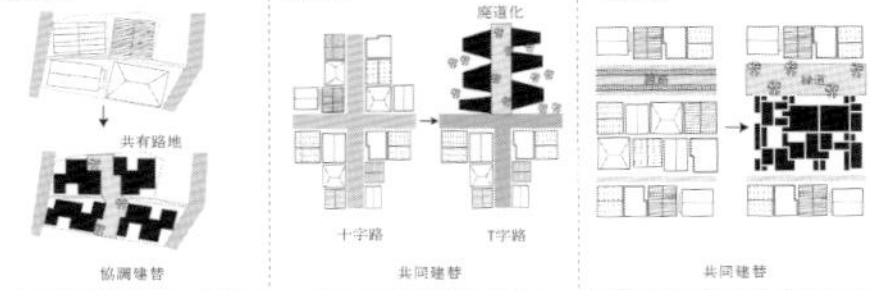

線状共住体は既存の都市骨格を捉えることでつくられた線状の共有空間をもち合わせている。

③ 他者を受け入れる空間の形式
Form of Acceptable Space for the Others

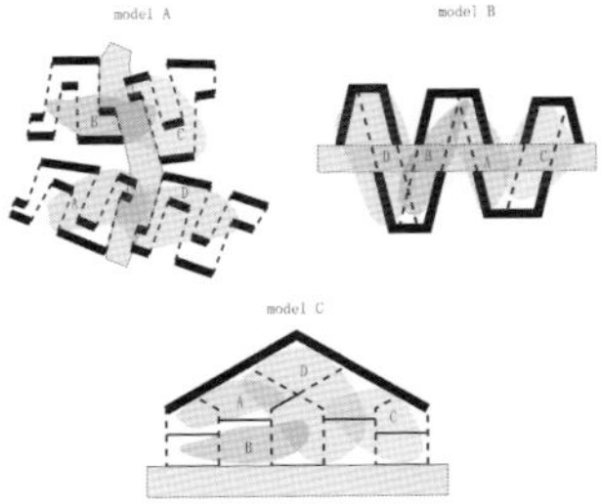

個人がそれぞれ自分の意志で他者との距離を選択できるような、空間の形式を同時につくる。人々の活動や気配が住戸全体に共有され、他者を受け入れるゆるやかなつながりをつくりだす。

④ 構造・構法と空間システム
The System of Structure and Space

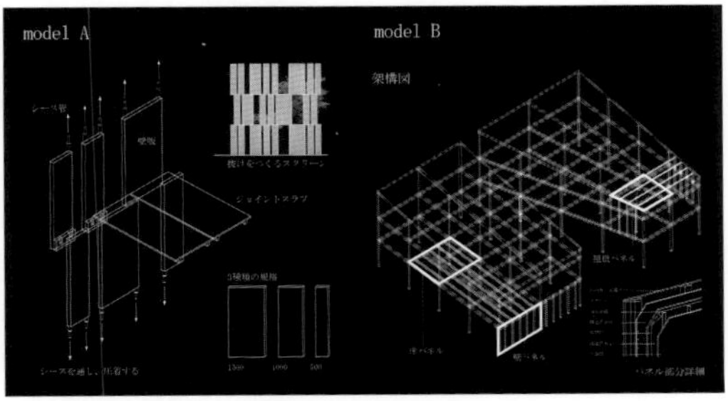

既存の市街地の条件に適した構造や構法を用いながら、リアリティのある空間のシステムをつくることで、施工性の向上だけでなく、人々の気配や活動が感じられる共有空間をつくることが可能になる。

⑤ プログラム-サービスの交換をつくる-
Program-Making Exchange System of Public Service-

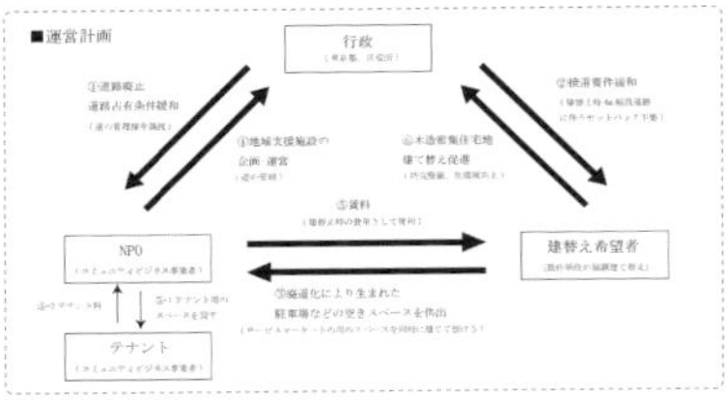

model B

廃道化による地域拠点運営の仕組み

居住者像	居住形態	移動手段（車の有無）	共有空間に求められる用途
20〜30代夫婦（共働き）	賃貸：アパート、マンション、借家（戸建）	徒歩、自転車、電車、自動車	ゲストルーム 貸しオフィス、自習室 トランクルーム タウンカフェ（地域の休憩所） カーシェアリングステーション
30代夫婦＋子ども（共働き）	賃貸：アパート、マンション、借家（戸建） 所有：戸建、マンション	徒歩、自転車、電車、自動車 車は必要	学童保育園、託児所、プレイルーム、図書館 ゲストルーム、トランクルーム 貸しオフィス、自習室
世帯同居	賃貸：アパート、マンション、借家（戸建） 所有：戸建、マンション	徒歩、自転車、電車、自動車 車は必要	学童保育園、託児所、プレイルーム図書館 ケア施設 文化教室
一人暮らし学生	賃貸：アパート	徒歩、電車	図書館 ゲストルーム、自習室 共同キッチン、リビング、ランドリー
一人暮らし社会人	賃貸：アパート、マンション	徒歩、電車	図書館 ゲストルーム 貸しオフィス、会議室 スポーツジム
友人同士のシェア	賃貸：アパート、マンション、借家（戸建）	徒歩、自転車、電車	貸しオフィス、自習室 スポーツジム トランクルーム カーシェアリングステーション
老夫婦	賃貸：介護施設、アパート、マンション、借家（戸建） 所有：戸建、マンション	徒歩、自転車、電車、自動車	ケア施設 文化教室 ケアステーション 菜園（植物園）
独居老人	賃貸：介護施設、アパート、マンション、借家（戸建） 所有：戸建、マンション	徒歩、自転車、電車	ケア施設 文化教室 ケアステーション タウンカフェ（地域の休憩所）

人口の割合
- 0〜10代 11%
- 20代 12% 多い 30代 18%
- 40代 14%
- 50代 11%
- 65才以上 23% 少ない

地域の全員が使う共有空間
タウンカフェ
商店（物販）
コンビニ
集会所
訪問診療スペース
ガーデン
共有キッチン
ギャラリー
作業スペース（工房）

プログラム検討とその居住者像

都市におけるさまざまな主体の利害関係の調停を可能にする、地域固有の開発手法を考えることで都市を更新していく。また、現在では介護、医療などの公共のサービスは町の中心部に集約化され、効率的に利用できないことが多い。そこで、建て替えによって地域規模で利用可能な公共サービスや賃貸住宅を併せて提案する。

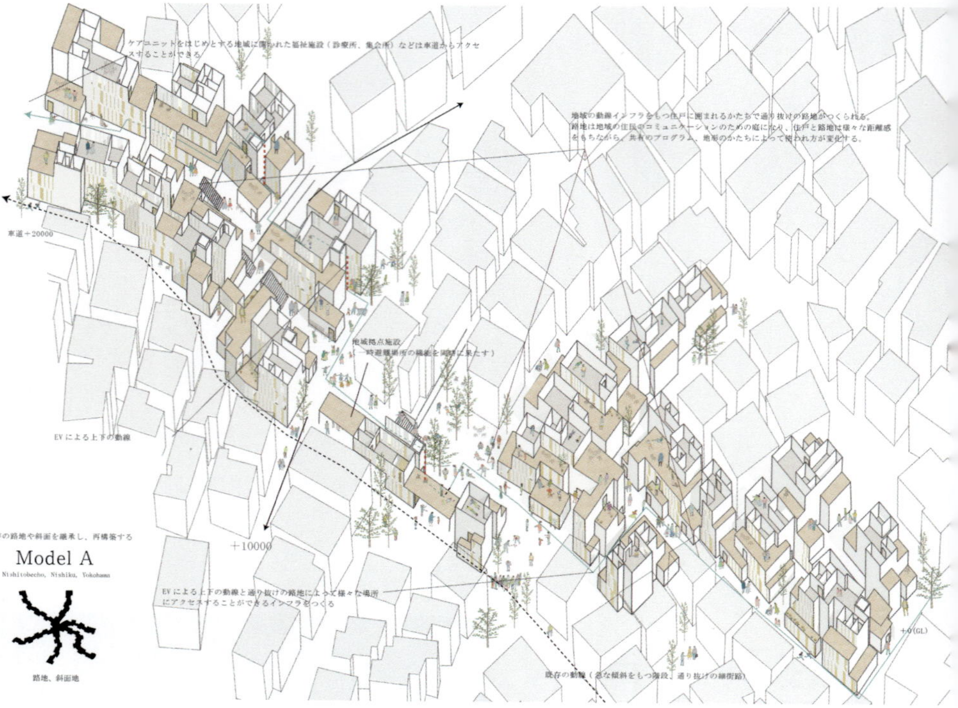

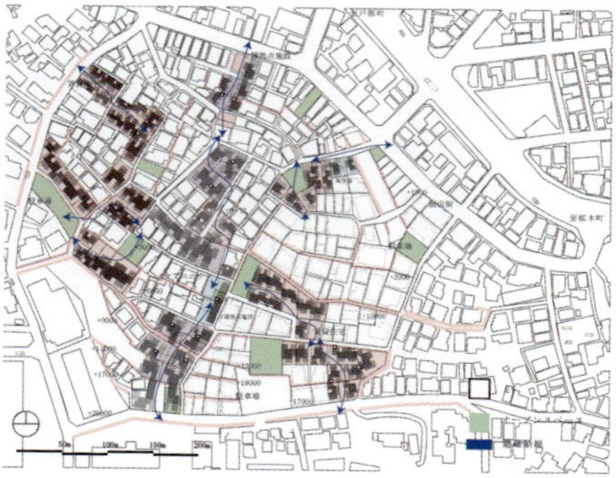

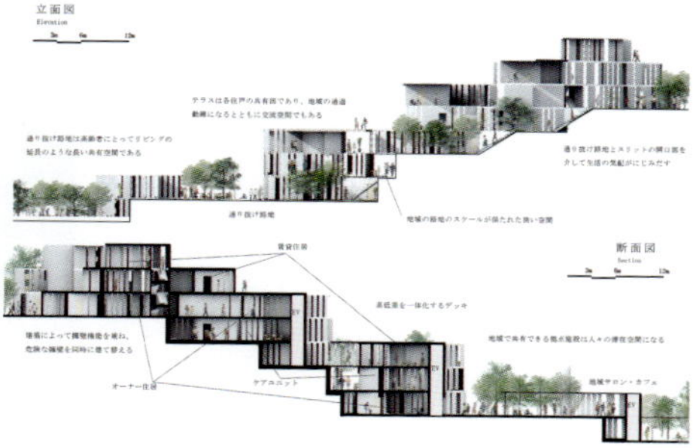

狭隘な木造密集地域を防災上に徐々に更新する方法として、バリア克服のための公共の交通インフラのEVを住宅とともに計画し、そのインフラに沿う形でコミュニティスペースとしての共有の斜面路地を地域につくる。建て替えが進むにつれ、線状のコミュニティスペースがつながっていき、斜面と路地がもつ豊かさを継承した公共のサービスのインフラが地域全体に張り巡らされる。

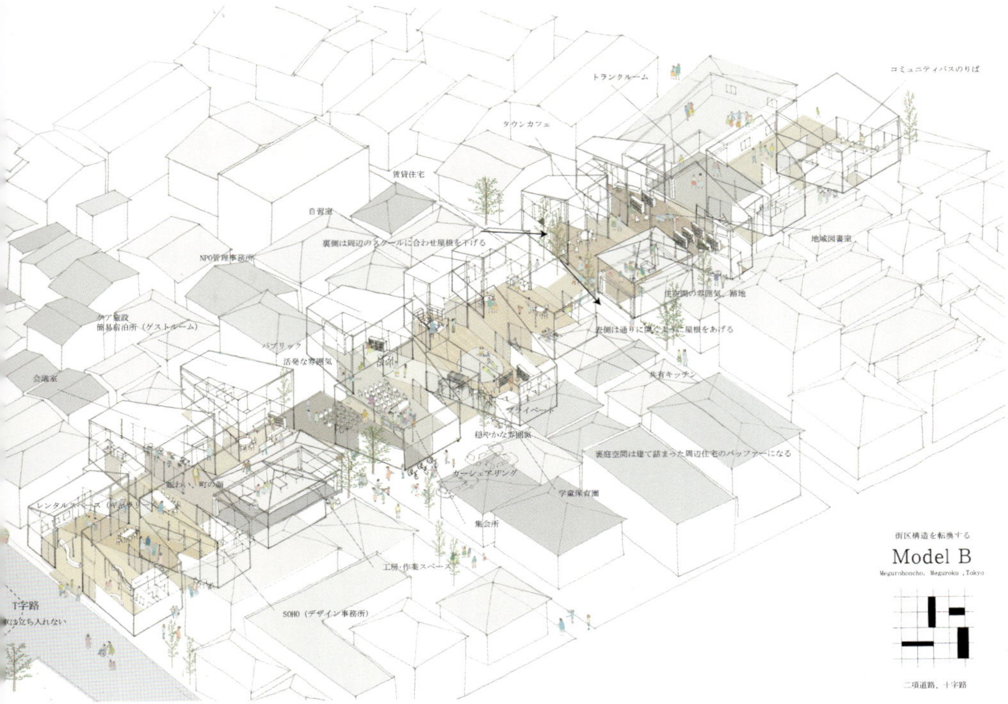

街区構造を転換する

Model B

Megurohoncho, Meguroku ,Tokyo

二項道路、十字路

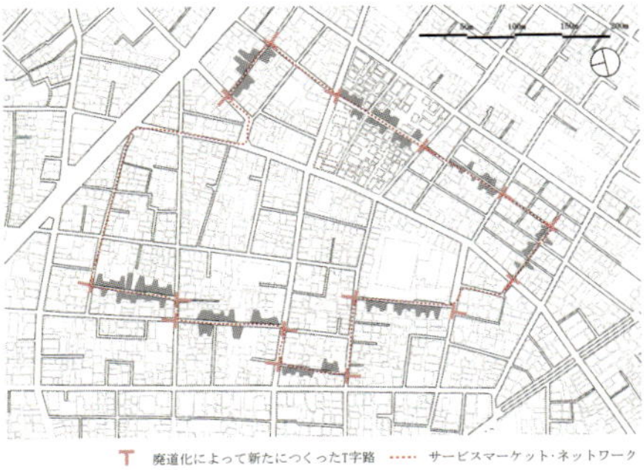

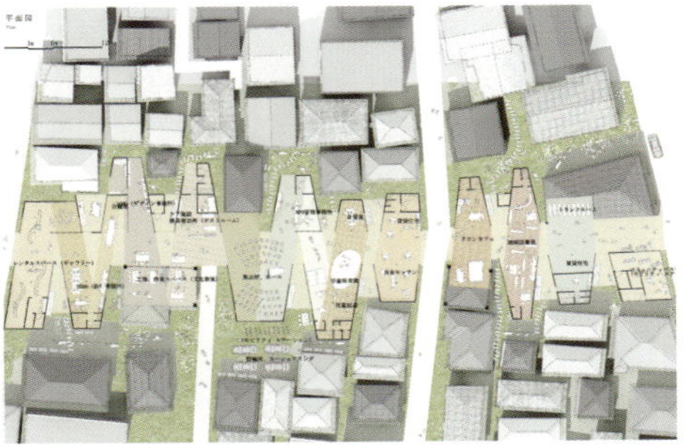

エリア内の十字路を数カ所選び、その一部を廃道化して、T字路に変える。車のスピードを遅くし、人のための街区構造をつくると同時に、モノではなくサービスを売る商店街が線状の空間に並ぶ、新たな地域の拠点をつくる。

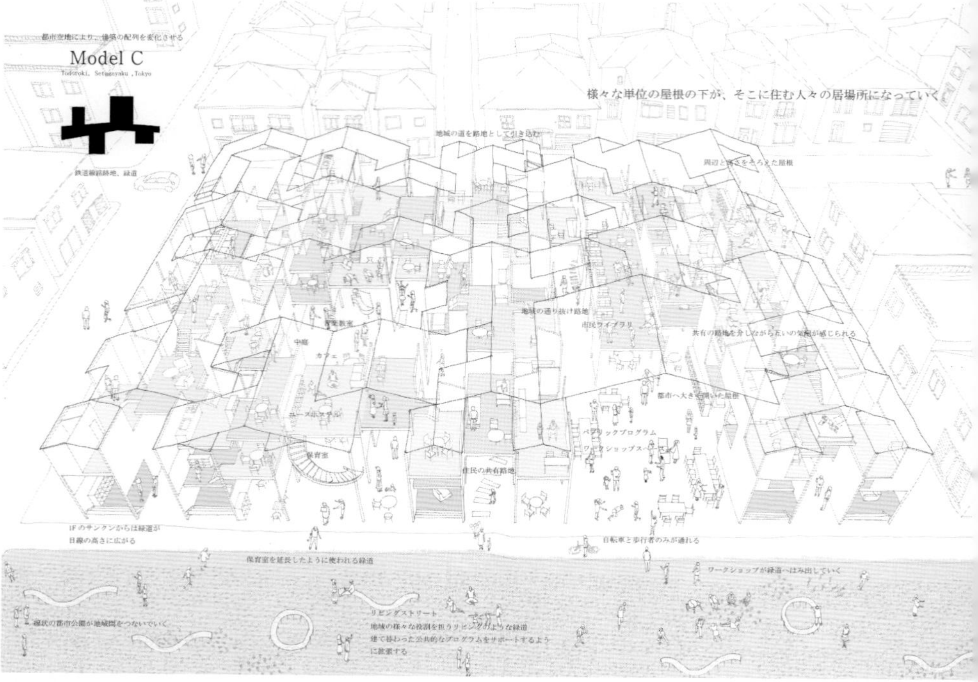

大規模商業施設の開発により、商店街の売り上げ、店舗数、来街者は次第に減少し、地域のコミュニティ基盤が失われつつある状況が沿線沿いにつくられている。

鉄道の地下化によって生じた線路跡地が緑道として再整備される。線路跡地の緑道を利用し、新たな街の骨格をつくる

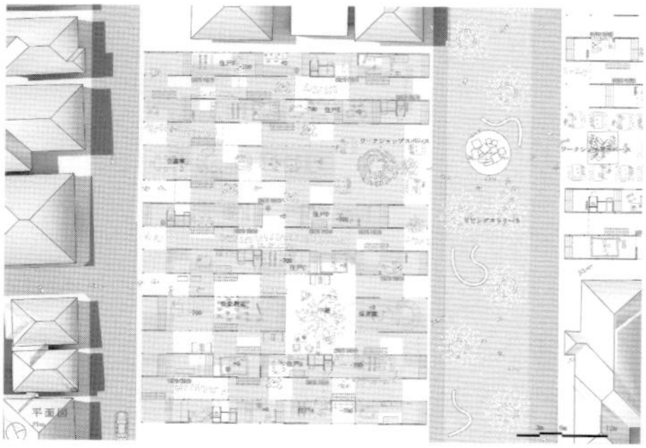

重なり合う屋根は個々の住戸の領域を解体し、住み手の意思によって生活空間は再編集され、屋根の下には光や風が通り抜ける多様な共有スペースが生まれる。他者を受け入れた新しい家族のかたちが伸び縮みする屋根という空間の形式によってサポートされ、新たな集合の風景が街に広がっていく。

審査員コメント

審査員コメント＠巡回審査

山梨：君が全部こうやってつくらないと線状の居住空間が成り立たないってことがとても弱い気がする。昔だったら、道路1本つくるだけでその両側にアルゴリズムを受けていろんな人が建築をつくり、宿場町ができていった。そういった生成過程であればアクションは非常にミニマルだけど、君の案では建築家の手が入らなければ線状都市ができないというところが、今の時代に対してものをつくりすぎている気がします。

坂爪：本来、日本なら最初にインフラを通して土地区画整理を行ない、その後に建築がつくられるというプロセスを踏むかと思うのですが、この場合はむしろ逆で、建築とインフラを同時につくっていくやり方が、新しいのではないかと考えています。

山梨：インフラ的な性能と建築が一緒になってるから、線形になる必然性があったと。であれば、形が線状と言うんじゃなくて、日本の代表的なインフラである道路に代わるものとして、集合住宅と複合した「線状共住体」をつくると斜面地とかいろんな地域で解決ができると言わなければ。線形のパターンありきで全部のものが決まってるように見えてしまう。他の作品に比べて見た目が地味な分、ビシッと社会性の部分を説明しないと。

工藤：地域にデザインコードを与え、単位住戸ずつ建て替えるとしたら、この建て替えエリアに入らなかった裏側の人はどうなるんだろう。

坂爪：例えばA、B案は木造密集地域なので、建築計画とともに防火帯を兼ねることを考えています。手続きに関しては、NPOと行政と建て替え希望者の三者が一体で利益を得られるような形考えています。行政は木密に防火帯をつくっていきたい考えがあり、建て替えの補助金を出す代わりにNPOがそこに入ってグループホームを運営する仕組みをつくったりすることを考えています。なので、基本的にはそのプログラムにのっとったところだけを建て替えていく形です。

審査員コメント＠公開審査

タルディッツ：私は一次審査で投票したのですが、A案のつくり方、地域の読み方に勝手なところがある気がします。建築家はかっこよさを追求する側面もあるので悪いとは言わないけれど、多少論理を超えすぎていると思う。でも、プログラムの様子を整理して、空間のつくり方の提案までちゃんと伝わったので、その点については評価しています。

千葉：僕が一番惹かれたのは、建築そのものというよりも、あるエリアでプライベートな開発をしながら、そこに地域のインフラとなり得るような公共性を仕込んでいくという提案がうまいところです。まあこういった遊歩道が、こんなにうまくいくのかという疑問もあるけど……。でも、高齢者にとって住みにくくなっている斜面地に、そこを自由に移動できる仕組みも一緒につくっていこうというあたりの戦略は、開発における公共性の担保として可能性があると感じました。

奥行き感を生成する空間設計手法の提案

空間の屈折を変数としたパラメトリックデザイン

Interview

Q:トウキョウ建築コレクションに参加しての感想

これまで1つの目標としてきたコンペに参加できたことが、とにかく嬉しかったです。本番は緊張して空回り感はありましたが、すごくイイ経験させてもらいました。最高です。

Q:大学や大学院での活動や研究内容

実際の建築・都市空間を読み解くために徹底的なフィールドワークを行ない、客観的データの収集と数理的な分析手法に基づいて空間を評価する研究を行ないました。また、建築・都市空間のデザインに取り組んできました。

Q:修士修了後の進路や展望

組織設計事務所に勤務します。今は、早く実務の経験を積んでイイ建築建てたいというワクワク感や期待感でいっぱいですが、正直、将来的には建築やりながらのんびり暮らしたいです。

Name:
太田 翔
Sho Ota

University:
東京理科大学大学院
工学研究科　建築学専攻
郷田桃代研究室

近年、空間を仕切る方法として壁を用いて分節するのではなく、空間の屈折を用いて空間をゆるやかに連続させる事例が見られる。空間の屈折を用いることで、その可視・不可視の関係や奥行きの深さ・浅さといった視覚的変化を伴い、人間の知覚し得るスケールから建築をつくることが可能である。そのためには、実際の距離の大小によって生成される奥行きだけでなく、先の空間への期待感のような感覚的な奥行き感も同時に考慮する必要がある。

本研究では、『屈折』を壁の折れ曲がりによる平面形態の折れだけでなく屋根の折れを含めた立体的な空間の折れとし、『奥行き感』を生成する空間の設計手法の提案を目的とする。『奥行き』が実質的距離であるのに対し、『奥行き感』は実際の距離によらない視覚的空間認知による感覚的距離感と定義する。

視覚論

ここでは、視覚に着目し、その人体のメカニズムと人が空間を知覚する手立てを明らかにします。

文献調査によると、人が空間を知覚する手立てとして『生理的手掛かり』と『経験的手掛かり』の２種があり、ここでは経験的手掛かりを奥行き知覚の手立てとして展開する。

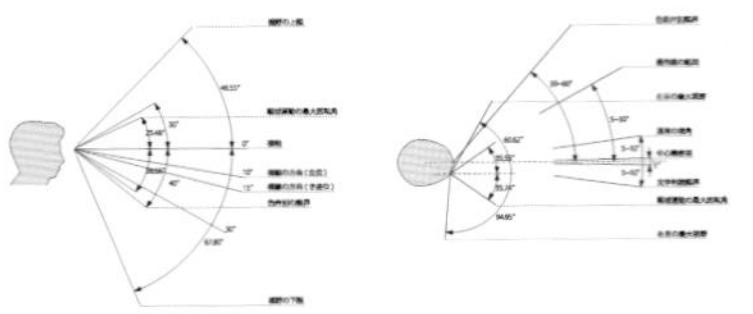

奥行きの知覚
- 絶対距離 ― 両眼視差／調節／輻輳 ― 水晶体のピント調節機能による ― 生理的手掛かり
- 相対距離 ― 線遠近法／相対位置／重なり ― 遮蔽物の有無やその空間位相配置による ― 経験的手掛かり
- 相対距離 ― 明暗関係／色合い (進退) ― 色彩など光学的要素による ― 経験的手掛かり

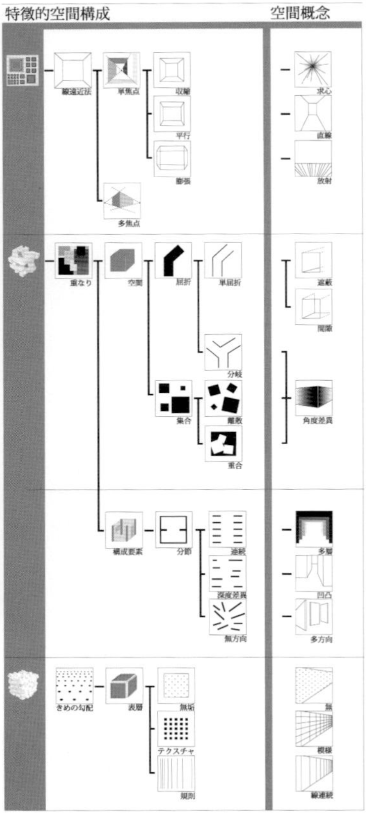

調査対象の選定と空間概念の抽出

空間の屈折を持つ実在の建築事例を近年における建築系雑誌、作品集などから 47 事例抽出・選定し、調査対象とした。また、そこから 13 の特徴的空間構成と 12 の空間概念の抽出を行った。

抽出された特徴的空間構成、空間概念を個々に整理・考察し、建築に於ける空間形態へと展開して行く。

以上を設計提案の基本概念として形態生成を行う。

空間生成プロセスの提示

01. 視点の設定

最初の視点を空間の転換点として任意に決定し、視点と注視点を結んだ線を GL 平面に投影した線を空間軸と定義する。

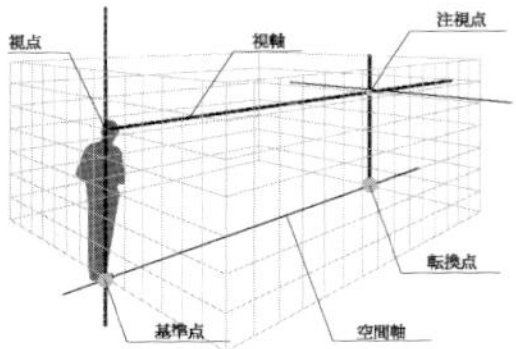

02. 奥行き長さと空間幅員の決定

空間の転換点における屈折角度 θ から奥行き長さ D を決定する。θ が浅いとき D は短く、深いとき長くとられる。

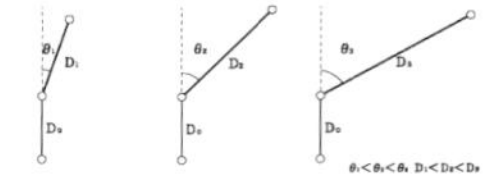

$F(D)=\cos(2\theta+\pi)+\alpha$
$\therefore \alpha-1<F(D)<\alpha+1$ $(\because \alpha>1)$

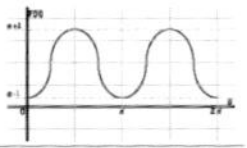

D から空間幅員 W を決定する。W は D の終点から法線方向に等距離とることとし、D の長さに比例して伸縮する。

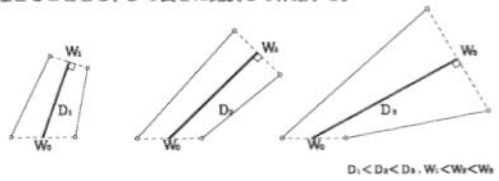

$F(W)=\alpha * F(D)$
$\therefore 2\alpha < F(W) < 2*F(W)$
$(\because F(D)>0,\ \alpha>0)$
$\therefore W_{min}=2\alpha$

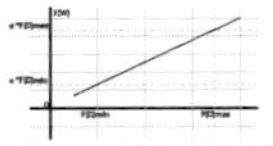

03. 高さの決定と遠近法の操作

W から H を決定していく。W の終点から垂直方向にとることとし、幅員Wに反比例した伸縮をする。

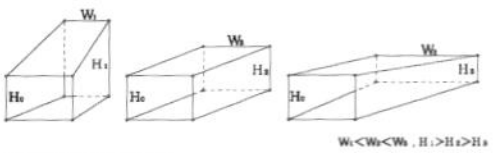

$F(H)=K/F(W)$ $(\because K>F(W)min)$

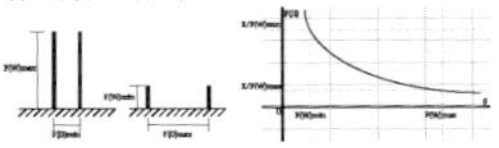

同じ空間距離でも奥行き感をつくりだす操作として、屈折角度から転換点における上端部の位置を決定していく。

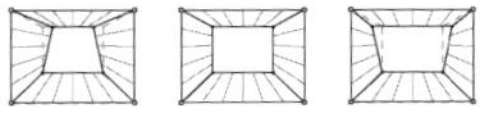

$F(H)=\alpha\cos(2x)$ $(\because \alpha>0)$

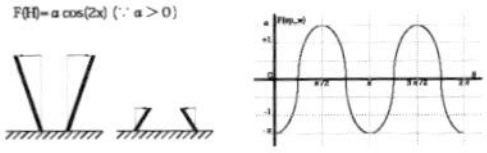

04. 面の構成

壁・床・天井を三角形に 2 分割することで 3 次曲面を近似的に表現、構成する。屋根・床面は分割する四角形の最短となる対角線をとり、壁面は視点上部から終点下部への対角線をとるように分割する。

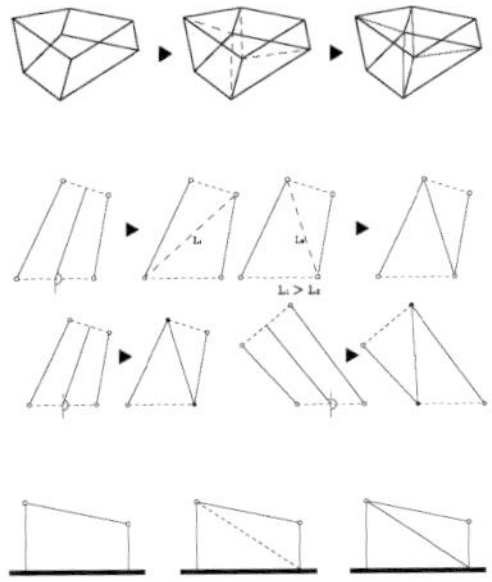

05. 分岐

角度差異の考えから分岐をひとつの空間クラスターとして全体に展開していく。視点から分岐する 2 本の空間軸を伸ばし、2 つの空間を公差させ、その端点同士を繋ぎ面を構成する。

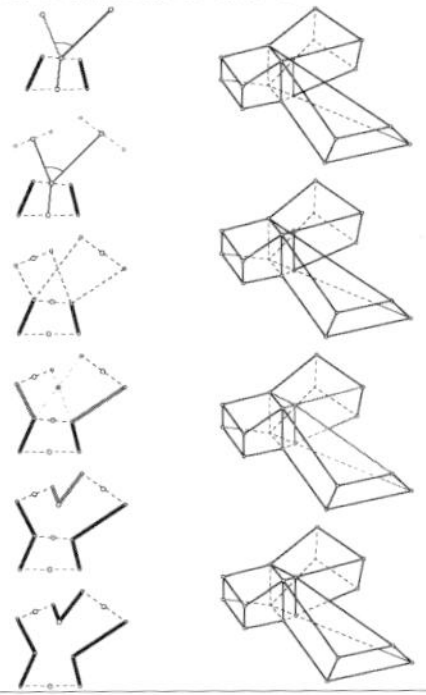

06. 端部

敷地境界線を基準に境界面を設定し、その境界面からはみ出した空間ヴォリュームの部分を切断する。

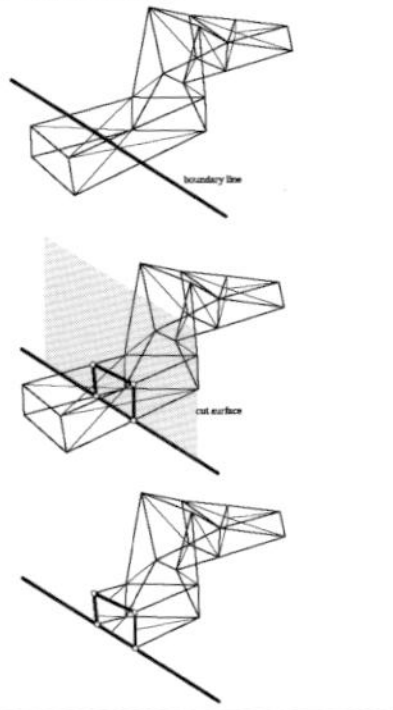

07. 積層

上階の分岐点を基準とした最近隣点 2 点を検索し、面を構成する。同様に、上記 2 点から最近隣点 2 点を検索し面を構成する。その後面同士のギャップを埋める面を作成する。

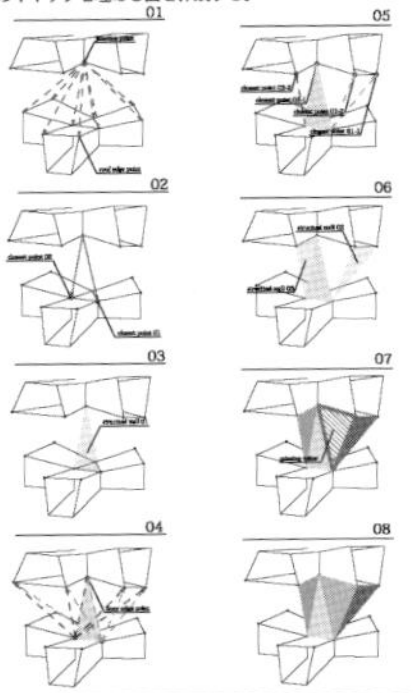

08. 開口

開口部の設置は用途などから恣意的に決定する。仕様はルーバーとし、屈折角度 θ に応じた本数、幅を算出し、上下壁面のエッヂに等分割で入れる。

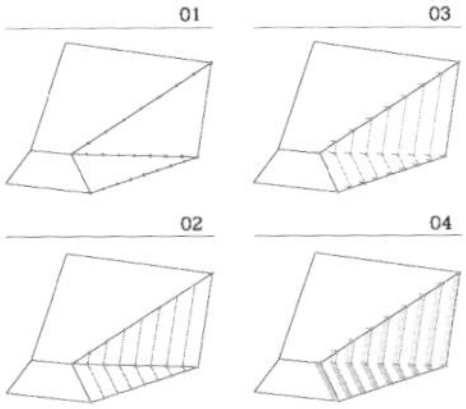

$F(H_up)=-\alpha*\sin(x)+\beta$ $(\because \beta>\alpha)$
$y=round(F(H_up))$
$F(H_up)max=\alpha+\beta$
$F(H_up)max=\beta-\alpha$

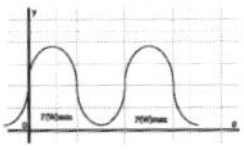

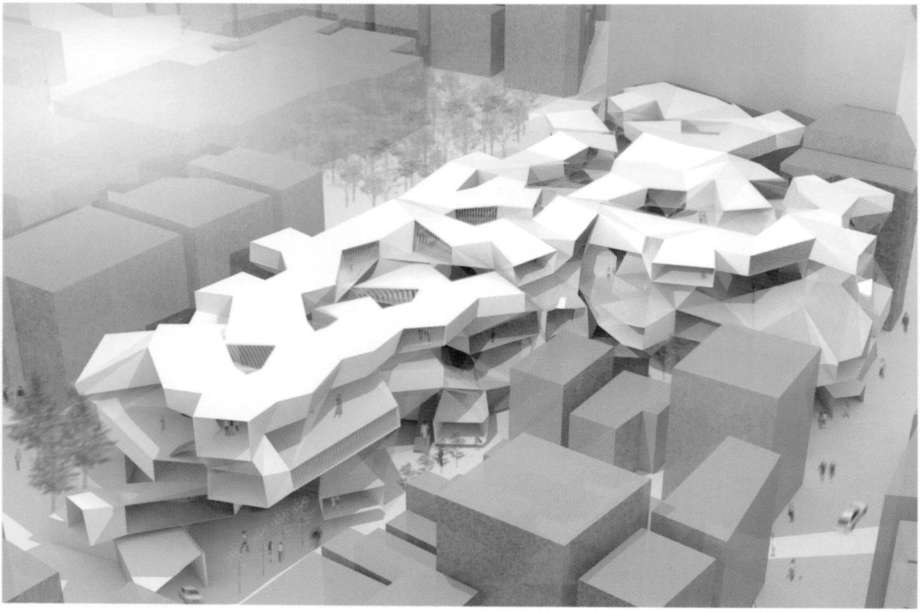

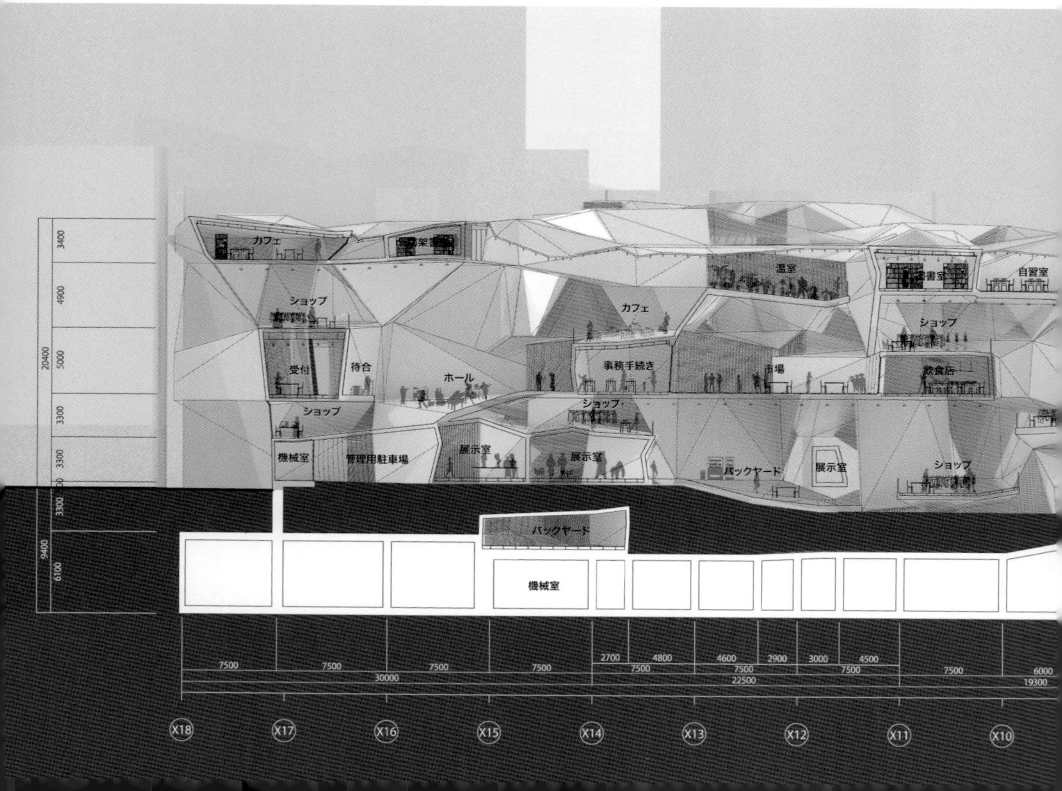

カフェ
温室
自習室
ショップ
カフェ
ショップ
受付
待合
ホール
事務手続き
市場
飲食店
ショップ
ショップ
機械室
管理用駐車場
展示室
展示室
バックヤード
展示室
ショップ
バックヤード
機械室
3400
4900
5000
3300
3300
20400
3300
9400
6100
7500
7500
7500
7500
30000
2700
4800
4600
2900
3000
4500
7500
7500
22500
7500
6000
19300
X18
X17
X16
X15
X14
X13
X12
X11
X10

Floor_Axonometric

4th Floor
Library

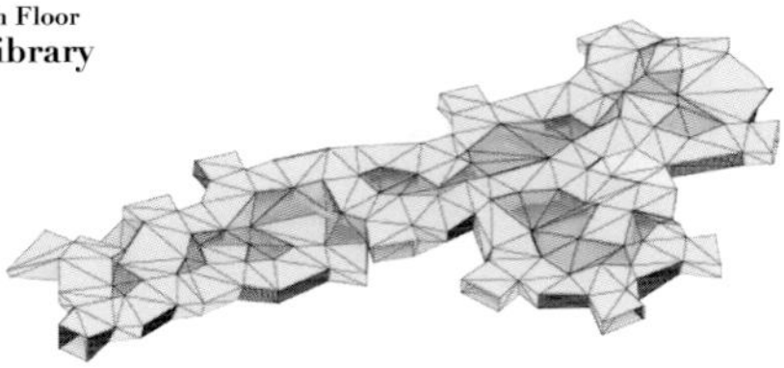

2nd Floor
Museum

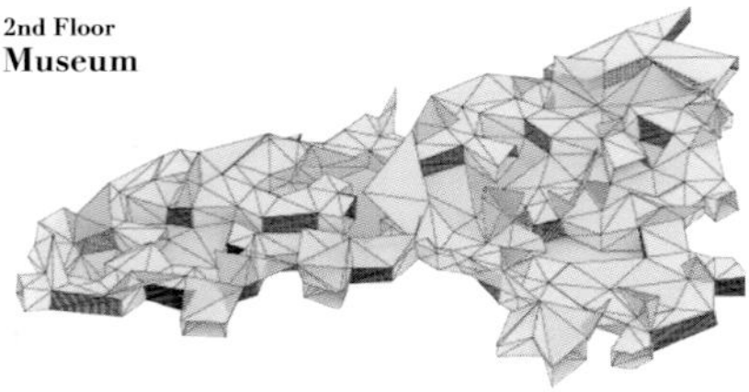

3rd Floor
District Facility

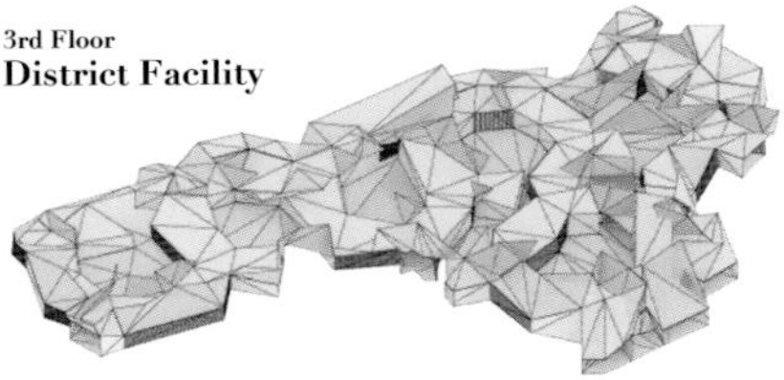

1st Floor
Parking

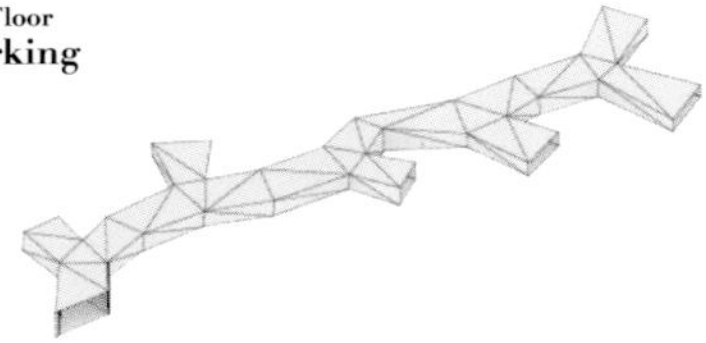

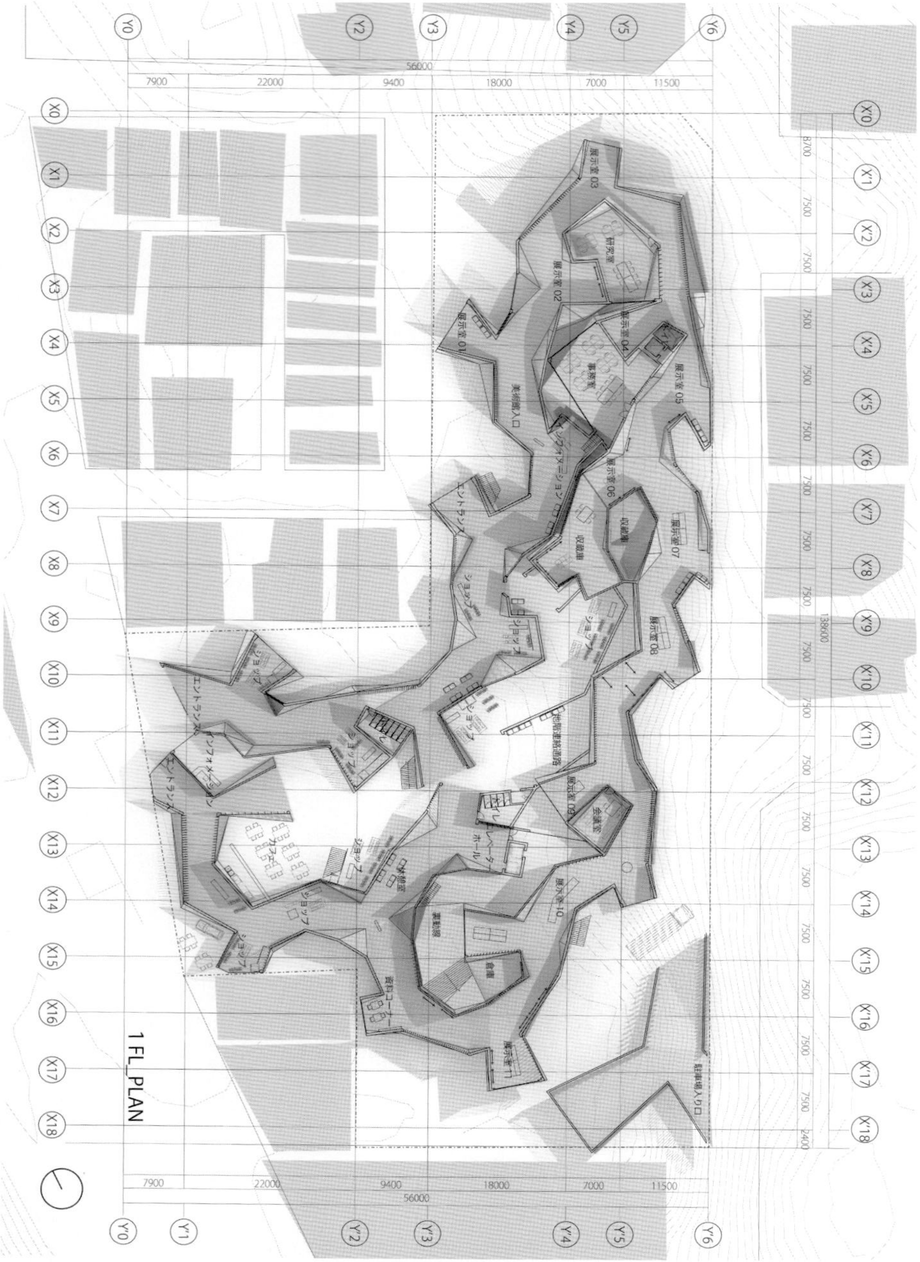
1 FL_PLAN
56000
138000
展示室 01
展示室 02
展示室 03
展示室 04
展示室 05
展示室 06
展示室 07
展示室 08
展示室 09
展示室 10
展示室 11
研究室
事務室
収蔵庫
美術館入口
インフォメーション
エントランス
ショップ
カフェ
会議室
エレベーターホール
トイレ
倉庫
資料コーナー
駐車場入口

審査員コメント

審査員コメント@巡回審査

タルディッツ：基本的に太田さんのやっている建築は私のやっている建築とはまったく逆の方向にいっていますね。今日感じた印象は、ものすごくデリケートで微妙な空間のつくり方をしているということ。これは良い点。もう1つはどこまで自分でコントロールしているか見えないということ。空間のつくり方は非常に繊細だけど、でも正直に言うと、この空間は細かいセッティングはあってもなくても、全体としてはあまり変わらないでしょ? そこら辺はどうしていますか?

太田：屈折角度を与えるというところと、初期値を与えるというところは自分でやっています。それに対して敷地形状の中にどう収めるかというのは、ある程度手動でやっています。自分で屈折角度を与えながら敷地をどう充足するか。また用途等からどう充足させていくか、というところを考えながら埋めています。それ以外の例えばユニットの形ですとか積層の形態というのは、すべてコンピューターによって自動生成されます。

タルディッツ：空間のバリエーションがあることは豊かでいいことだけど、シーンごとの面白みがどう変わっているか説明をできないといけない。そして、商業建築にこの屈折を与えることで、どんな利点があるのか。そこがどうしても読めないね。

山梨：僕が最初に思ったのは、折れ曲がることに対して何か美観や美学をもっているのかということです。折れ曲がることをパラメトリックな話だけに終始してしまった瞬間に、折れ曲がった空間がもっている多様な意味を全部落としてしまい、単なる数学の話になってしまっている。曲がってる空間が本来もっている光の入り方とか音響といった、直感的に感じるプリミティブなレベルでの美学を教えてほしい。

太田：20世紀までの建築はどうしても壁で断絶的に区切ってきましたが、屈折している空間は内部が1つの塊のまま全体を構成しているのが面白いと思います。そうすることによって、光や音がどこからかやってきて空間のつながりを体験できる。それが空間に奥行きを与え、先へ先へと進みたくなる。やってることはすごく定性的に形をつくっているのですが、人の感情に訴えるようなところにまで波及するような設計になっているのではないかなと僕は思っています。

千葉：空間の奥行きから建築を組み立てていこうとするアプローチは共感するけど、スケールの話が一度も出てこなかったのが不思議だった。用途ごとに初期値を与えたと言うけれど、それだけでは不十分で、もっと空間のあり方や見え方からスケールを決めても良かったね。

審査員コメント@公開審査

新居：これは僕らが昨年つくり終えた『由利本荘市文化交流館／カダーレ』に、壁のつくり方がすごく似ているんですけど、僕らの方はワークショップをやって曲げをつくっているのに対し、彼の方は自分で設定したある単位で曲げを決めていく。その違いが面白いなと。もうちょっと遠くまで見通せる視線や視点の変化があるともっと良いと思うので、そのために新しい複雑系をもう1つ入れ込めると良かった。

工藤：パラメトリック系のデザインをする方が結構いたのですが、その中から1つだけ選びました。あらかじめ見ていたパースと、今日見た模型を比べると、前者の方が面白かったです。模型はとても均質に見えて、やはり中を展開していった時に、同じシーンが結構繰り返されている印象を受けました。ですが、こういう新しいデザイン手法に挑戦した点については評価したいと思います。

木造都市

本プロジェクトは、我が国における木材の需要低迷が続く現代において、公共建築物における木材利用の可能性を言及したものである。計画では、基幹産業復興を目的とした地域活動拠点を被災地の中心である仙台駅舎で行なうとともに、木材の住宅マーケットを視野に入れた尺貫法に基づく木造技術のオープン化を、日本の失われた伝統工法から発展させた。木は加工しやすく、ぬくもりがあり、やさしい香りがする。私にとって木は、好奇心をくすぐる自由な発想の源である。建築を志す身として、低炭素社会をはじめ、我が国の木の文化を再生するべく、私は1つの答えを提示する。

Interview

Q:トウキョウ建築コレクションに参加しての感想

展示会を通して、現在活躍されている建築家と出会い、そして、新しい仲間を手にしたのは単純に「嬉しい」のひと言につきます。今回、コーディネートして下さいました多くのスタッフの方々に感謝いたします。

Q:大学や大学院での活動や研究内容

大学院では、ゼミ活動、TA、研究室HP制作に携わるほか、イタリアで行なわれた国際ワークショップに参加。帰国後、SNSを通じて国外の学生と国際コンペに出展・受賞できたことは大きな喜びでした。

Q:修士修了後の進路や展望

今年度より都内の設計事務所に勤務します。常に社会的責任を自覚し、感謝の気持ちをもちながら、優れた建築作品をつくるようアンテナを張りながら努力してまいりたいと思います。

Name:
加藤 学
Manabu Kato

University:
工学院大学大学院
工学研究科　建築学専攻
谷口宗彦研究室

■法律の改正
・2000 年の建築基準法改正により、4 階以上の木造建築が可能
→しかし、建物全体における木造率は３６%であるが、公共建築物における木造率は 7.5%と低い

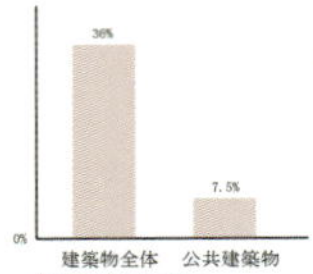

■公共建築物の木材利用率
資料：国土交通省「建築着工統計」（平成 20 年度）

■木造建築が普及しない理由
・大断面集成材等、一般的に特注品を用いるため鉄骨像に比べコストがかかる
・大型木造建築は耐火建築物の規制をクリアしなければならない
→改善策として、木を不燃材にする、木材を石膏ボードで固める方法がある
→木のぬくもりが失われる、比重もかかる、燃えしろ設計にしても柱が太くなる

・2010 年「公共建築物木材利用促進法」が施行
→木造建築の拡大を図るため、国連から NPO まで木造建築に対する関心を募っている

■林業の衰退
・森林を育てるため、国産材の木を用いた木造建築をつくることが重要
→木材輸入の自由化に伴い、木材自給率が 2 割まで落ち込む我が国の林業は衰退
→林業・流通業の活性化が必要であり、エンドユーザーへの情報発信が重要

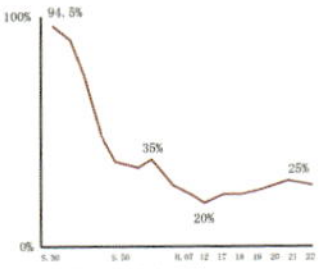

■国内の木材自給率の推移
資料：林野庁「木材需給表」より

■木の文化を再生させるポイント

1. 公共空間における基幹産業復興を目的とした地域活動拠点の植え付け
2. 木材の住宅のマーケットを視野に入れた尺貫法に基づく木造技術のオープン化

→低炭素社会をはじめ、日本の木材復興へ

仙台駅 Google

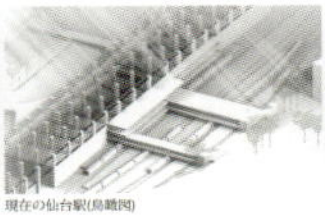
現在の仙台駅(鳥瞰図)

震災後の仙台

杜の都

地区選定：宮城県仙台市
→県土の 6 割が森林である中、森を育てるための伐採される約 30%の木が活用されていない
→NPO をはじめ既にある地域資源を建築・都市の発展させる必要性

敷地選定：仙台駅（在来線上空エリア＋α）
→1 日約 75000 人が利用する、1961 年に建てられた歴史ある建造物
→老朽化という物理的な面、そして機能的な面で弱い箇所を抱えている

プロジェクト：林業を編む地域活動拠点を設計

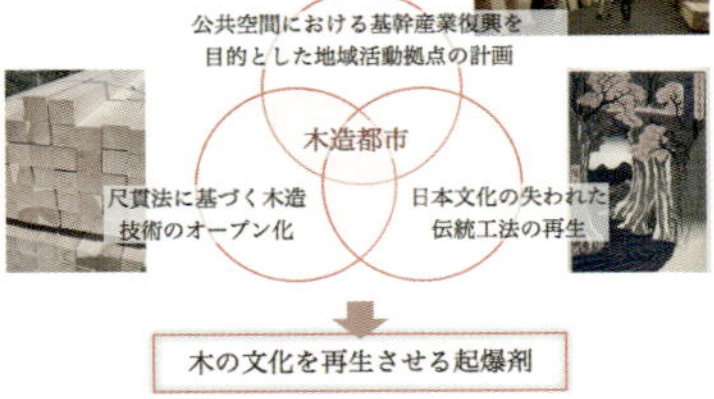

構造計算

Ex.1）大きさ 10cm 長さ 2m の角棒 1 本でどのくらいもつか。片持ち梁で先端に 100kg の人間が乗ったときの応力度を計算する。

$P = 100kg = 1kN = 1000N$

$M = Pl = M_{max} = 2000N \cdot m$
$= 2 \times 10^6 N \cdot mm$

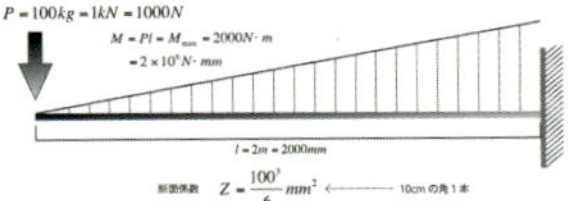

断面係数 $Z = \frac{100^3}{6} mm^2$ ← 10cm の角 1 本

Ex.2）たわみを計算する。

曲げ応力度 $\delta_b = \frac{M}{Z} = \frac{6 \times 2 \times 10^6}{10^6} = 12N/mm^2$　2 本あれば $\delta_b = 6N/mm^2$

$P = 100kg = 1kN = 1000N$

許容値 $_Lf_b = 22.2 \times \frac{1.1}{3} = 8.14$ ← 2 本で足りる

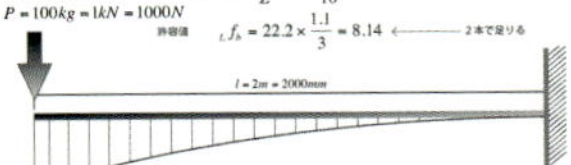

$$\delta = \frac{Pl^3}{3EI} \cdot E = 6kN/mm^2 \cdot I = \frac{100^4}{12}$$
$$= \frac{1000 \times 2000^3 \times 12}{3 \times 6000 \times 100^4} = \frac{8 \times 10^{12} \times 12}{18 \times 10^{11}}$$
$$= \frac{960}{18}$$
$$= 53.3mm$$

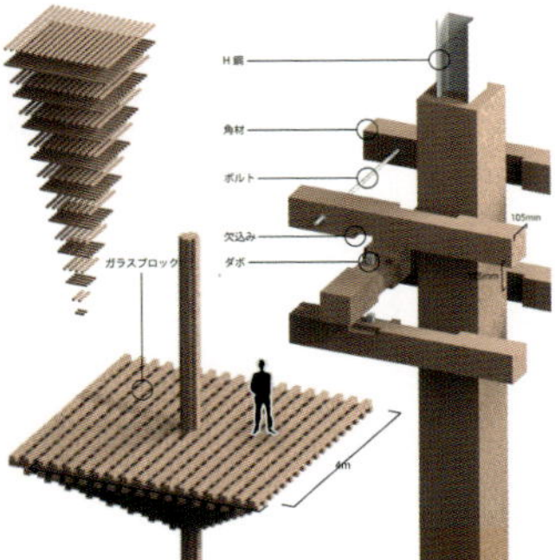

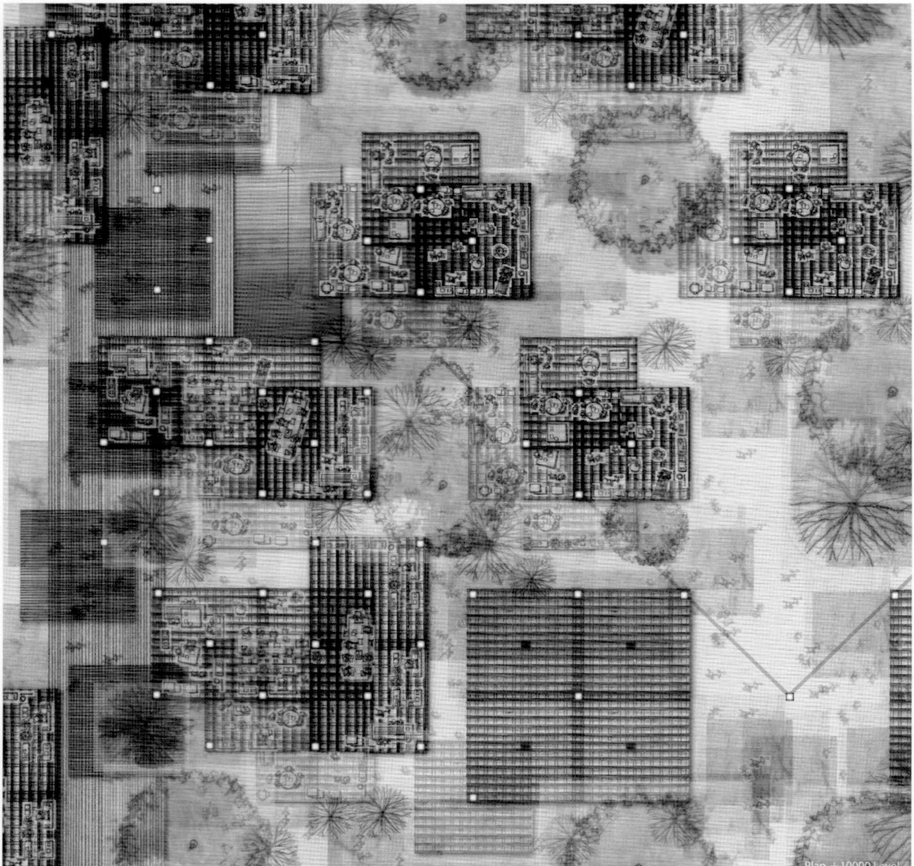
Plan +10000 Level

N
A
A'
Plan

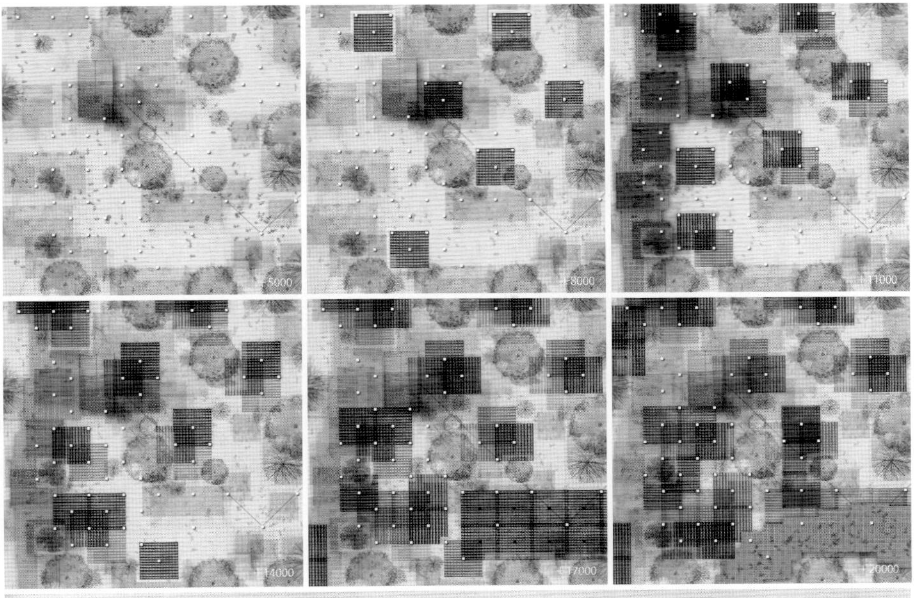

A-A' Section

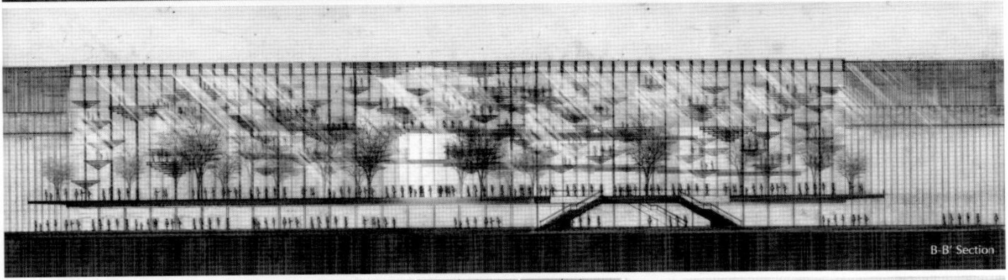
B-B' Section

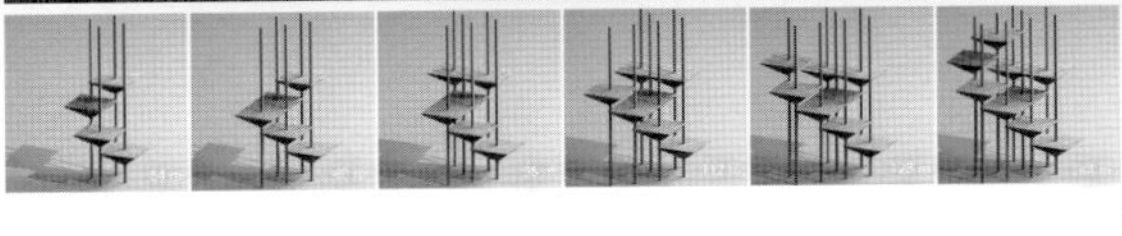

審査員コメント

審査員コメント＠巡回審査

山梨：木を使うスタンスは良いけれど、都市のスケールになった時の、この特徴的な形は必然性に欠ける思いました。鉄骨と違って、素材としての木は加工することで個別の解を発揮できるもので、汎用性のあるユニットをつくる必要はありません。それなのに前時代的にユニットでつくられていることがよく分からなかったんです。形にこだわっているように見えた。もっと自由でも良かったのでは?

加藤：木の空間にすることで、人との間で密な空間が生まれる、それが今の時代に必要だと考え、ある一定のルールに基づいて提案しています。そして、木の文化を再生させるメタファーとして、伝統工法を応用しました。地産地消も重要なポイントになっています。

山梨：都市の全部を木でつくる必要はないんですよ。駅舎がこのような小さなスケールでできることは悪くないと思うんです。でも「木造都市」といった瞬間に、木で埋めつくされた、木をマッチョに使ったような世界に見える。「木しか使わないぞ」と表明しているような。でも、ヒューマンスケールをつくるために、S造やRC造でなく木造が適している、と言っているのに、このタイトルでは誤解を招くのではないかと思います。

審査員コメント＠公開審査

千葉：絵を見た瞬間に、非常にストレートにやりたいことが伝わってきました。とにかく木をたくさん使って、それだけで新しい建築ができないかと感じさせるものです。これは1つの柱から桁をたくさん重ねて床をつくる単純なシステムですが、それが面的に巨大な空間をつくれるものに展開したり、木がたくさん集まる場所、まばらな場所など、多様な場をつくろうとしているのだろうけど、でも、出来上がった空間は意外と均質になっている印象を受けました。それに、公共性の高い空間で、階段だらけの空間になっていることも問題。面白いと思うこととリアリティのギャップをどの程度埋めていくのか、そこまで考えて欲しいですね。

タルディッツ：棒と台の組み合わせによるユニットを重ね合わせることで、森のような世界をつくった案ですね。新たに挿入するユニットによる光景ばかりが表立っていて、既存の駅舎との関係性が明らかになっていないところが残念です。でも、模型はとても立派でした。

工藤：迫力のある模型でしたね。しかし、住宅で流通している3寸角×4m材をベースにしているせいか、均質すぎるかなという印象です。それと、柱をどのように自立させるか、水平方向のつながりなど、構造の考え方において詰めの甘さを感じました。高層にする必要性も疑問で、都市における汎用性を謳うのであれば、造形としての魅力を備えていなければ。特に駅という大勢の人たちが行き交うところですから、ユニットのスケールの大小があった方が良いと思いました。できれば、もっと大きな平面、組み柱や大きさの違うユニットで組み合わせた空間を見てみたかったですね。

共鳴する中心

白川静の漢字論に基づく建築空間

極度に抽象化がなされ、それ自体に意味のない「アルファベット」は現代の都市空間と類似しているといえる。そこで、これらの価値観とは異なる「漢字」の可能性に着目し、白川静の漢字論に基づいた建築空間を考えてみる。漢字のもつ「抽象と象徴」や「多中心性」、「呪的行為の記述」という特徴をふまえながら、「先」に対する感覚が研ぎすまされる14の空間図式を抽出した。この空間図式を用い、外部からの影響を強く感じ取れる祈りの空間を構想する。

Interview

Q:トウキョウ建築コレクションに参加しての感想

参加したことで、良い意味での「焦り」や「緊張感」を得ることができたと思います。修士設計についてまだ客観的に見ることはできていませんが、これからも考え続けたいです。

Q:大学や大学院での活動や研究内容

研究室のプロジェクトやコンペ、インターン、建築旅行、学生主体での展示会の企画など。

Q:修士修了後の進路や展望

アトリエ系建築設計事務所で働く予定です。

Name:
一瀬健人
Taketo Ichise
University:
神戸大学大学院
工学研究科　建築学専攻
遠藤秀平研究室

世界の出来事を象徴性を保ちながら、抽象化した漢字／その関係性から構想する空間

現代の都市と表音文字の類似性

「本来持っている空間の意味」 ----→

極度の抽象化による建築空間

「表現すべき、もの、コト」 ----→ 「a,b,c,d,e,f,g,h,i,j,k,……」

極度の抽象化により成る文字

現代の都市と表音文字の類似性

背後の思想	建築	文字
西洋的二元論	目的合理主義建築	アルファベット
東洋的一元論	??	漢字

研究の目的とする空間

他の文字と漢字の比較

① 表意 / 象形文字（モソ族の文字・エジプトの「ヒエログリフ」）

「具象」のまま文字化したもの

「人」 「人」

具象であり、文字が意味を持つ

中国「モソ族」の文字

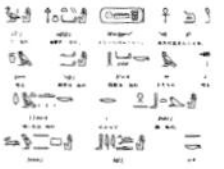

エジプトの「ヒエログリフ」

② 表音 / 抽象文字（アルファベット）

「極度に抽象化」され、文字化されたもの

「 human 」

「人」

抽象であり、文字は意味を持たず、「音」を表すのみ

「a,b,c,d,e,f,g,h,i,j,k,l,m,n,
o,p,q,r,s,t,u,v,w,x,y,z」

アルファベット

③ 表意 / 抽象文字（漢字）

もともとの意味を残しながら、抽象化されたもの

「人」 「兄」

阿、訓、遺、大
山、川、横、打、…

漢字

白川静の漢字論とは

間をとりもつ「関係」を記述したもの

自然 / 霊的なもの
交渉をもつ
人間

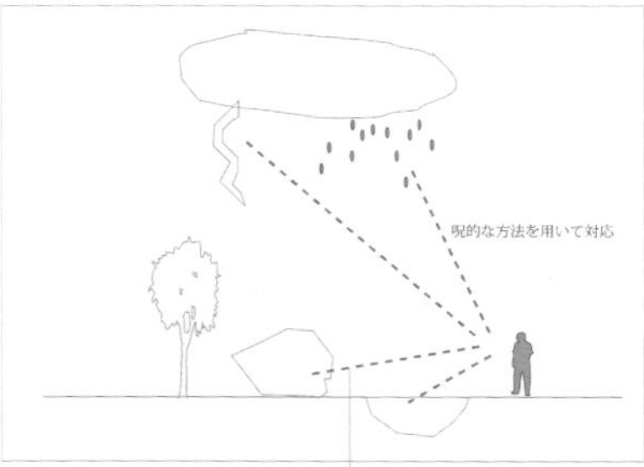

白川説は、「この「行為」を記述したものが漢字である」とする

雷 空 雨 岩

呪術の記述について

ex 村中の人が同じ「病気」にかかる

対応の方法例 1

「祝」

「祭卓の前で祈る人の行為」

対応の方法例 2

「薦」

「犠牲として獣を神に薦める」

対応の方法例 3

「齋」

「祭卓の前で神に奉仕する女性の行為」

（1（2（3 参照：白川静『字統』・『常用字解』

分析／漢字の構成について

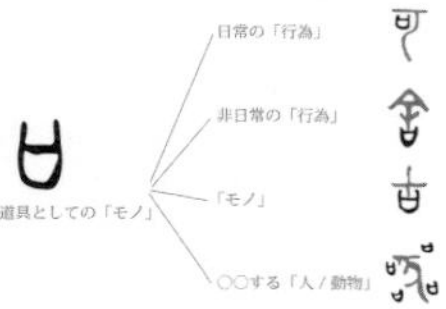

それぞれの部分が意味を発する 多中心の構成

「祭」

漢字は「形体素」という部分が有機に合わさることで、できている

全 259 文字の漢字の意味の分析（抜粋）

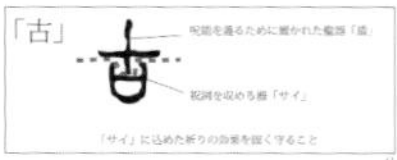

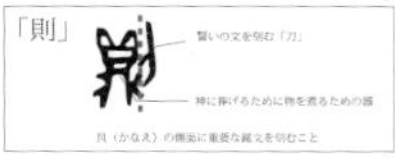

極度に抽象化された建築から成る都市は、それ自体から何も「意味」を感じ取ることができない。それは表音文字と類似しているといえる。

漢字の分類／「形体素」の抽出

1. “祝詞”を収める器に関する漢字
2. “神のお告げ”に関する漢字
3. “祭卓”に関する漢字
4. “神梯”に関する漢字
5. “標木”に関する漢字
6. “秘密の場所”に関する漢字
7. “獣”に関する漢字
8. “太鼓”に関する漢字
9. “器”に関する漢字
10. “ひび割れ”に関する漢字
11. “木”に関する漢字
12. “入れ墨”に関する漢字
13. “誓い・応答”に関する漢字
14. “王の鉞”に関する漢字

祭祀において使用する、聖なる道具としての「モノ」の種類によって、259文字を14種類に分類

空間に関する言語による記述

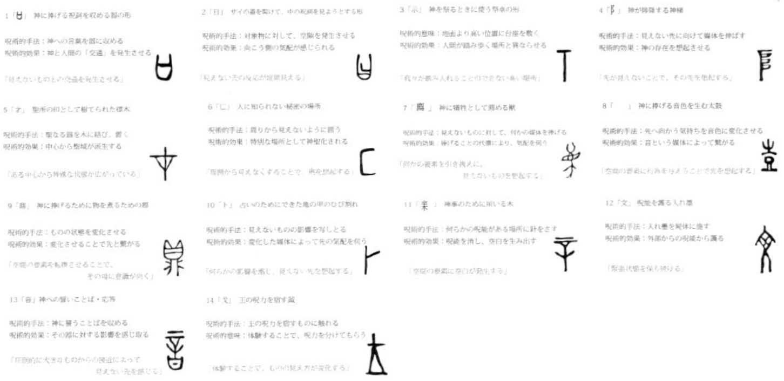

呪術的手法とその効果の関係性の記述

記述した言語から14個の形体素をモデル化

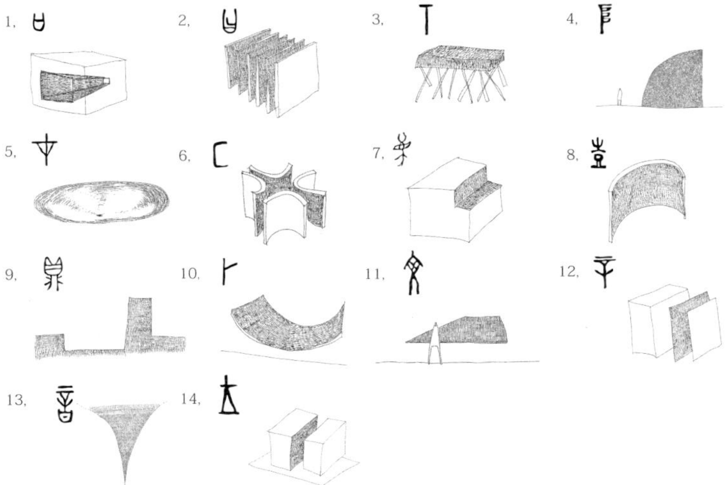

記述した言語をもとにモデル化する

1, 屋外ホール

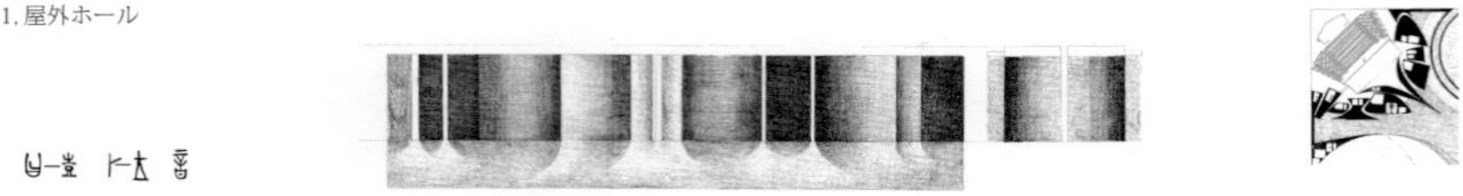

2, 植物園

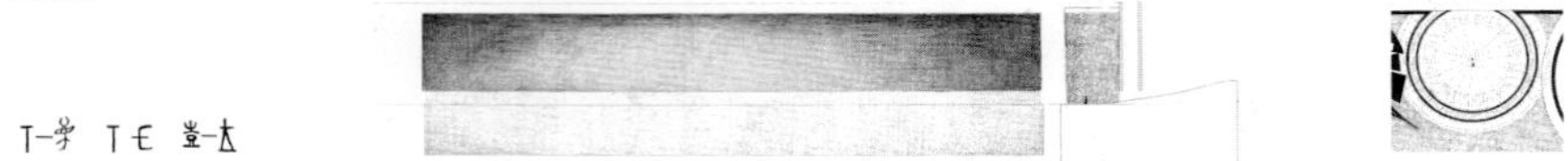

3, バスケットボールコート

4, スイミングプール

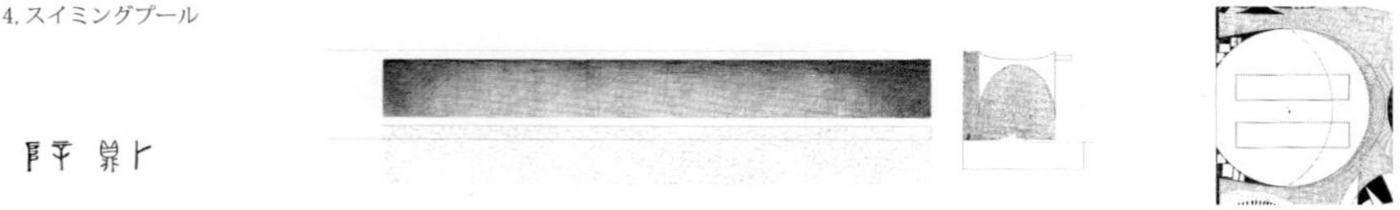

6, カフェ

7, 図書館

8, 屋外ホール

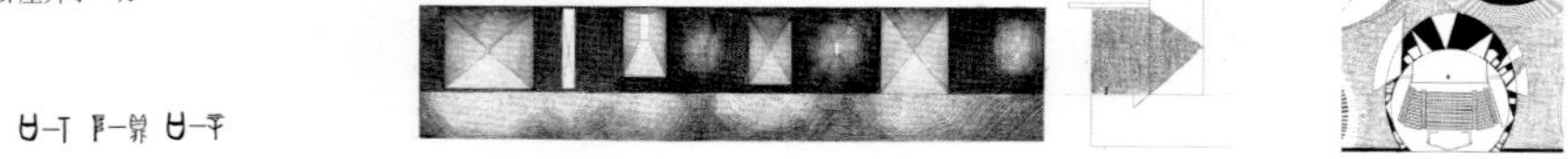

9, 図書館

5, 空

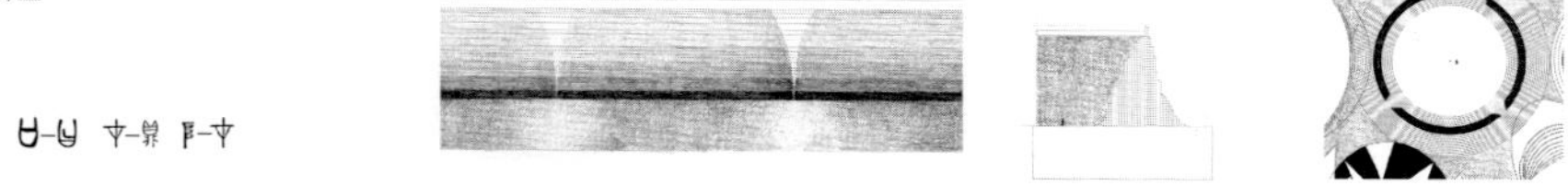

展開立面図・部分平面図

外への意識を高ぶらせる浸食してくる「緑」
丘の向こうから聞こえる「声」
それらは外への意識を高ぶらせる

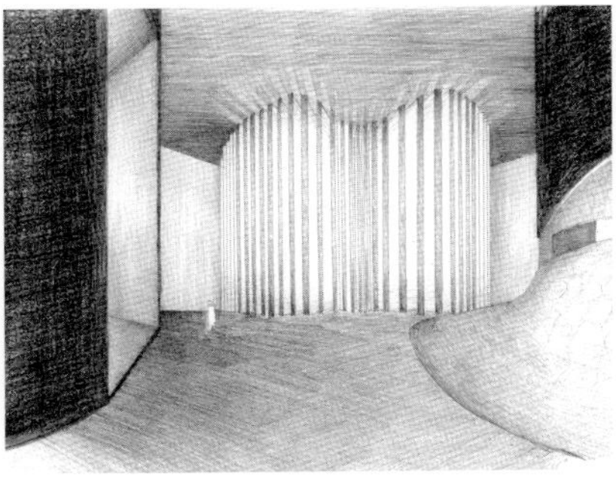

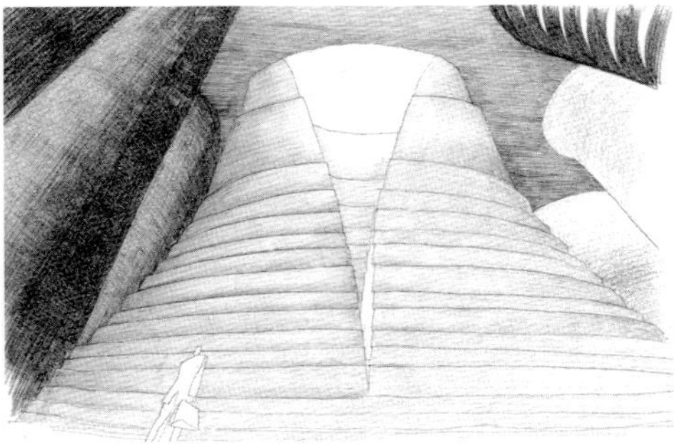

さまざまな状態が混じりあう内部空間
あらゆる中心から発せられる「音」「光」「水面」
さまざまな状態が混じり合う内部空間
人間のスケールにまで縮小する開口
中心では「空」のおとずれを感じる

1. 屋外ホール
2. 植物園
3. バスケットボール
4. スイミングプール
5. 空
6. カフェ
7. 図書館
8. 屋外ホール
9. 図書館

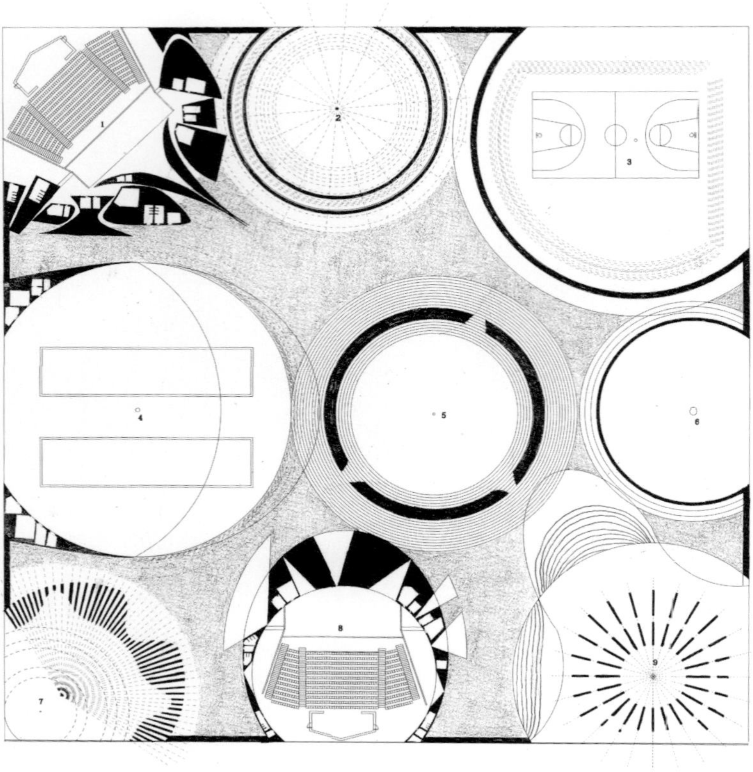

平面図

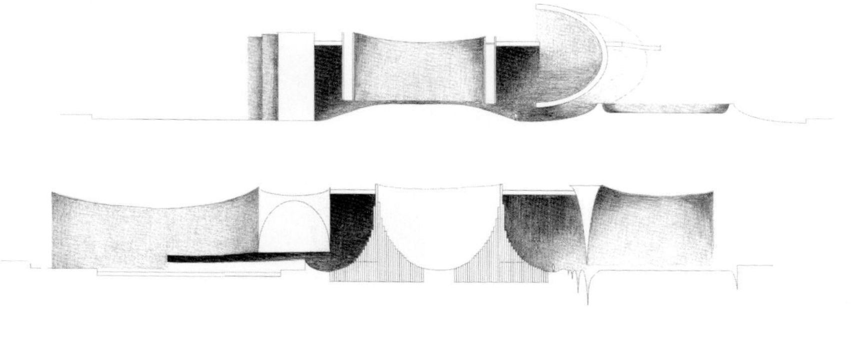

断面図

審査員コメント

審査員コメント＠巡回審査

山梨：表意文字と表音文字について意味合いを解き、現代の建築は表音文字になりかけているから、表意文字的建築にシフトした方がより豊かになるということでしたね。文字からのインスピレーションは面白いと思いましたが、表意文字的建築が第三者に読み取れるのかという基本的な疑問がありました。

一瀬：そもそも僕が考えたことのすべてが伝わらなくても良いと思っています。漢字や空間、行為が特殊化されることをきっかけにして、設計した建物を訪れた人と接点がもてれば、と考えています。

山梨：ということは100％読ませたいわけではなく、建築的な意味合いのヒダをつくるためなんですね。でも、「表意文字は意味を知らなくても日本語は通じるけれど、文字の謂われを知って、その意味を読み取ることでより深層が読める。さらに建築がいま深層を読み切れていないのは表意的な表現がないからではないか」ということをきちんと表現しなければ薄っぺらになるし、押し付けがましく見える。「表意文字的建築をつくることで、表音的建築も表意的に読み込むことができて、社会の深みや一般の人の共通の理解を得られる」という作品の大切なことが伝わっていないと感じました。

審査員コメント＠公開審査

工藤：文字が象形や行動、モノからできていることなど、形を生み出すことに着目して、新しい方法論を提案していて面白いと思いました。ただ、全体を包含する正方形の形に必然性を感じられず、また全容を理解できなかった。この、ある種異質な空間を体験した人に、分析から形態へのプロセスが伝わると思えませんでした。

新居：文字からいろいろ考えているところに興味を覚えました。ただ、円形にした理由は分かっていません。文字に関するスタディをたくさんしているわりに、最後の形が飛躍しすぎていてつながりがなく、前半と後半が分断されていて、どちらも中途半端になっていましたね。もう少し建築の全体をつくる前に、自分の立てた仮説を検証する作業があっても良かったのではないかと思います。

マニュエル：漢字の形態を分析し、メタファーとして建築に適用しているんですね。しかし、漢字の全体性を捉えてから、部材を取り出すというところまでは分かるのですが、空間の形態とは無関係に見えるんです。それと、ベースに円形をもってきたことついて説明があまりありませんでした。要するに、分析は分かりやすいけれど、円形にジャンプすること自体が微妙で、論理性は見えなかったんです。

千葉：アプローチがすごく面白い。建築をつくる時には、形の問題は常にあって、それについて積極的に取り組んでいる点が、フォルマリズムを否定してきた我々の世代にとっては新鮮でした。ただ、漢字はもともと具体的なものが抽象化されてできているけど、そのプロセスを無視して単に漢字の構成や構造を抽象化している時点で、漢字に着目した意味は薄れてしまったんではないかな。それに、形の操作として丸を用いていることの必然性も分かりにくいですね。出来上がった建築は魅力的だし、プログラムの混在の仕方も面白かったんですが。

全国修士設計展

公開審査会

審査員:

新居千秋／工藤和美／マニュエル・タルディッツ／山梨知彦／千葉 学(コーディネーター)

「スタディと建築の連続性／プレゼンテーションと意図」

千葉:我々は事前の一次審査で120余名の作品に対して、それぞれが残したいものに◎、○、△をつけました。そこから◎が1つでも付いた人、あるいは○と△が1つずつ以上付いた人が今日ここにいる19人になります。

1次審査で票を入れていた作品から、今回実際に話を聞いて評価の移った方もいるようですので、グランプリ1名選出のため、最終論議に残したい人を各者5名ほど選びましょう(各者レビューに関しては出展作品紹介後ろのコメント頁参照)。まずは新居さんからお願いします。

新居:今回、僕は全案約120作品を審査する際に、近代建築に対する向き合い方に関する5つの評価項目を設定しました。1つめは「Ecology・Sustainability(エコロジー・サスティナビリティ)」。環境やそれを持続していくための技術等の視点をもっているか、ということ。2つめは「Site Specific(サイトスペシフィック)」。敷地や周辺環境との関係性。3つめは「Contingency(偶然性)」。時には何かが偶然、付加されたり、付加されても大丈夫な状態をつくり出せるか、ということ。4つめは「Redundancy(冗長性)」。建築家の押し付けではなく、こんなものが欲しいという要望をプログラムに反映できるのか、ということ。5つめは「Somesthetic（身体性）」。身体的な空間、身体を感じさせるものであるか、ということです。このどれかに当てはまるものをピックアップし、得点をつけていきました。その時の評価から、今日の話を聞いて少し変わりましたが、友枝遥くんの「Circulating Architecture」(p.78)、高島春樹くんの「旅するサヴォア邸」(p.22)、高橋優太くん「Transit Space」(p.94)、山中浩太郎くんの「A butterfly in Brazil」(p.12)、棚橋玄くんの「Record of a Living Being」(p.54)を選びたいと思います。

山梨：僕は杉山幸一郎さんの「幸せにみちたくうかん」(p.62)、「A butterfly in Brazil」。それから一次審査でも◎をあげた「Record of a Living Being」と「Circulating Architecture」。そして最後は榮家志保さんの「居くずし」(p.30)。新居さんが外したので、僕が1票推して決勝戦まで残して議論したいと思います。

タルディッツ：私は木下和之さんの「山間村落輪唱風景」(p.70)、「旅するサヴォア邸」、「A butterfly in Brazil」、「Record of a Living Being」、浜田晶則さんの「流動と磁場」(p.46)。みんな1次審査でも選んだ人ですが、今日のプレゼンテーションを見て順位が多少変わりました。

工藤：私は修士設計を評価するにあたって、形態に至るまでのアプローチをどのように経たか、アプローチに新しさがあるか、の2点を軸に見ていきました。そのうえで選んだのは「幸せにみちたくうかん」、「山間村落輪唱風景」、「旅するサヴォア邸」、「A butterfly in Brazil」、「居くずし」です。とくに「居くずし」は内部空間をどう考えているか聞きたいですね。

千葉：皆さんばらばらですね。では、僕はまず「旅するサヴォア邸」。それから、「Transit Space」。一次審査ではまったく票を入れてなかったんですけど、「A butterfly in Brazil」。それから、針貝傑史さんの「biblioteca da floresta」(p.126)。最後は西島要さんの「敷地境界から建築へ」(p.38)とします。

今の結果を見ますと、票数は別にして、全部で10作品に票が入っています。ですが、このままいきますと、なかなか議論が大変そうなので、2票以上得票したもののうち、上位3名以外に関して順に議論したいと思います。まずは「幸せにみちたくうかん」について、ずっと投票されていない新居さんいかがですか。

新居：絵はうまいしレリーフは魅力的だけど、そこから空間への連続性が見えない。特に外をつくって中へ転化するというのは詭弁に聞こえてしまう。

杉山：僕は巡礼で得た造形的言語をもとにレリーフをつくり、経験的言語をもとに内部空間の体験をつくりました。

新居：それにしては身体性の伝え方が甘いんだよね。もっと絵や勘に頼らず、積み上げ、あるいは思考の深さを感じさせる空間の提案が欲しい。

千葉：次に「山間村落輪唱風景」はどうでしょうか。工藤さんは一次では投票していませんでしたが。

工藤：はじめは過疎農村にしてはキャパが大きすぎる気もしましたが、国道脇までマンションが迫ってきている事実を聞いて、納得しました。

山梨：しかし、それに対して建築があまりにもキッチュな感じもします。ヴァナキュラーを意識したのは分かるけれど、もう少し慎重に形態を選んだ方がいい。

タルディッツ：田舎にいる人からすればヴァナキュラーなものが、都会から見るとディズニーランドのように見えてしまう。そのボーダーはすごく微妙なところだけれど、私はこの提案がそうなっているとは思いません。

千葉：次に「Circulating Architecture」へ移りたいと思います。これは全体の話はうまくまとまってるように感じますが、建築になった途端飛躍していますよね。住宅として使うには性能的な問題が多いのではないでしょうか？

友枝：「循環」というコンセプトに最も重点を置いていたので、環境問題への着手から生じる物質のフローの中に建築を見い出していくことに力を入れました。そのため建築も極力髪の毛だけでつくりたかったし、それだからこそラジカルにコンセプトを表せるのではな

いかと考えました。

新居：新しい素材なのにわりと普通の住宅にまとまっているのがもったいないね。

千葉：次は「Transit Space」にいきましょう。一次審査の際は投票していて、今回の投票で外した山梨さん、どうですか?

山梨：衣服の身体性に着目したにもかかわらず、結果できた建築の身体性が固定的でパターンの組み合わせになってしまっているのがもったいない。これじゃ直接的な身体性につながってないよね。

高橋：僕の示す身体性とは、肌が衣服と擦れ合う時に皮膚感覚を再認識することを指していて、それを建築に置き換えた時、普通ではない光や風の入り方が内部の人に身体感覚を再認識させるのではないかと考えています。

千葉：次は「Record of a Living Being」。一貫して投票していない工藤さん、どうですか。

工藤：試み自体はすごく面白いし力作だと思うけれど、建築の提案までいきついていないのが推せない理由ですね。

タルディッツ：「Circulating Architecture」もそうですが、エレメントは面白いのに使い方がイマイチ読めない。つまりアプリケーションが読めない時点で建築設計としては弱いと思います。

「『建築を設計する』ということ。」

棚橋：センシング対象をさまざま変えることで可能性は限りなく広がるということを示したかったので、あえて具体的な建築提案をしませんでした。最終型はまた別の位相で考えるべきかと思っています。

山梨：僕は終始ほめてきたけど、どんな状況にもアダプタブルなことを示したければ、それに見合ったプレゼンテーションをすべきだったね。今回はそこがリエゾンしていなかった。

千葉：では、これからは得票数上位3人について議論したいと思います。まず桒家さんの「居くずし」ですが、一次審査の投票から一転、批判に回った新居さんいかがでしょう?

新居:彼女にはこれはかつて流行って、ひと通りやりつくされたものでないのかと意見は言ったのだけれど(p.37)、それに対する意見を聞きたいですね。

山梨:僕は、これまでの近代都市計画では対応しきれなかった東京という都市の成長に対して有効な手立てなのではないかと感じています。特に都市に対するリテラシーが低く、法規に縛られがちな日本の市民感覚を啓発し得るものではないでしょうか。しかし、表現はもう少し慎重であってほしかったと思います。

タルディッツ:私はこの案を選ぶかどうか結構迷いました。新居さんの指摘するように特別新しくはないですが、物語的な魅力はとても感じます。ただ、もう少し日本におけるリアリティを盛り込めると良かったと思います。

榮家:工藤さんからのご質問にあった内部空間ですが、私の模型は建築物と地形をすべて透明なアクリルでつくるという、とても記号的な表現を選択しました。ただ、抽象化する中で、ビルのサッシといった小さな凹凸を意識的に残していて、そういったところが中と外をつなぐ1つの通気口のようなものにもなっていると考えています。

次に、新居先生のご指摘ですが、70年代のリサーチが私たちの世代にとって逆に魅力的だという事実があります。また、これまでが「都市の小さな習性を観察する」行為だとすれば、私の設計は「それらを日常の中で他者と共有する」行為であり、似てはいますが異なるものだと考えています。

最後に山梨さんから「都市に対するリテラシー」の話がありましたが、私が興味があったのは「住みこなすことに対するリテラシー」です。トルコの人たちは、構造物とそれ以外を分けて考えていて、窓や庇や通路ができて初めて人が住まう場所だと認識し、かつそれを所有物にしています。その認識のもとで設計を行なっています。

千葉:皆さん、高島さんの「旅するサヴォア邸」や山中さんの「A butterfly in Brazil」についてはいかがでしょう?

工藤:「旅するサヴォア邸」は、モダニズムの旗手であるコルビュジエすらもヴァナキュラー性を有した建築として扱っている点が面白いですね。それだけに、もう少し具体的な提案が見たかったと感じています。「A butterfly in Brazil」は面白いけれども、どう建築として表れるかというところは、見る方の想像力に頼っている部分が結構あるように思います。ただ「旅するサヴォア邸」と比べるとオリジナリティは高く、コルビュジエを使っている分、サヴォアはずるさも感じます。

タルディッツ:先ほど、藤森照信さんの話が出ましたが、彼は批評から建築的提案まで行なわれているのがすごいところです。「旅するサヴォア邸」もアイロニカルで作品性は高いですが、それを超えて自分の表現にまで至っていないことが残念ですね。でも同時に将来性も強く感じます。「A butterfly in Brazil」は単純な部材を使うこと自体は面白いけれど、平面図を見ると「そこまでやる必要があるか」とも思いますね。

山梨:今日の話を聞いて、やはりこの3作品が突き抜けているように感じました。それを前提に話しますと、「旅するサヴォア邸」は面白いアイロニーですが、次の段階にいかないとアート作品やインスタレーションでしかないと思います。僕は実際の建築との結びつきを重視したいので、あえて甲乙をつけるとすると「A butterfly in Brazil」が一番良いですね。たかが建具なんだけれど、非常に大事な建築的なエレメントであって、それを突き詰めて建築空間にしたという点で評価したい。「居くずし」は最後の表現型に対する疑問が未だ払拭されません。

新居:「旅するサヴォア邸」の着眼点はすごく面白いけど、僕らの知らない地域の出来事であって、その評価は曖昧になっているとも言えるね。もっといろんなバリエーションと、それを経た先を見てみたい。一方、「A butterfly in Brazil」は、僕はマニュエルと違って、建具をたくさん使い、拡大したことが良いと思っている。家具や建具の概念を超えて、もう少しいろんな変化に対応することができるのではないかと可能性を感じています。「居くずし」だけど、僕はヴェンチューリの業績も、国内で行なわれてきた研究もリアルタイムで見てきたけれど、結局その先へは誰もいけなかったんだよね。この案もそれを突き抜けるように思えない。僕も今の3人でいくと、「A butterfly in Brazil」がいいと考えています。

千葉：「居くずし」は魅力的ですが、これは使い方の問題で、設計者として何をすべきかが見えていません。このような溢れ出しを促すにはどういったスケルトンをつくる必要があるのか、そこまで踏み込めないといけないと思います。「A butterfly in Brazil」の一番面白いところは、何かを動かすことによって、それに付随していろんなものが勝手に動き出す不自由さにあると思います。それによって建築形態が刻一刻と変わっていくことがとても魅力的。ただそのランダムな変化もどこか予定調和に見えてしまうところもあって、そこがすごく引っかかる点でもあります。「旅するサヴォア邸」は、コルビュジエのサヴォア邸という“ものさし”を使うことによって、土着性のさまざまな側面を表しているという点が面白い。でも、地域設定などが分かりやすすぎるようにも思えた。本当に求められている差は東京と郊外のような微差なのではないでしょうか。その辺が非常に悩ましく感じています。

ということであらためて各審査員の方にグランプリとして推したいものを一点、推薦いただければと思います。

工藤：「旅するサヴォア邸」と「A butterfly in Brazil」で迷っているのですが、やはり最後は自分の建築的提案を見せている「A butterfly in Brazil」かな。

タルディッツ：「A butterfly in Brazil」について先ほど新居さんから異見をいただきましたが、私も建具のみを選択して使っているのは良いと思います。ただしスープの中に塩だけたくさんいれるとしょっぱすぎるように、この提案は少しやり過ぎな感がある。ですがこの空間自体はとても良いと思うので、この案を推します。

山梨：僕はさっき言ったように「A butterfly in Brazil」。

新居：僕も同じく。

千葉：僕は実は「旅するサヴォア邸」の方を推したいと思っています。ですが、グランプリとしては4票入りましたので、「A butterfly in Brazil」がいいのではないかと思います、よろしいでしょうか?

一同：はい(拍手)

千葉：引き続き、審査員賞を決めたいと思います。もう充分議論をしたので、それぞれの賞を選んでください。

新居：やはり面白い視点を見せてくれている「旅するサヴォア邸」ですね。後々、日本とかいろいろなところに設定してやったのを見たいと思います。

山梨：僕しか選ばないと思うので山梨賞は「Record of a Living Being」に差し上げます。

タルディッツ：私しか選んでいない「流動と磁場」で。

工藤：私は桀家さんの「居くずし」にします。

千葉：気持ちとしては「旅するサヴォア邸」に僕の賞を差し上げたいと思っていますけど、新居さんが高島さんを選んだので、もう1点最後には残りませんでしたが、僕が途中の段階で票を入れていてた「敷地境界から建築へ」に自分の賞を差し上げたいなと思います。

「総括——震災以後の修士設計」

山梨：僕は講評会や就職の関係で年間500くらいポートフォリオを見たりするのですが、今日この場にいる人たちは話のレベルも非常に高く、さすがに選ばれているだけあるというのが素直な感想です。感心したというと失礼かもしれませんが、いろいろ私自身の仕事のヒントになるようなこともたくさんいただけました。ありがとうございます。

工藤：この場では、グランプリを決めなければいけないのでみんな辛口でしゃべっていましたけれど、ここにいること自体すごいことなんです。私たちは今日のプレゼンだけでなく、あらかじめポートフォリオを読み、形だけでなくプロセスを含めて皆さんを評価しました。ぜひここで考えたことを社会で実践し、建築をつくっていく力にしていってください。

タルディッツ：今日1日みんな頑張りましたが、その結果として、グランプリが1人選ばれました。個人の賞はあるけれども、なぜ自分が最後まで残らなかったのか、と思っている人もいるでしょう。結果的に5票と0票の人が出てきてしまいましたが、実際にはそこまで明白な差はないと思います。サッカーだったら5-0だったら大負けだけれど、設計のコンペはそうでなくて、無理にでも差をつけなければならないルールなんです。しかし、差がついてしまったこともまた事実なので、選ばれた人は誇り、選ばれなかった人はもっとがんばってください。

新居：今日できてしまった差について言うと、建築って最終的には自分との戦いになると思うんです。僕らの年齢になると、人の真似やどこかで見たものを省いていかなくてはならなくなる。その中で建築をつくるためには、自分に一番厳しくなることが必要なんです。あるストーリーを立て、スタディを重ねて最後の形に至るまでの間、多少形がダルになったとしても、積み重ねてきたことを続けてやった方がいい。また、自分の案を愛し過ぎて独りよがりにならないようにすること。

あと、僕はプロジェクト展も見てきたんだけれど、あちらには東日本大震災関連の提案が多くあったのに対して、今回の修士設計や、学内の卒業設計にはあまりそれに関連したものがなかった。意外とこの国はああいうことが起こっても反応が悪く、建築家のソーシャルリスポンシィビリティも鈍い。今日ここに上がった作品は、自分の好きなものを好きなようにつくっているものが多かったようですが、「社会性」というものを問われる時がいつかきます。建築以外の本などを読んだりして、建築の空間がつくれる人として社会的視点をもってほしいと思いました。

千葉：拙い進行で最後議論が足りない部分もありましたが、その分審査員の方のそれぞれの視点が充分に伝わったのではないかと思います。それぞれ個性的なアプローチをしていて、それを今後社会に出てからもぜひ大事にしていただきたいなと思いました。人間は基本的にそんなに変わらないものなので、多分今日皆さんがやったことが、今後一生かけて追い求めていくテーマになるんじゃないかと思います。みなさんのポテンシャルがどのように展開していくのか楽しみにしています。

全国修士論文展

「全国修士論文展」開催概要

今年度の「全国修士論文展」では、全体テーマ「建築の発見」のもと、「理論からの発見」というサブテーマを掲げました。論文の研究内容だけではなく、執筆する際の「きっかけ・過程」と、これから建築人・研究者として社会に出て行く修士学生の「展望・野心」に焦点を当てた展示・公開討論会を目指しました。

展示会場では、予備審査を通過した12名の出展者が論文の執筆過程に用いたスケッチやメモ・ノート、論文をまとめたパネル、本文を展示しました。公開討論会では、予備審査通過者による研究発表、それぞれの専門分野の前線で活躍されているコメンテーターによる質疑の後に、全発表者とコメンテーターを交えた全体討論を行ないました。実際に建築をとりまく環境と研究ゆえに帯びる先端性とのギャップ、各分野における優劣の価値判断や評価手法などについて広く意見を交わし、分野相互の協働の可能性の模索と、研究と現実の架渡しの方法について考えることを目標としました。

当日の全体討論では震災という大きなテーマにはじまり、東日本大震災を受けての発表者たちの転機、また修士研究の価値などについて、総括には至らなかったものの学生を中心に活発な議論が行なわれました。

トウキョウ建築コレクション2012実行委員

全国修士論文展コメンテーター

大月敏雄　Toshio Otsuki

東京大学准教授。福岡県生まれ。東京大学工学部建築学科卒業後、同大学大学院修士課程修了。博士課程を単位所得退学する。その後、横浜国立大学工学部建設学科助手を務め、工学博士を取得。東京理科大学工学部建築学科専任講師、2003年同大学助教授、准教授を経て、東京大学准教授を務める。専門は建築計画、住宅計画。近年の主な著書は『3・11後の建築と社会デザイン』共著（平凡社新書）などがある。

金田充弘　Mitsuhiro Kanada

構造エンジニア／東京藝術大学准教授／Arupシニアアソシエイト。1970年東京都生まれ。1994年カリフォルニア大学バークレー校環境デザイン学部建築学科卒業後、1996年同大学大学院修士課程修了、同年にArupへ入社。1997-99年、2005-10年ロンドン事務所勤務。2007年より東京藝術大学准教授を務める。2002年第12回松井源吾賞受賞。主なプロジェクトに「メゾンエルメス」（レンゾ・ピアノ・ビルディング・ワークショップ）、「富弘美術館」（aat+ヨコミゾマコト建築設計事務所）などがある。

倉方俊輔　Shunsuke Kurakata

建築史家／大阪市立大学准教授。1971年東京都生まれ。早稲田大学理工学部建築学科卒業後、同大学大学院修士課程修了。同博士課程満期退学したのち、工学博士取得。日本学術振興会特別研究員、西日本工業大学准教授を経て、現在、大阪市立大学准教授。学位論文では伊東忠太の思想と設計活動について論じ、吉阪隆正に関する単著を執筆後、戦後建築や、より新しい現代建築にも関心を深めることに。著書に『ドコノモン』（日経BP社）、『吉阪隆正とル・コルビュジエ』（王国社）など。

田辺新一　Shin-ichi Tanabe

早稲田大学教授。1958年福岡県生まれ。1980年早稲田大学理工学部建築学科卒業後、1984年同大学大学院博士課程修了。デンマーク工科大学暖房空調研究所、カリフォルニア大学バークレー校環境計画研究所、お茶の水女子大学助教授を経て、2001年より早稲田大学理工学部建築学科教授。米国暖房冷凍空調学会R.G.Nevins賞、「松下情報通信システムセンター」で空気調和・衛生工学会賞、日本建築学会賞（論文）、米国暖房冷凍空調学会（ASHRAE）Fellow、「鹿島赤坂別館」で空気調和・衛生工学会賞、日本環境感染学会賞（連名・優秀論文）など受賞。主な著書に『室内化学汚染・シックハウスの常識と対策』（講談社）ほか。

中島直人　Naoto Nakajima

慶應義塾大学専任講師。1976年東京都生まれ。1999年東京大学工学部都市工学科卒業、2001年同大学院工学系研究科都市工学専攻修士課程修了。修士論文のタイトルは「20世紀前半における都市美を巡る一連の運動 都市計画に関する思考と都市での実形について」。同論文で日本建築学会優秀修士論文賞受賞。その後、東京大学助手、助教、イェール大学客員研究員等を経て、2010年より現職。主な著書に『都市美運動 シヴィックアートの都市計画史』（東京大学出版会、東京市政調査会藤田賞受賞）、『都市計画家石川栄耀 都市探求の軌跡』（共著、鹿島出版会、日本都市計画学会石川奨励賞受賞）。

今村創平　Souhei Imamura ／全国修士論文展コーディネーター

アトリエ・イマム一級建築士事務所主宰。1966年東京都生まれ。早稲田大学卒業後、AAスクール、長谷川逸子・建築計画工房を経て独立。ブリティッシュ・コロンビア大学大学院兼任教授。芝浦工業大学大学院、工学院大学、東京理科大学などにて非常勤講師。主な作品に「南洋堂ルーフラウンジ」「神宮前の住宅」「大井町の集合住宅」「富士ふたば幼稚園」など。主な共著に『現代住居コンセプション』（INAX）、『Archilab Japan 2006』（Editions HYX）など。

BIMデータの再利用による最適建築設計支援手法の開発

Name:
窪田真和
Masakazu Kubota
University:
東京大学大学院
工学系研究科　建築学専攻
加藤信介研究室

はじめに

本研究は、ZEB化の流れで、環境性能が高い建築の実現のために、設計事務所等で蓄積された既存の建築設計データベースを、新規プロジェクトのデフォルト設定として再利用し、建築設計の効率化と精度の向上を実現するためのシステムを提案するものである。

BIMの本格的な導入により、今後、建築設計のデータベースの形態が大きく変化することが予測される。提案する手法では、BIMの特徴となるオブジェクト指向データベースの下で定義されるクラスを、データベース内で平均化し、新規プロジェクトのクラス定義を利用する。このことで、BIMによる建築設計の効率化の鍵となるデータの再利用性（reusability）の向上に寄与することが期待できる。

研究目的

建築設計は、土地条件、法規等を制約条件、施主の要望と設計者の思想、もしくは設計事務所の方針を目的関数とした最適な建築を模索する最適化のプ

Interview

Q:トウキョウ建築コレクションに参加しての感想
分野を横断した討論は、貴重な経験でした。歴史系での過去の知見の発掘、計画系は新たな設計手法の提案、都市系は概念の捉え直しなど幅広い問題意識に触れることができました。

Q:大学や大学院での活動や研究内容
研究室主催の「BIM研究会」で主にBIM関係者からの講演をいただき、その討論をまとめています。またBIMソフトのニーズ調査、ソフト利用について助言もしています。

Q:修士修了後の進路や展望
大成建設の設備施工に勤めます。現場で建物の省エネルギーに貢献できる仕事を世界規模に従事したいと思いました。引き続きBIMも建築環境も学び、1つでも多くの社会貢献ができる立派な技術者に必ずなります。

ロセスである。この結果として得られた最終成果物としての建築は、その最適化プロセスで導かれた最適解であるべきである。この考えのもとでは、これまでの建築設計で蓄積されてきた設計結果の集合は、最適な建築群を成す最適解集合であると言える。

また、この建築群内では、個々の建築が、個々の制約条件と目的関数のもとでの最適解であり、その優劣がないので、この最適解集合はパレート最適解集合と言える。このパレート最適解集合は、設計事務所の方針を目的関数として含むため、それぞれの設計事務所ごとに特徴をもつと思われる。

多くの設計事務所は、その設計品質の維持のため、デザインレビューシステムをもつ。一般的には、経験値の高いベテラン設計者が、設計プロセスの区切りごとに、その設計の確認を行ない、設計者にフィードバックを行なう。この行為を効率的に行なうには、ベテラン設計者が、その経験に基づいた直感により設計の不具合を見つけることが必要となる。つまり、ベテラン設計者は、これまでの設計とレビューの対象となる設計を比較し、その整合性を確認することとなる。この行為は、レビュー対象の設計が、前述した既存建築により構成されるパレート最適解集合内に含まれるか否かの確認に他ならない。

この考えのもとでは、建築設計とは、白紙の状態から試行錯誤を経てパレート最適解集合内に収まる設計案を創造するプロセスと定義が可能となる。この場合、設計をより効率的に進めるため、設計のスタート

Case	1	2	3	4	5	6	7	8
コア位置	東				西			
天井高 [m]	2.4	2.6	2.8	3.0	2.4	2.6	2.8	3.0
Case	9	10	11	12	13	14	15	16
コア位置	南				北			
天井高 [m]	2.4	2.6	2.8	3.0	2.4	2.6	2.8	3.0

表1　窓面設計における16ケースの設定

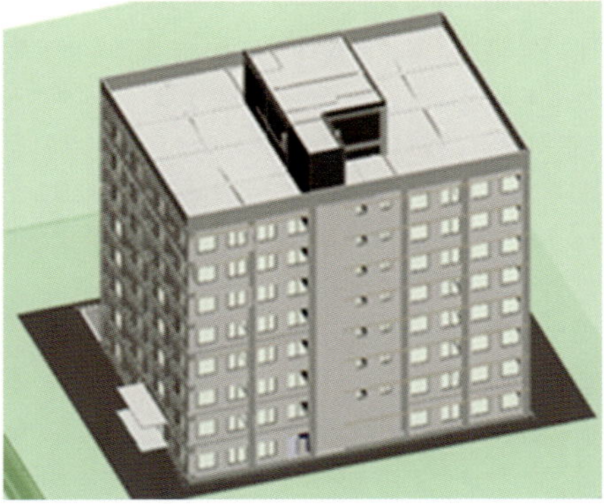

図1-1　解析対象建物

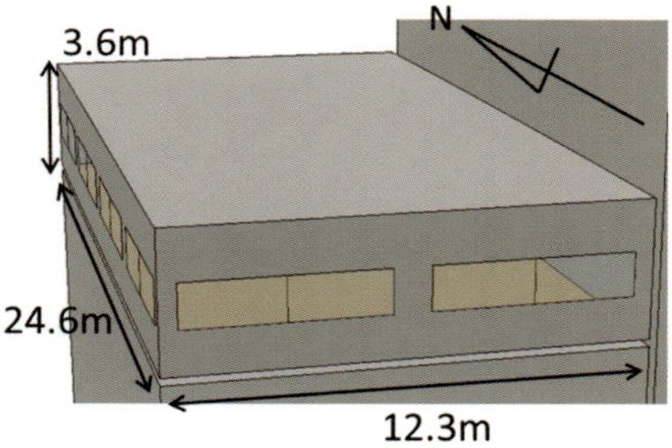

図1-2　解析対象室モデル

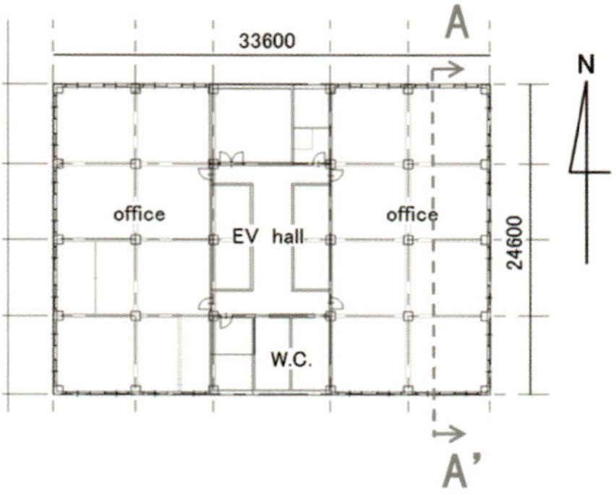

図1-3　解析対象室平面図

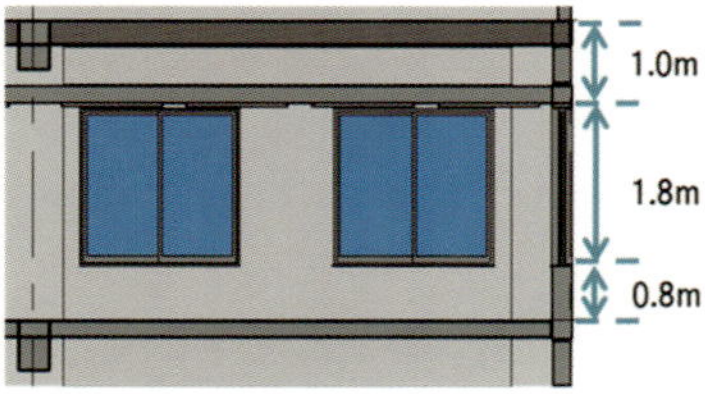

図1-4　解析対象室A-A'断面図

となるデフォルトの設定を、パレート最適解集合に近づけることが重要となる。最も効率的な方法は、既存の建築設計データを再利用することとなる。しかし、新規プロジェクトとまったく同じ設計条件の設計データが用意されているケースは稀となる。そこで、類似する条件下の建築群を平均化し、あらゆる条件下の新規プロジェクトに対してもロバストに適合する設計変数のデフォルト設定の検討が考えられる。

この設計変数のデフォルト設定は、建築データベースの累積によるそのパレート最適解集合の形態の変化に伴い、更新される。つまり、時代の流れによる建築への要求の変化に伴って、常に改善されていくことが求められる。また、新規プロジェクトの設計プロセスの進行に伴い、各設計与条件が確定していく中で、そのプロジェクトに適合したデータベースを取捨選択していき、確定されていない与条件のデフォルト設定が、よりプロジェクトの最終的な最適解に近いものに更新されていくことが求められる。

本論文は、まず試験的に建築設計データベースを作成する。そして、この蓄積された設計データベースを利用し、新規プロジェクトに利用するデフォルト設定を導出する手法を提案する。次に、上述の通り、このデフォルト設定は設計データベースの蓄積により更新する他、プロジェクトの進行により与条件が確定する過程で更新されるため、この更新の過程を示す。最後に、この設計データベースから導かれるデフォルト設定と、新規プロジェクトにおける最適解の設計変数との距離を比較し、その意義を確認する。

デフォルト設定とは

設備機器の選定などの事項を検討する際に、未確定でかつ検討に必要となる情報を補う目的で暫定的に仮の値を与えることをデフォルト設定と呼ぶ。建築設計において、より環境性能の高い設計を達成するには、設計の初期段階で数多くの設計案の作成と環境シミュレーションによる検討を行なう必要がある。しかし、初期段階であるために未確定な事項が多く、シミュレーションの初期条件を入力できないのが常である。通常は経験に基づいたデフォルト設定でこの初期条件を補っているが、仮にこのデフォルト設定が不適当なものだった場合にその後の検討結果に影響を与え、検討のやり直しが必要になる。そのため、検討の初期段階で適切なデフォルト値を設定することは後段階での手戻りを防ぐために必要不可欠である。

建築設計データベースの構築

今回は研究の基礎検討として、適応範囲を限定した単純な条件設定を対象に、建築設計データベースを構築することとし、窓設計問題を対象としたケーススタディを進める。BIMに代表されるオブジェクト指向データベースにおいて、窓をオブジェクトとした場合、このオブジェクトの下には窓を定義するクラスの設定が必要となる。例えば、Energy Plusの入力データ作成ツールとなるDesign Builderでは、「Glazing type, Glazing %, Window height, Window spacing, Sill height」をTemplateとして設定することで、窓の設定を一律に変更できるよう設計されている。今回のケーススタディでは、上記のクラスをそれぞれの設計条件下で最適化し、データベース化するものとする。簡略化のため、窓材質はLow-eガラスに固定し、コストは無視するものとする。また、窓は柱間1スパンに1つとするため、窓配置の間隔はスパンの間隔に依存させる。よってWindow Spacingの変数について、今回は取り扱わないものとする。

今回取り扱う設計変数は窓面積率、アスペクト比、窓上辺高さとする。冷暖房の熱源と照明のエネルギー消費量(電力：2次エネルギー換算)の年間の総計を目的関数とし、各条件下において窓面形状を最適化することでデータベースを構築する。データベースを作成する設計条件は前頁の表1に示すように、建物コアの位置、天井高をそれぞれ4水準用意した16ケースとする。なお、建物コア位置を東とした場合、北、南、西壁面に窓が設置される。

解析対象

ケーススタディの対象は熱負荷計算用に提案されたオフィス用標準問題のモデルを参照し、このモデルの8階の事務室一室を対象に窓設計問題の検討を行なう。図1-1、1-2、1-3、1-4に対象モデルを示す。また表2に対象モデルの計算条件を記す。図2に窓配置図を表す。窓の平面の中央位置は柱間1スパン（6m）の中央に固定する。窓位置と寸法を決める変数とし、X（窓下方外側の点でのx-座標）、Y（窓下方外側の点でのy-座標）、W（窓の横寸法）、H（窓の縦寸法）を設定する。この条件で設定される窓条件は、窓面積率、アスペクト比、窓上辺高さを変数としても表現が可能である。

図3に最適化のフローを示す。今回のフローでは、各窓条件のもとで、予め照度解析を行ない、窓近辺の照明の消灯が可能な全天空照度の閾値を設定する。この閾値を超えた時間帯は窓近辺の照明を消灯することで、昼光利用による照明消費電力の削減と、この削減による空調時の内部負荷の低減を加味している。窓開口部を広く設ければ、日照による室内照度が向上し、人工照明による消費電力が下がる。ただし、窓面は壁体に比べて断熱性能が低い他、日射による侵入熱量が増大するため、冷暖房消費エネルギーの増大につながる可能性がある。逆に冷暖房消費エネルギーの削減のために窓面を小さくすれば昼光利用の効率が悪化し、照明消費エネルギーが増大する。このような、トレードオフ関係をもつ複雑な制御のもとで照明による電力消費および冷暖房消費エネルギーの両方を加味し、消費エネルギーが最小となる最適解を導出する。

表3に最適化の結果を示す。全体的には方位による窓面の違いよりも天井高による違いの方が大きい。基本的に、窓面の高い位置への設置でより高い形態係数を確保できるため、すべてのケースで、窓上辺高さは天井高と一致した。

図4に各ケースの最適解の窓面積率とエネルギー消費量の関係を示す。この最適解の集合は、窓面積率が最小で40%、最大で67%の幅をもっており、およそ50%付近でデータベースが形成されることが分かる。図5に各ケースの最適解のアスペクト比とエネルギー消費量の関係を示す。この最適解の集合は、アスペクト比、最小で0.25、最大で0.45の幅をもつ。図6に各ケースの最適解の窓上辺高さとエネル

室寸法			12.3m ×24.6m ×3.6m （基準モデル）
窓個数			北面×2, 西面×4, 南面×2
室床面積			305 [m2]
躯体仕様	壁	熱貫流率	0.89 [W/m2K]
	床		1.32 [W/m2K]
	天井		0.43 [W/m2K]
	窓		2.71 [W/m2K]
機械換気量			1.39 [回/h]
内部発熱	照明		20 [W/m2]
	人体		0.2 [人/m2]
	機器		30 [W/m2]
空調条件	空調時間		8:00〜21:00 ※土日は運転無し
	温度条件		22〜26℃
照明器具	輝度出力		600cd×2本 （一灯基あたり）
	消費電力		40W/本

表2　計算条件

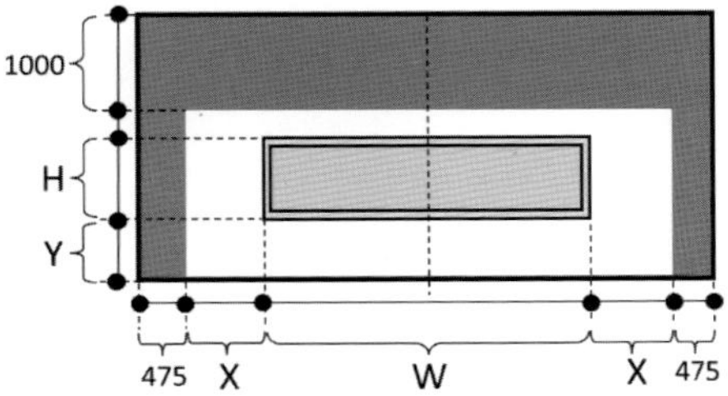

図2　窓配置図

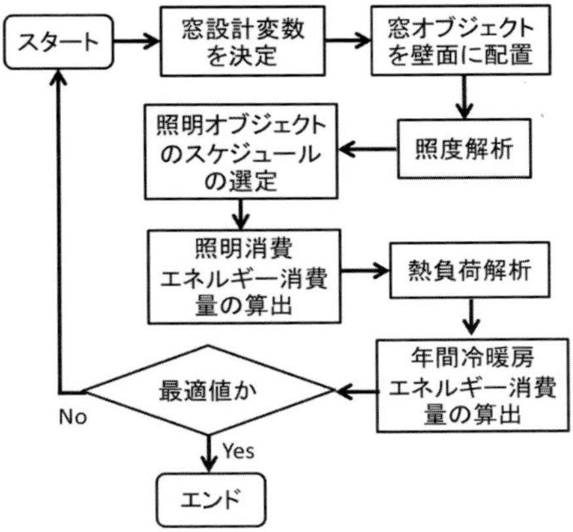

図3　最適化フロー図

解析ケース	コア位置	天井高[m]	窓面積率[%]	アスペクト比[-]	窓上辺高さ[m]
1	東	2.4	66.9	0.45	2.4
2		2.6	55.3	0.33	2.6
3		2.8	42.3	0.27	2.8
4		3.0	45.1	0.31	3.0
5	西	2.4	66.8	0.45	2.4
6		2.6	55.3	0.33	2.6
7		2.8	52.8	0.34	2.8
8		3.0	45.1	0.31	3.0
9	南	2.4	66.8	0.45	2.4
10		2.6	47.2	0.28	2.6
11		2.8	42.3	0.27	2.8
12		3.0	45.1	0.31	3.0
13	北	2.4	66.8	0.45	2.4
14		2.6	42.3	0.25	2.6
15		2.8	42.3	0.27	2.8
16		3.0	45.1	0.31	3.0

表3　最適化の結果

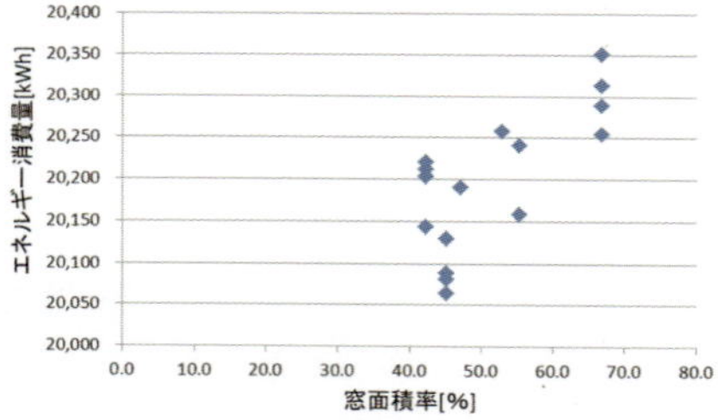

図4　窓面積率とエネルギー消費量のパレート最適解集合

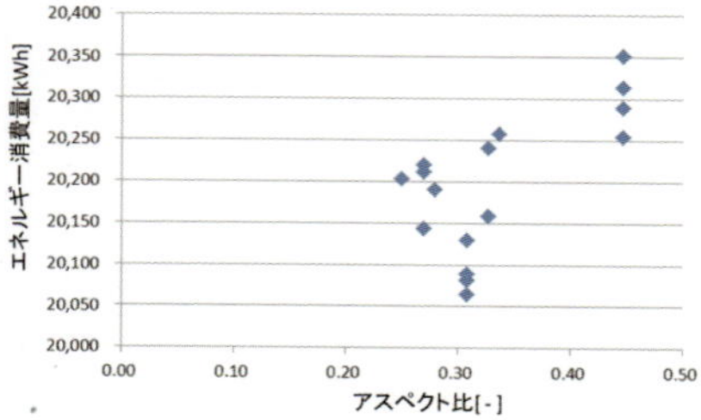

図5　アスペクト比とエネルギー消費量のパレート最適解集合

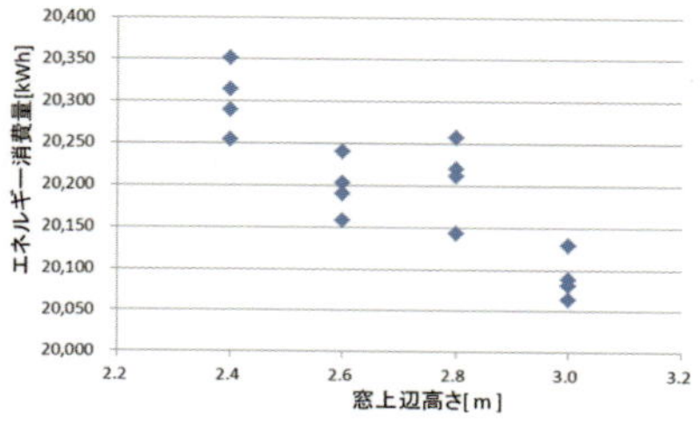

図6　窓上辺高さとエネルギー消費量のパレート最適解集合

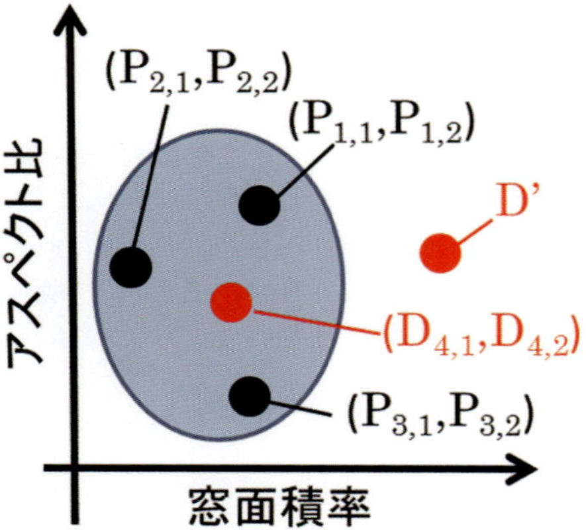

図7　デフォルト設定値の定義

$$F^2 = \sum_j \sum_i W_i \left(\frac{D_{n,j} - P_{i,j}}{P_{\max,j} - P_{\min,j}} \right)^2 \quad (式1)$$

$P_{i,j}$：案件 i における仕様 j の値

$D_{n+1,j}$：蓄積データ数が n 個の時の新規プロジェクト $n+1$ に設定する仕様 j のデフォルト設定値

W_i：データの新旧に依存する案件 i の重み係数

$W'i$：設計の進捗に依存する案件 i の重み係数

$P_{max,j}$：データベース内の仕様 j の最大値

$P_{min,j}$：データベース内の仕様 j の最小値

式1　デフォルト設定値の導出のための式

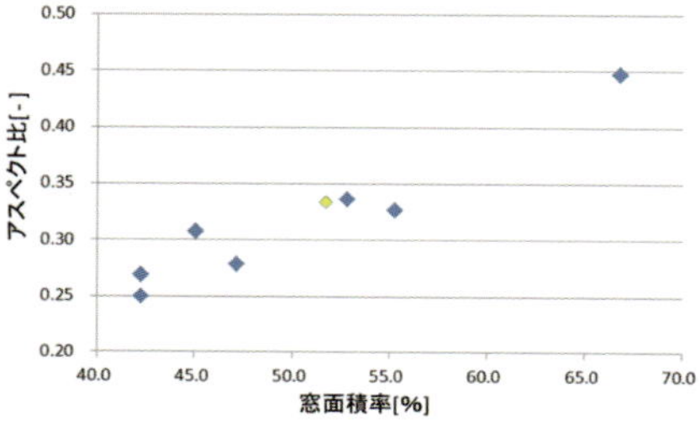

図8　パレート最適解集合と最適デフォルト設定

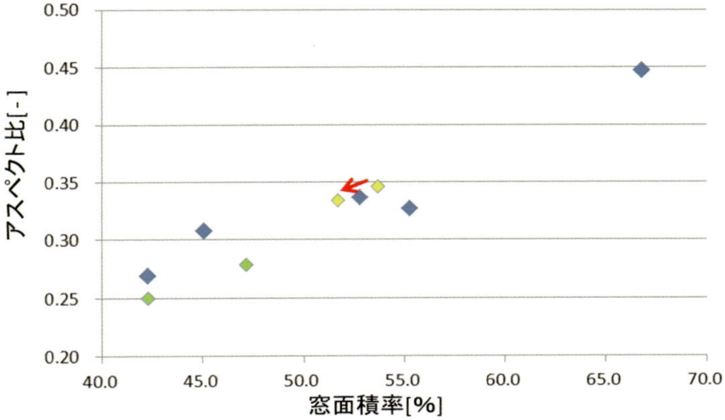

図9　デフォルト設定値の遷移

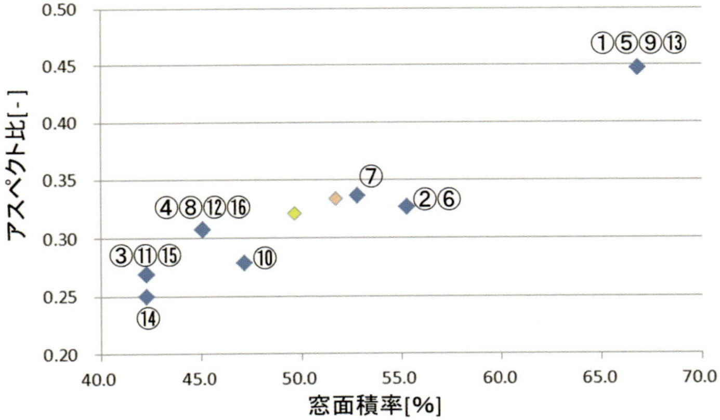

図10　時代の流れを反映したデフォルト設定値

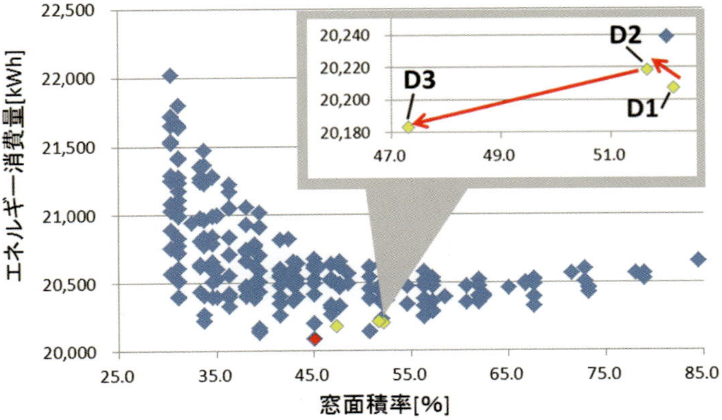

図11　デフォルト設定値による設計の精度確認

ギー消費量の関係を示す。すべてのケースにおいて、窓上辺の高さは、今回のケーススタディの最大値となる天井高さと一致する。

建築設計データベースに基づくデフォルト設定の導出手法

次に、前節で蓄積した窓設計のデータベースを利用し、新規プロジェクトにおけるクラス定義のデフォルト設定を導出する方法を提案する。今回は、各パレート最適解(蓄積された設計結果データ)との距離の平均が最小となる値を最適なデフォルト設定値とする。2次元上でイメージを伝えるために、無数にある設計変数の多くを固定し次元を下げ、例えば窓面積率とアスペクト比の2次元における各パレート最適解の設計値$P_{i,j}$が案件ごと(Case i : i=1~3)、そして仕様ごと(Parameter j: {窓面積率, アスペクト比})にデータベース化され、パレート最適解集合(これまでの設計データベース)を形成していることとする(図7)。この時、デフォルト設定値($D_{4,1}$,$D_{4,2}$)はパレート最適集合内に位置する点で、任意のデフォルト設定値D'より適切であると言える。そこで、デフォルト設定値がパレート最適解集合の重心に位置するよう、式1のようにしてデフォルト設定値($D_{n+1,1}$,$D_{n+1,2}$)は、案件iにおける仕様jの値$P_{i,j}$との偏差をデータベース内の仕様jの最大値と最小値で基準化した値の二乗和F^2を最小にする値として定義する。

仕様jの値が、数値とならない場合、そのデータを数値化する必要がある。例えば方位であれば、違う方位同士の差分$\Delta\theta$をその劣角で処理する。この場合、同じ方位同士の$\Delta\theta$は0(最小値)、180度異なる方位同士の$\Delta\theta$は180(最大値)となり、その間は$0<\Delta\theta<180$の範囲で比例配分される。

今回は重み係数をすべて1として検討する。図8に窓面積率を横軸に、アスペクト比を縦軸にした、16ケースのデータベースの設計値のプロットと、この集合を用いて式1を最小にするように導いたデフォルト設定値を示す。すべてのパレート最適解において窓上辺高さは天井高と等しいため、ここでは、窓上辺高さの記述は省略する。黄色でプロットした点はデフォルト設定値を表す。

まとめ

本研究は、BIMデータの再利用による最適な建築設計を支援する手法提案の1つとして、蓄積された設計データから新規プロジェクトのデフォルト設定値を導出する手法を提案するものである。この提案手法の具体的な導出過程とその意義を確認するため、まず、窓設計の問題でエネルギー消費量の観点から16ケースの条件下でそれぞれの最適設計値を算出し、その窓設計データ群からデータベース構築を行なった。そして、このデータベースを基に、提案手法によりデフォルト設計値を導出し、蓄積データの増加による更新、データの新旧や整合度に応じた試験的な重み付けによるデフォルト設計値の変化の考察を行なった(図9〜11)。結果として、提案手法により、未確定事項の多い設計初期段階で使用するデフォルト設定値を、最適設計において最終的に導かれる最適値に、より近く設定することが可能となった。これは、提案したデフォルト設定値の使用により、初期段階から精度の高い条件設定を可能にすることを意味している。本研究成果は、無思慮なデフォルト設定値の使用による設計の手戻りの防止と、最適設計の精度の向上に大きく寄与することが期待できる(図12)。

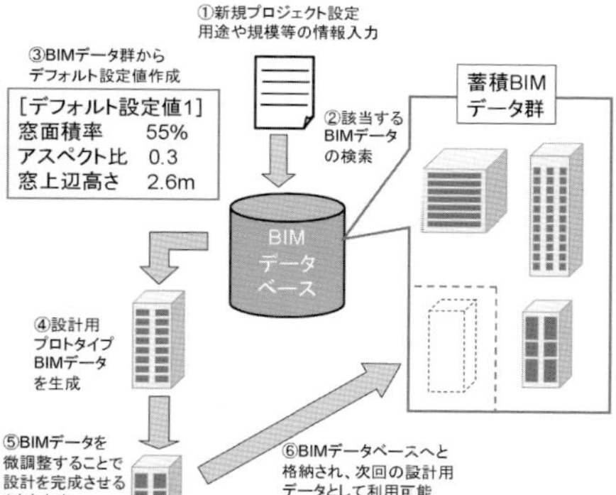

図12 開発ビジョン

コメンテーター・コメント@公開討論会

田辺：まず、「BIMデータの再利用による最適建築設計支援手法の開発」というタイトルを見て、「再利用」という部分が大変気になりました。「BIMデータの利用による最適建築設計」と言われると直ぐに理解できるのですが、この「再」を入れた心を、ぜひまず伺いたいと思います。

窪田：まず、建築産業は本当に生産性が下がっているという背景がありまして、これは自動車業界や機械業界とは異なる性格を示しています。自動車や機械の分野では、BIMデータが有効に使われているということもあって、建築分野でもBIMの利用法を促進したいというのがひとつあります。さらに、自動車業界ではBIMデータを再利用した設計も積極的に行なわれています。例えば、トヨタのプリウスはBIMデータを活用することで蓄積から革新を生み出しているということをニュースやドキュメンタリーでやっていて、その内容を加藤信介先生から教えていただきました。自動車業界でもやっているように、建築業界でもこういうことが必要だろうということで、今回、この論文のテーマに設定しました。

田辺：そこで1つ質問なのですが、車というのは大量生産で、同じものがたくさんできます。例えば、プリウスだったら同じプリウスがいっぱいある。その車を好きな人はそれを買うけれども、好きでない人は別のデザインの車を購入すれば良い。しかし、単品生産が原則の建築ではなかなかそうはいかないのではないか。また、良いものを平均して最適化を出すということですが、そうすると、例えば30代が好きな車があって、50代が好きな車があったとしますよね。足して割ったのが40代の好きな車だと言われたら、困らないですか。

窪田：それを説明するために実際の使われ方を考えてみたいと思うのですが、これからBIMの普及が進んでいって、設計事務所の中でも各社で独自のBIMデータベースというものが構築されると思うんですね。設計したBIMデータは管理しなければならないので、データベースが必ず出来上がると考えます。

まず新規プロジェクトでは、企画段階で用途と規模の条件が挙がりますよね。例えば、中規模オフィスという条件が出た時に、この情報をBIMデータベースに入れるんです。そうすると、BIMデータベースの方で勝手に情報検索をしてくれて、その中規模オフィスという条件に合うような、BIMデータを自動的に検索してくれるということを想定しています。そこで例えば、3つのBIMデータが出てきたとします。この3つのデータから窓面積率やアスペクト比、窓上辺高さなどのデフォルト設定値が出てきて、それに基づいたプロトタイプが出てくるわけです。この状態ですでに環境解析に必要になる初期条件などを有しているので、早い段階での環境分析が可能になります。それで、そのBIMデータは何もいじらなくても結構良い性能をもつのですが、ここで窓の面積率をちょっといじったり、天井高を少し上げてみたりする。そのような微調整を行なって最適設計を終える。このような効率化を考えています。

実際に設計を終えた時には、BIMデータベースの中にさらにデータが加えられて、データ数が3つだったところが4つに増える。BIMの更新が行なわれて、新しいデフォルト設定値も更新されます。それでまた4つ目のデータとは違う新しいプロトタイプが出てくるんです。このような利用のされ方を自分は考えています。ですので、先ほどおっしゃっていた通り、平均化するのは良くないんじゃないかという話はあるのですが、30代と50代の情報のグルーピング分けをすることで、データベースの検索は変わってくるので、30代は30代の中で好きなデータ群の平均化、50代なら50代の中での好きなデータ群の平均化をするのだと思います。

田辺：大変よく分かりました。この説明が最初にあると良かったと思います。

耐震性向上を伴う総合的改修における建築関連法規制に対する設計対応に関する研究

Name:
大島 隼
Jun Oshima
University:
首都大学東京大学院
都市環境科学研究科　建築学域
角田誠研究室

1. 序

1−1 研究の背景と目的

阪神淡路大震災以降、耐震改修促進法の施行を受けて、さまざまなタイプの耐震補強技術が開発され、工学技術的側面からはストック型社会への転換を阻

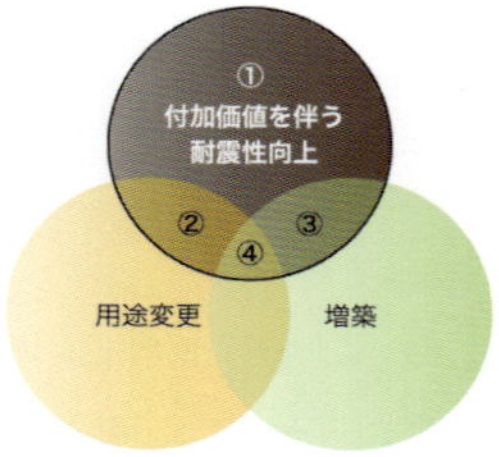

図1　本研究で扱う改修行為

改修タイプ		定義	事例数	構成比
①	基本型	付加価値向上を伴う耐震性向上	28	35%
②	用途変更型	①+用途変更	26	33%
③	増築型	①+増築	12	15%
④	複合型	①+用途変更+増築	13	17%

表1　耐震性向上を伴う総合的改修の類型

Interview

Q:トウキョウ建築コレクションに参加しての感想

横断的なディスカッションを通じて、あらためて建築学にさまざまな専門分野があることの意義や可能性を再考し、論文の枠を超えて客観的な視座を与えてくれる大変素晴らしい機会でした。

Q:大学や大学院での活動や研究内容

建築生産研究室に所属し、リノベーションに関連する活動を数多く実施。他大学の研究室や企業を交えた研究会、建築学会の対震改修デザイン特別調査委員会等に参加させていただきました。

Q:修士修了後の進路や展望

組織設計事務所。価値創出としての新築はもちろん、既存建築ストックの価値向上を目的とした歴史的建築物の保存・活用にも携わり、幅広く建築に関わっていきたいと考えています。

害する要因はほぼなくなりつつある。しかし、法規制といった社会制度の側面から見た時、建築法制上の課題は小さくなく、できる選択肢の幅の中で改修行為を行なうために必要不可欠な「法解釈」という技術論以外の問題に着目することは意義があると考える。また、耐震改修は施主の立場からすると、高コストであり実行リスクが顕在化できないため、改修効果が表面化しにくいと言え、積極的に行なわれないケースが数多く存在する。ゆえに、「耐震性向上を含み意匠や設備など建物全体の価値向上を伴う付加価値のある改修(＝総合的改修と定義)」が重要と言えよう。

そこで、本研究では、総合的改修の設計プロセスにおいて、設計者が直面した法制上の課題の一端を明らかにし、建築関連法規制への設計対応のあり方を提示することを目的とする。

1－2 研究方法

まず、建築関連法規が総合的改修設計に及ぼす影響について整理を行ない、総合的改修を①基本型、②用途変更型、③増築型、④複合型の4タイプに分類した(図1、表1)。その類型に基づき、文献から抽出した79事例を対象とした改修設計担当者へのアンケート調査(回答率65.5%)とヒアリング調査(14件)により、ハードおよびソフトの両面から総合的改修の実態把握を行ない、さらに建築関連法規制に対する設計対応を検討した。

2. 事例分析に見る総合的改修の実態

2－1 耐震補強工法

耐震補強手法は、図2に示すように12の組み合わせが見られた。全体の86.5%が強度補強を用いており、強度補強単独または強度補強を軸に、その他の補強工法との併用により耐震性向上を図っている。採用工法数は1工法が半数以上を占め、その中でも最も多い手法は強度補強単独（全体の43%）であ

n=78

順位	外装変更	内装変更	設備更新	バリアフリー化	平面プラン変更	断熱性向上	割合
1	●	●	●		●		24.4%
2		●	●				9.0%
3	●	●	●				7.7%
4		●	●		●		6.4%
5	●		●				6.4%
6	●	●	●	●	●		5.1%
7		●	●	●	●		5.1%
8	●						3.8%
9	●	●	●	●	●	●	2.6%
10		●	●	●			2.6%
11			●	●			2.6%
12		●			●		2.6%
13			●				2.6%
割合	59.5%	74.4%	86.1%	25.3%	55.7%	10.1%	

図3　性能向上の種類と組み合わせ

n=74

工法数	強度補強	靭性補強	地震入力の低減 制振	地震入力の低減 免震	軽量化	割合
1	●					43.2%
		●				1.4%
			●			1.4%
				●		5.4%
					●	1.4%
2	●	●				27.0%
	●			●		1.4%
	●				●	12.2%
		●	●			1.4%
		●		●		1.4%
			●	●		1.4%
3	●	●			●	2.7%
割合	86.5%	34.2%	4.1%	9.6%	15.1%	

図2　耐震補強手法の組み合わせ

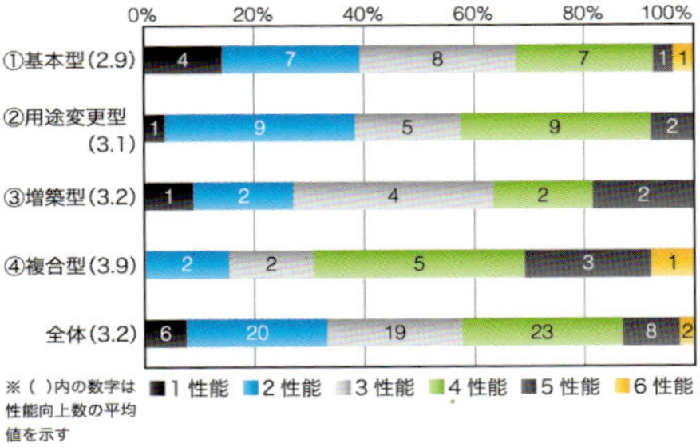

図4　改修タイプ別の性能向上数

強度補強					靭性補強				地震入力の低減		軽量化
耐震壁増設	鉄骨ブレース	外付フレーム	デザインフレーム	開口閉塞	柱のRC増打	柱の鋼板巻き	柱の炭素繊維巻き	構造スリット	制振	免震	減築
43事例	23事例	9事例	3事例	5事例	5事例	13事例	11事例	2事例	3事例	7事例	12事例

表2　耐震補強工法の分類と使用数

る。次いで、強度補強と靭性補強の併用が27%と多く、この2つの手法で全体の70%以上を占める。

耐震補強工法の分類を表2に示す。強度補強では耐震壁増設が43事例と最多で、鉄骨ブレース補強が23事例と次に多い。靭性補強では、柱の鋼板巻きと炭素繊維巻きが多く用いられている。

2−2 耐震性と他性能の因果関係

(1)耐震性向上と同時に行なわれた改修

耐震性向上と併せて行なわれた2事例以上の性能向上の種類とその組み合わせを図3に示す。本研究では、性能向上として「外装変更」「内装変更」「設備更新」「バリアフリー化」「平面プラン変更」「断熱性向上」の6性能を抽出した。全体の86%が設備の改修を行なっており、陳腐化が早い設備機器は、改修時の大きな懸案事項となっている。また、内装の変更も74%と高い割合で行なわれている。最も多かった組み合わせは、「外装変更」「内装変更」「設備更新」「平面プラン変更」の4種類を同時に行なった改修であり、全体の1/4程度を占める。組み合わせの上位5位から、改修においては設備・美観・耐震の3つの要素が重要であり、それらに加えて平面プラン変更が行なわれる場合が多い。

(2)改修タイプ別の性能向上

全体と比較すると、基本型は他の性能向上が積極的に行なわれない傾向にある一方、複合型では4性能以上を向上させた改修が70%近くを占め、多角的な改修が行なわれやすい(図4)。用途変更型および増築型の性能向上数は、基本型と複合型の中間に位置する。

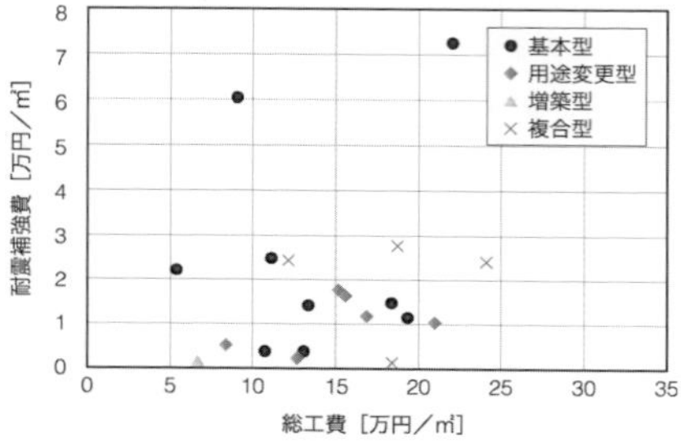

図5　m²単価で見る総工費と耐震補強費

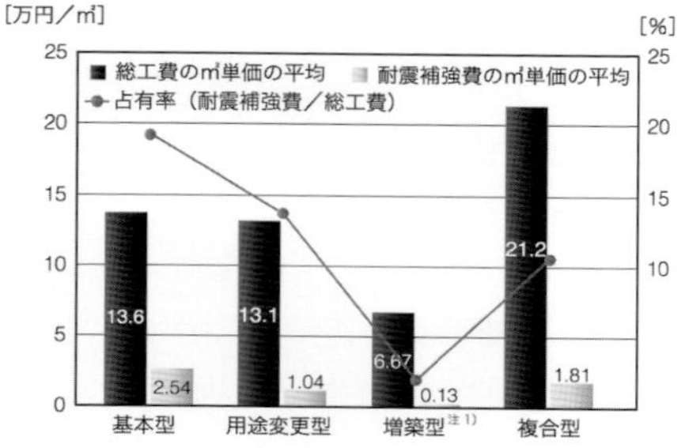

図6　改修タイプ別に見るコストの平均値

2−3 改修コストと実行リスク

総工費のm^2単価と耐震補強費のm^2単価の関係を図5、図6に示す。基本型は耐震補強費および総工費に対する耐震補強費の占める割合（占有率）が高いものが多く、耐震補強に重点を置いた改修が行なわれ、従来の工法を応用したファサード構成が特徴的である（図7）。ブレース等の耐震要素をあえて見せ、耐震効果を顕在化することで付加価値をもたせる傾向にある。用途変更型は、比較的総工費が高いが占有率は小さい。複合型が総工費が最も高く占有率

図7　基本型に見られる付加価値をもたせた耐震補強例（写真提供:イメージグラム）

が小さいことから、付帯的な耐震性向上が行なわれていると言える。

以上から、改修のタイプによって耐震補強に対する考え方やコストのかけ方には差異があり、効果が表面化しにくいという特徴をもつ耐震補強と同時に他の性能向上を図ることで、事業の実行リスクを分散させていると推察できる。

3. 改修設計の阻害要因と設計対応

3−1 法規制が改修設計に与える影響と対応

(1)既存図書の有無

検査済証は適法建物の証明書であり、存在しない場合は確認申請が必要な大規模な改修を基本的には行なうことができない（註2）。そのため、改修時に入手できないと大きな問題となるが、収集事例では改修設計の際、確認済証は44%、検査済証は35%の割合しか残っていない（図8）。図面の不備は現地調査で、証明書類は台帳記載証明の発行申請で補うことは可能だが、調査にかかる時間や労力は軽視できないものであり、関係書類の保管並びに不備の場合の調査費用に対する施主の認識が甘いという設計者の指摘も存在した。今後のストック社会では、設計段階に入る以前の設計者の見えない労力に対しても対価を払う必要があるだろう。

(2)確認申請

改修時に確認申請が行なわれた割合は68%であり、残りの32%が改修時に確認申請を提出していない（図9）。確認申請を行なわない理由として、表3の6つが挙げられる。特に、主要構造部の過半以上の改修に伴う「既存遡及」が阻害要因となっている場合が多く、コスト的、技術的、時間的な制約により、確認申請の対象とならない範囲の改修で済まそうという施主および設計者のリスクヘッジが読みとれる。つまり、建物の資産価値向上を行なおうとする際に法の制約が大きく実現できない状況は、既存建築ストックの抜本的な性能改善を妨げ、良質なストック形成に支障を来していると言わざるを得ない。

3−2 既存不適格事項が改修設計に与える影響

前項の結果を受けて、改修における阻害要因である既存遡及に着目し、改修タイプ別に分析を行なった。既存不適格事項が改修設計に及ぼした影響を検証するため、19の既存不適格事項を抽出したうえで、各事項における5段階の影響度合い（表4）と影響が大きいと感じた上位3つの既存不適格事項（表5）により「影響度」を算出した。影響度が高い項目として表4と表5に共通して見られるのは、「日影規制」「構造耐力」「床の積載荷重」「竪穴区画」「避難階段」「排煙設備」であった。

3−3 既存不適格事項への対応 (CASE STUDY)

a. 日影規制（表4: −0.04pt ／表5: 0.65pt'）

集団規定は増築型と複合型でポイントが大きくなることから、増築を計画する際に問題となりやすいと言えるが、その中でも日影規制が最も影響を及ぼすことが

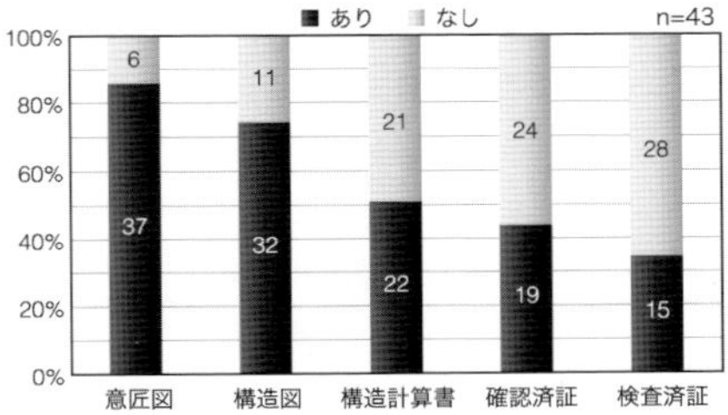

図8 設計図書および適法建物の証明書の有無

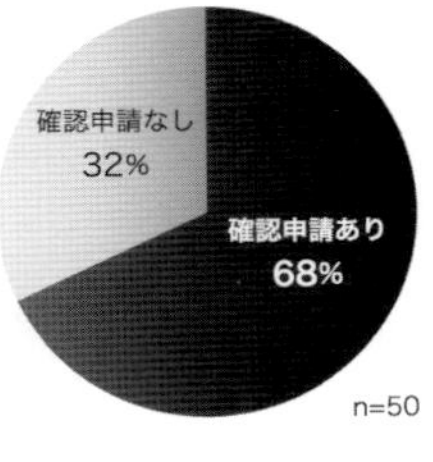

図9 改修時における確認申請の有無

類型	該当数	内容
既存遡及の回避	6	コスト的、技術的、時間的な制約により既存不適格事項を現行法規に適合させることが難しいため、確認申請が不要となる範囲での改修
自主的改修	5	大学内施設４件、自社ビル１件
検査済証なし	2	法的な制約で確認申請不可
所有の不変	1	施主に売却の意志がなく所有権が半永久的に変わらいため検査済証取得が不要
特殊建築物に該当しない範囲での改修	1	事務所から庁舎への用途変更
耐震改修計画の認定	1	耐震改修促進法８条３項の各号に適合していれば、行政庁の認定を受けられ、同時に確認済証が交付されたものとみなされる

表3 確認申請を行なわない理由

わかった。表6の事例3は、既存不適格の証明による容積率と日影規制の緩和及び新法（2003年）の天空率による緩和（図10）という2つの時代背景の異なる緩和を併用した法解釈をしており、新築時には集団規定でつくれなかったヴォリュームを付加している（図11）。事例5は、敷地分割によって2敷地間に生じた日影規制に対応できず、確認申請が必要な大規模改修に当たらないよう主要構造部の階段をあえて残している（図12）。

b. 床の積載荷重（表4: 0.23pt ／表5: 0.39pt'）

用途変更型および複合型でポイントが大きく、用途変更を伴う改修で問題となりやすい。事例13は耐震補強によって建物全体の積載荷重は適合可能であったが、店舗の2,900N/m²という基準では床スラブの一構面が構造規定を超過していた（図13）。そのような状況に対し、低層部分の全ての床にRCを増打するのは非効率なため、行政協議の末、テナントの特約事項に積載荷重の条件を入れることで了承を得て、実況に応じた対応を行なっている（令第85条第1項）。

c. 竪穴区画（表4: −0.18pt ／表5: 0.32pt'）

3層以上の竪穴には、竪穴区画が基本的に必要となる。竪穴区画が導入されたのは1969年なので、それ以前の建物では竪穴区画を設けていない場合があり、特に歴史的建造物では対応に困難が生じる。事例1は、大階段と広間が区画されておらず一体の空

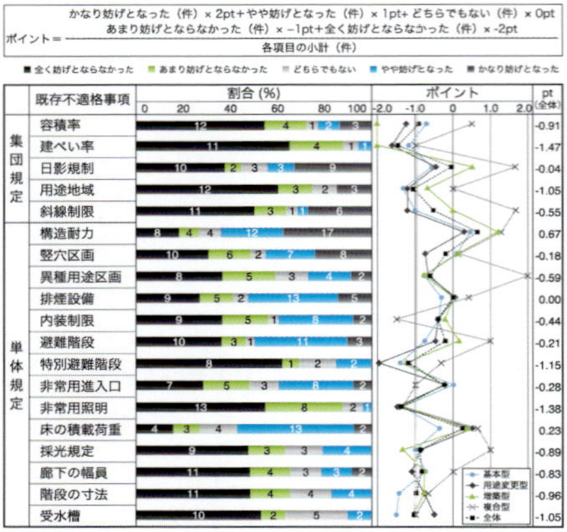

表4　既存不適格事項が改修設計に及ぼした影響度合い

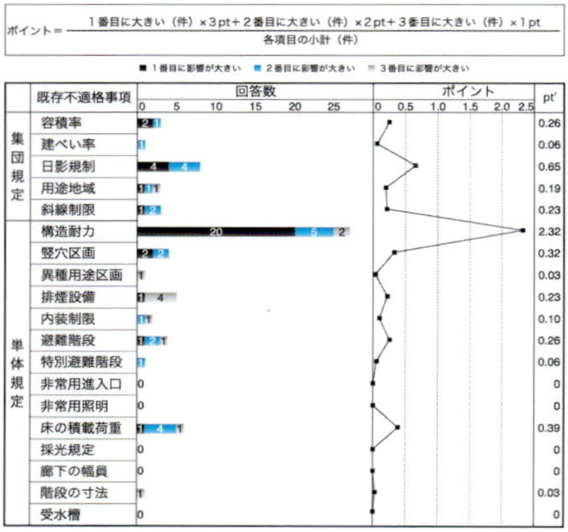

表5　改修設計に及ぼした影響が大きい既存不適格事項

改修タイプ		①基本型		②用途変更型		③増築型		④複合型	
ヒアリング事例番号		1	3	5	7	8	9	13	14
建物用途		倶楽部会館	共同住宅	寄宿舎→共同住宅	工場→庁舎	文化施設	百貨店	診療所→住宅・店舗	福祉施設→複合施設
既存竣工年／改修年		1920／2003	1971／2011	1926／2006	1970／2008	1955／2006	1961／2010	1972／2009	1975／2010
階数／延床面積		6階／8,612㎡	4階／254㎡	3階／768㎡	2階／18,518㎡	4階／6,702㎡	8階／22,498㎡	5階／1,445㎡	4階／3,972㎡
設計期間		16	6	21	4	8	6	9	17
既存不適格数		6	2	8	6	5	1	5	6
申請対応		大規模の模様替 増築	大規模の模様替 耐震改修促進法の認定	用途変更 工作物（EV、屋外階段）	大規模の模様替	増築	建築確認申請なし	大規模の模様替 用途変更、増築	大規模の模様替 用途変更、増築
集団規定	日影規制	商業地域のため対象外	天空率活用による制限緩和	敷地分割により生じた日影規制には適合不可のため、用途変更のみの申請対応	—	建築審査会を通して許可を得て確認申請提出	商業地域のため対象外	商業地域の建物に付加した増築部分が一部近隣商業地域となり対応の必要あり	建物全体に加え、増築部分のみでも規制内に収める必要あり
	用途地域	—	—	—	—	用途地域対象外の用途が一部あったが、建築審査会の許可を得て確認申請提出	—	—	既存不適格用途部分の1.2倍以内の増築(令137条7項2)
	斜線制限	—	—	—	—	北側斜線制限が抵触していたため屋上の工作物を除去	—	既存建物が抵触寸前のため増築計画に影響	道路斜線制限に規定されてできた独特の形態
単体規定	構造耐力	免震(時刻歴応答解析による大臣認定)	袖壁補強、EVコア新設	吹付コンクリートによるRC壁増打	外付フレーム工法	耐震壁増設、EVコア新設 アンダーピンニング工法	柱の座屈止め	袖壁補強	耐震壁増設、鉄骨ブレース
	竪穴区画	避難安全検証法を用いて竪穴区画の緩和（図17）	—	竪穴形成が必要な内部階段をつくらず屋外階段を設置	—	—	避難安全検証法を用いて階段の幅を整理し増床	階段室の区画に対して遡及	不燃材で対応(令112条9項1号の緩和規定)
	異種用途区画	防火戸を適切に配置	なし	耐力壁により区画を形成（一部事務所として使用）	なし	—	なし	延焼防止の袖壁を設置	特定防火設備を設置
	排煙設備	避難安全検証法を用いて大臣認定取得	—	窓の上部に開閉装置を設置して自然排煙で対応	開口部の欄間及びトップライト設置による自然排煙	排煙がなかったため機械排煙(外部経由ダクトあり)	既存の排煙設備を使用	ガラス部分に目立たない排煙設備(自然排煙)を設置	増築部分の吹抜に対し環境的な排煙設備を設置
	内装制限	木の練付による不燃化	—	—	不燃材により対応	スケルトンに戻したため問題なく対応	木のフローリングだが床から1.2m以下のため対象外	スケルトンに戻したため問題なく対応	—
	避難階段	—	外断熱の増厚分、避難階段の有効幅員が減少したため片持ちの手摺を設置	採算面から共用階段を内部に取り込み床面積が増にならない屋外階段を計画	—	既存の階段をそのまま使用	避難安全検証法を用いて、過去の増築で増えた階段を3箇所潰して平床に変更	RC階段を撤去し屋外鉄骨階段だけにすることで、積載荷重を大幅に減少	既存の階段をそのまま使用
	床の積載荷重	床スラブ及び梁に対し炭素繊維シート補強	—	—	—	—	—	用途変更に伴い積載荷重増だが、構造計算を行った上で行政協議完了	—
	廊下の幅員	—	—	—	間仕切り設置により発生	—	—	PSと柱を互い違いに配置し幅員1200mmを確保	—
	階段の寸法	—	—	—	寸法不適合及び機能性も満足できないため撤去・新設	—	—	—	寸法不適合及び機能性も満足できないため撤去・新設

表6　ヒアリング事例の既存不適格事項への対応（一部抜粋）　既存不適格を塗りつぶしで示す

間を形成しているが、全館避難安全検証法による防災性能評価（ルートC）を受けることで仕様規定では不適格となる空間を実現させ、当時の意匠性を保存可能にしている。

d. 避難階段（表4: −0.21pt ／表5: 0.26pt'）

RC造の避難階段を撤去し鉄骨階段に変更することで、積載荷重を大幅に減少することができる（事例13）。事例5は、既存建物の共用階段が避難階段の要件を満たしていなかったため住戸内部に組み入れ、新たに屋外階段を設置して対応している。その際に、床面積に算入されない条件を満たす屋外階段を計画し、法的な増築に該当させない工夫を行なっている。

e. 排煙設備（表4: 0.00pt ／表5: 0.23pt'）

排煙設備は自然排煙と機械排煙に大別できるが、機械排煙にすることで設備にかかわるコストは大幅に増加する。1955年竣工の事例8は、既存建物に排煙設備（1970年導入）がなかったため排煙ダクトの設置に支障があり、一部のダクトを建物内部ではなく外部を経由させて対応している。

4. 建築関連法規制への設計対応

4−1 法規制に対する対応度

ヒアリング事例を対象にした建築関連法規制への「法対応度（註3）」を図14に示す。竣工年が古く歴史的価値をもつ事例1と事例5で法対応度は高くなった。この理由として、既存建物の竣工年と改修年との間に度重ねて行なわれた法改正への遡及事項の多さが法対応の困難さを招いていると考えられる。

重要文化財は建築基準法の適用除外になるが、重文指定を受けることは容易ではない。文化財保護法で規定する登録有形文化財は設計料補助などの経済的なインセンティブはあるものの法的な免除や緩和が存在しないため、建築基準法の範疇で重文の下位に位置する建築物に対する中間的なレベルでの柔軟な法的緩和が望まれる。

4−2 法対応の分岐点

既存建物の検査済証および確認申請の有無は改修設計プロセスにおける法対応の分岐点ということができる（図15）。①が理想的な改修であり、検査済証が

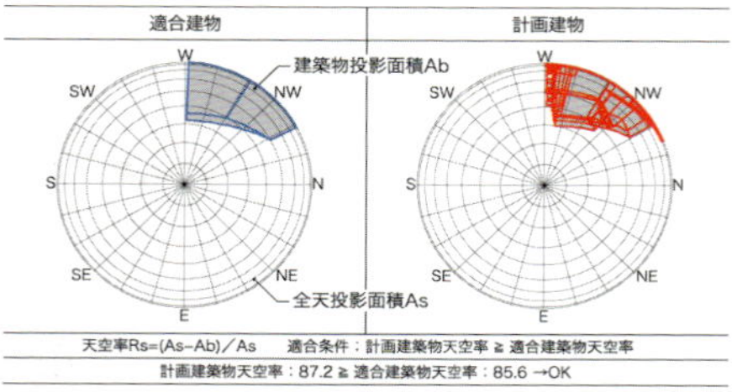

図10　天空率による検証（図版提供:青木茂建築工房）

図11　集団規定が既存不適格でも緩和を駆使して増築を実現した例（写真提供:イメージグラム）

図12　既存遡及を避け主要構造部の階段を残した例（写真提供：集工舎建築都市デザイン研究所）

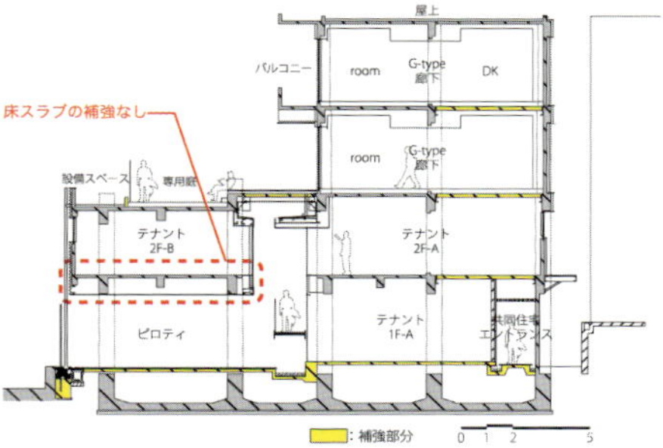

図13　実況に応じた対応により耐震補強を免れた例（図版提供：青木茂建築工房）

存在しなくても確認申請を行ない検査済証を取得することで法的な市場価値を向上させようとする②が多い。しかし、現行の法規制では③や④の状況を生んでしまうのも事実である。それらのケースは自主的改修や認定等を除き、最新の法適合よりも地震PML等による資産価値の指標を重視している。改修によって遵法性と安全性が確保されるならば、③や④の対応も現時点での資産価値を評価することによって既存ストックをより有効に活用できる1つの考え方と言える。

4−3 耐震性向上を伴う総合的改修の概念

物理的な劣化や社会的な陳腐化に伴い建物の性能は時間経過と共に減少するが、耐震性を含めたハード的側面の価値向上は性能を確保することによって解決可能である（図16）。それ以外に、総合的改修では既存不適格事項の法適合が求められ、法の遡及が契機となってハード面の刷新につながる場合もある一方で、法が制約となって工法選択などの技術的側面を抑制する場合もある。また、検査済証がない建物の場合、t1段階で検査済証を取得できれば不動産的な市場価値は向上し、法改正後のt2段階の際にも確認申請が必要な大規模な改修が可能となる。つまり、検査済証の取得は将来の改修を見込んだ時間軸で評価され、t1で法の遡及を避けることが絶対的な解決策とは限らず、特に将来的に売買の可能性がある民間建築物では時間軸を念頭に置いた改修計画が重要である。

5. 結

改修タイプを4つに分類し、定量的な指標を用いることで各々の特徴を整理でき、さらに価値向上の手法が異なることを明らかにした。また、改修の阻害因子として既存遡及を指摘し、既存不適格事項が与える影響を示し、具体的な対応を整理した。そして、時間スケールを踏まえた総合的改修の概念を示し、性能価値および法的価値を独立に考えるのではなく総合的に捉え、同時に価値向上を行なうことの重要性を示唆した。

現行法の水準に至らない既存建物の存在は新築との最大の相違点とも言える。ゆえに法の遵守という思考に陥りがちだが、建築基準法は最低基準を定めるため、設計者の判断でその基準に価値をプラスするように解釈され、ある目的を遂げるための手段として守られるべきである。また、法的な条文は概念的な規制なので、ある程度解釈に余裕が生まれないと既存ストックの改修は進まないと考える。

[謝辞]本研究への資料提供やアンケート調査およびヒアリング調査にご協力いただいた方々に御礼申し上げます。

[註]

註1）増築型の総工費および耐震補強費は1事例。

註2）既存不適格調書の提出により、確認申請に係る建築物を既存不適格建築物として取り扱う旨の技術的助言（平成21年9月1日）が発布されたが、検査済証等が存在しない場合は必要図書の準備も含め調書の提出は容易ではない。

註3）「法対応度」は、該当する既存不適格事項における表4の影響度pt（全体）を正の値にするため2.0を加えた補正ptの総和と設計期間の積とする。

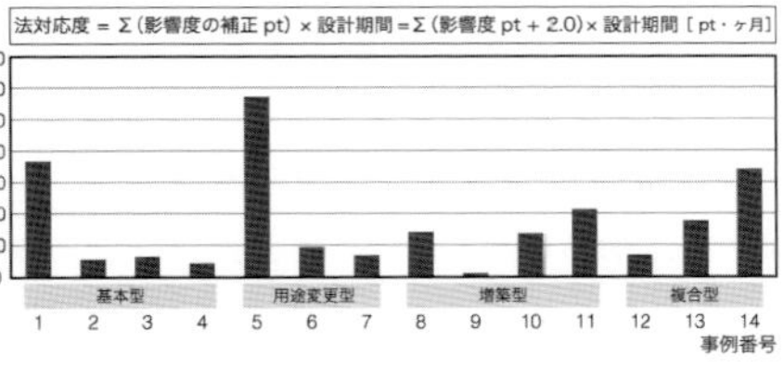

図14　建築関連法規制への対応度

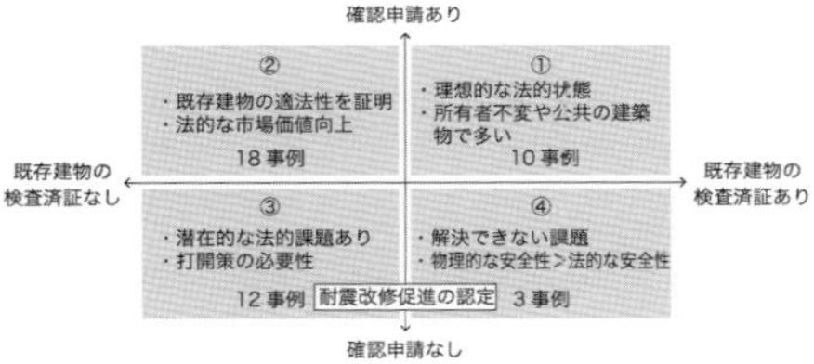

図15　検査済証と確認申請の有無から見た改修設計のタイプ

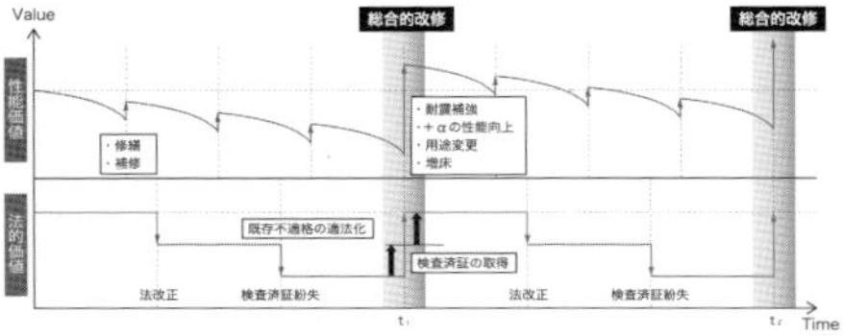

図16　耐震性向上を伴う総合的改修の概念

コメンテーター・コメント@公開討論会

金田：既存の法律をこういうふうに変えたらいいんじゃないかとか、こういう新しい法律があった方がこのような改修がより進むんじゃないか、というようなことは考えましたか?

大島：耐震改修促進法という法律がありますが、この法律はもう少し緩和した方がいいのではないかと思います。例えば、もともとあった既存躯体に外付けのフレームで補強している事例では、躯体から2.4m離してフレームを設け、そのすき間を床スラブでつないでいるものがあるのですが、このようなケースだと法的には増築扱いになってしまいます。その床部分は、太陽光発電、バルコニーや避難経路、1階の庇などに利用できるので、耐震性以外でも多くの機能を付加できると思うのですが、法的には増築になってしまうので、設計者としては選択しにくいというような意見があります。法的にこういうものを増築ではなく、新たな床として認めれば、補助金よりも施主にとってはインセンティブになると思います。それを建築基準法以外でもサポートするような緩和が必要かなと考えています。

倉方：私などは法的な側面などは一切考えず、リノベーション物件って面白いと言っているだけの野次馬ですが、その面白さの価値を正攻法で保証しようとしている。論文らしい、いい論文だと感じました。そのリノベーションの面白さの中には、確かに法的な規制をクリアするために、必要ないけれど残している部位などがある。そうした苦肉の策が、新築では生まれない空間の個性になっていたりする。言ってみれば、法の網を逆利用するゲリラ戦法なわけですが、それだけではますます厳格さを増す現代社会の中で、ともすればあだ花になってしまう危険性がありますよね。この論文は、そこをきちんと論理の力でフォローしていて、特に、リノベーションによって性能価値と法的価値の両方を向上できるという主張に力強さを感じました。改修の手を加えることで、今まで法的にグレーだった部分がクリアになって、より建物の寿命が延びる。そうしたアピールとして、ロングスパンで建物を捉えた時の金銭的なメリットが具体的に示せたら、もっと訴求力があるのではないかと思います。そういった価値の換算方法は、具体的にどういうものがあり得ると思いますか?

大島：例えば、民間の建築物でも、将来的に不動産の証券化やデューデリジェンスなどの対象となるような建物では、遵法性が非常に重要視されると思います。そういったテナントが入るようなビルでは、法的にきちんとこうしていますということを、何かしらの形でアピールできるような仕組みができれば、コストや賃料などにももちろん反映されると思いますね。

倉方：それをどのように市場価値に変換していくのか。それは制度の問題なのか、あるいは制度がなくてもアピールできるのか。そのような価値を組み込んだ方程式を立てられるといいですね。金田さんがおっしゃったように、根本的に法律を変えるということも考える必要がありますが、一方で、今の現行法の中でそういうことをより進めていくために、どういう変換公式が可能なのか。さらに、それをどのように市場価値にまでもっていくかというところが重要になってくると感じます。

大島：そうですね。極論を言ってしまえば、「新築」基準法とも揶揄される建築基準法以外に、改修のための法律が必要だというような設計者の意見ももちろんありますけれども、それはあまり現実的ではないと思います。このように現行法の中での対応を研究することによって、そのような価値を反映させられるような仕組みや社会システムのようなものが構築されていけば、今後、改修をしやすい環境が出来上がっていくのではないかと思っています。

ジンメル、ジェイコブズ、ルフェーブルにみる都市のイデア

1. はじめに

我々の眼前に立ち現れる建造物や人々の集合は、何をもって「都市」と呼ばれるのか、この本質的問いは重要である。都市計画家や建築家たちが提案する都市デザインのなかには、「かたち」のイメージが先行し、社会的現実に対して適合しないものがしばしばみられる。このような陥穽に陥ることなく、また「かたち」の議論を有意義なものとするために、「都市とは何か」ということが論じられるべきだろう。

本稿の目的は「都市とは何か」を理念的に捉えることにある。このために、都市論として重要と思われる文献をいくつか取り上げ、それらから都市の本質的要素を吟味することを試みる。

本稿は水口憲人の『都市という主題』を足掛かりとしている。水口は宮本憲一による都市の要素の分類を通じて、都市の3つの要素を措定しているが（註1）、我々は図1のようにそれらに修正を加え、都市論を解読していくための作業仮説とする。

これらに基づき、水口が特に注目する都市論者で

Interview

Q:トウキョウ建築コレクションに参加しての感想

異分野を横断的に議論することによって自分の研究の位置づけや課題などが浮き彫りになり、とても有意義な企画だったと思います。学内の公聴会だけでは味わえないようなエキサイティングな時間でした。

Q:大学や大学院での活動や研究内容

専門は建築論ですが、「京都建築スクール」という、他校との合同設計スタジオへの参加を通じて建築設計や都市デザインへの提案も行なっています。私の修士論文は「都市とは何か」をテーマとしました。

Q:修士修了後の進路や展望

建築設計事務所（組織）に就職します。実務に尽力しながら、都市を見る学術的な視点も引き続き大切にしていきたいと考えています。

Name:
梶 隼平
Junpei Kaji
University:
京都大学大学院
工学研究科　建築学専攻
田路貴浩研究室

あるゲオルク・ジンメル、ジェイン・ジェイコブズ、アンリ・ルフェーブルの論考を取り上げ、批判的に考察する。そして、得られた知見をもとに作業仮説を見直し、都市の要素を再提示する(図2、図3)。

2. ジンメルの都市論

ジンメルは、近代都市の都市生活の特徴を明らかにするために、そこで重要な役割を担う貨幣経済に着目し、交換と価値について考察を行なっている。

ジンメルによれば、貨幣経済と悟性は「人間と事物の取り扱いにおける純粋な没主観性」を共有しているという(註2)。貨幣は事物間の交換価値のみを求め、それ以外のいっさいの個別性を平準化し、量の問題へと還元する。同様に悟性は時間厳守、計算可能性、精密性の生活への押し付けを通じて個別性の平準化を促す。しかしその反動として、「質的な唯一性と代替不可能性」もまた個人の価値として希求されるに至る(註3)。さらに都市に特有の冷淡な態度は、逆に周囲の人間からの個人の独立を促し、自由を実現する。都市は個別性を平準化させる一方で、特殊な個性の発露や自由を発達させる舞台となるのである(註4)。

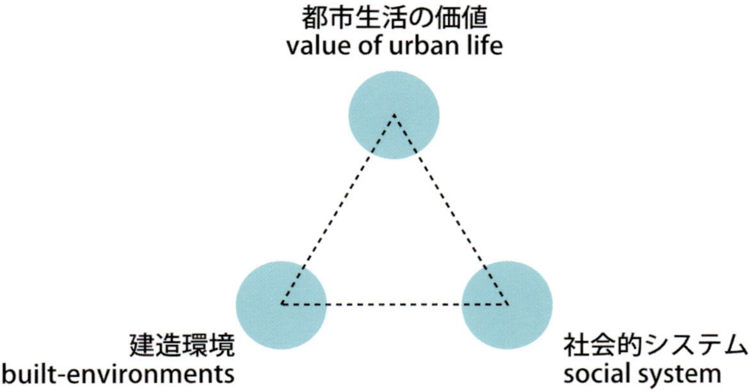

水口による都市の要素	本稿の作業仮説
「アーバン」:社会経済的都市	建造環境
「シティ」:社会的権力	社会的システム
「アーバニズム」:都市的生活様式	都市生活の価値

図1　都市論を解読するための作業仮説

ジンメル	『貨幣の哲学』(1900) 「大都市と精神生活」(1903)
ジェイコブズ	『アメリカ大都市の死と生』(1961) 『都市の原理』(1969)
ルフェーブル	『都市への権利』(1968) 『空間の生産』(1974)

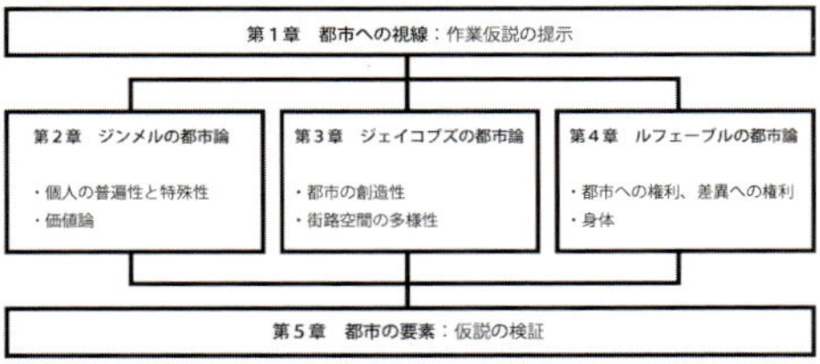

図2　主要な対象文献(左)と論文のアウトライン(右)

このような都市の性質は、貨幣の非人格性によるものであった。ジンメルによれば、人々は原初的には主体と客体の間の距離において事物の価値を形成するのであるが、より実践的には他者との交換によって価値の大きさを獲得する（註5）。交換は、複数の主観が関係するという意味で超主観的であり、事物が相互に関係するという意味で超客観的である。したがって交換が生む価値は、主観・客観を超えた特殊なカテゴリーへと組み込まれるのである。

貨幣とは客体の交換にみられる相互関係の表現、つまり関係性そのものであり、それゆえ貨幣自体は無個性かつ価値不変である。これらの性質によって貨幣はあらゆる経済的価値を代替し、諸商品の相互の価値関係の変化に適切かつ柔軟な表現を提供することができる。

以上のようなジンメルの論述は、我々の作業仮説に基づいて次のように整理することができる。貨幣は事物と人間あるいは人間のあいだの諸関係を平準化し計量化する《社会的システム》である。そこではいっさいの関係は交換可能性へと還元されてしまう。しかしこのことは逆に個性や自由を際立たせ、そのような《都市生活の価値》の舞台となるのである。

3. ジェイコブズの都市論

次に、交易の場所としての都市に注目したジェイコブズの都市論を考察する。

ジェイコブズは、「初めに都市ありき」という仮説を打ち出すことによって「初めに農業ありき」という説が見落としてきた都市の可能性や意義を拾い上げようとする。ジェイコブズは架空の古代都市「ニュー・オブシディアン」の発生を推論することにより、都市が交易によって農業を生み出す過程を描き出し、創造的な都市の条件を見い出そうとする。ジェイコブズによれば、「都市は、多くの新しい仕事が古い仕事に追加される集落であり、この新しい仕事が都市の分業を増大させ、多様化させる」のである（註6）。分業は単に労働の合理化のための仕組みであるだけでなく、新しい仕事の源泉ともなる。また、外部の都市との交易によってもたらされる都市の創造性を、輸出乗数効果と輸入置換という2つの過程を用いて説明し、多様な

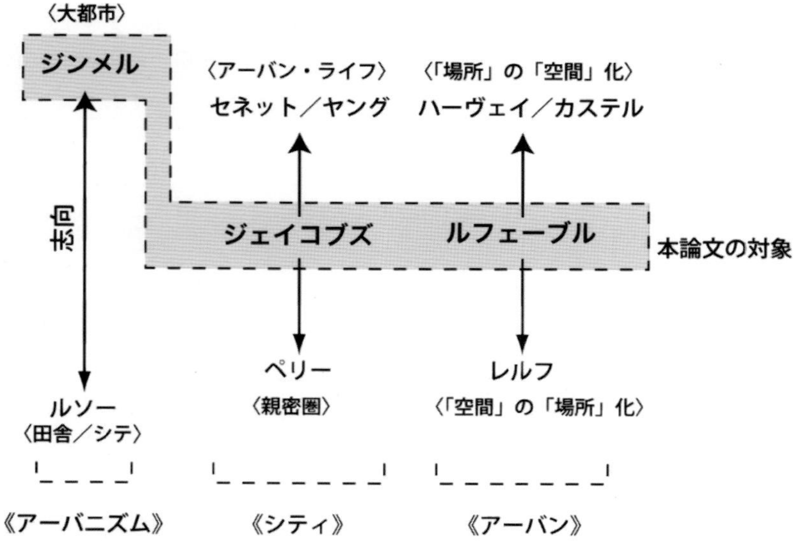

図3　水口による都市論者の布置と本研究の対象の選定

異業種の集積という非能率性は逆に創造性を育む要因として評価されている。

ジェイコブズは「近隣」という語を都市全体、中規模地区、街路という3つの規模に適用するが、なかでも中規模地区における近隣が重要であると考えている。なぜなら、中規模地区近隣では、幅広い人脈をもつ「公人 public character」を介した地区間ネットワークによって、人々の移動性や都市機能の利用や選択に関する流動性が高まるからである（註7）。ジェイコブズのいう近隣はコミュニティという語と類似している。しかし、「近隣が自己完結的または内向的な単位だという理念をすべて捨て去る必要がある」と述べているように（註8）、クラレンス・ペリーのいう「親密圏」とは一線を画している。

以上をまとめると、ジェイコブズは交易を都市の原初的機能とみなし、交易から産業が生成する《社会的システム》のあり方を析出し、交易が多様性を生み、多様性は創造性という《価値》を生み出すことを見い出した。また多様性は街路空間を中心とする近隣の《価値》でもあって、それを街路の《建造環境》へと捉え返し、物理的な多様性の条件をも提示したのである。ジェイコブズがいう「都市の創造性」と「街路の多様性」とは、視野の大きさの違いからそれぞれ引き出されるものであるが、両者とも、そこにはカテゴリー横断的な多中心ネットワークという《社会的システム》が見い出される。このように、創造性と多様性は相補的な関係として捉えられていた。

4. ルフェーブルの都市論

最後に、都市空間の生産に注目してルフェーブルの都市論を考察する。

ルフェーブルは、物的空間と心的空間の二元論にたいする第三項を求めて、全体を弁証法的にまとめあげようとする（空間の三元弁証法）。こうしてルフェーブルは図4のような空間認識の枠組みを措定した（註9）。

ルフェーブルはシステムによる都市空間の支配を批判する。工業化や商品概念の浸透とともに、都市における支配構造が強固になり、「中枢—周辺」が分離する。「周辺」では労働や「住まうこと」の疎外が進行し、人々の社会生活への参与が妨げられる（註10）。知と権力の支配によって〈空間の表象〉が〈表象の空間〉に優越し、〈空間的実践〉は抽象空間の支配するところとなる。このような優越のもとでは、さまざまな差異が捨象され、反復性が固有性を凌駕し、都市の作品性が消失してしまう（註11）。そこでルフェーブルは〈表象の空間〉からのはたらきかけをうったえ、その主体として、空間に痕跡を刻みつけ「領有」する生身の人間＝「身体」を重要視している（註12）。

以上をまとめると、ルフェーブルは、《社会的システム》が投影された都市空間という《建造環境》へのまなざしを通じて、「生きられる都市」という《価値》を見い出したといえよう。そして〈空間的実践〉、〈空間の表象〉、〈表象の空間〉の動的な統一とそのバランスを保つために、「生きられる経験」としての《表象の空間》からのはたらきかけとして、「都市への権利」や「差異への権利」を主張し、ユーザーたちを沈黙から覚醒させようとした。我々は、そういったテーゼのみならず、「身体」を都市における重要な要素の1つとして、ルフェーブルの都市論・空間論に見い出すことができる。

〈空間的実践〉	知覚される空間
〈空間の表象〉	思考される空間
〈表象の空間〉	「生きられる経験」としての空間

図4　ルフェーブルによる空間認識の枠組み

5. 都市の要素

前章までにみた3者の都市論をふまえ、作業仮説とした都市の3要素《建造環境》、《社会的システム》、《都市生活の価値》を検証し、本研究の成果としての都市の要素を再提示する。

5-1. 第四、第五の要素

ジンメルの価値論や、ジェイコブズの都市の起源論から、「互いに異質なものを交換する」という都市の本質的要素が見い出された。ここでいう交換とは、物だけでなく言語や情報のコミュニケーションを含め、広く相互作用的行為一般を指すと考えてよいだろう。したがって《交換―行為》は都市の要素の1つに加えられるべきだろう。

ルフェーブルの都市論で論じられた「身体」とは、単に空間を占める物理的な意味にとどまらず、生身の人間を指している。また、「住まうこと」や「空間に痕跡を残す」といったルフェーブルの言葉が示唆するように、身体の存在論的な位置づけが求められてもいる。それは個人的、集合的であり、かつ歴史的であるといえるだろう。こうした《身体的実存》も都市の基本的要素と考えることができる。

5-2. 諸要素とその関係性

以上より、作業仮説に2つの要素を付け加えると、都市の基本要素は《都市生活の価値》、《建造環境》、《社会的システム》、《交換―行為》、《身体的実存》の5つとなる。これらの関係性について考察する。

まず、《建造環境》、《社会的システム》、《身体的実存》の3要素、すなわち事物とシステムと人間は都

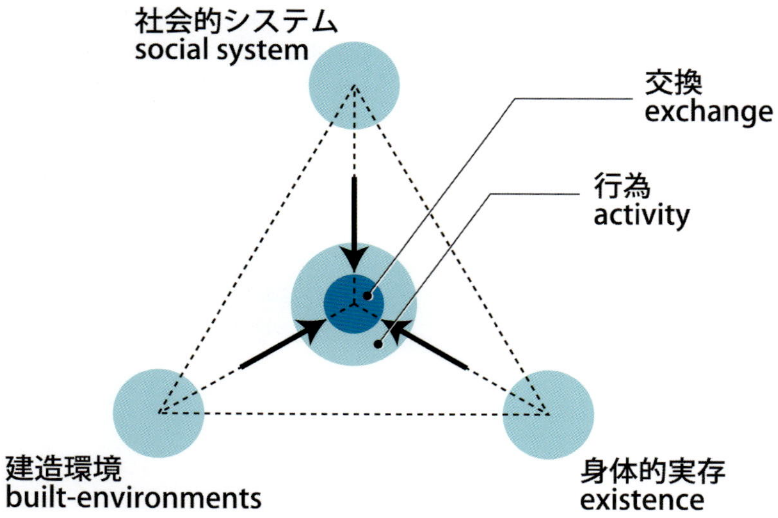

図5　交換の凝集力

市の基盤をなしている。そしてこれらの要素を1つの場所に凝集する力が交換だと考えられる。もし交換がなければ、これらの要素はばらばらに散逸してしまうだろう。広く行為一般のなかでも、身体的・物的交換は、都市の本質的活動といえるのである(図5)。

最後に、《都市生活の価値》の優越性を指摘することができる。《価値》のはたらきは、志向性を与えることである。したがって、都市の本質的現象である《交換》は個性化や自由、創造性や多様性などの《価値》へと向けられていて、交換と価値は都市のイデアの垂直中心軸をなしている。また、都市の基盤をなす3つの要素も都市の《価値》を志向し、それによって制御される。《建造環境》は法規や政策に則ってつくられ、《社会的システム》のあり方は政治・経済的な価値を反映する。《身体的実存》はさまざまな他者の価値体系が潜勢する世界において自らを定位しなければならない(図6)。

5-3. 三者の都市論の比較考察

本稿で取り上げたジンメル、ジェイコブズ、ルフェーブルの都市論を、提示された都市の諸要素の連関のなかに捉え返す試みがなされた。3者の諸要素の扱い方の違いもさることながら、年代が新しくなるにつれ、都市をより多面的に捉えるようになっていることが分かる。ルフェーブルにいたっては、ほとんど全一的な都市・空間論を論じようとしたことがうかがえる(図7〜9)。

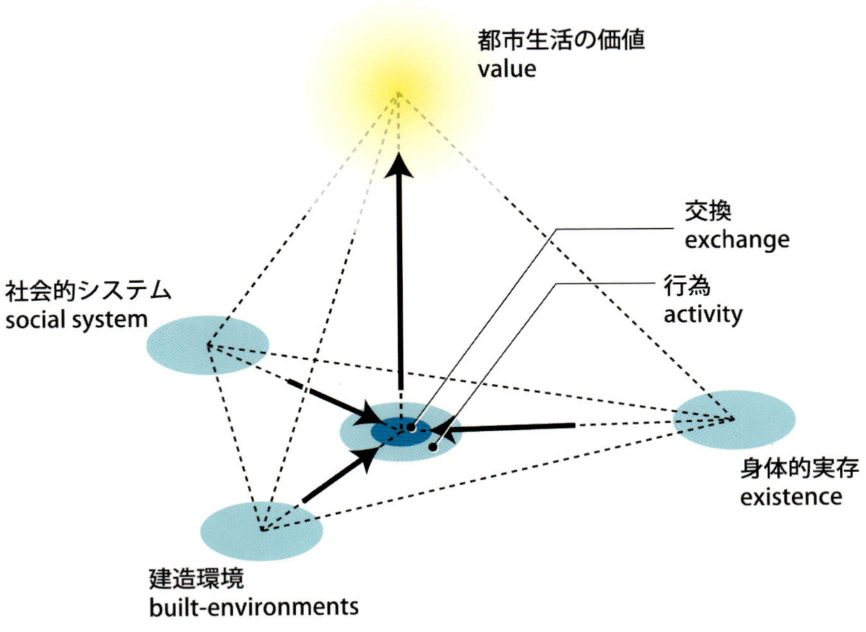

図6　都市の諸要素とその関係

6. 結

以上の考察を通して、都市の基本要素とその関係性が提示され、「都市とは何か」という問いに対する1つの解答を得ることができた。《交換》のもつ凝集性と価値創造性を介して《都市生活の価値》は更新され多様化する。我々はその《価値》を問い続け、より実践的な《建造環境》や《社会的システム》の生産へとフィードバックさせていくことが必要である。

提示された都市の要素は、これ自体がひとつの仮説の域を出ない。したがって、今後さらなる研究によって批判・発展させていくことが課題となる。また、本稿で扱ったのは、工業化時代の都市論であって、現代都市に捉え直したときにどこまで有効な議論となり得るのか、本稿の成果の妥当性を検証していく必要があろう。

[註]

1) 宮本は「集中と集積」、「社会的分業」、「市場」、「交通」、「都市的生活様式」、「社会的権力」という6つの都市の要素を措定している。(宮本憲一著、『都市生活の思想と現実』、有斐閣、1999)
2) G.ジンメル、居安正訳、「大都市と精神生活」、p.269 (所収『ジンメル著作集12　橋と扉』、白水社、1976)
3) 前掲書、p.284
4) 前掲書、p.285
5) G.ジンメル、居安正訳、『貨幣の哲学』、p.39、白水社、1999
6) J.ジェイコブズ、中江利忠・加賀谷洋一訳、『都市の原理』、p.144、鹿島出版会、2011
7) J.ジェイコブズ、山形浩生訳、『アメリカ大都市の死と生』、p.86、鹿島出版会、2010
8) 前掲書、p.12
9) H.ルフェーブル、齋藤日出治訳、『空間の生産』、p.75、青木書店、2000
10) H.ルフェーブル、森本和夫訳、『都市への権利』、p.30、筑摩叢書、1969
11) 前掲書、p.12
12) H.ルフェーブル、齋藤日出治訳、『空間の生産』、p.258-259、青木書店、2000

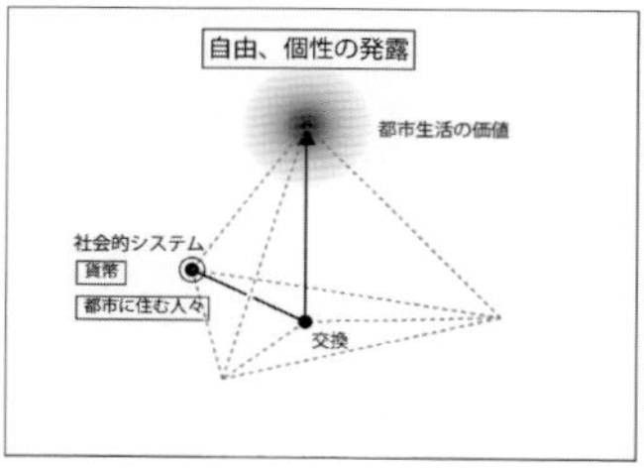

図7　ジンメル「大都市と精神生活」

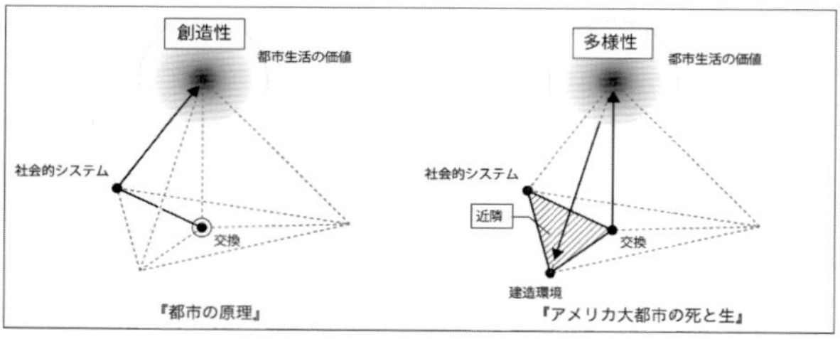

図8　ジェイコブズの都市論

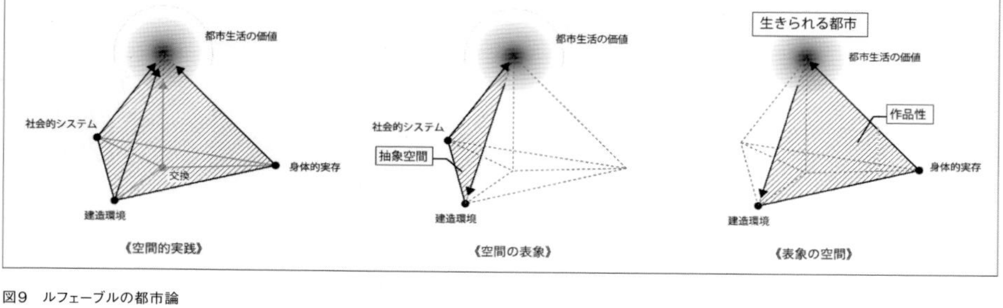

図9　ルフェーブルの都市論

中島：初めは水口さんの視点から入ったのだけれども、それでは足りないということで、自ら新しい2つの要素を付け加えて、都市の概念を立体化したわけですよね。追加したのは、《交換―行為》と《身体的実存》だから、ある種、人間。やはり、人間的要素が都市の定義にはあるのではないかと。2つの議論の方向性がありそうで、1つは、現実の都市に対するどのような問題意識からこれが始まっているのかということを聞いておきたい。もう1つは、この研究の根本には都市の本質を考えるということがあると思いますが、本当にこういう定義ができるものなのか。都市と農村の関係もありますが、もう少し柔らかい相対的な定義というものもあり得るわけですよね。都市の本質の定義というものが、そもそも妥当なのかどうか。それをまず確認しておきたい。

梶：まず、最初の質問についてですが、近代以降の計画家や建築家による都市のかたち、都市デザインの提案の中には、かたちとしてのイメージが先行して、社会的現実に対して適合していない場合もあります。建築家や計画家というのは、かたちの創造を通して、都市にアプローチする。でも、そのかたちを生み出すまでには理念が必要だと思っていて、都市の中に建築物を挿入するということであれば、都市とは何をもって都市と呼ばれるのか、ということを明らかにしておかなければならないのではないか。そうした問題意識があります。次に、都市の本質の問題に関してですが、都市と一口に言っても、現代の都市と中世の都市はまったく状況が異なっていますし、現代の都市ではそもそも都市という言葉が妥当かどうかも怪しい。例えば、密度がどんどん薄くなって、拡散へ向かっていく地方都市と、東京のようなすごく集中している都市を、画一的に都市という1つの言葉で呼んでいいのか。地方都市というのは都市ではないのかもしれない。都市と農村は、グラデーション的に移り変わっていくものかもしれませんが、どこかにその線引きがあるのではないかと思っています。だとすれば、古代、中世から続く都市、近代の都市、現代の都市に合致するような都市のあり方、本質というものがあるのではないか。それを析出することが、今後の都市問題、都市論を語る上での1つの指針になるのではないかというふうに考えています。

中島：ジンメルであれ、ジェイコブズであれ、ルフェーブルであれ、彼らはもちろん理論をしゃべりますが、根本には具体的な都市からの発想があると思うんです。例えば、ジンメルは主にベルリンから都市を抽出しているはずですよね。そういうことを意識しているかどうか。この3人は一体何を想像しながらこの理論をつくっていたかということを注意しないといけない。では、日本の都市ならば、どういうことを考えていくとこれらとは違う本質が見えてくるのか。日本の地方都市を考える以前に、もっとそこを注意しながら議論を組み立てた方が良いんじゃないかというのが私の感想です。でも、都市を見る時の視角を与えてくれたという意味で、非常に面白い論文だと思います。君のつくってくれた枠組みで、代官山でも見てみようかなという感じにさせられました。

大月：都市の本質について、あなたが3者を読み比べていって、交換が重要だということにたどり着いたわけですよね。でも、例えば文化人類学を始めたマリノフスキーや、その後のレヴィ＝ストロースなんかは、文明に関係のなさそうなめちゃくちゃ田舎の人類を見に行って、交換が大事だって言ってたわけです。同じ交換でもものすごく隔たりがあるように思えます。3つの都市論を読んで、都市の本質に迫るというのは、まっとうな手法かもしれないけれど、一方で都市ではないところから攻めていくということもやっておかないといけない。都市にはこれが大事だと言っておいて、ふと振り返ると、あっ、田舎でもあった、みたいな話になりかねない。こういう抽象的なことを扱う時には、その辺をおさえておいて、最初に戦略をちゃんと説明しないといけないかなと思いました。

ネオ高齢者によるアーバニズム

お年寄りで賑わう巣鴨地蔵通り商店街

0. 研究背景・主旨

人口構造の急速な高齢化により世界でも類を見ない長寿国となった日本において、医療・介護福祉に関する政策や民間主導の取り組みが急務となっている。一方で、団塊世代の大量退職やインフラ整備等により、自立し活動的な都市生活を送る高齢者が増加していることも事実である。高齢者の生活は多様なものと変化し、65歳以上＝高齢者という一律の定義を再度見直す必要がある。本研究では、自立した都市生活を送る高齢者を「ネオ高齢者（neo-aged）」と定義

Interview

Q:トウキョウ建築コレクションに参加しての感想
執筆過程で感じていた問題意識を学外に発信する機会をいただき、いろいろな研究分野の方と議論し合える本当によいイベントで、有意義なひとときでした。この場を提供してくれたすべての方々に感謝です。

Q:大学や大学院での活動や研究内容
建築計画系の研究室に所属し、設計・研究に限らず、インスタレーションの企画・施工など多岐にわたる建築の可能性を考える機会があり、広く社会全体への問題意識をもつきっかけになりました。

Q:修士修了後の進路や展望
広告会社に勤務しています。

Name:
河野泰教
Yasunori Kono

University:
新潟大学大学院
自然科学研究科　環境科学専攻
建築学コース　岩佐明彦研究室

し、この世代に着目する。

ネオ高齢者の特性として身体面での活動力と高い経済力等による生活様式が挙げられ、世代人口ボリュームの大きさからも、社会環境や都市形成に多大な影響力をもつ世代と考えられる。ネオ高齢者の増加拡大に伴う都市の変質を明らかにすることを本研究の主旨とし、今後の都市環境デザインに資するものとする。調査対象として、ネオ高齢者の生活様式が顕著に表れる3事例に着目し、都市の変質を考察しているが、本稿ではそのうち2事例について触れる。

1. ネオ高齢者を取り巻く環境

1-1. 急速な高齢化とネオ高齢者

2010年時点で日本の高齢化率は23.1%に達し、先進国一の高水準となった(『平成23年版高齢社会白書』内閣府)。推定では2020年に29.2%、2050年に39.6%まで上昇すると見込まれている(『日本の将来推計人口』国立社会保障・人口問題研究所、2006)。一方で、日本の人口構造の特徴として団塊世代が存在し、この世代の高齢人口への加入が直近の急速な高齢化の一因となる。この若い世代に加えて、長寿命化やインフラ整備により、年齢問わず自立した都市生活が可能となり、介護・福祉といった一義的なイメージからかけ離れたネオ高齢者の増加に拍車がかかると推察される(図1)。

1-2. マス世代としての社会への影響力

ネオ高齢者は身体上の特徴以外に高い経済力が挙げられ、個人金融資産に占める高齢世代の割合は非常に高い水準となっている。この経済力に伴い、社会資本整備への強い影響力をもつ世代であると指摘できる。また、選挙における高い投票率からは政策への影響力も指摘でき、実際に高齢者関連の政策が現代政治の潮流となっていることがうかがえる。このネオ高齢者世代が1つの世代定義となりうる人口規模へと増大することで、社会環境や都市形成に多大な影響を与えることが推察できる。

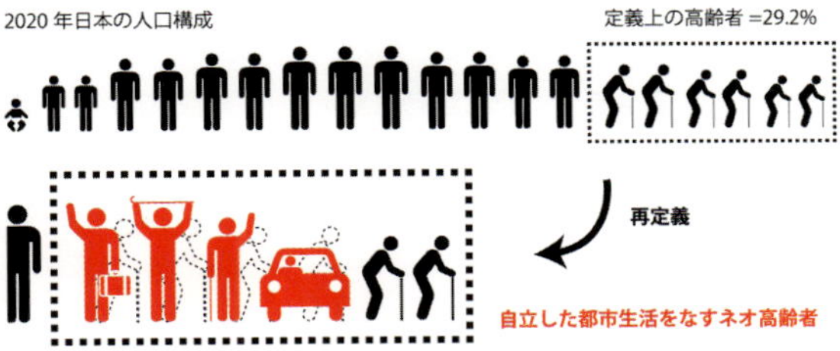

図1　従来の高齢者定義を再考する　筆者作成

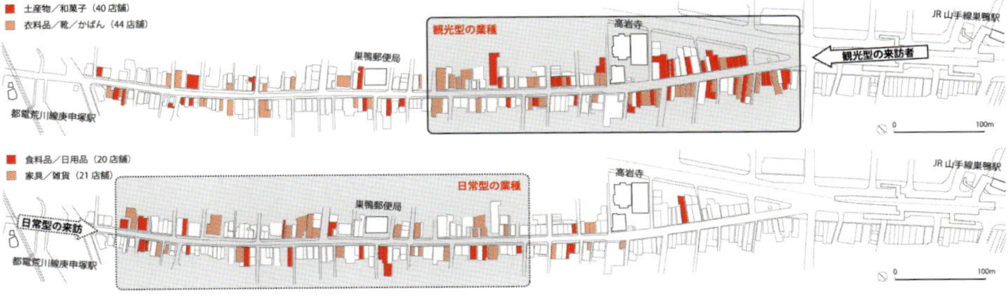

図2 地蔵通り商店街の業種分布
上:土産物・衣料品
下:日用品・家具雑貨
筆者作成

1-3. アーバニズムの定義と本論の視点

米国の社会学者ルイス・ワースによると、アーバニズムとは都市における特徴的集団生活様式であり、都市変質の発見であるとしている(註1)。その後、アンリ・ルフェーブルらによって、アーバニズムは資本主義と関連づけて体系的に論じられることになり、さまざまな社会背景によるアーバニズムが提唱されてきた。本研究で扱う社会背景は高齢社会であり、特に都市空間の変質と関連性の高いネオ高齢者の生活様式に着目している。

また、本研究で都市変質を考察する要素として、ネオ高齢者の行為やコミュニティ形成等の生活様式、交通インフラや商業施設等の都市を中心に、調査方法としては実踏調査を基本とし、都市における現象からの考察を行なった。

2. 都市型商業地域とネオ高齢者

本章では、ネオ高齢者の特徴として挙げられる購買行動が顕著に現れる都市の事例として、東京都豊島区巣鴨地区に着目した。

2-1. 公共交通の中州とシルバーパス利用圏域

商業施設のひとつとして巣鴨地蔵通り商店街が挙げられる。JR線・都営線等公共路線に囲まれた立地となっており、とげぬき地蔵尊を核とした都市型商業地域として、ネオ高齢者を受け入れる環境が潜在的に備わった地域と言える。

都営路線では2000年より70歳以上の都民を対象とした「東京都シルバーパス」を発行しており、商店街を取り巻く3路線で利用可能となる。ネオ高齢者の購買行動の背景に交通インフラの変質が指摘できる。また、シルバーパス利用圏域による来訪者の二極化が指摘でき、巣鴨駅側からは商店街や高岩寺への参拝が中心で、東京都民以外にも各地からの来訪者が多く、観光的な利用が多い。一方で、庚申塚駅側からの来訪者には日用品の買い物や高岩寺の定期的な参拝など日常的な利用が多く見られた。

2-2. 身体スケールでの都市空間整備

地蔵通り商店街では、平日午後や休日を中心に歩行者天国を実施している。高岩寺が巣鴨に移転して以来急増した高齢来訪者により、自動車との共存が難しくなったことが要因として挙げられる。可動式の車止めを設置し自動車の進入を阻止しており、宅配作業にも自転車が用いられていた。施設内空間に着目すると、駅構内や商店街に隣接した大規模小売店で低速エスカレーターの設置が見られた。公共施設だけでなく商業施設での整備から、都市型商業地域における高齢者の購買行動を想定した商業原理での空間整備が指摘できる。

2-3. 点在する休憩空間と購買行動との相関

地蔵通り商店街では、店舗前や通路空間でのベンチ設置が随所に見られた。高齢者は移動時の休憩や友人同士の会話時にベンチを活用し、休日や縁日の際は、巣鴨郵便局の植込みも腰掛けとして活用している。ネオ高齢者の購買行動と休憩空間整備との相関が指摘できる。

2-4. 業種に見る二極化(図2)

商店街の業種別分布に着目すると、巣鴨駅側入口から高岩寺にかけての東側で土産物・衣料品等の観光利用が想定される業種が集中する。一方、庚申塚駅側入口から巣鴨郵便局にかけての西側に日用品・家具雑貨等の日常生活で多用される業種が集中し、高齢者向けカラオケ店などの業態が確認できる。商店街東西の店舗で、観光型と日常型の二極化が確認でき、さらに前述のシルバーパス利用圏域による来訪者属性との対応関係が指摘できる。

2-5. 掲示物に見る高齢者イメージ(図3)

看板やサイン計画にも高齢者を意識したデザインが見られる。消費者被害防止のサインが顕著に見られ、ラッピングバスや信用金庫のファサードを利用した呼びかけも行なっている。駅構内のサイン計画では、従来のサインに付加する形で、大型のサイン計画が施されている。また、看板・サインの字体として毛筆体である「江戸文字」が多用されている。高齢者の趣向に関するステレオタイプが強く反映されていることが推察される。巣鴨では商業施設や交通環境だけでなく、都市の表層部においてもネオ高齢者による変質がうかがえる。

3. 米国リタイアメントコミュニティとネオ高齢者

本章では、米国で拡大するリタイアメントコミュニティの事例として、The Villages地区に着目する。The Villagesはフロリダ州に位置するCDP（Census-Designated Place＝行政組織をもたない自治体）で、入居条件は55歳以上を含む世帯、平均年齢が65歳の高齢者中心の人口構成をもつ都市と言える。住民の大半はレクリエーション中心の活動的な生活様式をもち、ネオ高齢者による都市形成の事例として、考察する意義があると考えられる。

3-1. ゴルフカートの日常利用（図4）

住民の多くがゴルフカート（以下GC）を所有しており、ゴルフ場での利用に留まらず、買い物等日常生活での利用が確認できた。地域内では、一般道路と並行してGC専用レーンが整備されており、自動車と共存する箇所においてはGCへの配慮を促す道路標識が見受けられた。さらに、幹線沿いの商業施設には専用駐車スペースが設置されており、日常生活におけるGC利用を前提とした交通インフラ整備が行なわれている。

3-2. コミュニティをつなぐ道路網

前述の通り主要交通手段はGC又は自動車であり、これに伴い地域内には道路が網のように張り巡らされている。また、道路の規模や用途に着目すると3種類の性質が指摘できる（図5）。「幹線道路」は東西を

図3 都市表層部の変質
上:消費者被害防止ファサード
下:都営三田線巣鴨駅のサイン
筆者撮影

図4 The Villagesにおけるゴルフカート
上:日常生活での利用の様子
筆者撮影
中:専用レーン（Google Mapsをもとに筆者作成）
下:商業施設における専用駐車場
筆者撮影

はしる国道州道などで、都市間を結ぶ公的な特性上GC専用レーンは整備されていない。一方、幹線沿いには商業施設や病院等の大型施設が多く、GC専用駐車場が設置されている。「周回道路」は主に幹線道路から生活道路への経由に利用され、通過交通や方向転換に特化した道路と言える。この性質上、円形交差点が点在し、通過交通と生活動線の分配を行なっていた。「生活道路」は住宅地や中心市街地にアクセスする道路であり、日常生活により近い性質をもつ。自動車とGC中心の都市が形成されていることがうかがえる。

3-3. 商業施設

地域内の商業施設は、主に2つの中心市街地と点在するショッピングモール（以下SM）で構成されている。中心市街地はそれぞれ特定の街を模したテーマパーク的な開発コンセプトをもち、湖の畔という立地を活かし再現された港町、建物外観を中心にスペイン南西部を模した街がつくられた。前章で述べた巣鴨における江戸文字の看板同様、市街地のテーマ性は高齢者の趣向に関するステレオタイプを反映したものと推察される。業種は、映画館や周遊船があるテーマパーク的側面をもつ一方で、小さな飲食店や衣料品店、フランチャイズ店舗も多く参入しており日常的な商業施設とも言える。また、市街地の周辺は駐車場が整備されており、地域内からGCや自動車での来訪を前提に市街地が開発されている。幹線沿いのSMでは、大型小売店舗を中心とした複合施設に広大な駐車場を保有し、地域外からの利用も見られる。各店舗で電動ショッピングカートの設置が見られ、店員の年齢層は比較的高い。また、モール区画内には医療施設も立地し、SMが日常生活を担う存在であると推察される。また前述の道路網の整備と関連して、住民の生活範囲の広さが指摘できる。

3-4. 成長拡大する都市開発

The Villagesの都市開発は現在も進行中で、地域はさらに成長拡大を続けており、航空写真からも宅地開発が進む現況が見て取れる。開発面積の推移に着目すると（図6）、1984年までの開発地に増殖する形で急速に土地の造成が行なわれている。急速な成長を遂げるThe Villagesの面積は行政区規模にも及

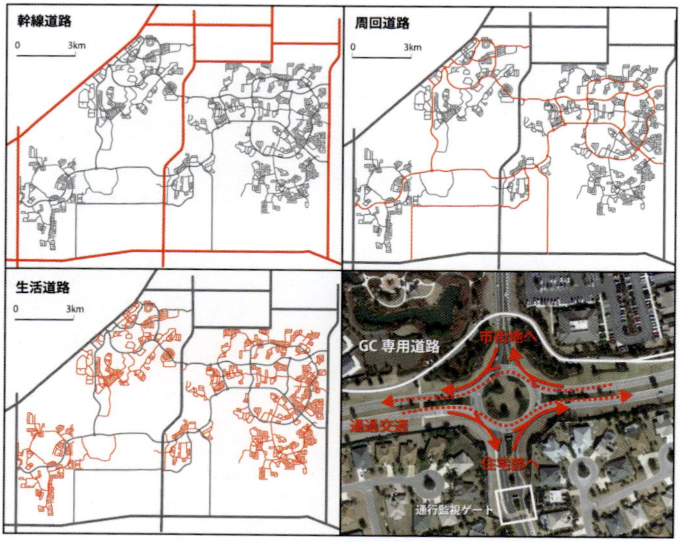

図5 コミュニティをつなぐ道路網（Google Mapsをもとに筆者作成）

び、単一の都市開発では米国最大となっている。また、地域内の人口推移に着目すると、1990年時点で7,114人だった人口は、2000年以降の住宅建設により急増し、2017年で10万人に達すると見込まれている。このことからも、The Villagesが単なる高齢者施設の集合体ではなく、大規模な人口ボリュームのネオ高齢者を集結させることで、行政区規模の新たな都市が創造されていることが指摘できる。

3-5. 住民と来訪者への情報発信

開発関係者への聞き取りによると、The VillagesではSales & Information Centerという管理事務所を設け、開発計画や住民へのサービスを提供している。さらに来訪者に対して地域の紹介を行なっており、行政組織をもたないThe Villagesで通常役所と定義される組織の代わりとしての役割が指摘できる。また、毎日開催されるイベントや街の紹介手段として多様なメディアを活用しており、HP等インターネットによる情報発信も多く、住民の情報収集力の高さが指摘できる。開発組織の構成や住民へのサービスからも従来の都市と変わらない規模の高齢者による都市が創造されていることが分かる。

4. 結論

4-1. ネオ高齢者による都市の創造

従来の一義的な高齢者像とは一線を画す「ネオ高齢者」の出現と増加、消費行動を中心とした多様な都市生活様式を確認した。また、多様な都市モビリティの利用も特性として挙げられ、交通インフラ整備との密な関係性が指摘できる。このような高齢者の生活様式の多様化に伴い都市空間の整備が進められており、ネオ高齢者による都市形成が確認できた。また、この都市環境整備は従来的な弱者救済に限らず、ネオ高齢者の身体能力や経済力など社会的強者としての高齢者に向けた、商業原理やマーケティング色の強い都市環境整備も指摘できる。

さらに、同じネオ高齢者の生活様式が顕著に表れる都市でも、米国事例に関しては、都市の新規開発による「都市の創造」に近く、日本事例に関しては、既存の都市空間が高齢者の利用に適した空間に置き換わる「都市の変質」に近いと言える。今後の日本では、高い人口密度や高齢化の速度からも、新規開発ではなく既存都市の上書きによる都市変質が進んでいくものと推察される。

4-2. 今後の展望

従来都市が、不特定多数のためにつくられ、万人の所有物であるという観点から、高齢者のような特定の属性のために都市が形成されていることは注目に値する。特に、The Villagesでは土地の新規開拓によ

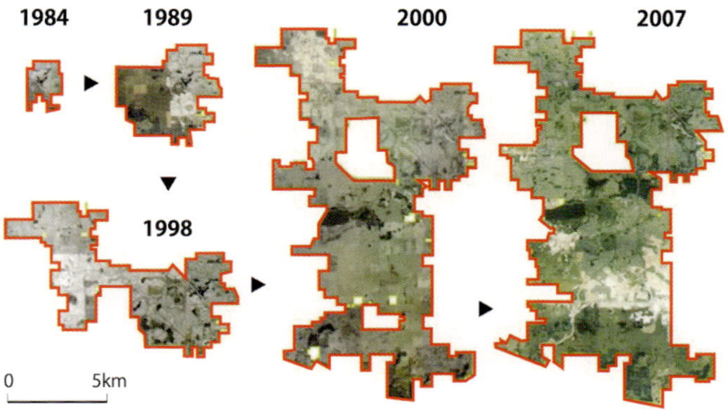

図6 Morse H Gary, The Villages Daily Sun, 2007をもとに筆者作成

り明確に高齢者だけの街を創造しているが、日本事例のような既存都市の上書きによる都市変質の場合、とある属性のためだけの都市空間にすることで、そのエリアから他者を排除してしまう可能性が懸念される。

巣鴨事例のように、ネオ高齢者の都市生活を配慮した都市環境整備は今後重要になると考えられるが、この高齢者仕様が過度に都市を“侵食”することで、逆に他の世代にとってアクセシビリティの低い地域になることが危惧される。したがって、時代に適応しつつも対象を限定しない都市空間への変質が重要になると考えられる。

[註]

1) 松本康氏訳による、ルイス・ワース「生活様式としてのアーバニズム」(http://www.rikkyo.ne.jp/~ymatsumoto/library/wirth1938.pdf) より引用 (原著は、Louis Wirth, “Urbanism as a Way of Life,” *American Journal of Sociology*, Vol.44, No.1, the University of Chicago Press, 1938)。強調は引用者による。

> アーバニズムにかんする簡便な定義は、すべての都市――少なくともわれわれの文化において――に共通する本質的な特徴を意味するだけでなく、都市の変異【の発見に役立つものであるべきである。工業都市は、商業都市、鉱業都市、漁業都市、保養都市、大学都市、あるいは首都とは社会的な観点からは異なっているだろう。[…] アーバニズム、つまり都市において特徴的な生活様式を構成する諸特性の複合体と、都市化、すなわちこれらの要因の発展と拡大は、物理的・人口学的意味において都市であるような居住地だけに見いだされるものではないものの、それらは、それにもかかわらず、そうした地域、とくに大都市に最も顕著に現れる。

コメンテーター・コメント@公開討論会

中島：論文そのものの内容は問題が多いと思いつつも、「ネオ高齢者」という概念が議論に値すると考え選びました。アメリカの事例が興味深いですね。これを都市と呼んでいいのか？　高齢者ばかりが住む再生産がない都市で、住人が亡くなれば記憶は誰にも継承されずに人が入れ替わっていく。分譲住宅なんでしょうか。あるいはどのように財産は処分されるのでしょうか。お墓はあるのでしょうか。人々は平均で何年くらいここに暮らすのか。ご夫婦が2人とも亡くなったらどうなるのか。いろいろと疑問が浮かんでくる。論文に書かれていないそういった社会システムの話を少し補足していただけますか。

河野：コミュニティを開発したデベロッパーへの聞き取りによると、医療施設は整備されていますし、自宅への介護訪問等のケアも行なわれているようです。住宅は分譲です。

中島：最後は皆さんここで死ぬつもりで住んでいるのでしょうか。

河野：新しいライフスタイルの提案が特に謳われていていますし、退職直後の生活を中心に考えられていると思います。先ほどのお墓など長期的なシステムも今後調査する必要があると思います。社会システムについては調査不足でした。

今村：これまでは高齢者が社会の中で負の存在のように表われていたわけですが、現在の高齢者は元気で好奇心があるだけでなくお金をもっており「ネオ高齢者」としてある。社会学者のサスキア・サッセンが来日された折に「こんなに高齢者が元気でお金がある国は世界中に日本の他にはない」とおっしゃっていました。実際、海外の建築家でも60歳台でリタイアしてしまう方も多いんです。アメリカではリタイアと同時に高齢者は都市から退いてしまう。ところが日本の高齢者は、新しい趣味をもつなど、皆元気です。都市においてポジティヴな要素だと僕は思うんです。ただ、日本の事例が巣鴨だと、老人だけのコミュニティの例になってしまう。東京であれば代官山などでは、若者に混じって高齢者の元気な姿を見られます。

河野：ネオ高齢者の定義にならい、消費社会と高齢社会が共存する事例として巣鴨を対象としました。高齢者によってつくられたまちでありながら、巣鴨では商業施設を中心に栄えているということで、事例として適していると考えています。

大月：論文の最後「今後の展望」には共感をもっています。日本では高齢者がたいへんだということで、まちがどんどん高齢者施設で埋め尽くされている。しかし彼らが亡くなれば施設の数はそんなに必要なくなる。こうした将来を考えない、いわば「高齢者施設ファシズム」に抗わなければならないという呼びかけは非常に大事です。しかし取り上げている事例は、「お客さんとしての高齢者にアピールするまち」です。高齢者ばかりではだめだと言いたいのであれば「住むまち」を取り上げるべきだったのではないでしょうか？

今村：たしかに高齢者が主体となって、都市に参加しているような事例がほしかった。

田辺：アメリカの例はおそらくゲーティッド・シティですね。アメリカの医療や保険は日本の制度と比べるとかなり異なっているので、システムとその背景を見なければならない。ゲーティッド・シティは異質な存在を排除することで成立している。貧しい人はこの中で買物もできないのです。

一方で巣鴨では安くてよいものを売っています。今のところ高齢化しても日本では医療を受けられる。現状の日本にもいい部分はあると思うんですよね。

日本が今後アメリカのゲーティッド・シティのような方向性でまちづくりを進めていくのか。あるいは既存のまちと混在させながらどうやって高齢者にやさしいまちづくりをするのか。社会システムとともに考察すると、すごく良い論文になるんじゃないかと思いました。

キャンベイ(インド・グジャラート州)の都市組織の構成とその変容に関する研究

Name:
中田翔太
Shota Nakada
University:
滋賀県立大学大学院
環境科学研究科　環境計画学専攻
布野修司研究室

序章　研究の目的と背景

本研究では、インド北西部、グジャラート州のキャンベイ湾に位置するキャンベイ（図1）を対象とし、都市構成とその形成、都市組織構成の変容について明らかにすることを目的とする。

インド洋海域世界において、グジャラートは、中世以来インド洋交易の一大拠点として発展した地域である。その中で、キャンベイは10―17世紀まで繁栄した中世の歴史的港市である。インド洋海域世界における港市の都市構成とその特徴、変容を明らかにする上で、キャンベイの都市構成とその形成、都市組織構成の変容について考察することは重要である。

本研究の位置づけとして、以下の2つの視点がある。

1. 港市としてのキャンベイとその衰退による都市組織構成の変容

沿岸部の港市は、内陸地方の都市とは異なる都市形成プロセスに基づく空間的特質があるのではないか。また、すでに港市としての機能を失っていることが、都市空間構成に何らかの作用をもたらしたのではないか。

Interview

Q:トウキョウ建築コレクションに参加しての感想

分野が異なる方と議論できたことが最も刺激的でした。今後も発表者の皆さまとはおいしいお酒が飲めそうです。発表では、至らない点も多々あったと思いますが、だからこそ勉強になったことが多くありました。感謝です。

Q:大学や大学院での活動や研究内容

学部時代から自力で設計・施工を行なうプロジェクトに数多く参加しました。学部論文（天理市）、修士論文（キャンベイ）共に、現地調査をもとに執筆しています。とにかく現場で、身体と頭の両方を動かしてきました。

Q:修士修了後の進路や展望

青木茂建築工房で修行させていただきます。ストックを活かし、街に大きく関わる仕事ができる人間になりたいと考えています。

図1　キャンベイの位置と海岸側から見た現在のキャンベイ

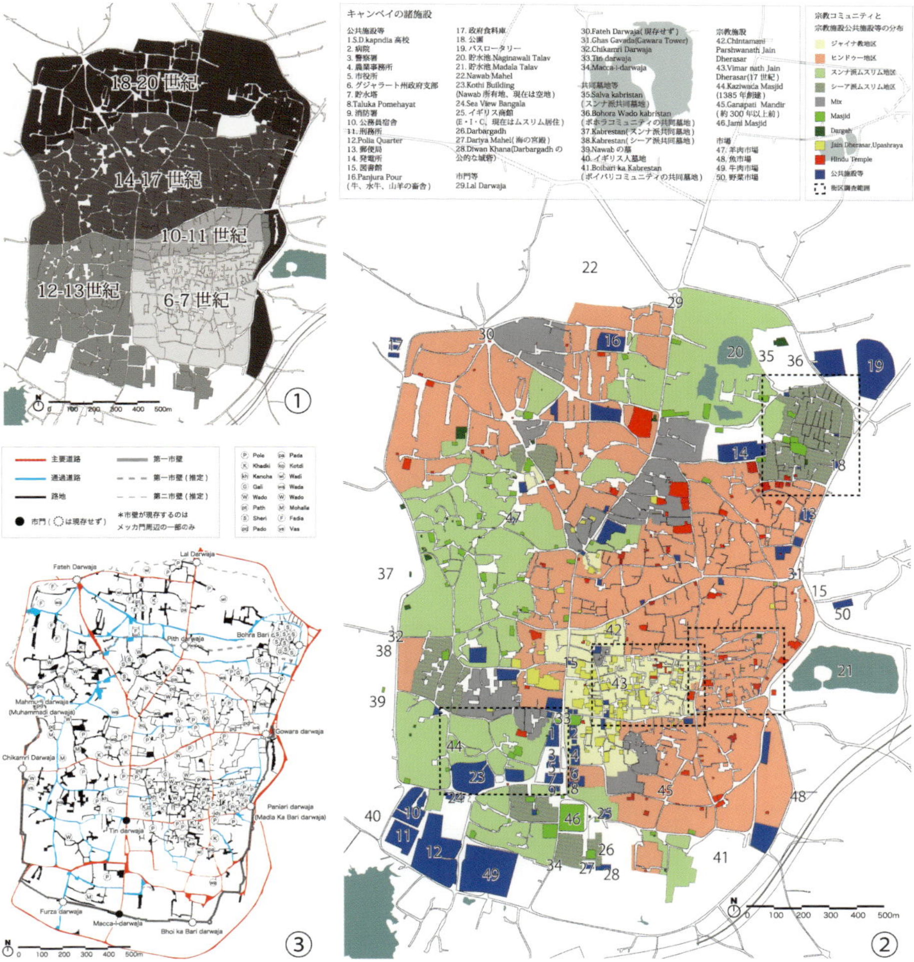

図2　①市街地の拡大　②街路体系、街区単位種別の分布、市壁・市門の位置　③都市施設等、宗教関連施設の分布、住み分け

2. インド・イスラーム都市としてのキャンベイの変容

ヒンドゥー都市理念に基づいて土着のヒンドゥー教徒によって創建されたとされる初期キャンベイが、イスラーム勢力の影響を受け、どのように変容していったのか。

キャンベイとアフマダーバードを比較することで、1、2が浮かび上がってくるのではないだろうか。

本研究はキャンベイの形成期から現在に至るまでの変容を、都市空間から住居まで一体的に考察するものであり、「インド洋海域世界における港市の形成と変容に関する研究」の一環として臨地調査に参加する機会をいただき、調査、研究を行なったものである。

第1章 キャンベイの都市形成

1-1 キャンベイの都市形成と変容のプロセス

キャンベイの都市形成の歴史を諸文献からまとめると以下のようになる。

【創建期】港町であったナガラからブラフマンがキャンベイに移住してくる。

【チャルキヤ朝統治期（10世紀ごろ）】ジャイナ寺院の建設。市街の北部への拡大。港としての機能をもち始める。

【ソランキ王朝期（11世紀-）】イスラーム勢力の到来。西部に市街地の拡大。イスラーム遺構、城塞の建設。

【デリー・スルタン朝期（1304年-）】ジャーミー・マスジッド（金曜モスク）が建設される。

【グジャラート王朝期（1408年-）】さらなる交易範囲の拡大、港市としての発展を遂げる。北部への市街地拡大。

【ポルトガル占領期（1533年-）】ポルトガルの干渉により、交易が行き詰まり始める。北部への市街地拡大。

【ムガル朝統治期（1573年-）】文学、建築、産業などが発展。ティン・ダルワジャ、ナワーブ宮殿、第一市壁の建設。英国商館、オランダ商館の建設。北部への市街地拡大。

【マラータ統治期（1745年-）】

【イギリス統治期（1803-1947年）】鉄道敷設、市街地の拡大、第二市壁の建設。ほぼ現状の都市形態が整う。

また、都市形成のプロセスは図2中の①のようになる。

1-2 キャンベイの都市構成

街路は基本的に3つのレベルに分けて考えられる。

第一は主に市門があった地点から延びる主要道路、第二は主要道路同士を結ぶ通過道路、第三は街区の内部に分岐する路地もしくは袋小路である。

キャンベイには11の市門が存在していたとされる。この内、メッカ門はメッカに向かう出口の門を意味し、フルザ門は料金所の意で、海からの入口、ボイ・カ・バリ門は、地元の人々が使用していたとされる。現在では、ラール門、ボーラ・カ・バリ門、パニアリ門が存在していた場所付近には公園が、ガヴァラ門には時計台ガヴァラタワーが、ファテ門には広場があり、憩いの場として機能している。また、市壁の内と外では街区の成立年代の違いにより街区構成が大きく異なる。

公共施設は市内で28カ所確認でき、ティンダルワジャロード周辺には公共施設が集中し、現在では行政の中心として機能している。

住み分けは明確であり、異なる宗教コミュニティが混住する地区は比較的少なく、市街地の拡大プロセスとの関連が指摘できる。また、各宗教コミュニティと、各宗教関連施設の分布は大まかに一致している。

海岸部にはマッチワラ（Macchi wara）、市街中心部にカールワラ（Kar wara）といった海域と関連した地区名が現存している。

第2章　キャンベイにおける街区の構成

2-1 ジャイナ教徒居住区の街区構成

ジャイナ寺院、巡礼宿が数多く立地し、市内のジャイナ教関連施設の44%がこの地区内に集まっており、巡礼地としての性格が強い。街区内の通りは不規則で、ポル、カドゥキ、ワド、ワダ、といった領域的範囲を示す街区が主な集住単位である。

2-2 ヒンドゥー居住区の街区構成

街区内に通過道路は無く、周囲の通過道路からポルやカドゥキといった袋小路に入る。カドゥキやポルは、ジャイナ教のそれより幅が広く、中庭的な構成である。

基本的な街区として確認できるポル、カドゥキは北グジャラートの農村に見られる集住形態であり、この伝統が現在の都市居住形態にも受け継がれているとされる。ヒンドゥー居住区ではこうした地域固有の集住形態を基本としている。

2-3 スンナ派ムスリム居住区の街区構成

スンナ派ムスリムが集住する地区である。街区名はモスクに由来し、形成当初から1つの街区に1つのモスクを設置するという街区形成のパターンを示す。

街区はポル、ワド、カンチャと呼ばれ、街区自体に門が備わる閉鎖的な構成は見られない。各街路は連結してつながるような構成で、集住形態は、組積造の前庭・中庭を有する低層住居が散在するなど、他のコミュニティの地区に見られるような稠密な集住形態とは異なっている。

2-4 シーア派ムスリム居住区の街区構成

ボーラワドと呼ばれる居住区である。地区の周囲は3、4層の高層住居群で囲われ、地区の東にはメインゲートとして門棟が設けられるなど、外部から隔てられた閉鎖的な構成を見せる。街路は、メインゲートから東西に延びるメインストリートから南北に直線的な道路が分岐し、街路の片側に沿って、間口が狭く奥行の深い伝統的木骨組積造の住居群が建ち並び1つの小街区を形成している。このような細分化され、階層的な都市街区の構成が見られる。

2-5 各居住区における街区構成の特徴

各居住区における構造、階数を比較すると、ジャイナ教徒、ヒンドゥー、スンナ派ムスリム居住区では、組積造が最多なのに対し、シーア派ムスリム居住区では伝統的木骨組積造の割合が高く、伝統的な住居が多く現存していることが分かる。また、他の地区では平均階数が2階前後なのに対し、スンナ派ムスリム居住区では約1.5階と低層であることが分かる。

1922年から2010年の各居住区における建物の変化傾向はジャイナ教徒居住区、ヒンドゥー居住区では間口方向に拡大、縮小しやすく、間口方向への変化が起こりやすい傾向をもつ。

スンナ派ムスリム居住区内では大半が組積造もしくはRC造で新築され、現状建物の約1/4を占める。また、解体された建物も多く更新が激しい。建物は間口

図3　各居住区の街区構成①ジャイナ教徒居住区　②ヒンドゥー居住区　③スンナ派ムスリム居住区　④シーア派ムスリム居住区　⑤各居住区内の建物の変化(1922-2010)

方向に縮小しやすい傾向があり、間口方向、奥行き方向ともに分割しやすいことから、分割しやすい形状の住居が多かったと考えられる。シーア派ムスリム居住内では奥行方向の敷地境界が強く、建物は奥行方向にのみ拡大し易い傾向をもつが、その分布は地区の周縁部に多い。これは地区の中心部の宅地が街路に囲まれていることに起因すると考えられる(図3中⑤)。

第3章　キャンベイにおける住居類型とその変容

実測を行なった住居の多くは19世紀初頭から20世紀初頭に建設されたものであり、大半は煉瓦造もしくは木造軸組造の柱間に煉瓦を充填、壁とした構造となっている(図4)。

3-1 住居の基本構成要素

実測調査時のヒアリング、諸文献から、住居を構成する基本的な要素には図4中①-⑥のようなものが挙げられる。

3-2 住居の空間構成と類型

住居の類型化を行なう(図5)。

3-3 住居の変容パターン

住居はコミュニティごとに特徴がみられるが、大きくはジャイナ教徒、ヒンドゥー、シーア派ムスリム居住区での長屋形式、Sunni地区での中庭型の住居タイプに分けられ、変容パターンが異なる。

スンナ派ムスリム地区の実測住居のうち半数以上が中庭をもつ、もしくは広場に面するものである。スンナ派ムスリム居住区周辺の1922年作成の市街地詳細地図をあらためて見てみると、当時は多くの中庭式の住居が存在していたことが分かる。建物の変化傾向の詳細から、中庭型の住居が多数存在していたが現在では解体、分割され、使用される傾向があると言える(図6)。

これまでの考察から、住居の変容パターンをまとめると図7のようになる。

長屋形式の住居タイプの変容は基本的に間口方向、奥行方向の拡大によって引き起こされる。また、ベタックという室の名称はカッチ地方の港市バドレシュワルでも見られる。バドレシュワルではベタックは応接室を意味し、カッチ商人によって商業用の室として使われている。このように、港市間での影響があったことが分かる。

また、少なくとも1922年から2010年のスンナ派ムスリム地区の中庭型の住居の変容パターンは図7のようになる。また、室名の呼称、中庭を囲む住居形態、中庭に水盤や樹木が配置されることなどが共

図4　①オトゥラ(Otla):住居の前面に設けられた基壇。②デヘリ(Dheli):玄関。外部空間であるオトゥラと内部の居室の緩衝空間。③ベタック(Bethak):居間。主に家族が集まって過ごし、食事、昼寝などにも利用される。④オルロ(Ordo):寝室。多くの場合、住居の奥に配置される。⑤チョウク(Chowk):主に玄関先に配置される洗い場、庭もしくは採光のための屋外に通じる吹き抜け。

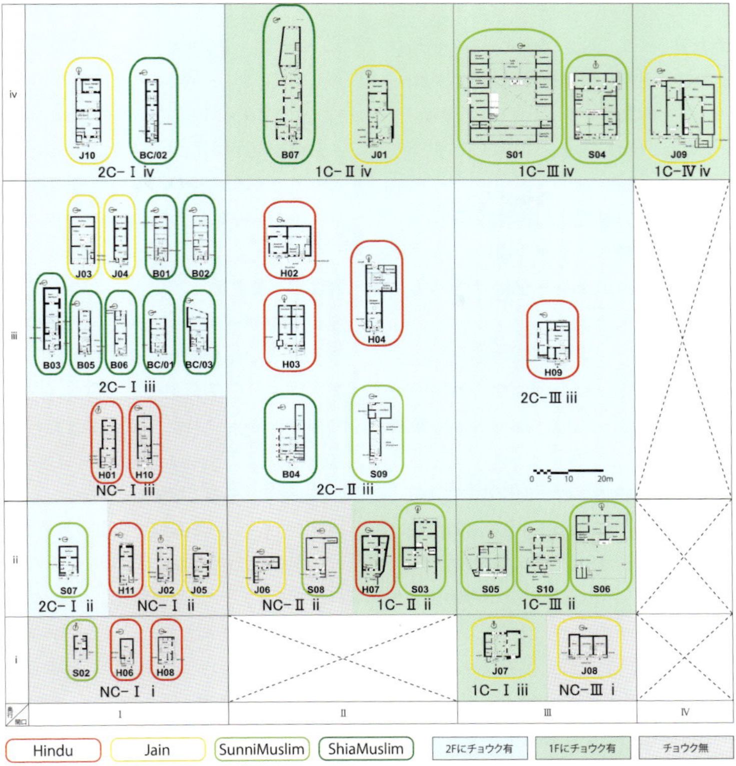

図5　住居の類型。1階平面に着目し、分類。主要な構造壁、柱によって区切られる間口の数をX軸、奥行き方向の室数をY軸として、間口、奥行きの室数により区別する。また、チョウクに着目して「1Fにチョウクを持つもの」、「2F以上にチョウクを持つもの」、「いずれも持たないもの」の3つに区別する。オトゥラとオルロのみで構成されるNC-Ⅰi型は、キャンベイの住居の基本形、オトゥラ、ベタック、オルロで構成され、ベタックにチョウクを持つ3室構成の住居タイプである2C-Ⅰiii型は一般形と言える。

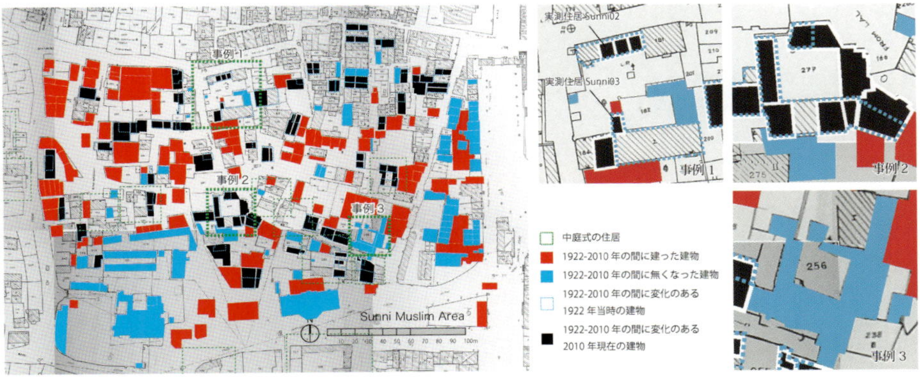

図6　スンナ派ムスリム居住区における中庭式の住居とその変容。事例1では中庭を取り囲んでいた棟の大部分が解体。北側の棟は一部が解体、分割、別々の所有者が使用。実測住居Sunni02はこの一部である。南側の棟は東側のほとんどが解体、実測住居Sunni03が残る。事例2では棟が分割され、RC造等で建替えられたと見られる。事例3にいたっては、すべてが解体されている。

通することから、ラーホールの都市住居の中庭式住居との相似点が見られる。また、ラーホールの住居はイランの伝統的都市住居との関連が指摘されており、古来からペルシアとの交易があったキャンベイも、その影響があったことが予想できる。

第4章　キャンベイの都市組織構成の特質

キャンベイの都市組織構成の特質を明らかにするため、アフマダーバードとの比較を行なう。比較から注目すべき点は以下のようになる。

・キャンベイ、アフマダーバードは共に、グジャラート王朝期に第一の市壁・市門、ティン・ダルワジャが建設され、地方領主の拠点となっていた内陸の支配を象徴する遺構が存在する。

・キャンベイの金曜モスクは市内の沿岸部に立地し、内部の南西端にはメッカ門へ抜ける小さな出口が設けられている。このことは海域との関連性を象徴する。

・住み分けは、アフマダーバードに比べ、より明確である。これは、キャンベイが港市として衰退し、都市の発展、更新を失速させ、歴史的な住み分けが維持されやすい状態であったことによると考えられる。

・街路体系、街区単位の名称は共通するものが多く、グジャラートの伝統的な街区構成の特徴を共有する。各居住区の比較においても、基本的には共通するが、特徴的な差異も見られた。

・住居は類似した構成をもつ。しかし、キャンベイの住居は、チョウクが小規模であること、アフマダーバードの住居のチョウク—レヴェシ—パルサルのような室の配列が“チョウクをもつ部屋（ベタック）”として使われ、室が分化されていないこと、アフマダーバードのハヴェリタイプの住居が一般的でないことなどの差異がある。これは、アフマダーバードが商業都市としての発展したのに対し、キャンベイは港市としての衰退により、アフマダーバードの住居のように高密な集住形態を必要としなかったことによると考えられる。また、キャンベイのスンナ派ムスリムの低層中庭式住居は、アフマダーバードには見られない。

結章　まとめ

キャンベイの港市として衰退した要因は海底がさらに浅くなっていった地理的要因に加え、ポルトガル、イギリスといった西洋諸国の干渉によって、他の港市との競争に負け、徐々にその役割を奪われたことによるものであった。しかし、キャンベイは港市としての特徴も多く残す。漁業と関連したコミュニティ名が現存していること、インド洋海域で活躍した商人であるボーラ族の居住区の存在などが挙げられる。キャンベイの住居のベタックという室の呼称、中庭式住居の存在も海域からの影響と言えよう。また、アフマダーバードと同様に、内陸の支配を象徴する遺構が現存し、内陸支配の影響が強かったと言える。このように、キャンベイは海域から・内陸の支配からの影響を大きく受けた港市であったといえ、それは港市として衰退した現在でも都市空間、住居空間に現れているのである。

　今後は、インド洋海域世界における他の港市との都市・街区・住居構成等の比較研究を行ない、港市間のネットワークとその影響、変容について明らかにしていく作業が求められる。今後の研究の発展に期待したい。

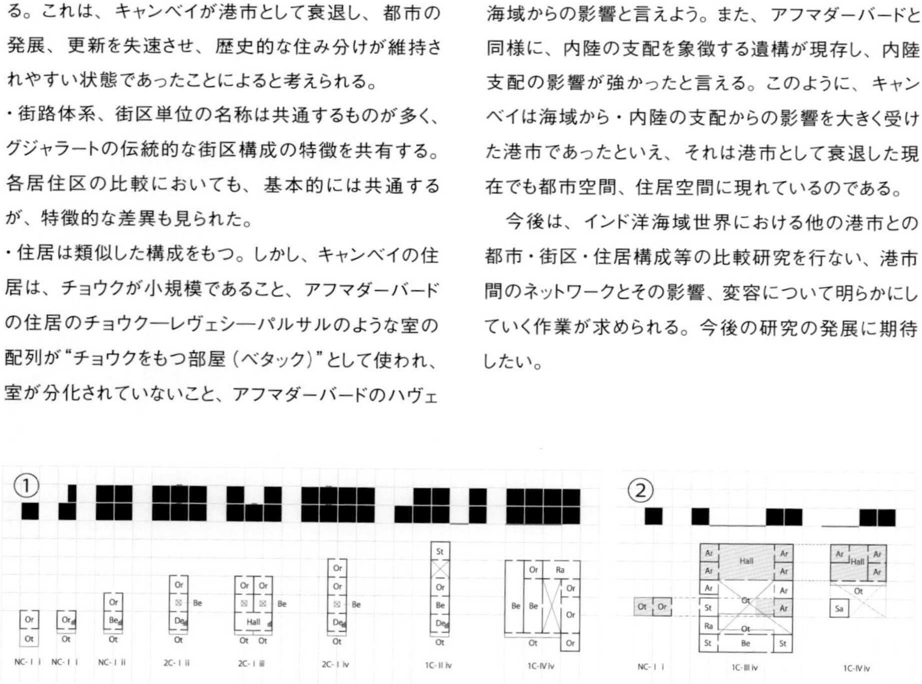

図7　①長屋形式の住居タイプの変容パターン　②中庭型の住居タイプの変容パターン（①、②は発展パターンを示すものではない）

コメンテーター・コメント@公開討論会

大月：住居の間取りの調査をしていますが、その建物がいつごろ建ったかとか、最終的にいつ改修が終わったかとか、そういう情報がないですよね。そうすると、どこまでが伝統的で、その土地オリジナルなものなのか、吟味できないような気がするのですが、その辺りの観察の仕方を教えてください。

中田：住居は実測したのですが、その時にヒアリング調査も住民に行ないました。話が通じた住民には、この住居はいつ建てましたかとか、いつ改修を行ないましたかということを聞きましたが、正確な情報は得られませんでした。ただ、その建物が建った年代が分からなかったとしても、その住居の変容のパターンから見て、ある程度予測できると思っています。

大月：いや、予測できるという根拠はどの辺までもってるのかを聞きたかったんです。つまり、現在の時間断面で切って、こういう展開をしてきたのだろう、と探っているわけですよね。そうした場合に、これは歴史の方法論かもしれないけど、一番古いものから順に、何年代になったらこういう型が支配的になって、というような調査をして、型の変容をおさえていかなければいけないんじゃないかな。

倉方：私も大月先生が言われたことが気になりました。実証的な研究が始まる以前の、例えば伊東忠太の頃の民家の捉え方なんかだと、単純な型の方が時代がさかのぼると短絡させてしまいますが、実際にはそんなことはないですよね。

中田：単純な方が古いとは僕も思っていません。逆もあり得ると考えています。これは発展形態ではなくて、あくまで変容プロセスとして考えています。

倉方：そうですよね。だから、平面の話は慎重にしなければいけないと思います。あとは、論文の結論が、その前に検討していることとあまり結びついていないのが気になりました。前段の研究は緻密になされているのに、全体の結論はそれがなくても言えそうな事柄になっている。もう少し違うことを主張したかったのではないのかなと。最終的にアフマダーバードと比較することが妥当なのかどうかも考えなければいけないと思うのですが、研究の主対象であるキャンベイをサーベイして明らかになった一番大事なところがきちんと言えていないのではないでしょうか。その点で、調査も含めて得られた知見を、少し違う言葉で補足説明をしてほしいのですが。

中田：アフマダーバードと比較した時に、住居は基本的に似た形式をもっているんですね。アフマダーバードの住居は、基本的に奥に長くなっていくような住居で、部屋がいくつも分割されているのですが、キャンベイの場合は、細かく分割せずに1室、1部屋として考えられていたりするということがあります。あと、アフマダーバードにある住居タイプの中で、キャンベイではあまり見られないものもあります。アフマダーバードが都市として発展してきたのに対して、キャンベイは港市として衰退していったので、都市化があまり進まなかった。キャンベイの住居はアフマダーバードのように発展せずに、そのままの形態になっているということがありますね。

倉方：港市が衰退したことで、都市化せずにそのままの形態になっているというのは、研究目的とちょっとズレているんじゃないかな。大きな枠組みとして、これは連続する港市の研究の中の1つですよね。ということは、例えば、まちの住宅のあり方といったものが、港市であることによって規定されて、変容したというような、形成と変容のプロセスが中心になりそうな感じがするのですが、そこに関しての知見はありますか。

中田：要素として挙げることしかできないのですが、例えば、キャンベイの中庭式住居は、アフマダーバードでは見られなかったものです。そのような形式は、海域からイスラム勢力によってもたらされたのではないかと考えています。

戦前の百貨店装飾部の成立と展開に関する研究

高島屋装飾部を中心として

Name:
宮井早紀
Saki Miyai
University:
京都工芸繊維大学大学院
工芸科学研究科　造形工学専攻
中川理研究室

はじめに

本研究は百貨店の室内装飾部門に関する成立と展開を明らかにし、主に戦前期に室内装飾部を設けた高島屋装飾部を中心に装飾部の展開内容と組織内部を考察することを目的としている。

呉服屋として業務を行なっていた百貨店が近代の都市生活文化に影響を与えた背景のひとつとして室内装飾部門の存在が挙げられる。百貨店において関東では三越が、関西では高島屋がいち早く自社における室内装飾部を設けていた。高島屋は京都の職人との関係が古く、緞通店から室内装飾を始めていたことが分かっているが、室内設計を通して具体的な仕事内容やデザインにおける変遷は明らかとなっていない。本研究は大阪日本橋にある高島屋史料館を中心とした資料文献を基に研究を進めた。

室内装飾の歴史

ここでは室内装飾の語源および各百貨店の装飾部の成立の背景と具体的な仕事内容の歴史を追ってい

Interview

Q:トウキョウ建築コレクションに参加しての感想
分野を超えたなかでの討論は刺激的で密度の濃いゼミのようでした。緊張感のなかに強いメッセージを一人ひとりもっていること、そして論文とは継承すべきものという意識の高さを感じることができました。本当に今年参加できてよかったと思います。関係者の皆さまありがとうございました!

Q:大学や大学院での活動や研究内容
自分の足で見ること、感じること、話すこと、聞くことを心がけました。それが旅行だったり、写真を撮ったり、絵を描いたり、映画を観たり、音楽を聴いたり。そういう日常的行為が建築の発想や概念へと結びついたような気がします。

Q:修士修了後の進路や展望
4月より日建スペースデザインに入社します。痒いところに手が届くような、人に優しいデザイナーになりたいと思っています。

く。現在はインテリアと名前を替え普及している室内装飾という言葉は、明治中期頃よりその名を新聞や雑誌等から見られるようになる。室内装飾とは室内すべての要素を装飾していることと同義であり、建築と常に関わり合いながら完成していくことが本来の姿であると定義されている。百貨店では展覧会や博覧会に自社で製作した装飾品の展示・販売を行ない、家具室内装飾分野を発展させてきた。大手百貨店では明治期から欧米視察を行なうことで西洋文化を取り入れており、当時の装飾スタイルはアール・デコ様式が潮流主流であった。例えば三越では早くより、和洋折衷の装飾スタイルを確立していた。

高島屋装飾部の成立

百貨店の室内装飾分野への進出は三越と高島屋が早く、京都を拠点に置いていた高島屋は最も早く明治33（1900）年に大阪店に初めて装飾部を設置した。明治10（1877）年に住吉の緞通商・錦卯兵衛氏と取引を開始し、翌年京都店の南隣りに開いた緞通店が装飾部の前身となった。この頃装飾品の受注を主に行なっており、窓掛けや椅子張りの織物製作がほとんどであった。国内で装飾品技術の実績を上げていき、明治後期より海外での仕事が増加する。明治41（1908）年に北京公使館の豪華な内部装飾を全館にわたり完成させ、その設計技術を評価された。

大正2（1913）年に大阪店に図案部を設置し、家具装飾設計を行なっている。また豪華客船の船舶装飾や宮内省からの受注が増えていき、大正から昭和にかけては繁栄時期であると言える。

こうして装飾部は戦前の発展期を迎え、その評価を社会に認められていく。昭和63（1988）年に名称を建装事業本部と改め、平成13（2001）年には同部署と専門工場の高島屋工作所が統合し、高島屋スペースクリエイツとして発足し今日も内装業を営んでいる。

高島屋装飾部の展開

戦前の高島屋が手掛けた装飾部門は多岐にわたる。織物による緞帳製作、宮内省関係、船舶・車両、住宅、家具、台湾や朝鮮など海外関係、博覧会出品、モデル・ルームの展開など、家庭生活から大規模なものまで仕事を請負っていた。住宅関係においては昭和4（1929）年東京店装飾部が引き受けた岩崎家本邸の装飾関係は日本の建築界として大きな話題であった。建築業者や家具装飾業者との競争に勝ち高島屋がすべて請負い、成果をあげた。これが大阪店装飾部より少し遅れをとっていた東京店装飾部の発展のきっかけとなった。

また博覧会や展覧会を通して住宅家具の発表を行

1・2:新設計室内展覧会
3:巴里日本大使館室内装飾
高島屋と同様に早々に戦前室内装飾を手掛けていたのが三越である。明治より欧米の文化を取り入れてきた三越は、加工部を成立させ住宅や家具製作を中心に和洋折衷のデザインを主としていた。その後名称を三越環境デザインとして独立し、現在も顧客の要望に応えるインテリアデザインを創造している。

なっており、昭和12（1937）年のパリ万国博覧会では「婦人セット」を出品した。三越と松坂屋も出品しており、住宅内装を中心としたモデル・ルームを各々の百貨店が発表していた。それ以前の博覧会では刺繍や織物等の室内装飾品であったが、昭和期に入り国民生活の関心である住宅家具部門に進出しているのが分かる。

このように高島屋装飾部が手掛けた装飾部門は幅広く、次に高島屋装飾部が関わった仕事のなかから特殊なものを挙げ具体的な物件名を明確にし、それらが装飾部の展開にどのように影響を与えていたのかを社会的評価とともに考察していく。

船舶装飾

高島屋が初めて船舶装飾を行なったのは明治33（1900）年頃の豊浦丸で、主にカーテンや椅子張りなど織物による装飾品がほとんどであった。同35年に手掛けた東宮殿下御召艇ヨット「初加勢」の窓掛け敷物は日本美術品を用いた豪華船内装飾であったと記録されている。織物業者や美術作家のつながりが深かった高島屋は伝統的な材料による装飾品が得意であった。昭和期の豪華客船建造時代に入ると、ますます船舶装飾の受注は増加していった。昭和4（1929）年に竣工した優秀客船浅間丸は秩父丸とともに当時の最高水準の客船であり、高島屋は特別客席を担当していた。これは障子や格天井を取り入れた日本趣味の設計であった。しかし浅間丸の材料のほとんどが国外産で、それを日本で組み立てたことが国内で論争を巻き起こした。当時の船舶装飾において海外の造船業の発達に追いついておらずこのような事態を招いてしまった。

昭和14（1939）年頃から客船インテリアの独創期となり、新日本調のデザインが基本スタイルとなる。高島屋は昭和14年のあるぜんちな丸・ぶらじる丸、同15年の新田丸などの船舶を手掛けていた。ここでも装飾敷物や窓掛けから日本調のデザインが見られた。また独創期以降中村順平、村野藤吾、前川國男などの建築家が客船インテリアを始めた時期で、それらはモダニズムやパリのボザール流等それぞれ流派の異なるデザインであった。建築家の船舶装飾と比較すると高島屋が初期より日本調を貫いているのが分かる。さらに百貨店における船舶装飾の受注量は、高島屋が最も高かった。以上よりその設計技術は社会的に信頼と評価を得ていたことが分かる。

宮内省関係

高島屋装飾部は明治30（1897）年に宮内省御用達に指定されており、それ以降宮内省特別調度品のご用命が多かった。なかでも御料車の受注は多く、御用達に指定された後の同31年に初めて御料車の内部装飾を行なった。主に国産材料を使用し西洋風の模様を採用していた。御料車では装飾品として窓掛け、壁画、カーテン等の織物を中心に内部空間を彩る重要な役割を高島屋が担っていたと言える。高島屋が自らデザインしたものではなく、ご用命を受けた後川島織物（現・川島織物セルコン）等の織物専門業者に依頼して謹製していた。

美術部と装飾部

船舶装飾や御料車の装飾品として用いられていた織物製作は美術作家との深いつながりがうかがえる。装飾部の前身が緞通屋であったことより明治初期から美術緞帳を製作し、装飾品として納入していた。明治31（1898）年に大阪歌舞伎座へ大引き幕を納入するなど劇場の引き幕を手掛けていた。以降、大阪帝国座で都路華香画伯や東京帝国劇場で結城素明の下絵による緞帳製作を行なっていた。帝国劇場は高島屋が現代式本格派として大いに好評を得たという記録が残されている。

さらに明治36（1903）年の第五回内国勧業博覧会は装飾部の名を社会的に広めた重要な博覧会であった。館内における幕や旗など各県の装飾品をすべて引き受けており、さらにビロード友禅の壁掛や今尾景年の刺繍屏風等の出品作品に名誉金牌を贈られた。同時期に海外に支店を設置し販売に努めた点も評価されている。同43（1910）年の日英博覧会では竹内栖鳳画伯筆「あれ夕立ち」等の4作品が名誉大賞に選出された。このように国内外で美術作家との作品が評価され、高島屋の実績を伸ばしたのであった。

組織と人物

ここでは装飾部と関わりの深い専属工場が独立した高島屋工作所の変遷と特徴、そして装飾部に属していた組織内の重要人物を明らかにする。

高島屋工作所は昭和14（1939）年に設立した専門工場で、前身の長井商店は大正末期より電車やつり革などの車両メーカーであった。高島屋は車両・船舶関係の受注金額は家具装飾品をはるかに超えて常に業界のトップであったこともあり、工作所として独立していたことがうかがえる。戦前の装飾部に所属していた人物の共通点として京都高等工芸学校（現・京都工芸繊維大学）出身という点が挙げられる。戦後の京都工芸繊維大学の教育課程に「室内・船舶・車両・建築」に関わる授業内容が明らかとなっており、その内容より装飾部を進展させた船舶・車両部門に貢献した人物の背景を推測できる。

植實宗三郎と鈴木三一

戦前の装飾部をリードしてきたと考えられる人物が植實宗三郎と鈴木三一の2名である。植實は大正2（1913）年に、鈴木は大正7（1918）年に高島屋装飾部に入社しており、植實は京都高等工芸学校出身者で、後に装飾部主任となる。植實は大正14（1925）年に、鈴木は昭和12（1937）年に欧米に室内装飾研究のために視察に行っている。植實は浅間丸、鈴木はあるぜんちな丸・ぶらじる丸、橿原丸などの船舶装飾の設計も行なっていた。さらに植實は雑誌の記事や著書が6冊、鈴木は没後に発刊されたデッサン集が4冊あり、両者が室内装飾を社会に発信していたのが分かる。彼らは高島屋の組織に留まらず、多岐にわたる仕事を通して確かな設計技術を培い、戦前の装飾部を支えた重要人物であると言えるだろう。

4:車両装飾
5:船舶装飾
6:緞帳製作
7:家具製作
8:宮内省関係
9:展覧会モデル・ルーム
10:博覧会出品
11:宮内省御調度品
戦前の高島屋装飾部の仕事は多岐にわたっており、その内容もさまざまであった。主に船舶装飾、車両装飾、宮内省関係、緞帳制作、家具製作、住宅、展覧会や博覧会への出品等が挙げられる。分野によって内容が異なっており、室内装飾という分野でトータルマネジメントを行なっていたと言える。

おわりに

本研究では戦前の百貨店装飾部の設立と展開について明らかにした。まず、高島屋装飾部の展開を裏づける仕事内容が多岐にわたっていたことが他店と異なっており、そのうち緞帳や敷物などの装飾品、船舶、宮内省関係は特殊であった。これらに共通していることとしては日本調のデザインを得意としており、社会的評価と需要を得ていたことであるだろう。特に船舶装飾において高島屋は呉服屋という殻をいち早く脱出し、その実力と技術力の高さは明らかであった。同時期に建築家が手掛けていた客船インテリアはアール・デコの影響を受けた様式やモダニズムのような近代的なものであったのに対して、高島屋は明治期より日本調のデザインを貫いてきた。これは古くから社会的に日本調の装飾需要があったことを示しており、その要望に応えていたと言える。さらに戦前の装飾部をリードしていた重要人物である植實と鈴木の存在が明らかとなった。

両者に共通して言えることは2点あり、1つめは浅間丸をはじめとする豪華客船建造を手がけていたこと、2つめは室内装飾を学びに欧米に視察へ行っているという点である。伝統的な和風だけでなく、西洋の文化やデザインを学んだうえで装飾部のデザインに反映させていたと考えられる。明治期よりアール・デコ様式が社会的な潮流となるなか、三越のような和洋折衷のデザインではなく、高島屋は独自の文化を尊重した日本調のデザインにこだわり続けた背景には彼らの存在があったからであろう。

12:浅間丸特別客席カラースキーム(高島屋)
13:浅間丸(1929)
14:秩父丸(1930)
15:橿原丸(1942)
16・17:ぶらじる丸(1939)
18:新田丸(1940)
19:氷川丸(1930)
高島屋装飾部は船舶装飾を得意としており、その受注高は装飾部全体でも大幅な割合であった。"布団屋さん"と呼ばれていた高島屋が、デザインのできる組織として世間に認められたのは戦前期に行なった船舶装飾で、大変重要な立ち位置であったと言える。当初は室内装飾品である窓掛けや絨毯等の受注であったが次第に内装設計を行なうようになったことは、当時のカラースキームから明らかである。そのパースからも優れた設計者が装飾部に在籍していたことを物語っている。

20

22

23

21

24

20:長崎造船所による「あるぜんちな丸」(1939)の船内空間
21:村野藤吾による「あるぜんちな丸」の船内空間
22:長崎造船所による「ぶらじる丸」の船内空間
23・24:村野藤吾による「ぶらじる丸」の船内空間
昭和以降建築家も船舶装飾を手掛けており、中村順平をはじめとする前川國男、吉武東里、村野藤吾などが挙げられる。彼らは独自のスタイルを築き世界に発信していくため、そのデザインは建築家によって異なった。当時の船舶装飾は造船会社が建築家や百貨店に一室一室の設計をコンペによって設計者を選出していたため、ひとつの船におけるインテリアデザインの統一感はあまり感じられない。

25

27

29

26

28

30

25:明治宮殿鳳凰の間(1889)
26:東宮御所(1909)
27:御料車初代第3号御寝室(1893)
28:御料車初代第3号王座室
29:御料車第7号御座所(1914)
30:御料車旧第3号御座所(1933)
宮内省関係の仕事はさらに細分化されて多岐にわたっていた。宮殿建築の内装から御料車や御調度品まで豪華な装飾品を納入していた。これは現在も行なっている仕事であり、宮内省からの信頼が厚かったことがわかる。

高島屋装飾部は高い設計技術をもっており、百貨店という商店を超えて建築家とは異なる存在であった。当時のデザイン組織集団としてマネージメント機能をもっていたと言えるだろう。

[主要参考文献]

- 大江善三『高島屋百年史』(高島屋本店、1941年3月1日)。
- 高島屋工作所50年史編纂委員会『快適環境の創造 高島屋工作所50年史』(高島屋工作所、1989年6月)。
- 高島屋社内報『競和』、『百科新聞』。
- 三菱重工業株式会社船舶技術部『豪華客船インテリア画集』(アテネ書房、1986年4月15日)。
- 日本国有鉄道 大井工場長『御料車』(日本国有鉄道、1972年10月14日)。
- 初田亨『百貨店の誕生』(筑摩書房、1999年9月9日)。
- 『帝国工芸』(帝国工芸社、1935年12月26日)。
- 『近代家具装飾資料』(洪洋社、1936年12月29日)。
- 高島屋史料館蔵資料

[図版出典]

1:『帝国工芸』第11巻第7号(帝国工芸社、1933)
2:『近代家具装飾資料第8巻　新設計室内装飾展集』(洪洋社、1936)
3:「三越のあゆみ」編集委員会『三越のあゆみ』(三越本部総務部、1954)
4, 28:田邊幸夫『御料車物語』(レールウェー・システム・リサーチ、1986)
5:水交会『水交』No.424(大成社、1989)
6:日英博覧会事務局編纂『日英博覧会出陳新美術品図録』(審美書院、1910)
7, 10:高島屋史料館所蔵
8:『帝国工芸』第12巻第1号(帝国工芸社、1937)
9:高島屋社内報『競和』第116号(1942)
11−20, 22, 23:三菱重工株式会社船舶装飾部編『豪華客船インテリア画集』(三水社、1986)
21:『村野藤吾　建築とインテリア——ひとをつくる空間の美学』(アーキメディア、2008)
24:『洋上のインテリアII』(日本郵船歴史博物館、2011)
25:『高島屋家具・インテリア100年の歩み』(高島屋、1978)
26:小泉和子『家具と室内意匠の文化史』(法政大学出版局、1979)
27, 29, 30:日本国有鉄道大井工場『御料車』(日本国有鉄道、1972)
31:鈴木三一『鈴木三一スケッチ集　WORLD FURNITURE No.1』(コーヨーエンタープライズ、1981)
32:植實宗三郎『家具室内装飾図集』(文化建築社、1925)

31

32

31:鈴木三一のスケッチ
32:植實宗三郎のスケッチ
植實や鈴木が残したデッサンからは欧米文化を取り入れようとする姿勢がうかがえる。視察や模写からは時代の潮流を学び、そこから日本調のデザインを重んじていたのではないかという推測ができる。装飾部は、組織としてありながら、2人のような優秀な人物たちによってデザイン集団として機能していたと言えるだろう。

コメンテーター・コメント@公開討論会

倉方：今まで光が当たっていなかった対象に光を当てて、丹念に文献を発掘して考察されている。近代建築史研究の王道で、王道がそうであるように刺激的ですよね。建築とインテリアの間で捉え漏らしがちなテーマに誰が目を付けたんだろうと思っていましたが、京都工芸繊維大学の方と知って納得がいきました。日本が明治に入って、国家的な装飾づくりとして「建築家」が要請され、室内装飾もこれは必ずしも建築家だけが担当したわけではありませんが、近代の画家によって新たな試みが必要とされていく。そうした高いクオリティのものが、時代が下るにしたがい、いわば段々と民営化されていって、高島屋の装飾部がそうした系譜を受け止めていくわけですよね。その間をつなぐものとして、独特の立ち位置である京都工芸繊維大学があるという見事な連鎖(笑)。

そこで教えていただきたいのが、高島屋の装飾部の方たちの装飾に対する思想や装飾家としての自分たちの定義についてです。建築家であれば国から職能として要請され、明治の終わりから建築家として自意識をもつようになり、建築士と名乗るようになる。あるいは建築とはなにかについて議論が起きる。そういった時代状況にあって、装飾をしていた人たちの、装飾に対する思想的な言葉などがあったら面白いと思うのです。建築と違って、装飾には自分自身を語る言葉があまり歴史上現れていないので、もし片鱗でもあれば知りたいなと。

宮井：室内装飾という語は、明治後期から新聞や雑誌で見られるようになるんです。植實宗三郎という方は、多くの雑誌で装飾に関する執筆を行なっており、室内装飾は3つの要素に分かれると定義しています。1つは色調の関係、2つ目は形や模様、3つ目は材料。これは本野精吾が『建築ト装飾』という雑誌で行なっている定義と類似しているんです。必ずしも思想的ではないんですけれども、装飾を定義づける文献は見つかっているという状況です。

大月：非常に面白い研究で、勉強になりました。戦前は三越など他のデパートも、インテリア系とかライフスタイル提案系の部署をもって、展覧会を行なっています。高島屋と他のデパートとの立ち位置の違いはなどはあるのでしょうか。

また、戦前のインテリアデザイン史で言うと、蔵田周忠や形而工房あたりのメンバーが行なっていたこととの関連性があるのかどうか。つまり、高島屋装飾部単体の面白さは研究としてありますが、それを同時代の潮流のなかにどのように位置づけながら我々は聞いたらよいのかを教えてください。

宮井：明治期の百貨店において、最も早く室内装飾に着目し発展させていったのは、三越と高島屋でした。三越は、仕事内容においては、住宅や家具をメインにし、デザインの主旨としては和洋折衷であり、高島屋のように、宮内省関係でありますとか、船舶には重きを置いていなかったことが明らかになっています。高島屋の装飾部は多岐にわたる仕事が特徴的だと言えます。

他に白木屋や松坂屋ももちろん装飾部門はありましたが、現在インテリア会社として単独で独立しているのは高島屋と三越の装飾部だけです。高島屋はスペースクリエイツ、三越は三越環境デザインとして名称を変えて現在も内装業を行なっています。したがいましてこの時期の百貨店インテリア部として社会に影響を与えていたと言えるのは高島屋なのではないかと考えています。

インテリア史における位置づけに関しては、非常に難しい問題です。ただ、研究を通して、私が気づいた点を挙げるとすれば、多岐にわたるデザイン業務を行なっていたことより、インテリア史において高島屋は、“デザインマネージメント”という点で、他の百貨店や建築家との立ち位置が異なっていたことは明確でした。ただ、まだ社会的位置づけは分からない、というのが正直な答えです。

戦後ヤミ市を起源とする都市組織体の変容過程

河川埋立地の権利変動と建築形態に着目して

Name:
青柳 佑
Yu Aoyagi
University:
早稲田大学大学院
創造理工学研究科　建築学専攻
有賀隆研究室

0. 序

研究の背景

大規模な再開発によって都市のありようが劇的に変化していく一方で、個別建替による漸進的な都市変容が存在する。そのような都市変容の要因に着目すると、建物や街区の状況、また所有者を取り巻く社会的状況に応じてさまざまな変容のケースがあり、空間構造が複雑化した現代都市においては、同一地域内にさまざまなケースが混在し、それぞれが相互に影響を与えあう都市組織体として働いていると言えるだろう。近年、都市の持続性や環境に対する関心が高まり、成長期とは異なる都市／建築デザインの方法論が模索されている。そのような見地からみても、都市を取り巻くさまざまな状況の変化に対応した都市変容の論理を明らかにすることは重要であり、今後の都市のありようを考えるうえで組織体としての都市に新しく挿入された構成要素がどのようにして組織化され、持続していくのかを明らかにすることが重要であると考える。

Interview

Q:トウキョウ建築コレクションに参加しての感想
社会に出る直前のタイミングで同年代の仲間たちと知り合えたことや、討論会の場で議論を交わしたことは、自分にとって今後貴重な財産になっていくと思っています。参加してよかったです。どうもありがとうございます。

Q:大学や大学院での活動や研究内容
大学院では都市計画系の研究室に所属し、木造密集地域でのまちづくり活動や小学生とのワークショップなどに携わりました。課外活動では修士1年次に途上国でのワークショップに参加したことが印象に残っています。

Q:修士修了後の進路や展望
修士修了後は住宅ディベロッパーに入社し設計の仕事をする予定です。そこで修行を積み、将来的にはなんらかのカタチで都市デザインに携わっていきたいと思っています。

研究の目的

本研究は、都市を構成する諸要素を有機的な都市組織体として捉える立場から、都市の動態的変化について、建築形態と所有形態の関係に着目しその変容の論理を明らかにすることを目的として設定した。

そのための題材として、本研究では戦後の東京において河川埋立地（図1）へと建設された露店商たちの共同店舗（図2）を取り上げている。河川埋立地とはかつて水面であった場所が土地となり、地権の存在しなかった場所が私有地となる、という戦後東京における大きな転換が起こった場所である。そのような場所において、各地を不法占拠していた露店商たちが移転によって公的に権利を獲得していき、その建築形態においても仮設露店から共同店舗へと形式を変化させていった。

本研究はこのような変容過程における各段階をそれぞれの章ごとに取り上げ、都市組織体の変容過程を明らかにした(図3)。

図1　河川埋立の様子
写真提供:中央区京橋図書館

図2　露店と共同店舗
出典:東京都臨時露店対策部『露店』(1952年3月)

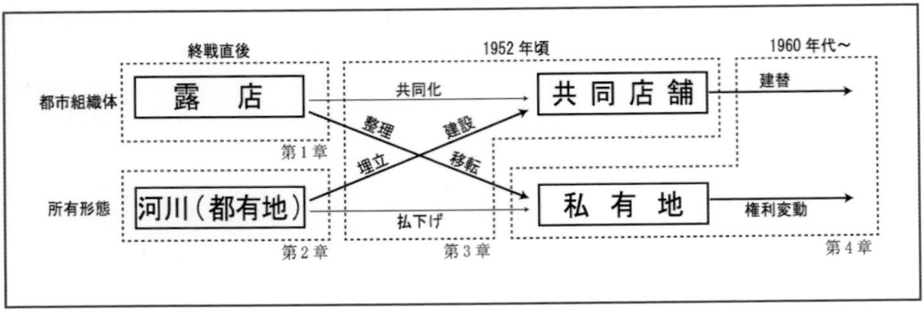

図3　研究の構成と各章の位置づけ
筆者作成

1. 露店整理事業

第1章においては戦災復興期において石川栄耀が携わった事業である露店整理事業について、東京都の資料（註1）を読み解き、実施の背景に働いた政治的・社会的な力の存在を明らかにすることを通して、露店商たちを取り巻く社会生活的な関係性を明らかにした。

終戦直後、配給の遅れによる物資の欠乏から東京各地に発生した露店は、社会的には戦後混乱期の人々が生活していくためになくてはならない存在である一方で、公道上を占拠する露店は復興の障害として認識されており、GHQの指導によって行なわれた露店整理によって姿を消していった。石川が主導した露店整理には「交通保安、防火活動、衛生環境上、都市美観保持上」といった表向きの目的とともに社会秩序の是正（註2）や一時借用地の返還（註3）といった目的があり、東京都は露店整理事業の実施によって露店商たちに協同組合を結成させて共同店舗へ入居させることによって健全な商業体としての育成を図ろうとしていた。また、露店整理の実施にあたっては当局と露店商たちとの間に築かれていた信頼関係が大きな推進力となっており、露店商たちにとっては常設小売店舗との競争の発生によって顕在化された当時の露店という商業形態の限界に対する自覚もそれを後押ししていた（註4）。これらの社会的／政治的な思惑に基づいた力が露店商たちに作用し、その結果として都市組織体（＝露店）はその形式を変化させ共同店舗へと変容を遂げていったのだ。

すなわち露店という建築の存在形式は当時の露店商たちを取り巻く極めて不安定な社会生活的な関係のうえに成り立っていたものであり、露店整理事業とはその存在形式を変容させるきっかけであったのだ。

2. 不用河川埋立事業

第2章では戦災復興期において石川栄耀が携わったもうひとつの事業である不用河川埋立事業の策定に至るまでの過程を公式資料や雑誌記事（註5）をもとに分析を行ない、河川埋立地の形成過程とその場所がもつ意味を明らかにした。

終戦直後、都内には戦災による大量の灰燼が存在しており、その処理は復興のための急務であった。ここで、採用されたのが当時の建設局都市計画課長石川栄耀によるガラで不要河川を埋立て、そうしてできた土地を民間に売却し、事業費回収に充てるというアイデアだった。このようにして石川によって立案された不用河川埋立事業とは、戦前の河濠整理計画［註6］という計画を参照した石川がその目的と方法を踏襲したうえで、石川独自の都市美的な観点を加え、膨大な灰燼の量と予算捻出に対応し、埋立対象河川を増やしていったものであると考えられ(註7)、本研究の主対象となった三十間堀川および浜町川は東京都によって河川の周辺の地区特性を踏まえたうえで、埋立後の土地がもつであろうポテンシャルが高いと試算され、埋立決定がされたものであることが明らかとなった。

このように不用河川埋立事業は当時の社会状況を背景とした灰燼処理、財源充当、失業救済という目的に加えて従前計画の実現、埋立による土地の創出といった意味性を有していた。その後、石川のもと行なわれた露店整理事業で河川埋立地へと露店商たちの共同店舗が誘致されていった事実を鑑みると、不用河川埋立事業は既存の盛り場の近傍に土地を創出することによって賑わいの拡張を目指したものであった。つまり不用河川埋立事業とは土地の造成を手段とした場所性の顕在化であったのである。

3. 河川埋立地への移転と共同店舗の建設

第3章では河川埋立地への集団移転に伴う共同店舗建設のプロセスに着目し、都の事業誌や東京都広報をもとに移転および建設の主体を明らかにするとともに、各種歴史資料の記載項目を統合して作成したデータベースをもとにして共同店舗の立地と空間構成の関連を明らかにし[註8]、移転前後における都市組織体の変容の内実を明らかにした。

露店商達の移転先は、それに伴った共同店舗の建設を通して露店商の活力を活かしながら既存の盛り場の復興・発展も同時に行なっていきたいという都の思惑と、それぞれの業種特性にあった場所を希望した露店商の思惑の相互関係のなかで決定されていった(図4、図5)。そして、その場所に建つ共同店舗の建築形態は周辺地区特性および埋立地という立地特性から決定されていったことが明らかとなった(図6)。

すなわち、戦後期の河川埋立地で起きた変化とは、露店商時代には極めて不安定な立場であった業者が共同店舗への入居と土地の所有権の獲得を通して、都市の中の場所へと社会的・空間的に結びついていった過程であったのだ。

4. 河川埋立地における所有形態の変化

「過去」の変容過程の分析を行なってきた第3章までとは異なり、本章では対象地の「現在」を分析対象としている(註9)。ここでは現在の埋立地において、街区スケールでの建築形態変化と所有形態変化の関係に着目し、登記簿情報と現地調査をもとに埋立地の払下げがその後の建替えに与えた影響とその変容論理を明らかにした。

埋立後の土地はまずは都有地となり、その後分筆され、民間へと払い下げられていった。街区の分筆状況を示す公図と登記簿情報をもとに分析を行なうと、払い下げ直後の土地所有者は組合の場合(A馬喰町エリアおよびC銀座エリア)と個人の場合(B問屋橋エリア)の2種があり、分筆された区画のサイズに着目すると前者は比較的大規模な区画において見られることが多いのに対し、後者は比較的小規模な区画において多く見られる傾向がある。つまり、分筆された区画の規模は集団移転時において露店商たちが希望した権利保有の形式によって決定されたと考えられるのである。

登記簿調査を通じて河川埋立地の権利変動に着目すると、河川埋立地に建設された共同店舗の建替えがその敷地の権利保有者が協同組合から個人、開発業者へと変遷していくなかでなされてきたことが明らかとなった(図7)。また、街区スケールにおける都市組織体の変容段階に着目すると(図8)、細分化された区画に建つ長屋の一部欠落による臨時駐車場化や権利統合による建替えなど、その建築形態の変化に至るまでの権利変動のパターンはさまざまであったが、いずれも権利保有者の内的現実の総体として都市組織体はその形態を変化させてきたと言えるだろう。

現在、共同店舗の区分所有ビル化(註10)によって起きている変化とは、権利所有者の権利基盤が区分所有ビル内の区画へ転化するといった建築形態と所有形態の関係構造の変化であり(図9)、戦災復興期の事業によって形成された河川埋立地という場

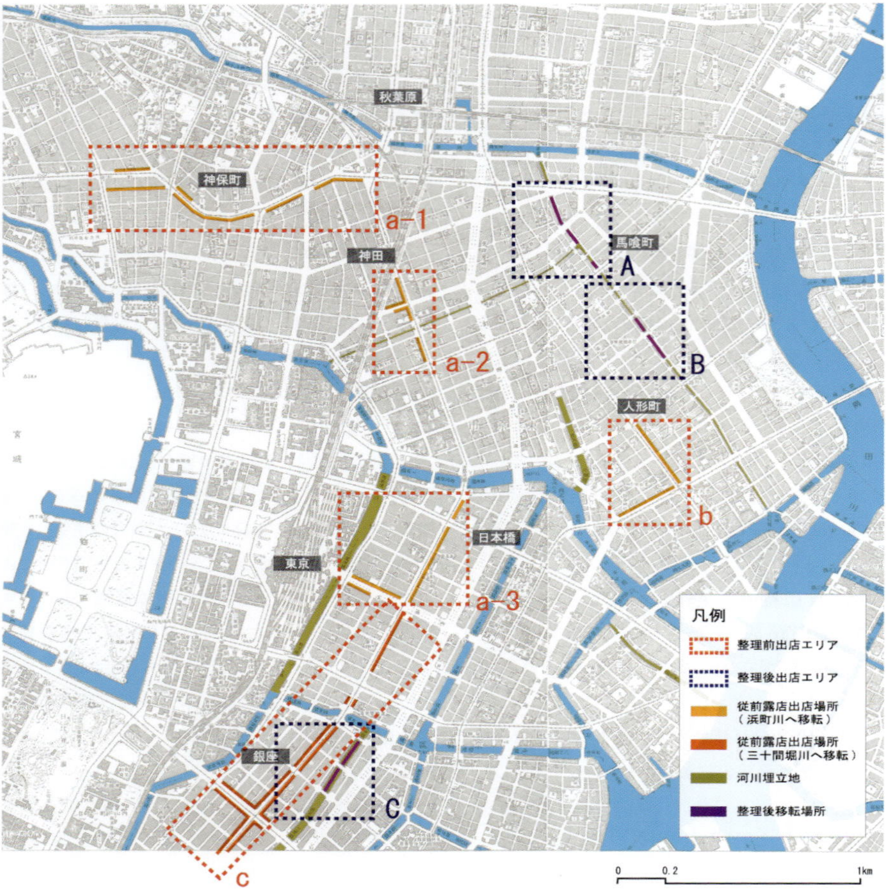

図4　整理前／整理後出店エリア
『明治前期・昭和前期 東京都市地図』（柏書房、1995）に掲載されている1937年の「日本橋地図」をもとに筆者作成

整理後出店エリア	新店舗名称	共同組合名	整理前出店エリア
A 馬喰町エリア	東神田糸ヘン会館	東神田商業協同組合（旧誠文会）	a-1 神保町エリア
	橋本会館	神田橋本商業協同組合（旧小川町商業協同組合）	
	大和会館	神田大和商業協同組合（旧二十日会）	
	馬喰町繊維会館	室町商業協同組合	a-2 神田エリア
	共和会館	神田鍛冶町商業協同組合	
	千代田ユニオン	千代田正睦商業協同組合	
	神田繊維会館	神田駅前商業協同組合	
	クラカケ会館	日本橋商業協同組合	a-3 日本橋エリア
	サカエ会館		
B 問屋橋エリア	名称不明	八重洲商業協同組合	
	問屋橋商店街	問屋橋商業協同組合（旧人形町商業協同組合）	b 人形町エリア
C 銀座エリア	銀一ストア	京橋正睦商業協同組合	c 銀座～八重洲エリア
	新銀座ショッピングセンター	銀座正睦商業協同組合	

図5　新店舗名称と協同組合名称の対応
筆者作成

立地	A. 馬喰町エリア	B. 問屋橋エリア	C. 銀座エリア
建築タイプ	 会館型（マーケット型）	 長屋型（仲見世型）	 デパート型
街区に対する建ち方 店舗への主要導線 (non scale)	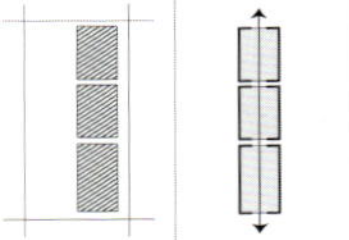 片側・分棟 中廊下	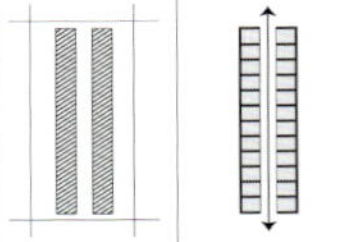 中央・分棟 外部通路	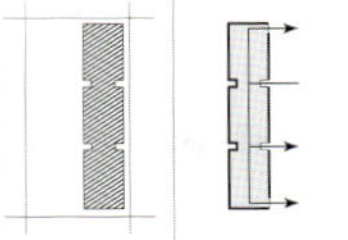 片側・分節 共用玄関
構成単位	一棟 約 7m×18m 程度	一戸 約 2 坪	一棟 約 10m×36m 程度
業種構成	繊維卸	飲食を中心として繊維製品や雑貨も	外国人向け雑貨や飲食など
建設時の土地所有	組合所有	東京都	東京都
典型的な街区の筆割	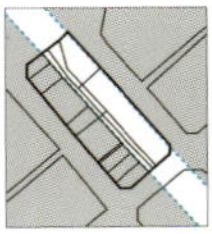	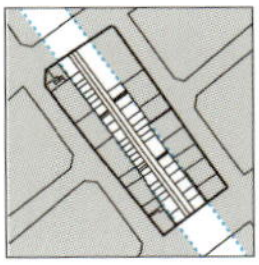	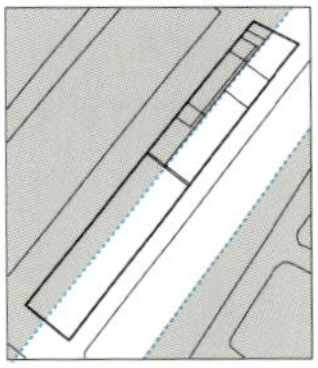
所有形態単位	敷地単位で共同組合が所有	区画単位で個人が賃借	敷地単位で共同組合が賃借

図6　河川埋立地に建設された共同店舗の類型
筆者作成

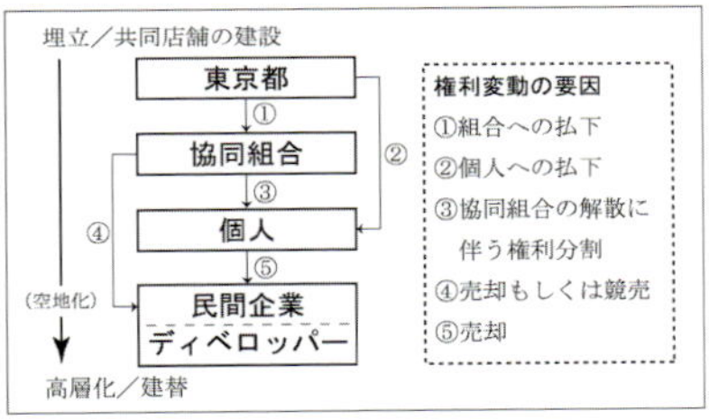

図7　河川埋立地に建設された共同店舗の類型
筆者作成

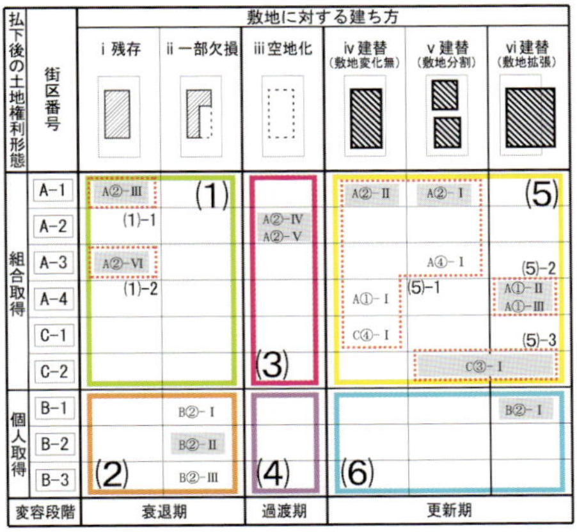

図8　敷地に対する共同店舗の建ち方と払下後の土地取得者
筆者作成

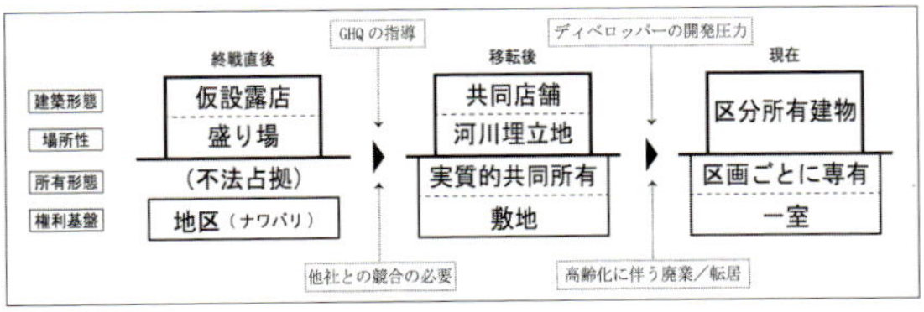

図9　建築形態と所有形態の関係構造の変化
筆者作成

所はまさに今新たな変容の段階へと移行しているのである。

5. 結

まとめと結論

戦災復興期の2つの事業・河川埋立地に建設された共同店舗・埋立地における所有形態の分析を通して、戦後から現在に至るまでの都市組織体の変容構造が明らかとなった。

戦災復興事業における既存の盛り場の賑わいの拡張を目論んだ河川埋立地への露店業者の移転を契機として、共同店舗の形態と連動して決定された埋立地の区画割りがその後の都市組織体の変化の方向を決定付けていった。そして、露店商たちが希望した権利保有の形態が、分筆された区画規模を決定し、その区画規模が再びその後の変容過程における共有か単独所有かといった権利形態を規定してきたのである。つまり埋立地における都市組織体の変容とは、移転してきた露店商たちが敷地内に建ち上がる建築を媒介として土地と結びついていくことで、所有者の内的現実に規定される土地の所有形態と都市空間を構成する建築形態とが相互依存的に変化してきた過程であったのだ。

今後の展望

今後の都市更新にあたっては、都市の自律的変容特性を考慮に入れ建築と都市との一体的な更新戦略を見い出すことが必要である。本研究での分析を踏まえると、この際に重要となってくるのが場所の歴史を辿ることで見えてくるその場所の所有形態の特性を、更新の計画単位（＝スケール）へと結びつける視点であると考えられる。ただし、この点の検証および具体的な方策の検討に関しては本研究では不十分であるため今後の課題としていきたい。

[註]

1）東京都臨時露店対策部『露店』(1952年3月)、東京都商工指導所・税務経営指導協会『露店問題に関する資料』（1952年4月)、東京都建設局『建設のあゆみ』(1953年7月)。

2）大阪市が東京の露店問題に関して調査報告を行なった大阪市行政局『東京都における露店整理問題に関する調査報告』(1949年10月）によると、東京における「露店の全面的整理問題が発生するに至つた原因、動機といつたもの」に関して「東京都当局、警察、業者など本文代に関係のある人々の話を総合し」て露店の背後にある暴力団組織の存在やそれと連関した殺害や盗難などの治安悪化問題を直接的・間接的原因あるいは動機として挙げている。

3）初田香成『都市の戦後——雑踏のなかの都市計画と建築』(東京大学出版会、2011)、遠藤順『戦後ヤミ市を起源とする商業共同体に関する研究』(法政大学2002年度修士論文）によると池袋の「戦災復興会マーケット」など駅前に常設店舗をもっていた組合は整理事業の対象に含まれていないが、新宿の「尾津マーケット」や「和田組マーケット」など駅前にありながらも常設露店であったものは事業の対象に含まれている。すなわち整理の対象となったのは土地を一時的に占有していた露店であった。

4）昭和25年7月30日付けの朝日新聞掲載の「露店撤去に備えて」と題された社説には「品物さえ並べれば売れていった物資欠乏時代やヤミ商品時代と違って、常設の小売店舗との競争上何らかの方向転換を考えねばならぬ時期に来ている事も十分に考慮に入れなければならない。これらの点から見て、露店業者が撤去の方針に積極的に協力しているのは懸命な態度というべきであろう」との記載がある。

5）小島一三「東京都三十間堀川他三河川の埋立事業について」『新都市』2巻8号（都市計画協会、1948年8月)。

6）東京市監査局都市計画課『河濠整理計画』(1936)［中央区京橋図書館地域資料室所蔵］。

7）不用河川埋立事業を立案した石川はその自伝（石川栄耀「私の都市計画史」——『新都市』［都市計画協会］において全5回［6巻4号、6巻5号、6巻9号、6巻11号、6巻12号］にわたって連載された）で「埋めた堀は、埋めなければ不潔で不快で不用な堀なのである。利用上からも都市美上からも何の存在カチのないものであった。それを調べ、都市計画委員会にかけて埋めたのである」と述べている。

ここで着目すべきは石川が「存在カチ」という言葉を選び使用している点である。『河濠埋立計画』の中においては「外濠の存在價値」について「航通上」「保安上」「衛生上」「経済上」などの見地から現状を述べてその存在価値は認められないとしているが、石川も「利用上」および「都市美上」の見地から埋立てた堀についてなんの存在価値はないと断じている。また、石川は「それを調べ」たと記しているが、当時多忙を極めていた石川が一から外濠の存在価値について調査を行なったとは考えづらく、おそらく都に保管されていたであろう河濠整理計画を参照したと考えるのが妥当であろう。

8）共同店舗の立地を復元するうえでは『火災保険地図』(1954)および『東京都商工区分地図』(1953)を使用した。

9）本研究における「現在」とは、調査を行なった2011年11月26日時点のものとする。

10）敷地にマンションなどの区分所有ビルが建設されるとその土地権利は区分所有建物の権利に付随した「敷地権所有権」という権利保有形式となるものが多い。これは敷地の権利と一室の権利を一体化させ別々に処分できないようにしたもので、1983（昭和58）年の区分所有法の改正によって設けられた「区分所有権」という概念に基づくものである。区分所有権とはビルの一室を空中に浮かぶ土地と見立てそこに公的に権利を認めるというものあり、区分所有権の制定は土地権利概念の変遷における大きな転換であったと言える。

コメンテーター・コメント@公開討論会

中島：選んだテーマがよいと思います。誰のものでもなかった河川と河岸地といった共有地が、誰かのものへと細分化されていって、その人の権利になっていく。その典型の例として非常にていねいに追っていて面白かった。

ただ1つ心配なのは、「都市における個別の場所はその土地の所有者たちの内的現実の相対として変質していく」という結論の部分です。戦後、あるいは近代の論理かもしれないが、普遍的な論理ではない。明らかにしたことは正しいんだけど、それがどういう歴史的な意味をもつのかを教えてほしい。

また、今後も土地をもっている人たちが、その土地にしがみつきながら個別に変えていくだけでよいのかとも考えるわけです。東日本大震災の被災地で、なぜ復興が進まないかというと、土地が細分化されすぎていることも理由の1つとして挙げられます。土地個別の論理が優先される法律体系になっている現状では、さまざまな問題が起きている。ですから、歴史的意味だけでなく、現代的な意味、あるいは未来の展望に結びつけられるともっと面白い研究になるのではないかと思います。

青柳：所有権の問題は、「都市がどう変わっていくか」とか、「どういう方向性で変えていくか」という時に重要になります。実際に僕自身が都市計画のプロジェクトを考える際には、所有権とその形というものにこだわってきました。内的現実の相対として変わっていくことが良いか悪いかということに関してなんですが、所有権がどんどん分筆されて細かくなっていくのは近代のシステムであり、個人的にはよくないことだと考えています。中島さんがおっしゃってくださったように、権利がなかった人たちが権利を獲得するまでの変遷を見ていくことである種の近代化の構造を追っていきたいという狙いがありました。所有の形と建築の形に関わるシステムは変わっていく必要がある。マンション化、区分所有化された後にどのような方策が必要なのかについては、自分自身のなかではまだそういった検討の段階には至っていないのが現状です。しかし、大きなものが分筆されてどんどん個人へと移っていくという流れが、ひとつ確認できました。そこを今後は逆に「更新の計画」として、権利のスケールと所有形態を結びつけて空間的に変えていく単位を考える視点が重要だと考えています。今後の課題にしていきたいと思っています。

大月：知りたいと思っていたところを調べてくれたというような論文で、高く評価しています。一方で気になるのは、所有形態の議論に終始している点です。所有形態ではなく、土地と建物がどのような権利において登記されているのかを調べないと制度的な検討には及ばないのではないでしょうか。利用する人の権利も、利用権、地上権、借地権とさまざまあります。今の区分所有で割り切った社会以前にはもっと多様な可能性をもった所有利用の関係がさまざまにあったはずですが、区分所有法をつくることで単純化されてしまった。だから震災の後に対応できないような事態になっていると思うんです。未来に切り開いていくために、登記簿を調べ上げられるともっと説得力のある提案になるんじゃないかと思いました。

青柳：この研究では、都市が変わっていく時に借地権などは大局的に見て大きな影響を及ぼさないだろうと考え、所有権に限ったんです。しかしご指摘にあったように、区分所有法ができてから構造が変わったのも事実なので、昔の所有のされ方、使われ方も重要だと思っています。

大月：利用権を所有権に転換することが、誰のものでもない土地を誰かのものにするすべての出発点ですからね。そこをもうちょっと突っ込んだほうが良かったんじゃないかなということです。

神奈川県旧藤野町の農村舞台に関する研究

地域社会における芸能文化の役割とその変遷

Name:
玉木裕希
Yuki Tamaki
University:
横浜国立大学大学院
工学府社会空間システム学専攻
建築学コース 建築史・建築芸術研究室

1. はじめに

本研究の目的は神奈川県旧藤野町域の農村舞台調査を通じて、地域社会における芸能文化の位置づけの変容を考察し、今後の成熟社会を構築していくうえでの手掛かりを模索することである。

江戸末期から明治初期にかけて、それまで三都を中心とした都市文化であった歌舞伎や人形芝居が地方へ広がり、全国各地の農山漁村で地域住人たち自身が役者となって演じる地芝居が盛行した。地芝居は地域の祭礼に取り入れられながら奉納行事の一部として発展し、それを演じるための舞台として主に地域の氏神を祀る神社境内に農村舞台が建設された。村落共同体によって農村舞台は建造・維持され、奉納の場であるとともに住人の娯楽の場、社交の場として機能していた。

農村舞台に関する本格的研究は、松崎茂氏（1913−1964）によって昭和20年代より開始され、昭和42、43（1967、1968）年の角田一郎氏（1907−）らによる全国規模の総合調査では、2,000棟近くの農村舞台の存在、全国分布状況な

Interview

Q:トウキョウ建築コレクションに参加しての感想
各々の分野や大学で完結しがちな修士論文ですが、真剣にフィードバックをいただけるTKCは非常に貴重な場だと思います。自分の思考を晒すのは不安だし、恥ずかしいし、怖いけれど、その先にしか得られないものを知りました。

Q:大学や大学院での活動や研究内容
私の在籍していた研究室は個人の興味や個性を重んじる風潮なので、大学内外問わず興味あることがあれば、自由に首を突っ込んでいました。たくさんの信頼できる魅力的な人々と出会えたことが財産です。

Q:修士修了後の進路や展望
素敵な空間とそれを巡る物語を、たくさんの人々に伝えていきたいです。

どの概要が明らかにされた。ここに農村舞台研究の基盤が確立されたと言える。しかし以降、全国規模の調査は行なわれておらず、未調査地域に存在する舞台や時代の変遷により廃絶した舞台もあるのではないかと推測される。またこれまでの建築学分野における農村舞台研究は分布調査や舞台機構に関する研究が主であり、地域社会における農村舞台使用変遷という視点からの現代に連なる時間軸を含めた研究は少ない。

本研究では神奈川県旧藤野町域の農村舞台に対象を限定したうえで、実測・聞き取り・文献調査を行なう。そしてその生成から発展、衰退の変遷を地域社会背景と絡めて明らかすることを試みる。

2. 旧藤野町域の農村舞台

先行研究によると神奈川県下には、現存・廃絶含め92棟の農村舞台の存在が確認されている（註1）。旧藤野町は神奈川県旧津久井郡の最北西部に位置した町である。平成22（2010）年に相模原市緑区の一部となり、現在「藤野町」という行政区域名は存在しない。7つの村が合併して形成された町であり、旧村名は現在も地区名として残る。さらに地区内には観念的な圏であり村落共同体の単位である集落が存在する。

旧藤野町域の農村舞台のうち、地芝居が盛行した江戸末期から明治期に建造された現存3棟を主対象として実測調査および聞き取り調査をもとにその様相と使用状況を整理する。

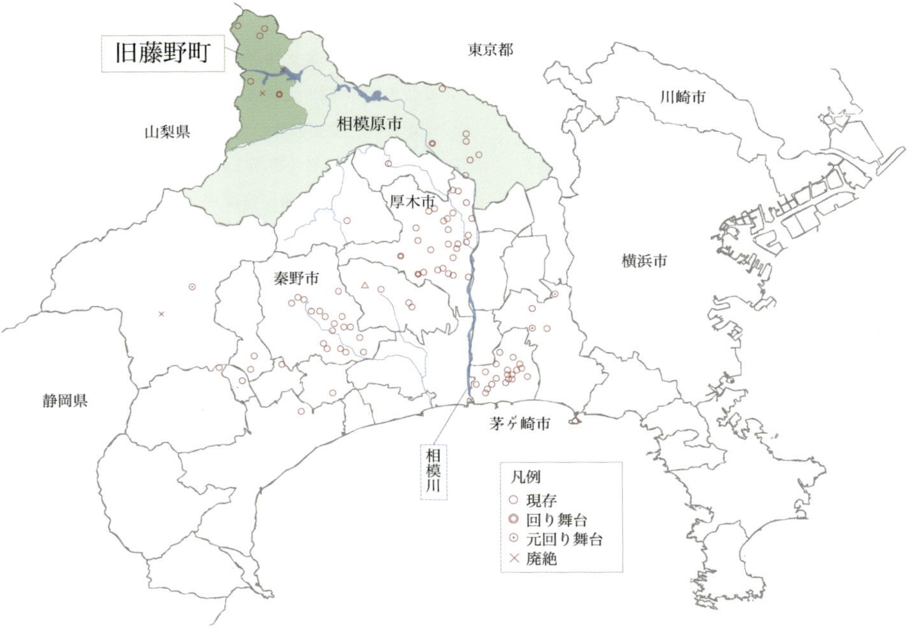

図1　神奈川県の農村舞台分布図
神奈川県下には92棟の農村舞台の存在が確認されている。
なお、これは主に昭和30（1955）年から昭和49（1974）年に至る20年間の調査結果なので、
現在における残存・廃絶の状況は不明である。
その分布の様子を見ると、中西部山麓地帯、相模川流域地帯の舞台群に大別される。
『農村部隊探訪』（角田一郎編、和泉書院、1994）および横浜国立大学による古民家調査をもとに筆者作成

2-1. 石楯尾神社（佐野川）の舞台

佐野川地区上岩集落に位置する。本殿に観客席となる空地をはさんで正面して建つ。近年、屋根葺替え、床組改装を行なっている。中央には参拝者のための幅2間の通路が設けられており、平常は境内の門の役割を果たす。南面から見ると割拝殿風に見えるが、北正面より見ると間口を全面開放した農村歌舞伎舞台の様相を見せる。中央通路には床を仮設するための細工が施されており、舞台使用時は床材を架け空間を拡張して、一面床として使用する。舞台機構としては、舞台西側高所に太夫座（出語り）が設けられている。この太夫座には舞台後半部に設けられた中2階から小階段で降りて接続する。この中2階は、正面6間・側面2間半の広さであり地芝居上演当時は楽屋として使用されていたが現在は物置となっている。中2階、太夫座とも吊束構造による。昭和10（1935）年頃にはすでに地芝居は開催されなくなっていたようで、その後は神社祭礼時に歌謡ショーやお囃子上演等に使用されている。平成8（1996）年には「第4回藤野復活村歌舞伎」公演の会場として使用された。

2-2. 八幡神社（佐野川）の舞台

佐野川地区鎌沢集落入口に位置する。観客席となる空地をはさんで本殿と正面する。平成16（2004）年に茅葺からステンレス葺に屋根を葺替えており、床組も近年改装されている。舞台中央西寄りに幅2間の通路を設けており平常は境内の門の役割を果たす。通路には床材を仮設するための細工が施されており、舞台使用時は床を架けて使用する。舞台西側高所にややせり出して太夫座が設けられている。せり出し部分上部を一部吹き抜けとし採光を確保している。常設楽屋は設けられていない。地芝居は、昭和21（1946）年の奉納芝居を最後に行なわれていない。昭和中期は大衆演劇一座を招き、公演を行なっていたが、現在の舞台使用はほぼないようである。

2-3. 大石神社（牧野）の舞台

牧野地区篠原集落に位置する。昭和24（1949）年茅葺より亜鉛葺へ、昭和61（1986）年亜鉛葺から銅板葺へ屋根を葺き替えている。舞台は拝殿を兼ね、本殿が安置されている覆屋に接続して建つ。正面間口の大虹梁にはその両端に彫刻が施されている。舞台南側の下屋は昭和61（1986）年に全面改造され前半部を神輿安置場、後半部を社務所とする。正面間口の舞台北側高所には太夫座が北にやや角度をもってせり出して備えられている。この太夫座には舞台後半部に設けられた中2階から接続する。中2階は正面5間・側面2間の広さで、舞台使用時は楽屋となる。舞台中央には歌舞伎上演時の場面転換装置である直径約15.4尺の正円形の回り舞台が、舞台正面寄り左右の床にセリ上げが備えられている。昭和30年代までは地芝居が上演されていた。昭和40年代からは祭礼時に大衆演劇一座を招いた公演、演芸大会等が催されていたとのことである。平成5－22（1993－2010）年には「大石神社奉納人形浄瑠

図2　旧藤野町域の地区名および集落分布の様子
旧藤野町はもともと佐野川村・沢井村・吉野村・小渕村・名倉村・日連村・牧野村の七つの村が合併して形成された町であり、旧村名は現在も地区名として残っている。さらに地区内には観念的な圏であり村落共同体の単位である集落が存在する。
『藤野町史通史編』（藤野町、1995）をもとに筆者作成

璃」として回り舞台機構を使用した人形芝居公演が行なわれた。また平成23（2011）年10月には「第20回藤野復活村歌舞伎」記念公演が開催された。

2-4. 建築的特徴

佐野川地区に位置する両舞台は非常によく似た形式をもつが、石楯尾神社の舞台には中2階が備えられている点、吊束構造により細材を用いながらも支柱のない軽快な空間を実現している点などから八幡神社の舞台よりも手が込んだ舞台建築と言える。大石神社の舞台は本格的な歌舞伎機構を備え、本殿と舞台が接続し同じ向きに建つ形式は全国的に見ても珍しい。

3. 旧藤野町域にみる芸能文化の変遷

農村舞台調査結果および江戸末期から現代までの旧藤野町域の社会背景（註2）から、地域における地芝居（村歌舞伎）の役割の変容を4期に分けて考察する。

3-1. 生成期（江戸中期—末期）

当域にて最初に地芝居が盛行したのは、石楯尾神社、八幡神社の両舞台建造年代から分かるように北

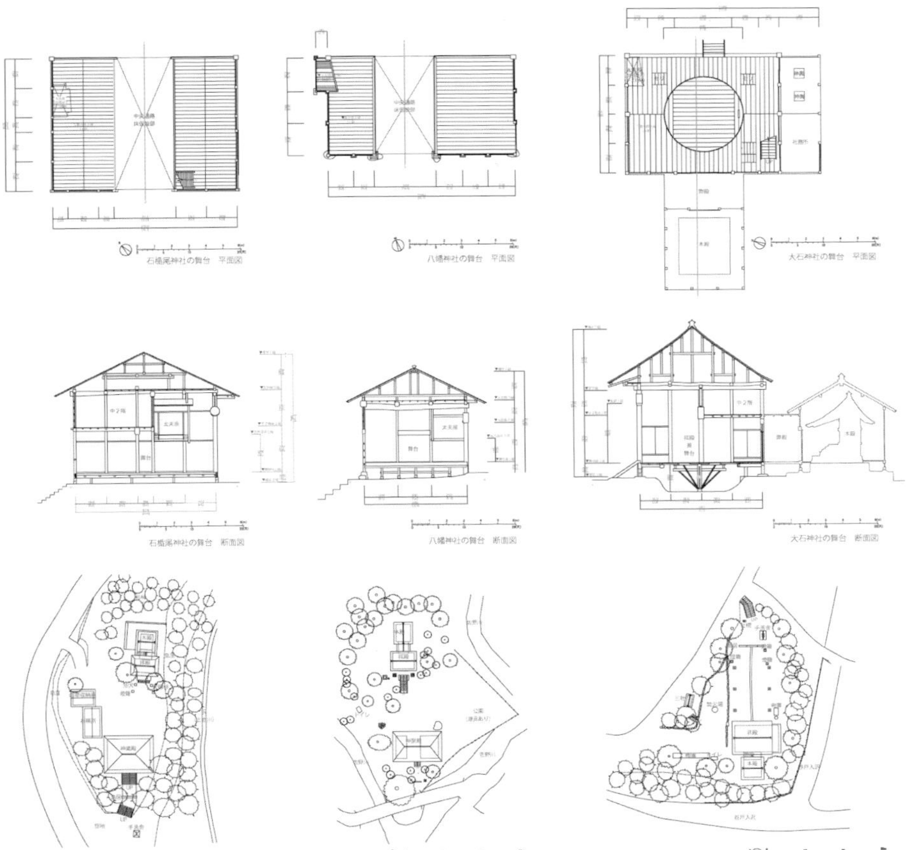

図3　調査事例実測図面
平成23（2011）年11月から平成24（2012）年1月にかけて行なった実測調査をもとに現状図面を作成。
作図:横浜国立大学建築史・建築芸術研究室（玉木裕希＋遠藤祐紀＋加瀬崇敦＋木村智＋海老澤一樹）

名称	石楯尾神社の舞台	八幡神社の舞台	大石神社の舞台
正面外観			
建立年代	弘化2（1845）年 建立	元治元(1864）年 建立	明治29（1896）年 改築
所在地	佐野川地区上岩 石楯尾神社境内	佐野川地区鎌沢 八幡神社境内	牧野地区篠原 大石神社境内
氏子	上岩集落	和田・鎌沢・上河原集落	篠原・牧馬集落
本殿との位置関係	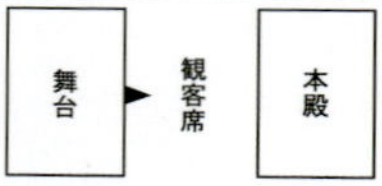	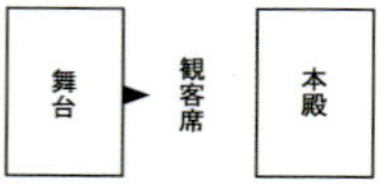	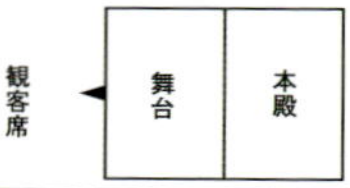
舞台方位	北向き	北向き	東向き
用途	門・神楽殿	門・神楽殿	拝殿・神楽殿
平面規模	正面6間×側面4間半	正面6間×側面3間半	正面5間×側面4間
中2階	舞台南側後半部 正面6間×側面2間半	無	舞台西側後半部 正面5間×側面2間
大虹梁	円形断面 直径約1.7尺	長方形断面 幅約1尺×丈約2尺	長方形断面 幅約1.1尺×丈約1.8尺
舞台機構	太夫座	太夫座	太夫座・回り舞台・セリ
屋根形態	寄棟造 瓦棒金属板葺（もと茅葺）	寄棟造 ステンレス葺（もと茅葺）	切妻造 銅板葺（もと茅葺）
地芝居上演	－昭和21年以前	－昭和21年	－昭和40年以前
復活村歌舞伎上演	平成8（1996）年	無	平成23（2011）年
その他 舞台使用状況	祭礼時には現在も舞台を使用する。プロを招いた歌謡ショーや住民による演芸大会などを開催している。	60年程前には大衆演劇一座を招いた公演を行なっていた。現在舞台を使用する機会はほぼない。	平成5－22（1993－2010）年の間、回り舞台を使用した「大石神社奉納人形浄瑠璃」を開催していた。

図4　調査事例農村舞台の比較表
佐野川地区に位置する石楯尾神社の舞台と八幡神社の舞台は
中央通路をもつ割拝殿形式で類似している。
大石神社は本格的な回り舞台機構を備え、大胆な装飾が随所になされており、
他の舞台と比べても豪奢な建築といえる。

部の佐野川村であった。その理由として、甲州道中の脇往還である佐野川往還の存在が挙げられる。旧藤野町域には吉野宿と関野宿という2つの甲州道中の宿場が存在した。これら主道路沿いではなく佐野川往還沿いに地芝居が生成した理由としては、①宿場近辺は他の娯楽が豊富だったこと、②当時地芝居は禁止されていたため比較的目立たない奥地で上演されたこと、が考えられる。脇往還を通じて都市文化が伝播しながらも娯楽の少ない山間地域であった佐野川村で、祭礼時の奉納行事として歌舞伎が上演されるようになり地芝居が生成した。両舞台とも平時は境内の門として機能する。これは当時十分な建設費用がなかったことも理由として考えられるが、地芝居が禁止されていた情勢下、別の機能を付加すること

で取締を避ける意味もあったと推測される。わずか20年足らずの間に同村内に2つの本格農村舞台が建てられたという事実は、都市芸能であった歌舞伎が、禁令にもかかわらず一種の流行として急速に地域社会に浸透していった様子を示す。

3-2. 発展期(江戸末期—昭和初期)

当域にて地芝居が最も盛んに行なわれたのは明治から大正期にかけてである。町域南部牧野村の大石神社拝殿大改造により、回り舞台機構を備え、大胆な装飾を施した本格農村歌舞伎舞台が出現した。大石神社の舞台は拝殿を兼ね、本殿に背を向ける形で東向きを正面として建つ。本来は氏神に対する奉納行事の地芝居であるが、この頃には地域の娯楽としての意味合いが強まっていたと考えられる。またこの時期の養蚕・織物業盛行と地芝居発展の関係性も注目される。江戸末期から町域全体で行なわれていた農閑期の養蚕は、明治期に入ると一層盛行する。養蚕・織物業の生産高増加により、芝居道具や歌舞伎衣装へ投資する余裕が生まれた。日常生活のハレの場として農村舞台が機能し、地域社会の娯楽として村歌舞伎が定着していった。

3-3. 衰退期(昭和初期—末期)

昭和期に入り当域の地芝居は急速に衰退する。それは、①繭価低落による農民生活深刻化、②戦争による地芝居中断、③産業構造の変容に伴う村落共同体の解体、など戦中戦後の急速な社会変化に伴う諸々の理由が挙げられる。佐野川地区の地芝居は昭和10年頃から行なわれなくなり、終戦後の昭和21(1946)年に八幡神社で奉納芝居が上演されたのを最後に消滅した。牧野地区の地芝居は、昭和30年頃まで大石神社で行なわれていたが、後継者不足により昭和40(1965)年記念公演をもって消滅した。農村舞台の多くは地芝居上演の場としての役割を失い、全国的にも廃絶の例が多くなる。地芝居上演はなくなったが、対象3舞台は改修を加えられながら維持された。これら建物が歌舞伎舞台の機能以外に神社の一部機能を担っていたことも理由に考えられる。また地域共同財の立派な建物として扱われていた背景もあるだろう。新たな娯楽が次々と導入されたこの

図5　藤野町の芸能文化変遷の様子
農村舞台調査結果および江戸末期から現代までの旧藤野町域の社会背景から、地域における地芝居(村歌舞伎)の役割の変容を、生成期・発展期・衰退期・再生期の4期に分けて考察。

時期、地芝居は時代遅れとなり地域の日常から乖離していった。一方、一部の農村舞台は歌舞伎上演の場としての役割を失いながらも鎮守の社頭の要素として残存した。

3-4. 再生期（昭和末期—現代）

近年、村歌舞伎と農村舞台を地域文化として見直す動向がある。当域では、昭和61（1986）年の「藤野ふるさと芸術村構想」提唱（註3）以降、地芝居・農村舞台ともに再生の兆しを見せる。平成期に入り発足した「藤野歌舞伎保存会」は町域全体からかつて地芝居上演に関わっていた人々が集い、平成4（1992）年より毎年公演を行なっている。主に公民館や体育館を会場としているが、平成8（1996）年には石楯尾神社舞台にて、平成23（2011）年には大石神社舞台にて「藤野復活村歌舞伎」が上演された。また、平成5（1993）年には「大石神社奉納人形浄瑠璃」上演が開始された。これは地域に移住してきた人形遣いが発起人となり住人に働きかけて始まったものである。回り舞台や客席の工夫によって舞台を活かし、新旧融合した質の高い芸能空間を創り出している。高度成長期を終え、生活において文化面での豊かさを求められる傾向が強まるなか、かつての庶民娯楽であった村歌舞伎と日常に埋もれていた農村舞台は、それ自体が地域固有の価値ある文化として認識されつつある。

図6　藤野復活村歌舞伎の様子
大石神社の舞台にて開催された「第20回藤野復活村歌舞伎」（平成23[2011]年10月2日）の様子。
筆者撮影

4. まとめ

対象地域の調査・考察を通じて、かつては一種の流行ものであった庶民娯楽が、地域の日常生活の一部として定着し、衰退期を経て、地域固有の文化へ昇華する過程を見ることができた。新旧問わず芸能文化の多くはその制作段階から人々に時空間の共有体験を必要とする。また優れた芸能文化は世代や価値観を超えて人々に感覚の同調を促し「そこにしかない体験」を提供する。これらが循環することによって、地域共同体が保たれその強度を増していく。農村舞台はこれらを享受する場、地域力の集積する場として、時にその役割を変えながらも地域社会に存在してきた。かつての村落共同体の顕れである農村舞台に現代における利用価値を見い出していくことで、新たなコミュニティ生成と地域内外の交流を促すことが可能ではないか。地域の共同財である農村舞台は過去の遺物ではなく、新たな文化創出の場として、現在・未来においても機能し得る可能性をもつものであり、本研究がそのための基盤となれば幸いである。

［註］

1）角田一郎編『農村舞台探訪』（和泉書院、1994年）より。本研究における農村舞台認定基準は同著にある「農山漁村にある近世芸能を上演する舞台で営業用でないもの」に従う。

2）『藤野町史　通史編』（藤野町、1995年）、木村礎『封建村落その成立から解体へ』（文雅堂書店、1958年）を主な参考文献とする。

3）当時の藤野町と神奈川県が共同で提唱。戦中・戦後に疎開芸術家たちを地域で受け入れた素地から、地域活性化の方向性として芸術を核とすることが示された。

コメンテーター・コメント@公開討論会

今村：発表では主に3つの事例を選ばれていましたが、それぞれ非常に印象的でした。石楯尾神社と八幡神社はいずれも農村舞台への入り口が門であり聖域のゲートとしてある。また、大石神社では舞台が拝殿になっている。これもかなり特徴のある形式だと思うんです。いずれもこの地域に特徴的なものなのでしょうか。

玉木：今回7つの舞台を選定したんですけれども、門の形式になっているのは石楯尾神社と八幡神社の2つで、拝殿を兼ねているのは大石神社ともう1つありました。でもそちらには歌舞伎の機構はなくて、ほぼ拝殿として使っており、たまに歌舞伎を上演するという使われ方でした。

倉方：面白い研究ですよね。敗戦を経て戦後、支配者階級のものだけではなく、庶民階級のものも建築史の対象としてきちんと捉えなければいけない。あるいは実践に役立つ研究でなくてはいけないという文脈で民家調査が行なわれる。戦前の伊東忠太や今和次郎とは違って、学術的な緻密さをもって民家研究がなされるわけですが、建物単体での変遷や実証に重きを置いて徹底的に調査することで、すべてやりつくされたような感じになってしまった。しかし、この研究が示唆しているのは、いやそうではないと。緻密に史的研究を行ないながらも、戦前の民家調査にあった、建物が周囲のコミュニティの中でもっていた意味も含めて捉えていく部分を高く評価します。

舞台であることを逃れようとして、あるいは舞台ではないことを表わすために、こういった形式をもつことや、村のどこに神社が建ってるいるかという場所の問題－建築的な形や空間、集落における位置づけ－が、現在のコミュニティにおいては、どのように再解釈され、使われていくような可能性があるのか、発表にはありませんでしたが、そういったことを見据えていらっしゃるとお見受けいたしました。

この建物がもっている固有の空間性、あるいは集落における立ち位置が、成立の背景とは別に、今の時代でどのように再解釈され、新たなコミュニティや賑わいの創出につながっていくのか。そういった可能性についてはどのように考えていますか?

玉木：近年、この地域には豊かな自然や環境を求めて都会からの移住者が多く見られます。新しくやって来た人々が舞台に価値を見い出して、もともと住んでいた人々に働きかけて舞台を再び使い始めるといったことが起きていて、そういう意味で新旧の接点となる可能性を感じます。

倉方：この舞台がもっている大きさ、あるいは境内の中でどこを向いて建っているのかというような、建築的な構えが、新しい舞台をやったり、祭りをやったりする時に、だからこそうまく使えるというような再解釈とか、再転用のあり方としてなにか気づかれたことはありますか?

今村：そもそも昔は村落的な共同体のなかで、ものすごく意味がある場所だった。現在はそういう共同体がない。そうするとその建築のもつ意味は絶対にずれてきているはずです。そこで、現代的な文脈で読み替えをしてうまく使える方法があるのかを探ってみることも重要ではないかというご質問だと思います。

玉木：自然に囲まれながら舞台としての機能を保持している点が魅力だと思いますので、そこに着目して使い方を提案していきたいと思います。

今村：最初の定義で、農村舞台は営業用ではないとありました。かつては今年は豊作だったからというように、なにかあると皆で神社に自然と集まって、お酒飲む。そのうちに場が盛り上がってくると舞台を使って踊りが始まる。そんな使われ方をしていたのではないか。すなわち現代において再解釈、再利用をしようというときに、あらかじめなにかやろうとわざわざイベントを開くのではなく、自然と人々が集まってなにかが始まる公園のように農村舞台を読めていけたらよいのではないかと思います。

Reciprocal Frame構造による木造自由曲面架構とその構法に関する研究

Name:
福原光太
Kota Fukuhara

University:
横浜国立大学大学院
工学府社会空間システム学専攻
建築学コース 建築材料・構法研究室

1. 研究概要

1.1 研究背景

近年木材を利用するための取り組みが各地で行なわれている中で、その構法的展開には2つの方向性があると考えられる。まず1つは集成材等の新しい性能をもつ部材開発や、他素材とのハイブリッド化による規模の巨大化と形態の複雑化。もう1つは一般製材品を用いた新しい構法の開発によるさまざまな場面での木材利用の促進という方向性である。

本研究では後者の方向性に沿う、一般製材品を用いてこれまで不可能であった長大なスパンや多様な形態を構築可能な新しい構法を提案し、その性能を検証することを目的とする。木材が備える流通性や加工の容易さといった汎用性に加え、多様な形態を許容する柔軟性が加えられることで、木造建築の新たな可能性が示せると考えた。

1.2 研究対象

考案する架構の2つのコンセプトとして、施工のしやすさや架構の成り立ちの分かりやすさといった〈単純性(simplicity)〉多様な規模や形態を構築可能な、これまで整合性として捉えられていた合理性に代わる新しい合理性としての〈柔軟性(flexibility)〉を挙げる。

Interview

Q:トウキョウ建築コレクションに参加しての感想
建築について日々考え行動している全国の同年代の人たちと知り合い、プレゼンテーションを行ない、この場でなければいただけない貴重な意見を審査員の方々にいただけたことなど、大変楽しい時間を過ごすことができました。

Q:大学や大学院での活動や研究内容
研究室ではゼミや、建具や空気膜構造のスタディ、製作を行ない、研究室以外のところでは、設計コンペへの参加や設計事務所でのアルバイトを行なっていました。

Q:修士修了後の進路や展望
設計事務所勤務予定です。

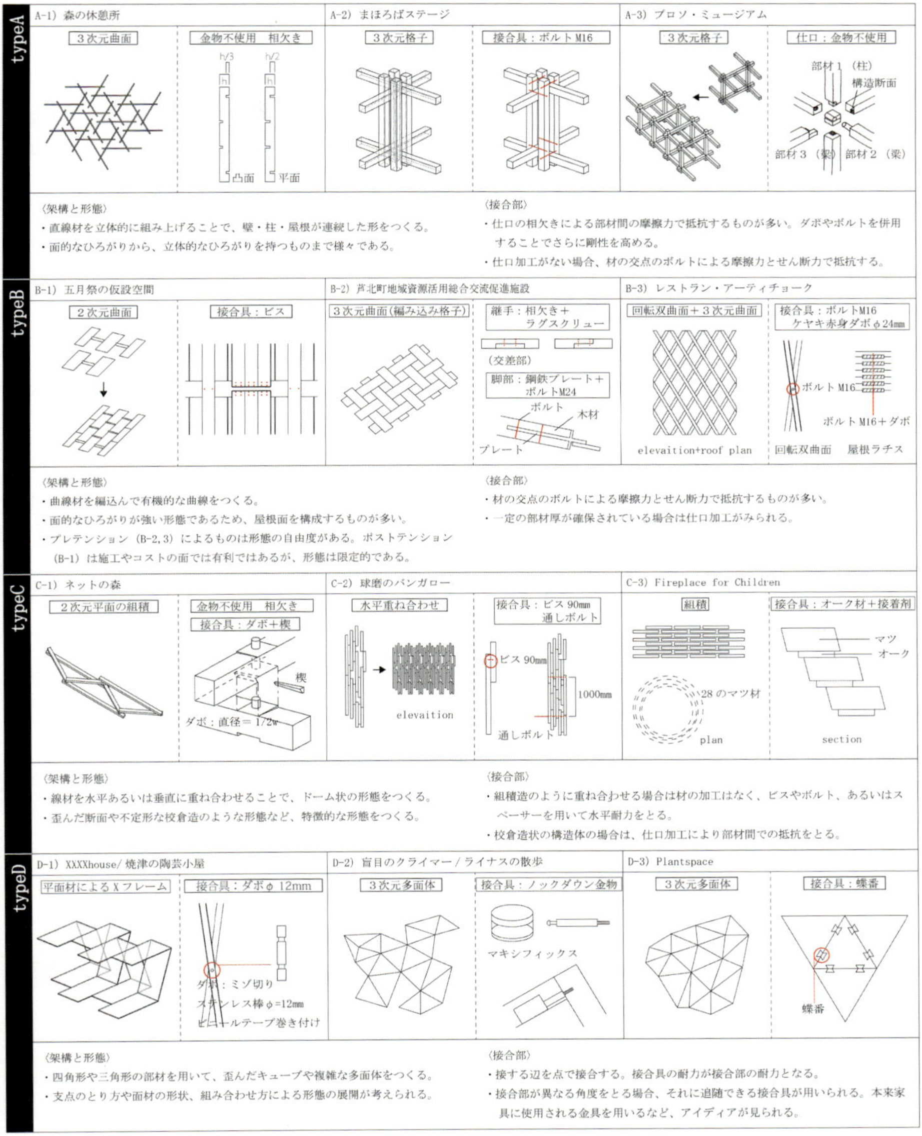

typeA
A-1) 森の休憩所
3次元曲面
金物不使用　相欠き
h/3
h/2
h
凸面
平面
A-2) まほろばステージ
3次元格子
接合具：ボルトM16
A-3) ブロソ・ミュージアム
3次元格子
仕口：金物不使用
部材1（柱）
構造断面
部材3（梁）
部材2（梁）
〈架構と形態〉
・直線材を立体的に組み上げることで、壁・柱・屋根が連続した形をつくる。
・面的なひろがりから、立体的なひろがりを持つものまで様々である。
〈接合部〉
・仕口の相欠きによる部材間の摩擦力で抵抗するものが多い。ダボやボルトを併用することでさらに剛性を高める。
・仕口加工がない場合、材の交点のボルトによる摩擦力とせん断力で抵抗する。
typeB
B-1) 五月祭の仮設空間
2次元曲面
接合具：ビス
B-2) 芦北町地域資源活用総合交流促進施設
3次元曲面（編み込み格子）
継手：相欠き＋ラグスクリュー
（交差部）
脚部：鋼鉄プレート＋ボルトM24
ボルト
木材
プレート
B-3) レストラン・アーティチョーク
回転双曲面＋3次元曲面
接合具：ボルトM16　ケヤキ赤身ダボφ24mm
elevaition+roof plan
ボルトM16
ボルトM16＋ダボ
回転双曲面
屋根ラチス
〈架構と形態〉
・曲線材を編込んで有機的な曲線をつくる。
・面的なひろがりが強い形態であるため、屋根面を構成するものが多い。
・プレテンション（B-2, 3）によるものは形態の自由度がある。ポストテンション（B-1）は施工やコストの面では有利ではあるが、形態は限定的である。
〈接合部〉
・材の交点のボルトによる摩擦力とせん断力で抵抗するものが多い。
・一定の部材厚が確保されている場合は仕口加工がみられる。
typeC
C-1) ネットの森
2次元平面の組積
金物不使用　相欠き
接合具：ダボ＋楔
楔
ダボ：直径＝1/2w
C-2) 球磨のバンガロー
水平重ね合わせ
接合具：ビス90mm　通しボルト
elevaition
ビス90mm
1000mm
通しボルト
C-3) Fireplace for Children
組積
接合具：オーク材＋接着剤
28のマツ材
plan
マツ
オーク
section
〈架構と形態〉
・線材を水平あるいは垂直に重ね合わせることで、ドーム状の形態をつくる。
・歪んだ断面や不定形な校倉造のような形態など、特徴的な形態をつくる。
〈接合部〉
・組積造のように重ね合わせる場合は材の加工はなく、ビスやボルト、あるいはスペーサーを用いて水平耐力をとる。
・校倉造状の構造体の場合は、仕口加工により部材間での抵抗をとる。
typeD
D-1) XXXXhouse/焼津の陶芸小屋
平面材によるXフレーム
接合具：ダボφ12mm
ダボ：ミゾ切り
ステンレス棒φ=12mm
ビニールテープ巻き付け
D-2) 盲目のクライマー／ライナスの散歩
3次元多面体
接合具：ノックダウン金物
マキシフィックス
D-3) Plantspace
3次元多面体
接合具：蝶番
蝶番
〈架構と形態〉
・四角形や三角形の部材を用いて、歪んだキューブや複雑な多面体をつくる。
・支点のとり方や面材の形状、組み合わせ方による形態の展開が考えられる。
〈接合部〉
・接する辺を点で接合する。接合具の耐力が接合部の耐力となる。
・接合部が異なる角度をとる場合、それに追随できる接合具が用いられる。本来家具に使用される金具を用いるなど、アイディアが見られる。

図1　架構typeA～Dの「形態の構成原理」と「接合部の詳細」（15の実例より抜粋）

構造物の規模は、これまで小断面の部材ではほとんど実例のない10 ～ 20mほどの空間構造、形態は任意の用途や敷地などの周辺環境に柔軟に対応でき、幾何学的な形態の制限のない自由曲面架構とする。

次に木造構法の新しさを捉える指標として、幾何学・部材・建材の新しさの3つを定義する。それぞれ建築の形態・規模・構成・耐力を決定する重要な指標となると考えられる。本研究では幾何学の新しさを形態の構成原理、接合部の新しさを接合部の詳細の視点から考察し、建材の新しさについては一般製材品の利用が前提としてあるので考察外とした。

研究の流れは、まず新しい架構の考案にあたって、具体的な木造建築の実例の分析と考察を行ない、その分析と考察をもとに、新しい木造自由曲面架構として三角形ユニットを基本とするReciprocal Frame構造を考案、基礎的な性能に関する考察を行なった。その後、架構の縮小モデルを実際に製作し、加力試験を行なうことで施工性能と構造性能の把握を行なった。

2. 実例の分析と考察

「木材のみで成立している構造体であること」「架構が単独で空間の骨格をつくっていること」の2点に基づいて、「新建築」、「a+u」の過去10年内に発表された作品より、15作品を抽出した。

分析では、まず形態の構成原理と接合部の詳細に着目し、簡略的に図化し比較できるかたちにした。次に形態の構成原理の比較・分析から4つの架構typeを抽出し、類型化を行なった。typeAは直線材の立体的展開による架構、typeBは曲線材による架構、typeCは直線材の積層による架構、typeDは面材による架構となる。接合部の詳細の分析も加え、各typeの空間・形態・接合部の特性について考察を行なった(図1)。

3. typeAからの発展 –Reciprocal Frame構造の考案

3.1 Reciprocal Frame構造の発見

先の実例の分析から本研究に最も適合する架構はtypeAであると考えられた。typeAの特性からは一般製材品を用いた空間構造、多様な形態、幾何学と架構の関係性、接合部処理の多様性、選択性といった点が読み取れるためである。

そこで架構typeAの実例をもとに、まず幾何学と形態の関係性の観点からスタディを重ね、三角形ユニットを基本とし、三角形により構成される多角形とその組合せにより多様な自由曲面架構を形成可能なReciprocal Frame構造を発見した(図2)。六角形は一方向、七角形以上は二方向の曲率をもつ。Reciprocal Frame構造とは、部材が偏心した状態で交互に支持し合い、部材の接合の基本に摩擦機構を使う構造システムである。木造建築の屋根架構では古くからこの構造システムをとるものがあり、近年

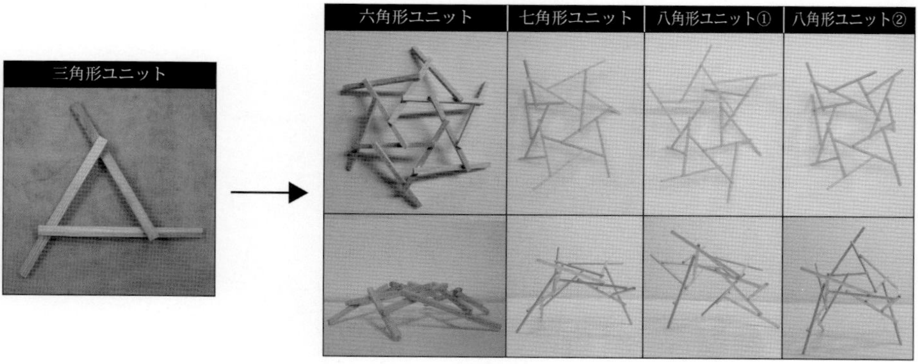

図2　三角形ユニットを基本とするReciprocal Frame構造

では木造仮設建築に、この構造システムを用いたものがいくつかみられる。

3.2 Reciprocal Frame構造の特性の考察

本架構の特筆する特性として多角形の複合ユニットの組み合わせによりさまざまな曲率を得ること、すべての部材が三角形ユニットの一辺を構成するため、接合部のずれを固定できれば非常に安定した構造体となることが挙げられる。この2点から、ドームやシェルといった幾何学的に閉じた形態のみならず、開放系の形態であっても、強固な架構が形成可能であると考えられる。

3.3 六角形ユニットを用いた架構

六角形ユニットは一方向の曲率をもったドームに近い曲面をつくることから、最も基本的な複合ユニットであると考えられる。また六角形ユニットのみであっても、幾何学の大きさの変化、部材長さの変化、曲率の反転といった操作によってさまざまな自由曲面を形成可能である。例えば、架構の一部に部材端部位置の反転による曲率の反転を用いることで、有機的な曲面が形成される（図3）。以上の特性から、単純性（simplicity）と柔軟性（flexibility）を備えた架構であると考えられる。

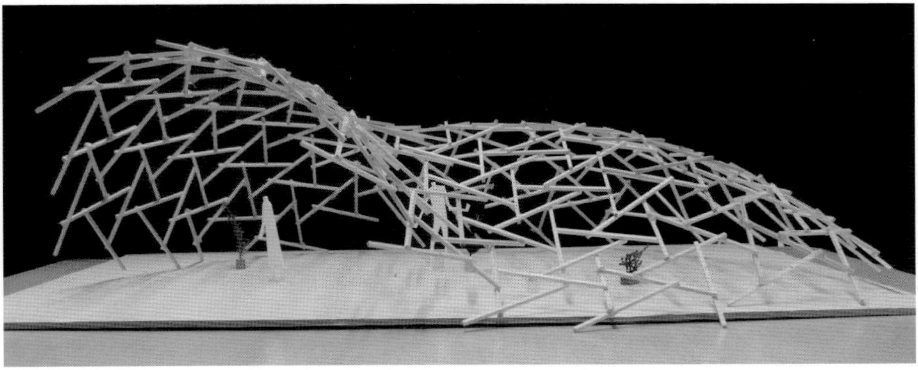

図3　六角形ユニットを用いた構造体。さまざまな有機的曲面が形成可能である。

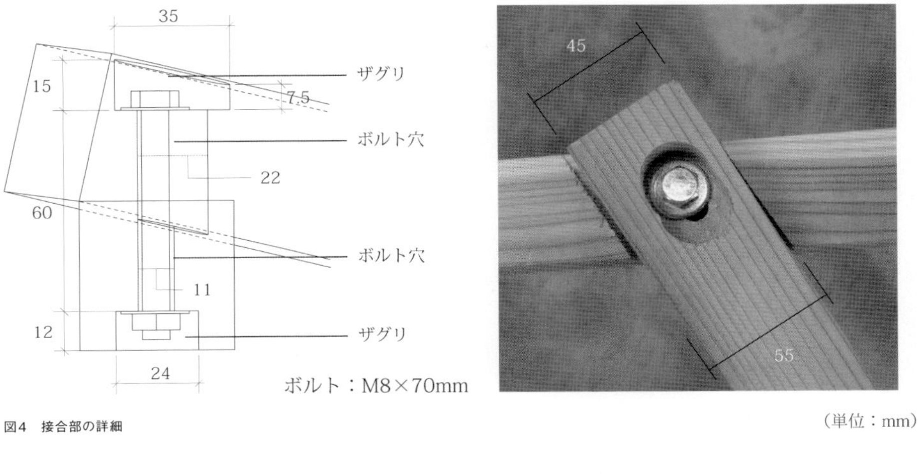

図4　接合部の詳細

（単位：mm）

4. 六角形ユニットモデルの製作

4.1 架構概要

Reciprocal Frame構造の施工性能を検証するために、実際に想定する六角形ユニットを用いた架構の1/2のスケールの部分モデルの製作を行なった。部材はスギ材で、断面45mm角、部材長さ750mm、総部材数42本、架構平面直径は約2450mmである。

4.2 接合部の詳細

実例の分析から、仕口加工により十分な耐力を確保する接合部は複雑に、交点ボルトのみの単純な接合部は、ボルトのせん断で耐力が決まってしまい部材数が増加する、といった一長一短な性能がみられた。そこで本架構では、シンプルかつ高耐力を期待できる接合部をめざし、接合部に部材片側仕口加工とボルトを併用し、木材相互のめり込みとボルトの圧着効果により剛性をとる、偏心のある剛接合とした。仕口加工を相欠きではなく片側のみとしたのは、部材館の複雑な角度での接触による加工の手間を軽減するためである。ボルトはM8×70mmを使用。作図と施工上の誤差を考慮し、クリアランスを部材幅45mmに対して仕口の幅を55mmとし、ボルト穴とザグリをそれぞれ径11mmと24mmとし、さらに部材端部のボルト穴は材軸方向を22mmの長穴とした(図4)。

4.3 施工

中心の六角形ユニットを最初に、放射状に順に部材を組み、最後にボルト締めを行なった。施工は1人で行なったため、クレーンで持ち上げた状態で作業を進めた(図5)。

5. 六角形ユニットモデルの鉛直加力試験

5.1 試験概要

架構への加力時の挙動と強度を明らかにするため、製作したモデルを用いて鉛直加力試験を行なった。最大荷重は、加力位置の部材にたわみが生じ、また人力で加力可能な値として2400Nとし、3回の加力と除荷を繰り返した。脚部は6点、変位計は3点に設置し、試験後に架構上の6点の垂直変位を測定した(図6)。

図5　六角形ユニットモデル施工

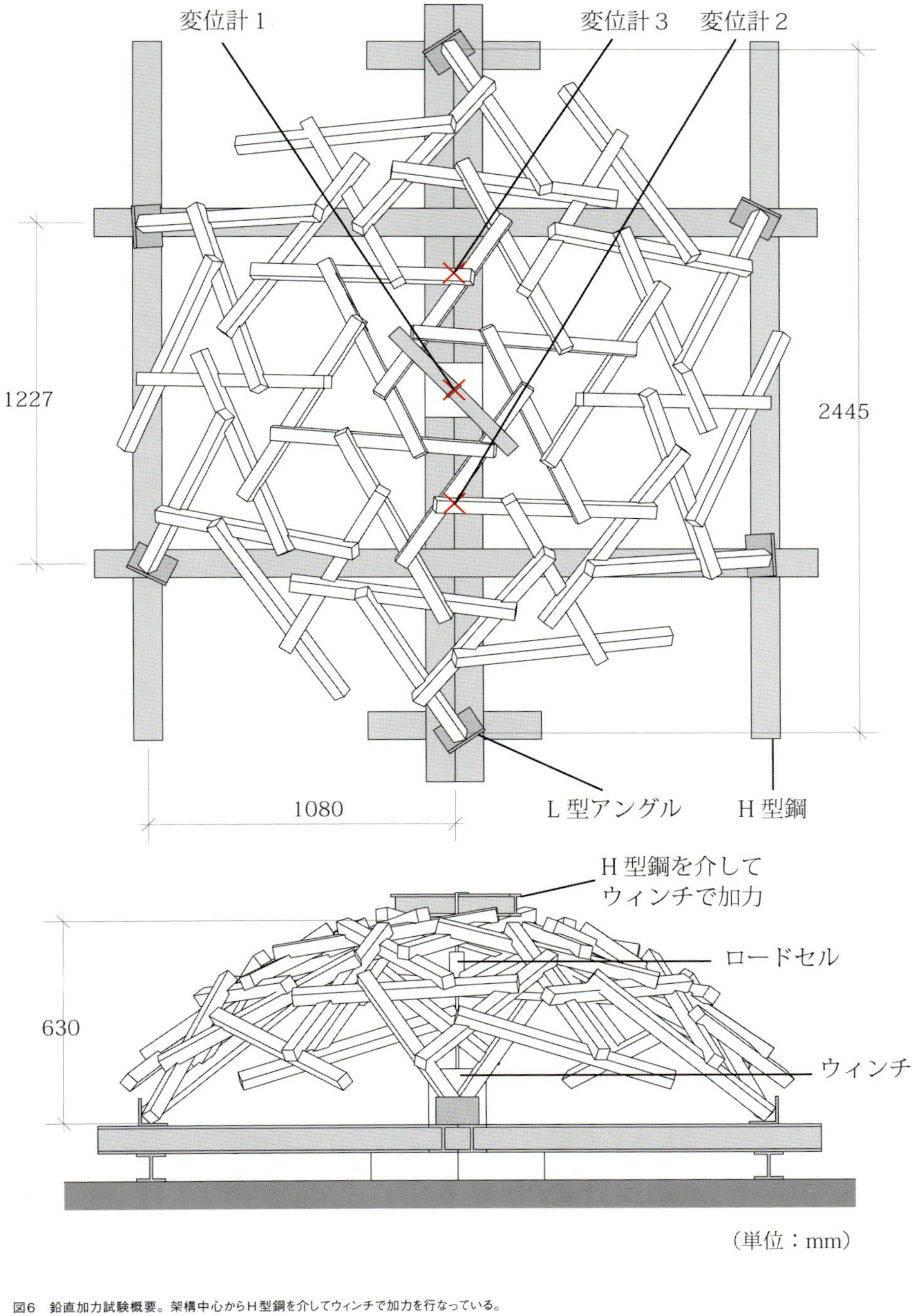

図6　鉛直加力試験概要。架構中心からH型鋼を介してウィンチで加力を行なっている。

5.2 試験結果

荷重-鉛直変位曲線図から、曲線はほぼ同じ傾きを描き、2400Nでは剛性の低下が見られなかったこと、残留変形が最大荷重に比例して増加したことが分かった(図7)。また試験後の加力位置周辺の鉛直変位と脚部のめり込み値から架構変形図から、集中荷重に対して架構全体が下向きに変形したことが分かる(図8)。

5.3 考察

脚部は6点のみであったが、架構全体に大きな変形は見られず、接合部も破壊に至らなかったことから、一定の耐力を確認できた。また今回の加力範囲では、架構全体が下向きに変形したことから、ねじれや面外曲げに対する剛性が高いことが推測できる。今後はより詳細な設計と加力試験が必要であると考えられる。

6. まとめ

本研究で得られた知見と、今後の課題を以下にまとめて示す。

・三角形ユニットを基本とするReciprocal Frame構造は多様な自由曲面を形成可能である。

・1/2架構モデルの製作から、複雑な角度で接する仕口加工も効率的に製作可能であることが分かった。

・適切なクリアランスの確保により、六角形ユニット二周の架構は単一の部材での施工が可能である。

・本架構と接合部は、一定の耐力を有する構法であることが確認された。

・より大きな規模や七角形ユニットを用いた架構を製作する場合には、複数の接合部のパターンが必要となると考えられる。

・多角形のユニットの組合せにより可能な形態と接合部の体系的な把握。

・解析プログラムの作成と、より詳細な架構の挙動や耐力を把握可能な加力試験の検討。

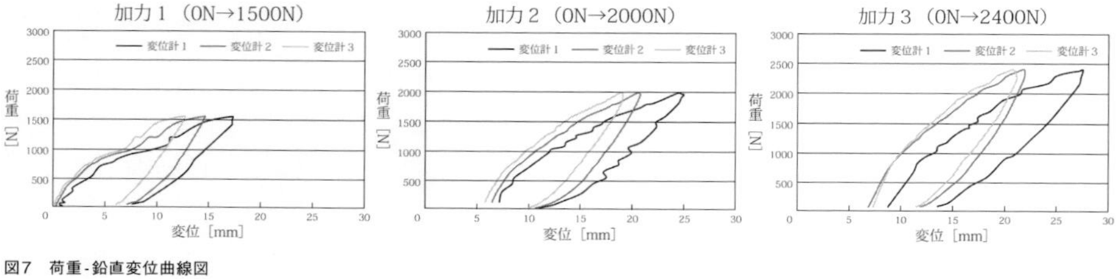

図7 荷重-鉛直変位曲線図

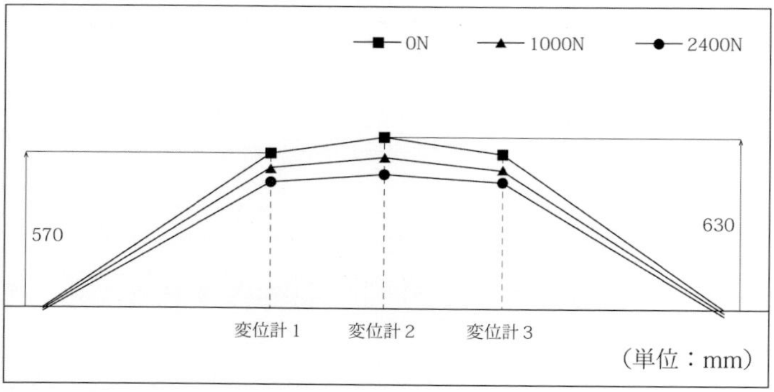

図8 架構変形図。変位は5倍で表示。

コメンテーター・コメント@公開討論会

金田：市場に出回っているあまり大きくない材料を使って何ができるかということは、今、とっても重要なテーマなので、非常にタイムリーだと思います。なるべく簡単に接続してつなげていくことが、あるべき方向だというのは、正にその通りだと思います。ただ、形態のスタディがやや単調かなという気がしていて、もうちょっといろんな形を検討したと思うので、その辺を教えてください。これは部材が重なり合うことによって曲率ができていて、上に乗せると曲率がポジティブになって、下側にもってくると曲率がネガティブになる。上に乗ってるものを下にもってきたことで、カクンと変わるわけですよね。形を出すのは結構大変じゃなかったですか?

福原：そうですね。基本的には上にするか、下にするかだけで形をコントロールしています。

金田：今は、形態のコントロールの方法が+1か−1しかない。+1でいくとドーム状になって、−1だと、逆の形になると。そのコントロールがもっといろいろあれば、より自由な曲面ができたんじゃないかなと思ったのですが、その辺は考えました?

福原：今回は、部材の種類と接合部の処理を1つのパターンでどれだけできるかというところをやってみました。それをシステム化することができれば、部分的に曲率を変えたりすることは可能だと思います。例えば、七角形ユニットを用いた場合は二方向に曲率が出て、連続双曲面のような形になりますが、それだけだとなかなか建築に適応できる形態にはならない。それをまた部分的に六角形と一緒に用いることで、部分的に急な曲率をつくることができる。その辺りが今後の課題です。今回はほとんど図面を描かずに模型をつくることによってひたすら形を探していきましたが、作図ができる数式などをつくることができれば、さらに自由な形ができるのではないかと考えています。

金田：ドームを1つの部材でつくる場合と比べると、これは倍くらいの部材を使って、あみだくじ状に力が流れるので、非常に合理性が低い。でも今は、「合理性が低い」＝「構造的に良くない」という時代ではない。大きなものを大きなクレーンで持ってくるという方法ではなくて、小さな部材を組み上げていくという方法は、一つひとつの効率は低いけれども、現代的な合理性があるとも言えるわけですよね。これはとても非合理的な構造だということは理解していますか?

福原：確かに自由曲面をつくる上では最適な架構ではないかもしれませんが、わりと合理的な組み方にはなっているかなと思っています

金田：これは「木造」だから合理的なんですよ。なぜだと思いますか?

福原：まず、Reciprocal Frameが、そもそも木造に向いているものだということと、あとは接合部の形を組むときにめり込み部分があったりするので、そういう特性から木造としては適しているのかなと思います。

金田：鉄やコンクリートは、接合部の方が強く設計できるから、接合部に部材がいくつ集中しても大丈夫なんです。でも、木造は接合部が一番弱いので、接合部にいっぱい材が集まってくると、鉄に頼らざるを得なくなる。これは接合部を必ず2本で構成していて、部材がたくさん集まってくるということがない。例えば、六角形を小さくしていくと、六角形が点になって、木口を6つ接合しないといけなくなってくる。それをズラすのは木にとってはとっても意味があることなんです。

日用品の空間化に関するデザインプロセス論

Name:
村井庄一
Shoichi Murai

University:
東京大学大学院
工学系研究科　建築学専攻
隈研吾研究室

0. 序章

0-1. はじめに

「どのように大昔の人々が、自然に割れた石のかけらを使うと自分たちの手や足ではできないことを可能になると気づいたかは想像にかたくはない」。ヘンリー・ペトロスキーは、ナイフの始まりについて以上のように論じている。大昔の人々にとっての場所は、自然そのものであった。それゆえに、当時の人たちは、自然の出来事と目的意識とを結合させながら実用品をデザインしていた。

現代における結合の片辺は、一般的な建築部材と比較した際に、軽量で、小さく、馴染みがあり、簡単に手に入るという特性をもつ日用品なのではないだろうか。「建築を創る目的のための日用品」という意識の結合により、「実用的な機能を併せもち、取り付け・取り外しが可能な建物のデザイン」という建築デザイン手法が生まれないだろうか。

本論文では、日用品を応用することにより、新しい建築空間の構成が可能であることを「日用品のデザイン的解釈から導かれた空間化に必要な5つの定義」

Interview

Q:トウキョウ建築コレクションに参加しての感想

異分野の人たちで集まり、真剣に討論できたことが刺激的だった。建築だけでなく、他の専門分野の学生も交えて、このような場がさらに増えると盛り上がるだろうなと思った。

Q:大学や大学院での活動や研究内容

先生が学生に対し、常にプロフェッショナルとして接してくれたことで充実した日々を送ることができた。研究室でのコンペ、プロジェクト、北京への出向、展示会への参加、留学先でのインターンシップなど。

Q:修士修了後の進路や展望

日本人であることを根幹にもち、日本のデザイン（技術・職人）と世界の場所をつなぐことができるような建築家になりたい。2012年7月よりドミニク・ペロー・アーキテクチャー勤務。

を用いて示し、それをもとに製作を行なう。これらを実践することにより、建築デザインを問い直し、その可能性を広げることを目的としている。

0-2. 論文構成

第1章では、日用品の技術的・編集的・今日的・現象的なデザイン的側面を論じながら、日用品の性質を明らかにするとともに、日用品を空間化するための手法を導き出している。第2章では、日用品のデザイン的側面を「空間化するための5つの定義」として抽出する。この定義に基づきデザインの実践を行なう。第3章では、実施製作によって、第2章の手法によってデザインされた建築の構造的性能の検証を行なう。第4章では、今後の展望と建築デザインに関する考察を行ない本論文のまとめとする。

1. 日用品のデザイン的解釈（図1）

1-1. 日用品の本質→（簡易な取得）

日用品とは、日常生活に必要で、簡単に入手することができるものである。以上を日用品の本質と捉え、多方向から日用品のデザイン的側面を明らかにしていく。

1-2. 部位の標準化→（形態原理）

ペーター・ベーレンスは、ドイツのアルゲマイネ電気会社（AEG）の顧問となった後、照明器具を中心とした日用品の設計を通じて部位の標準化を達成した。後にこの思考は、より広義な意味合いをもちながら、良質な日用品の製作に反映され、規格化原理に基づいた形態という概念が生まれた。

1-3. 部品の選択→（接続検証）

現在の日用品企業は、多くの部品の中から日用品に対応する部品を選択・加工することで、日用品に適応させている。消費者は、接続検証せずとも、各自の

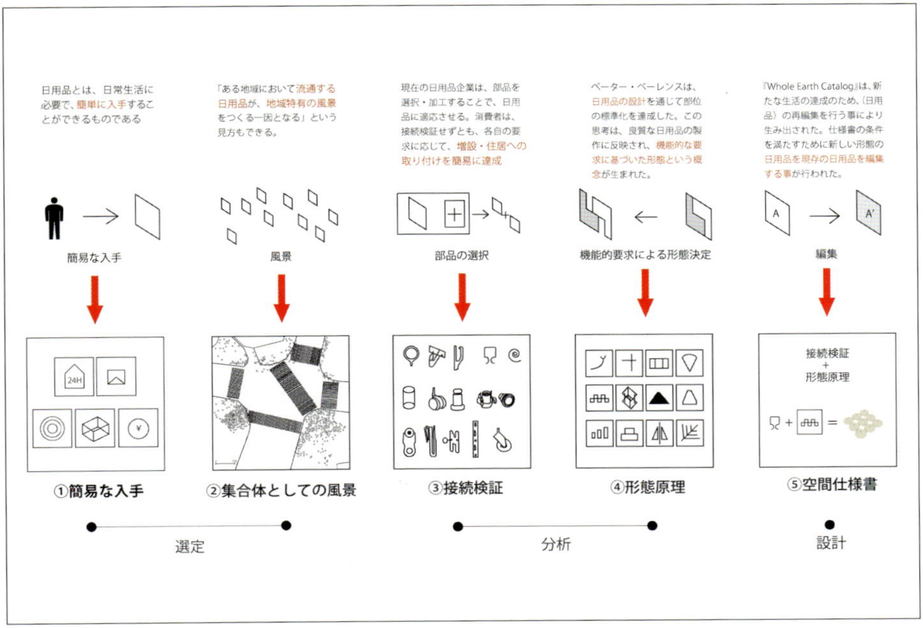

図1　日用品のデザイン的解釈に基づく設計手法の抽出

要求に応じて、増設・住居への取り付けを簡易に達成することができる。

1-4. 編集→(空間仕様書)

1968－1972年スチュアート・ブランドが編集した『WHOLE EARTH CATALOG』は、日用品(＝いつでも入手できる物)の再編集を行なうことにより生み出された、現実社会とは異なる新しい世界のための仕様書であった。仕様書の条件を満たすために新しい形態の日用品を現存の日用品を編集することが行なわれた。

1-5. 現象→(集合体しての風景)

内田芳明は、風景について集団の中で共有される場所であるとしている。これは、「ある地域において流通する日用品が、地域特有の風景をつくる一因となる」という見方もできる。

2. 5つの定義と実践

2-1. 5つの定義

本論で詳細に解説。梗概上では定義の順に概要説明を行なう。定義番号と項後ろの番号は対応している。①⇄(①)

2-2. 5つの定義の位置づけ

5つの定義は、図のように3つの段階に区分された横断的な意味づけがされている。「選定」では、①②を基準として日用品の選定を行なう。そして、「分析」では、③で、選定した日用品を空間化させるために、既製ジョイントの接続検証を行なう。そして、④で設計方法を形態原理ダイアグラムとしてまとめる。「設計」では「分析」を利用して、空間仕様書(⑤)の作成を行なう。

2-3. 日用品の選定

2-3-1. 簡易な入手(①)

日本における傘の総生産量は、毎年6000～7000万本になっており、コンビニエンスストアなどの身近な店舗での購入が可能となり、場所・時間・価格(1本100円～)を気にせずに購入できる。

2-3-2. 風景としての傘集合体(②)(図2)

スクランブル交差点を上空から撮影した写真の人部分に傘のスケールをプロットしたものである。図面化することで、人々の移動により、傘集合体が変化しながら街の景色をつくり出しているのがわかる。

2-3-3. 小結(①・②→選定)

ビニール傘の性質は、現代において、入手が簡易で、都市の風景となり得る要因をもっている。さらに、防水性能と折りたたむための合理的な構造という2つの特性を併せもっていることが言える。そこで、ビニール傘を日用品として挙げ、空間化するための対象とする。

2-4. ビニール傘の接続検証(③)(図3)

2-4-1. ビニール傘の接続箇所

傘の形状と凹凸から判断して、6種類12カ所が、接続箇所として、妥当なのではないかと思われる。

2-4-2. ジョイント事例1 (結束バンド)

結束バンドは、傘の接続部位の多くに対応しており主に複数の傘を用いてユニットをつくる際に使用。また、地面との固定にも使用される。

2-4-3. ジョイント事例2 (規格化)

傘の柄の部分をカットして、市販品の規格化されたジョイントに変更することで、傘のジョイントバリエーションが一気に広がる。

2-4-4. ジョイント事例3 (取り付け金具)

傘の先端に、ネジ式の引っかけ金具を取り付けることで、傘上部にも他の2次部材との取り付け、テグスによる構造補強ができるようになった。

2-4-5. 小結

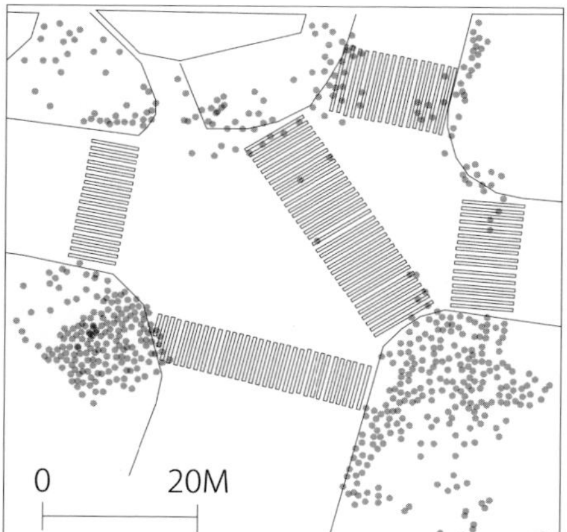

図2 風景としての傘集合体

傘の接続箇所に対して部品ジョイントを用いた改良を施すことで、他のジョイントに対する適応度が高くなることが分かった。また、ビニール傘の機能保持を前提とした接続箇所に対する改良の度合いは、未加工のビニール傘にどこまで戻せるかという観点において、異なる次元があることが明らかとなった。

2-5. ビニール傘の形態原理

2-5-1.『DIE FORM OHNE ORNAMENT』

『DIE FORM OHNE ORNAMENT』は、ドイツの「フォルム」展（1924）で用いられたカタログである。この特徴は、共通部分をもつ類似の日用品が並列して掲載されていることである。原理をもとにグループ化

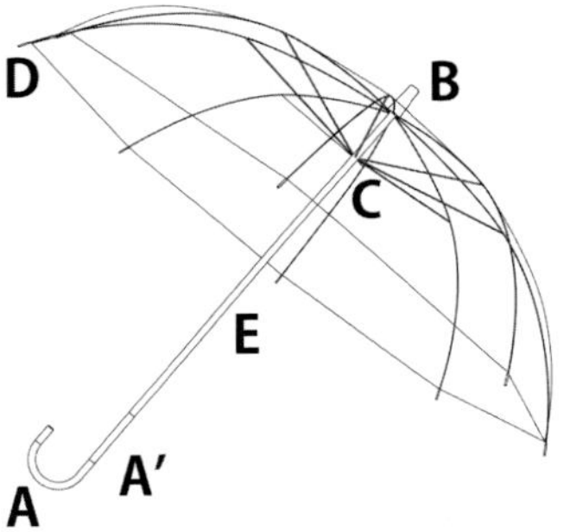

	数	場所	用途
A	1		傘を持つためのとって部分。U字のカーブを描いている為傘をかけることも出来る。
A'	1		柄は簡単に切断可能。ジョイントの取り付けで新たな接続方法が生まれる。
B	1		傘ふた。傘骨を保護するが、ネジの取り付けにより様々な繋ぎ方が可能になる。
C	1		傘構造体の分岐地点なので、Dと比較してより強い力に耐えられる。
D	8		つゆ。付け根に引っ掛かりがあるため、主に線状の結合に有利である。
E	1		傘の主体構造部分。接続には不向きであるが、着色などで意匠的な効果あり。

名称　ビニール傘
製造　中国製
金額　１０５円
場所　コンビニエンスストア

目的／場所	連結	取り付け	移動	改良	角度
A			－	A→A`	
A′					
B			－		
C			－	分解	
D			－	－	
E		－	－	着色	○

名称	説明
連結	傘をひとつのユニットと捉え、このユニット同士をつなげていく、または、２つ以上のまとまりでひとつのユニットを作る場合に必要なジョイントと定義する
取り付け	傘以外の部材を結合される場合がある。傘を一次部材とした際、傘以外の部材を２次部材とし、一次部材と二次部材との接続に使われるジョイントと定義する。
移動	基本的に製作されるものは静止したものであるが、それらを運搬したり、可動を前提としたときに傘に取り付けられるジョイントと定義する。
加工	傘の特性を把握した上で、少しの加工で、傘の機能の拡張をはかり、今後の多機能な用途に応じるための傘の形態の展望と定義する。
角度	ジョイントが接続点の接線に対してどのくらいの角度まで接続できるかを示したもの。

結束バンド

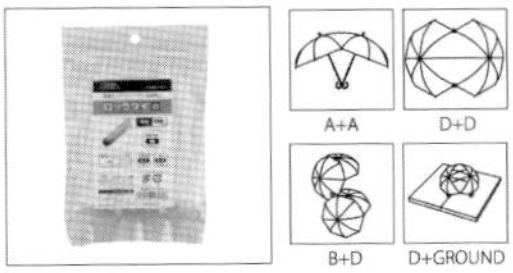

規格化 A→A′

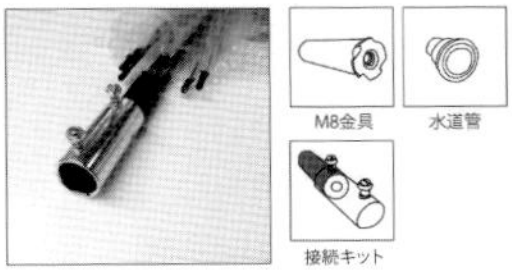

取り付け金具

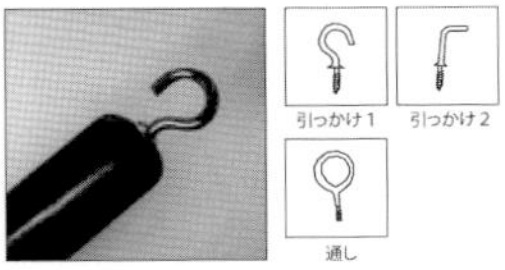

図3　ビニール傘の接続検証

された日用品が並べられていることになる。これらのカタログのグルーピングされている原理の読み取りをした。さらに、設計で用いるためのダイアグラム化を行なった。

2-5-2. 形態原理の抽出

事例を用いながら抽出方法についての説明を行なう。2つの写真は、両者ともガラスの容器であるが、はめ込み式のキャップを用いることで、容器を密封することを達成している。

また、この原理により、キャップは凸で容器は凹の形状となっている。つまり、このダイアグラムは、ある機能を満たすために形づくられたものを原理として抽出している。

2-6. 空間仕様書(⑤)(図4)

2-6-1. 空間仕様書の作成方法

形態原理と接続検証を用いて空間仕様書の作成を行なう。これらの仕様書を複数用いることで、「2つの独立したオブジェ」と「付随するオブジェ」をつくることができる。

2-6-2. ユニット派(独立したオブジェ)

傘を主に結束バンドを用いて複数ユニットを形成した後、組み合わせ立体パズルのように空間をつくっていく方法。

2-6-3. 原理派(付随するオブジェ)

傘の形態特性を利用することにより、傘を連結させた際の原理を探求していく方法。内壁に付随するインテリアや、建築ファサードの一部として成立させることが可能。

2-6-4. 補助構造派(独立したオブジェ)

ビニール傘と接続の相性が良い2次部材を使用し、構造の一部を負担させることで、傘への負担が減り、より大きくて自由な空間を製作することが可能となる。

2-7. 小結

空間仕様書を用いることで、2つの独立したオブジェを製作できることが分かった。また、補助構造派は、原理派の一部を使用するつくり方である。「日用品⇄インテリア⇄建築」という実用的な機能を併せもちながら、自由に日用品から建築までの間を横断できる建築デザインが可能であることが明らかとなった。

3. 製作(ケーススタディ)

3-1. 傘の強度試験(一部抜粋)

ビニール傘の親骨の曲げ試験を行ない、強度の検証をした。平均の最大応力度の結果より、親骨の曲げ

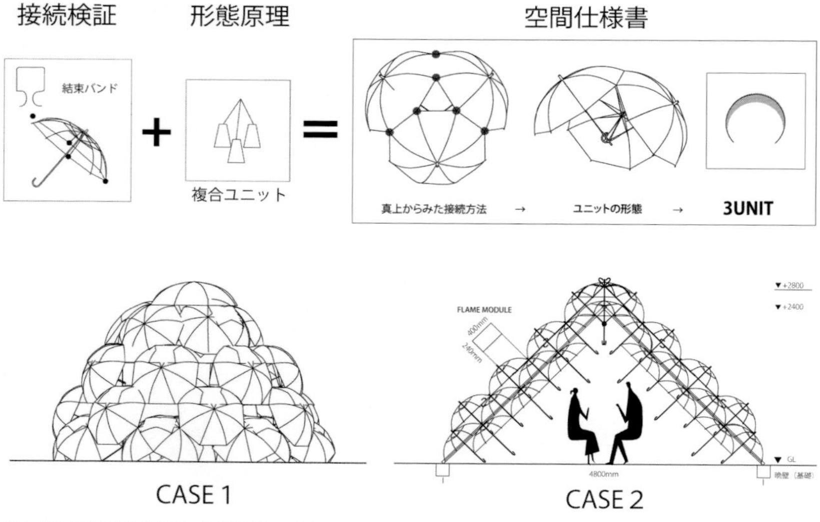

図4　空間仕様書の作成方法と、仕様書を用いて製作された2つのオブジェクト

強度は鉄のおよそ2倍であることが分かった。また、試験力と、変位のグラフにおける試験体が描いた曲線は、エネルギー吸収能力が高く靭性を示していることが分かった。このことから、傘の親骨を工夫して用いることにより、建材と同等程度の強度の構造体をつくることのできる可能性があることが示せた。

3-2. CASE2（補助構造派）

3-2-1. 水道管ストラクチャー

標準化された多くのジョイントをもつため、ある程度自由な形が容易に形成できる。また、素材が塩化ビニールのため切断・ビス打ちなどの加工がしやすい。

3-2-2. 傘のモジュールに対応する構造

カサの密封化の原理を使えば、一定のモジュールで自由な大きさの空間をつくることができる。

3-2-3. 傘・構造体

水道管フレームに対して、直交方向にビニール傘を入れ込むことで、また傘のふた同士をワイヤーで結ぶことによって傘自体も構造体となる。

3-2-4. 製作方法（図5）

A　基礎部分と水道管の固定。L字アングルを用いて、両者をビス打ちによってつなぎ留める。

B　水道管を90°ジョイントを使って山型に組み、継ぎ、ジョイントで長さ調節をして、フレームをつくる。

C　つくったフレームに対して、傘を順番に取り付ける。

4. 展望とまとめ

4-1. 都市における日用品の空間化

4-1-1. 非常時の使用

CASE2は、ビニール傘・水道管・ビス・簡単な工具を確保しておけば、3～4人で簡単につくることができる。このような共同製作を通してつくられた空間は、人々が馴染みやすく、避難時の閉塞感や緊張感を和らげるための、憩いの場として機能する。

4-1-2. 透明あるいは不透明な住居

天気が良く、風を浴びたい時には、服を脱ぐように傘を取り外していき、テラスのような場所になる。逆に、

1. 水道管を使用してフレームの製作を行う。　2. 仮設基礎をL字アングルを用いて設置する。　3. 基礎とフレームを固定。

4. フレームに対して、カサを取りつける　5. カサ同士を結束バンドで固定してより安定した構造体　6. 上部を内側からとめる

図5　CASE2 製作方法

外が寒い時は、断熱性能を上げるために、傘を付け足していき、かまくらのような暖かい場所になる。住居の内部と外部の境界線を調節できることで生まれる透明度のグラデーションは新たな住居のあり方を示す可能性をもっている。

4-1-3. 取り外し可能な住居

製作工程をマスターすれば、傘の住居は簡単にしかも短時間でつくることができる。つまり、屋台などのある場所に一時的に設置することができる。住宅に関しても、傘・シェルターを「離れ」のような位置づけにとして、季節や気分に応じて、好きな場所に自由な大きさで、ビニール傘の空間をつくることができる。

4-2. 考察

日用品に関しては、あらかじめ用意された部品の使用により、自由に大きさや取り付け方を決めることが可能であるという意識が消費者に芽生えつつある。それゆえに私たちにとって身近な存在になっていると言える。ビニール傘の使用による空間の製作を通じた提案と構造的な検証によって、ビニール傘でも一定の強度をもつ建築をつくることが可能なことが明らかになった。これは、私たちから、「建築は不自由なものである」という概念を取り払い、傘をさすような自由な感覚をもち、より身近な存在として建築を創造していけるということを示しているのではないだろうか。

4-3. 結

5つの定義から日用品が空間化されるためのプロセスを踏んできた。その中で、私たちの日常は、有用な標準化された製品で溢れており、それらを有効に利用すれば、日用品という建築の断片を使用して、空間をつくることができるということである。実施製作の中で、つくられた空間の構造的な検証も行なわれ、一定の風力に対しての耐久性も認められた。また、傘という軽くて、単体では簡単に風に飛ばされてしまうようなものであるが、それゆえに軽量な部材のみで、ある程度の強度をもつ構造体を製作できることも分かった。日用品は、自分たちの好きなように自分たちの手で増築・減築ができるような柔らかなシステムを示してくれたのである。それは、小さな物と大きな空間とを自由に横断できるような建築デザインを私たちに問い直しているのではないだろうか。また、オープンな部品の追求と提案により、建築デザインと多領域とをつなぐための重要な手法にもなり得るのではないだろうか。

図6　CASE2 完成

コメンテーター・コメント＠公開討論会

今村：日用品を使いたいというひねりがあるので見ていて面白い。ですが意地悪なことを言うと、パイプを組んで透明なビニールシートをかければ空間ができるのに、なぜわざわざ傘を使わなければならないのか。あるいは傘がすでにシェルターになっているわけだから、やはり二重の手間に見える。そこで質問なのですが、水道管を使うことで傘の強度をコントロールしているのでしょうか。

村井：水道管のフレームは元々すごく弱く、風が吹くと飛ばされそうなくらいに揺れるんです。ですが、あるスパンをつくって、その間に傘を埋め込むと傘が膜として機能して、付ければつけるほどに揺れなくなる。傘の個数に比例するので、より強いものをつくろうとすれば、いくらでも強いものをつくることが可能です。

今村：具体的にそのメカニズムを聞きたいんです。傘が面として効いているわけですよね。

村井：傘の親骨の部分を下から触った時に力がかかっているのが分かったのですが、そのあたりが構造的に効いていると考えています。

金田：そもそも日用品を使うことに対する理論的なベースがあるわけですよね。僕もこういうものが好きで面白いと思っちゃうのですが、こういう意義があるんだということをもう少し説明してもらった方が、このリアルなものに対するコメントがしやすいと思います。

村井：日用品という言葉自体がすごく曖昧なので、自分なりに解釈しました。誰でも参加できることが日用品なのではないかと考えています。つまり、ジョイントがあり、傘のような日用品があり、あるつなぎ方をすれば、誰にでもある形態をつくることができる。論文で触れましたが、無印良品では、家具のためのジョイントをあらかじめ用意しておいて、利用者のライフスタイルにしたがって自由に部屋を設えることが可能です。そういうことが部屋の外へもっと広域に、建築空間にまで広がって、みんなで傘を集めて工夫すればテントをつくったり、簡易的な壁をつくることができる。そういうライフスタイルがあってもいいのではないかという意味で、日用品を捉えています。

中島：それぞれの人にとって日用品は「部品」ではないですよ。同じように見えても使い込んでいたり、お気に入りのものだったりとそれぞれに意味は違う。それが大前提だと思うんです。つまり傘と人との関係はいろいろある。スクランブル交差点を上空から見て、人を点で示していましたね（p.250、図2）。あれでは個性がなく、人が単なる「マス（Mass）」に見えてしまう。それでは都市は面白くない。

そういうことを考えた際に本当にこれに意味をもたせるには、どうすればよいのか。標準的な傘を買ってきてつくるのではなく、一人ひとりが持ってきた傘を組み立てる。日用品を使うというのはそういうことなのではないか。そうでなければ、単に工業製品の部材を傘に変えたくらいの意味しかもたないのではないか。もちろんそのための基礎的な研究ということは分かります。

ワークショップを行なうのであれば、やはり普段使っている日用品を使うほうがよっぽど愛着が湧いて、いい空間になるのではないかと思いました。

村井：この傘のオブジェをつくる時に気をつけていたのは、いかに元に戻せるかということです。解体すればまた傘として使えることが、建築を知らない人と建築の専門家とをつなぐ糸口になるのではないか。例えば帰宅難民が出た時に、身近にある傘と水道管を用意しておけば、すぐに組み立てられて、そこで一夜を過ごすことも可能です。僕が提案したシステムであれば今度は皆の傘を持ち合わせた時にも同じようにつくることは可能なので、今後機会があれば、ワークショップなどを行なっていきたいと思います。

応急仮設住宅における環境構築

「仮設のトリセツ」による支援の試みと復興へ向けた考察

Name:
田沢孝紀
Takanori Tazawa

University:
新潟大学大学院
自然科学研究科　環境科学専攻
建築学コース　岩佐明彦研究室

0. 研究の背景と目的

2011年3月11日に発生した東日本大震災により、5万戸超える仮設住宅が建設され、一年以上が経った現在も多くの方々が仮の住まいの生活を強いられている。

仮設住宅に関しては、住環境の悪さや居住者間のコミュニティ形成について、かねてから課題が指摘されている。その一方、居住者による仮設住宅の住みこなしが課題解決につながっていることが既往研究から分

図1　新潟の仮設住宅では、居住者自らが手を加え、居住環境を改善していた。

Interview

Q:トウキョウ建築コレクションに参加しての感想
論文展は、自らの論文を社会に対して還元できる第一歩だと思います。立場を超えた議論は、論文の可能性を広げ、自らも成長させていただく機会となりました。建築をやっていて幸せだなと思えた会でした。ありがとうございました。

Q:大学や大学院での活動や研究内容
建築の可能性を常に考えるなかで、建築は“つくり、つかわれるもの”や“つくられ、つかうもの”だけではなく、“つくり、つかうもの”というあり方を大切にし、設計・製作・研究等、さまざまなことに打ち込みました。

Q:修士修了後の進路や展望
インフラ系の仕事に就きます。社会における建築やインフラの役割を考えるなかで、社会をより豊かにできる建築や暮らし方を多くの方々と一緒につくりあげていきたいと思います。TKCへの恩返しもできたらなと思います。

かってきた。2004年に起きた新潟県中越地震の仮設住宅では、居住者が風除室・物置の増築や、日よけを兼ねた植物栽培等を行ない、居住環境を改善していた。また、共有のベンチを置いたり、畑をつくったりなどして、コミュニケーションの場を設け、居住者同士の関係を育んでいた（図1）。これらの環境構築事例は、仮設住宅に暮らした先人の知恵である。突如住まいを失い、仮設住宅に暮らすこととなった被災者が少しでも円滑に環境を移行していくためには、こうした前災害から得られた知見のフィードバックが欠かせない。

本研究は、東日本大震災の仮設住宅に向け、前災害から得られた知見をもとに、居住環境改善を促すための支援を試み、その支援の検証・考察することをひとつの目的とする。さらに、東日本の仮設住宅で見られる環境構築について調査・考察することで、今後のさらなる知見の蓄積とすることをもうひとつの目的としている（図2）。

1. 過去の災害知見をフィードバックした情報提供支援

支援の試みとして、「仮設のトリセツ」（トリセツ：取扱説明書の意）というホームページを開設し（図3）、仮設住宅の住みこなしノウハウの情報提供を行なった（p.338参照）。情報は、過去の中越の事例をもとに、仮設住宅の概要と教訓から成る「仮設の心得」をはじめ、具体的な住みこなし事例の「仮設の知恵」、仮設団地でのコミュニティ形成の手掛りを紹介した「仮設のイベント」など、住宅単体から団地全体まで広く活用できる内容

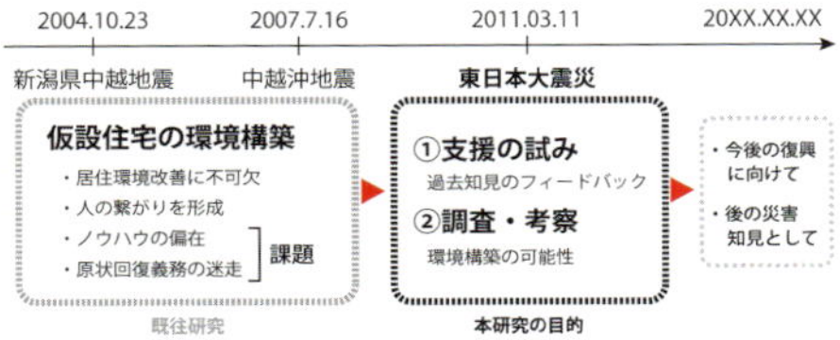

図2　本研究の位置づけ。過去の知見を活かした支援・研究を目指した。

図3　「仮設のトリセツ」ホームページ画面。詳細はp.338参照。

を7つのコンテンツにまとめた。また、掲載したすべての情報は、データをダウンロードすることで、カード形式で印刷可能にし、仮設団地で自由に回覧できるよう配慮した。

また、ホームページの開設をきっかけに、NGOワールド・ビジョン・ジャパンと協働して「仮設のトリセツ」冊子も制作し、この冊子は岩手県を中心とする2万3千戸の仮設住宅へ戸別配布された。

2. 情報提供支援の検証と考察

これらの支援の利用実態や効果について、ホームページの一般利用者と冊子を配布した仮設住宅居住者に対するアンケート調査を行ない、分析した。

2.1. ホームページによる情報提供

①利用者と用途　利用者属性について見ると、都道府県別では東北三県、首都圏、新潟県で多く、それぞれ被災地、人口過密、過去の震災経験等の背景から関心が高く、利用が多かったと推測する（図4）。被災状況別では、被災者が約25%、かつ「仮設住宅に住んでいる、入居予定の方」は全体の7%だったのに対し、非被災者が約60%と過半数を占めた（図5）。非被災者の中では「実家・知人が被災した」「支援している」との記述もあったことから、被災者と関わりがある方に利用されていると考えられる。

使用用途について、東北三県とそれ以外で比較してみると、東北三県では「仮設住宅で活用する」という割合が大きかったのに対し、それ以外では、「研究・教育

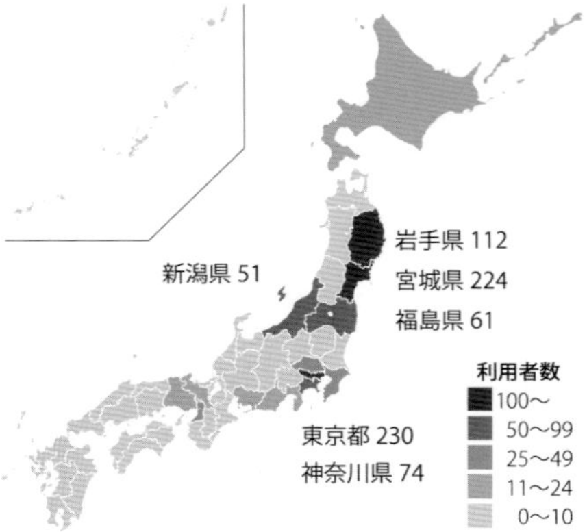

図4　「仮設のトリセツ」カードの都道府県別の利用者。東日本の利用者が多い。

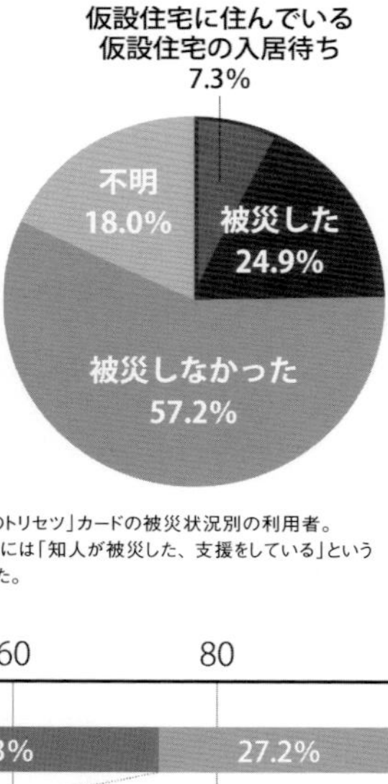

図5　「仮設のトリセツ」カードの被災状況別の利用者。非被災者の中には「知人が被災した、支援をしている」という回答の方もいた。

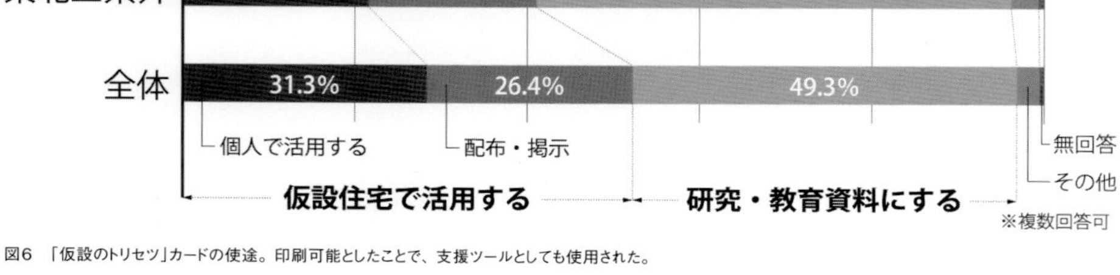

図6　「仮設のトリセツ」カードの使途。印刷可能としたことで、支援ツールとしても使用された。

資料」とする割合が大きかった(図6)。また、東北三県以外の利用者の中に「被災者に送る」「ボランティアへ行く時に持っていく」という回答もあったことから、代わりに印刷して渡すという支援ツールとしてと、今後に向けた資料として利用されたことがうかがえる。

②利用者の関心　参考になったコンテンツは、被災の有無に関係なく「仮設の心得」「仮設の知恵」に回答が集まった。「仮設暮らしを楽しく過ごすことが豊かな生活につながる」等の記述回答があったことから、「仮設の心得」で提唱している内容に賛同を得ていることがうかがえる。さらに、興味深い事例に関しては、増築に関するものをはじめ、緑のカーテン、室内対策について関心が多く集まった。これは、もとの仮設住宅から変化している様子が視覚的に分かるので、工夫して暮らしていた様子が利用者に伝わりやすかったことが要因として考えられる。

2.2. 冊子による情報提供(省略)

2.3. 情報提供支援の波及

ホームページの開設により、非被災者から被災者へカードを印刷して送るなどの間接的な情報提供が可能となり、一種の支援ツールとして活用された可能性がある。さらに、他の支援団体からも賛同いただき、先述のNGOと協働制作の冊子や、後述の仮設団地でのワークショップの開催など、さらなる支援活動に広がったことから、「仮設のトリセツ」は仮設住宅支援のきっかけのひとつとなったとも言える。

(省略)

4. 東日本における仮設住宅の環境構築

さらなる環境構築についての知見を深めるために、東日本大震災で建設された各地の仮設団地で実踏調査ならびにワークショップを実施し、事例収集を行なった。

4.1. 東日本大震災における仮設住宅

今回の震災は甚大かつ広域な被害をもたらしたことにより、仮設住宅供給は量と早さがより一層求められ、さまざまなタイプの仮設住宅が建設された。そのため、地域・団地ごとで仮説住宅の居住環境に違いが見られ、その中でさまざまな改造や住みこなしなどの環境構築事例を確認することができた。

4.2. 情報交流のためのワークショップ

①目的　団地ごとの居住環境が異なる状況で、環境構築の工夫を団地内で共有することが居住環境改善の最善策と考え、現地で支援している団体の協力を得ながら、情報交流を目的としたワークショップを試みた。

②コンテンツ　開催団地内で見られた環境構築事例を即日で収集し、それらと「仮設のトリセツ」の過去の事例をもとに、コメントや解説を書き込んだ事例シートを作成し、屋外に展示した。

4.3. 環境構築の特徴

事例収集を通して、環境構築のさまざまな背景・特徴が分かってきた(図7、図8)。

①「事例」:なにがつくられるのか?　風除室・物置の増築、壁面緑化等、過去の事例でも見られた環境構築事例をはじめ、庇や縁台の付加、室内の収納事例等、室内外でさまざまな工夫が確認できた。

②「目的」:なぜつくるのか?　「靴を脱ぐ場所が無いから風除室を兼ねた玄関をつくる」「軒の出が短いから庇を付ける」など、仮設住宅の物理的不足面を補うという課題解決目的として手が加えられている。また、植栽や壁面の装飾など、殺風景な景色を豊かにしたり、趣味として行なうなど、心理的な快適性向上のために行なっている事例も見られた。

③「主体」:だれがつくるのか?　入居当初は、ボランティアやNPOなどの支援で居住環境の改善が行なわれた(共助)。また、工作技術があり器用な居住者は自分自身でも改造をしていた(自助)。さらに、女性や高齢者など、工作を苦手とする居住者は、得意な居住者と知り合い、代わりに改造してもらう(互助)という事例が見られ、環境構築を通して人のつながりが生まれている。今回の震災では、行政による断熱等の追加工事も行なわれた(公助)が、対応が遅く、課題が残るかたちとなった。

④「材料」:なにでつくるのか?　環境構築の材料は、ホームセンターや100円ショップで購入するという声が多かったが、なかには支援で配られた支給品や、震災で生じた瓦礫を活用しているという事例も見られた。また、隣接する木造仮設住宅の建設現場から端材をもらい、居住者同士で分け合って活用している団地も見られた。

⑤「対象」:どこをつくるのか?　主に家庭では、課題解

（2）「目的」：なぜつくるのか？

仮設住宅の不足を補う**課題解決**のためのもの，心理的な**快適生向上**のために行われるもの

【課題解決 1】
靴脱ぎスペース
が欲しい
⇩
風除室の増築

【課題解決 2】
庇が欲しい
縁台が欲しい
⇩
庇・縁台の設置

【快適性向上 1】
飾り気のない室内
⇩
写真の掲示

【快適性向上 2】
殺風景な住棟の間
⇩
趣味の植栽

（3）「主体」：だれがつくるのか？

自助，互助，共助，公助

【自助】居住者
元大工など，工作技術のある居住者は，道具さえあれば，自分の好きなように改造を施している．

【互助】知人手伝い
技術力のある居住者は，他からの依頼を受けて手伝っている．環境構築を通した人の繋がりが広がる．

【共助】支援団体
環境構築についてのアドバイス・材料の支給で支援を行う．全てやるのではなく，自立を支える程度の支援が必要．

【公助】行政
寒さ対策など，追加工事することで居住環境の向上が行われたが，対応に時間がかかるなどの問題点があった．

（4）「材料」：なにでつくるのか？

瓦礫の活用，支援物資の活用，建設端材の活用

【瓦礫利用の活用】
漁夫であった居住者が，瓦礫処理の際に拾った鉄くずを鉄工所の知人に加工してもらい，風除室の接合部に使用．

【支援物資の活用】
避難所で配られたラティスのパーティションを持ち帰って，風除室の材料として活用．

【建設端材の活用】
隣接の木造仮設住宅建設現場から端材をもらってきて加工．端材の処理費用も浮き，一石二鳥．

【購入】
多くはホームセンターや 100 円ショップで材料を購入して制作している．

（5）「対象」：どこをつくるのか？

各家庭における環境構築，団地の**共用スペース**における環境構築

【各家庭 1】
居住者それぞれで，住み心地の良い住まいにしようと，仮設住宅の室内外で様々な工夫が施される．

【各家庭 2】
屋外に生活が溢れ出すと，生活感が出て，団地の雰囲気が変わりだす．

【共用スペース 1】
居住者の自主的な働きかけにより，ベンチやテーブルなどを作って，集会所以外で集う場所が屋外に形成される．

【共用スペース 2】
ベンチ，テーブルと，徐々に人の集まる場所の整備が進み，それに併せて人間関係も形成される．

図08　環境構築の特徴。つくる目的・主体・ものは、入居後、時間が経つにつれ徐々に変化している。

(1)「事例」：なにがつくられるのか？

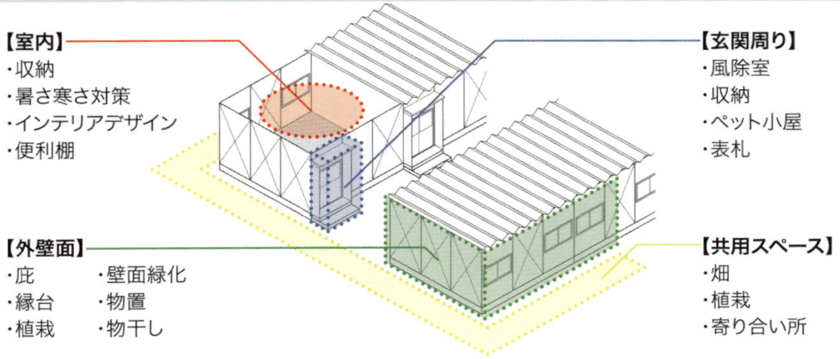

図7　確認できた環境構築の代表事例。

【住棟間】
風除室・物置の増築，植栽など，生活が溢れ出ている．

【掲示板】
色とりどりの花が飾られ，居住者が憩えるようにテーブルも設置されていた．

【広場】
居住者がイス・テーブルを持ち寄り，宴会を開催．すぐに人集りができた．

図9　仙台市の仮設団地の夏と秋の様子。
環境構築が行なわれたことで、物静かな団地から賑やかな団地へ変化していた。

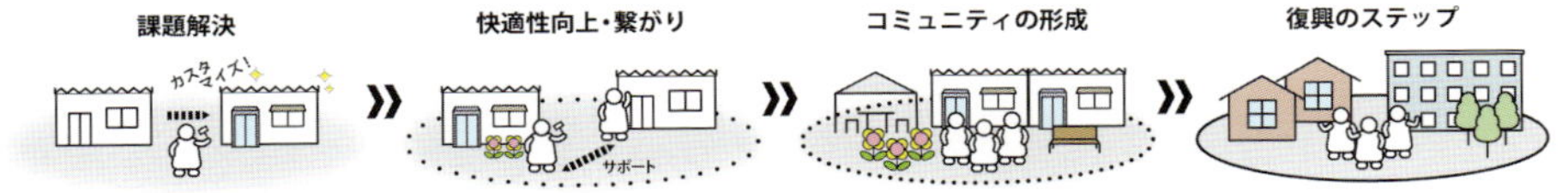

避難所から、なんとか仮設住宅へ入居。まずは身の回りの不足箇所を環境構築する。一部の器用な人が率先して行う。

生活が落ち着いてきたら、快適性の向上を計る。我が家だけに留まらず、ご近所のお手伝いも見られ、人の繋がりができる。

人の繋がりを団地全体へと広がる。身の回りだけでなく、共有の場を整備や一緒の活動が展開され、小さなまちづくりが行われる。

仮設団地で築いたコミュニティ・まちづくりの姿勢を復興まちづくりへと繋げていく。仮設の経験を生かして、次の生活を切り開く。

図10　仮設住宅の環境構築を復興のステップへとつないでいく。

決を目的とした環境構築が行なわれ、居住環境改善が行なわれる。また、屋外などの共用スペースでは、ベンチやテーブルをつくり置いたり、畑や植栽をしたりすることで、居住者が集える場所が形成され、コミュニティスペースとして機能している。

4.4. 環境構築の阻害要因

住まいに手を加えることに対して、「壁に釘を打ってはいけないと行政に言われているから」という理由で、やりたくても我慢している居住者もいた。行政によっては入居の際に原状回復の注意喚起を行なっており、それが居住者の環境構築を妨げる要因となっている。

中越、中越沖地震の仮設住宅管理に携わった行政担当者のヒアリングによると、退去時に問題となったのは、釘の穴ではなく、改造でつくられたものが放置されたことだった。廃棄物ならば他の廃材と処理できるが、廃棄物か忘れ物かを確認する手間が面倒だったという。このような管理側のノウハウの伝承も課題として挙げられる。

5. 環境構築の可能性

5.1. 環境構築の経時変化

仙台市の仮設団地を夏と秋に調査したところ、行なわれる環境構築事例に変化が見られた(図9)。入居当初の夏は、支援団体による壁面緑化と、一部の居住者による物置の設置程度で、団地全体はひっそりと暮らしている印象であった。しかし秋には、至る所で居住者による風除室や物置がつくられ、植栽等で風景も豊かになっていた他、共用スペースの整備が行なわれ、集まって宴会をするなど、賑やかな印象へと変わっていた。このように、最初は支援を受けながら各家庭の課題解決しか行なわれなかったのが、徐々に快適性の向上も行ない、団地の共用スペースも整備するような変化を見せている。こうした傾向は他の団地でもうかがえたことから、環境構築は時間変化の中で、つくられるものやその主体など、様態が徐々に変化していると考えられる。

5.2. 復興へ向かって環境構築がもたらすもの

仮設住宅の環境構築は、単なる居住環境の改善だけでなく、別の二次的効果をもたらしているとも考えられる。

①メンタルケア　突如被災し、さまざまなものを失った被災者の精神的な傷は計り知れない。それでも身の回りの環境を整えていく姿勢は、前向きな気持ちの表れであり、環境構築は前向きな気持ちを生み出すメンタルケア的な効果もあると考えられる。

②復興へ向けてのコミュニティの形成　環境構築を通じた人のつながりが生まれ、さらには共用スペースの整備や居住者同士の賑わいづくりなど、徐々にコミュニティが形成され、小さなまちづくりが行なわれていた。今後の復興まちづくりにおいては、将来の住民である仮設住宅居住者の積極的関与が欠かせない。そのため、仮設団地で培ったコミュニティの絆やまちづくりの姿勢をそのまま復興まちづくりへ継続させていくことが求められる(図10)。

どちらも、被災者が復興していくために欠かせない回復要素であり、環境構築を通じて仮設住宅は回復の場として、機能していると評価できる。

6. まとめ

過去の災害知見を活かして仮設住宅の環境構築に向けた情報提供支援を試み、東北の仮設住宅に見られる環境構築事例の考察を行なった。情報提供の試みは、印刷可能とすることで支援ツールや今後の災害時の資料として活用された他、さらなる仮設住宅支援のきっかけのひとつになったと言える。また、東北の仮設住宅では、団地ごとの居住環境が異なるなかで、さまざまな環境構築が行なわれている。入居当初は、個々の居住環境の課題解決だけだったものが、居住者同士の協力や共通の話題を通して人のつながりが生まれている。そのつながりは共用スペースの環境構築やコミュニティ活動への成長がうかがえる。これは復興へ向けた回復のプロセスであり、仮設住宅は回復の場として機能している可能性を指摘できる。

今後も続く仮設生活においては、自助による環境構築を促進するために、改造の許容範囲・程度を示すことや状況に応じた改造ノウハウの情報提供をしていくことが必要である。また、仮設団地のコミュニティを上手く復興まちづくりの活動につないでいくあり方や仕組みが求められる。

コメンテーター・コメント＠公開討論会

今村：東日本大震災を正面から扱ったテーマです。さまざまな意味で環境がキーワードになっていますので田辺先生お願いいたします。

田辺：実は私も「仮設のトリセツ」はダウンロードして拝見しました。非常に面白いアイデアがたくさん入っています。東北の応急仮設住宅で問題になっていることの1つは、気積の小ささです。元の広い家で使っていた家具をそのまま小さな仮設住宅に持ち込んでしまう。また、電気の暖房器具を使うとどうしてもコストが高くなってしまうので、みなさん開放式の石油ストーブを使ったりしている。開放式ストーブは、燃やすと燃焼ガスとともに水が出る。気積が大きければ問題ないのですが、小さいので結露被害が生じている。断熱効果を高めれば対策ができるわけでもないのです。

そこで最初にお聞きしたいのは、なにか寒さ対策のようなものはあるのかどうか。そして、「仮設のトリセツ」は研究室全体で行なっているテーマですが、その中で田沢さんが、「僕のアイデアはここだ!」と言えるところがあれば伺ってみたいです。

田沢：まず結露対策に関しては、換気をすることで改善される面があると思うので、被災者のみなさんに情報を提供していくことが求められると思います。寒さ対策に関して実際に居住者の方たちの間で行なわれていたのは、行政から仮設住宅の一室を畳敷きに変更してもらえることになった際に余った畳を断熱材代わりに使ったり、あるいは段ボールを敷くことでした。

私自身のオリジナルという点に関してですが、そもそもこの活動を始めようと研究室のみんなに声をかけたのが私でした。ですがすぐに先生には言えなかった。なぜなら、研究室が中越、中越沖地震で活動していたこともあり、安易にその流れでやろうとしているとは誤解されたくなかった。先生へ説明するためにやりたいことや想いを整理していたところ、先生からも同様の考えがあることを伺い、始まったものなのです。その後、仮設住宅を回り、先生や研究室のみんなと議論していくなかで、居住者の方が自ら環境を整えていくことが、これから生活していくうえで、前向きな姿勢につながっていくのではないかという考察に至りました。

今村：中越地震でのノウハウがシェアできたのは、東北も新潟同様に寒い地域だったことと、都会とは異なり既存のコミュニティが活かせたという点も似ていた。今後のことを考えていくと、さまざまな特徴をもつ不特定の地域を対象に「仮設のトリセツ」をどのように活用するのかという課題が出てきますね。違う気候条件や人口構造、コミュニティのあり方をもつ地域での応用可能性を考えたことはありますでしょうか。

田沢：地震国である日本においては、今回のように知見を蓄積して共有し使っていくことが大事だと思います。そういう考えもあって東北でも仮設住宅の住みこなし事例を集めました。東北で調査したもうひとつの理由としては、プレハブ以外にも、ハウスメーカーの仮設住宅や公募型の木造の仮設住宅があったりと、さまざまな状況で居住者の方々が住まわれている点に着目したからでした。仮設住宅ごとに環境が違うなかで、居住環境を整えていくためにはどうしたらよいか。現地に行って、そこにしかない事例を集めて情報共有するという目的がありました。情報交換を目的としたワークショップを進めていくうちに、ある程度共通して見られる部分が見つかりましたので、そういうものは今後に活かしていけるのではないかと考えています。

金田：震災直後は、医者と違って建築家という職能はほとんど役に立たない。起こった後にどうするのか。震災後の建築家ができることという意味ですごくよい例だと、僕は好感をもっています。仮設住宅はプレハブだけれど、どう住みこなすかを建築家が一緒になって考える。そうすると自ずとプレハブのミニマムの性能はこうあるべきだという提案が出てくるのではないでしょうか。

既存駅複層地下空間における火災・水害双方に有効な総合防災計画手法

Aターミナル駅地下のケーススタディに基づく都心駅地下空間モデルの提案

Name:
平田裕信 ※公開討論会は欠席
Yujin Hirata

University:
早稲田大学大学院
創造理工学研究科　建築学専攻
長谷見雄二研究室

1. 序論

1.1. 研究背景

現在、世界の大都市では地下駅・地下街等の地下施設が一般的なものになっているが、火災に加え、豪雨等による水害被害も多数発生している。しかし、地下施設の水害対策の研究は火災に比べ、進んでいないのが現状である。

1.2. 研究目的

地下空間における火災と水害の類似性に着目し、火災・水害対策の考え方を相互に応用し、統一することで、火災・水害時双方の避難安全性能を向上させるための対策を検討する。そしてAターミナル駅地下のケーススタディを基に、複層地下空間における火災・水害双方に有効な総合防災計画手法を提案することを目的とする。

1.3. 研究の流れ

まず、地下空間における火災と水害の類似性を確認する。そして、既存の防火・浸水対策の現状を把握したうえで、火災・水害双方に有効なソフト・設備面にお

Interview

Q:トウキョウ建築コレクションに参加しての感想
たくさんの方に自分の研究を見ていただける機会をいただけて、大変嬉しく思います。予備審査を通過させていただいたのにも関わらず、公開討論会に出席できなかったことが、非常に悔やまれます。

Q:大学や大学院での活動や研究内容
主に地下空間における火災・水害時の避難安全計画を研究しておりました。この研究のおかげで、地下空間に行くと無意識に防災設備と避難経路を確認するようになってしまいました。

Q:修士修了後の進路や展望
修了後は、設計事務所に就職します。研究で培った防災知識を活かして、建築の意匠性、機能性だけでなく、防災性、安全性などを提案できていければと考えております。

ける避難安全計画を検討する。そして、ハード面における煙・浸水制御計画を検討し、火災・水害双方に有効な総合防災計画を提案する。

2. 地下空間における火災と水害の類似性

地下空間の煙と浸水の広がり方を比較するために予備シミュレーションを行なった。煙流動把握には2層ゾーン煙流動予測プログラムを、浸水流動把握には流量式によるポンドモデルを用いた。シミュレーション結果は省略するが、地下空間の煙と浸水の広がり方は類似していることが確認できた。火災時、煙は天井に沿って部屋全体に広がり、天井面の高い所からたまり、徐々に降下していた（図1上）。一方、水害時、浸水は床に沿って、部屋全体に広がり、床面の低い所からたまり、徐々に上昇していた（図1下）。

つまり、浸水の動きを「上下反転させた煙層」と捉えることで、煙制御策と同じ発想での浸水制御策の提案が可能になる。

これより、火災対策・水害対策の考え方を同様に扱い、両者の考え方を相互に応用し、統一することで、火災・水害双方に有効な総合防災計画を検討できると考えられる。

3. ソフト・設備面における避難安全計画の提案

3.1. 既存の浸水・防火対策の現状の把握

A駅地下に実際に設置されている浸水・防火対策の有効性を検討した。シミュレーション結果は省略するが、既存の対策だけでは避難安全性を確保することはできなかったため、ソフト・設備面における避難安全計画を検討する。

3.2. ソフト・設備面における水害安全計画の提案

3.2.1. 浸水シミュレーション概要

浸水シミュレーションは、流量式によるポンドモデルを用いる。セル間の流量移動は段落ち式（式1）と越流式（式2）より算出する。浸水水位は、各セル内で水平を保ちつつ変化し、階全体に順次拡大していくと仮定する。また、地上の水位は東海豪雨規模の雨量を仮定し、毎分3cmで上昇し、地上高さの低い出入

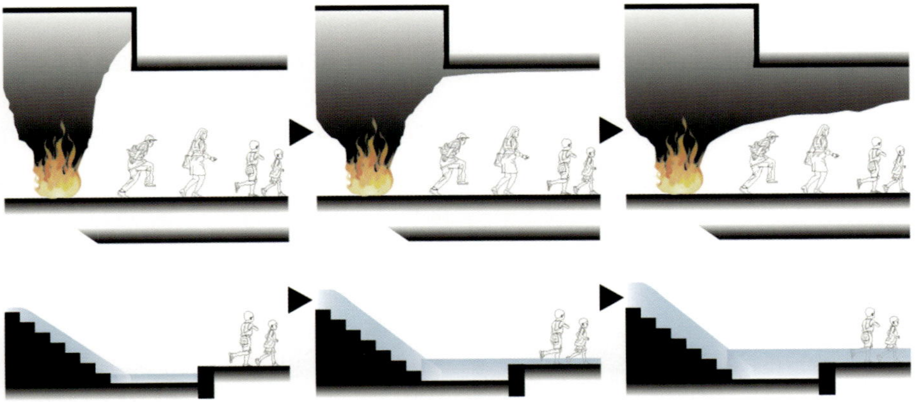

図1　煙と浸水の動き

口から浸水が開始していくとする。

段落ち式　$Q_f = B\mu h_f\sqrt{gh_f}$（式1）

越流式　$Q_c = B\mu h_c\sqrt{2gh_c}$（式2）

h_f：該当セルの浸水深（m）、μ_f：0.544（段落ち流量係数）、h_c：セル間の水位差（m）、μ_c：0.35（越流流量係数）、B:セルの幅（m）

3.2.2. 避難安全検証

（1）避難者数（火災・水害共通）

地下駅ホーム避難者数はNFPA130 に基づき「（車両定員×車両数＋1便あたりの乗降人数）×混雑率」とし、コンコース改札内、改札外の避難者数は現地調査の結果を使用する。火災・水害時、避難者は均一に分布し、出口では順次、外部に避難すると仮定。

（2）避難場所（火災・水害共通）

避難は安全な地上階に達した時点で完了。

（3）避難時間t_{escape}（火災・水害共通）

A駅地下は広大であり、歩行時間および滞留時間ともに一般居室に比べて大きな値となるため、避難時間t_{escape}は下式（式3）で計算する。

$t_{escape}=t_{start}+MAX（t_{travel},t_{queue}）$（式3）

t_{start}：避難開始時間（s）、t_{travel}：歩行時間（s）、t_{queue}：滞留時間（s）、有効流動係数=1.5（人/s・m）、歩行速度=1.0（m/s）（火災時）or 0.57（m/s）（浸水時）

（4）避難困難水深

階避難困難水深は30cm、階段避難困難水深は上階端部で20cm。

（5）浸水時避難開始時間t_{start}

浸水時の避難の意志決定には不明確な点が多いが、足の甲が浸水する浸水深3cmで異変を認知し、その後、情報伝達時間と避難意思決定および準備時間を併せ、180s後に避難を開始すると仮定。

（6）浸水時歩行速度

無浸水時の57%の歩行速度で避難するとし、階段を昇る際は無浸水時の33%の歩行速度と想定する。つまり、平坦部の歩行速度を0.57m/sec、上階への歩行速度を0.15m/secと設定する。

3.2.3. 水害安全計画概要

既報より、管理者による地上監視や降雨計に連動した自動警報等による避難警告のみでは水害時避難安全性は確保できないため、浸水流動方向を考慮した避難誘導を加味する。これは、避難には浸水危険性の高い階段は利用せずに、危険性の低い階段から地上に避難させる方法である（図2）。

3.2.4. 浸水シミュレーション結果および考察

避難達成率が大幅に改善された。これより、浸水流動方向を考慮した避難誘導の有効性が確認できた。これは、水害は主に地形・立地に支配されるので、火災に比べて容易に、浸水危険性が高い階段を事前に把握できるためである。また、水害時避難に利用しない階段を普段から周知させることができれば、より高い避難安全性の確保が期待できる。しかし、避難達成率100%には達していなかった。

3.3. ソフト・設備面における火災安全計画の提案

3.3.1. 煙流動シミュレーション概要

煙流動シミュレーションは、対象空間内の安全性を詳

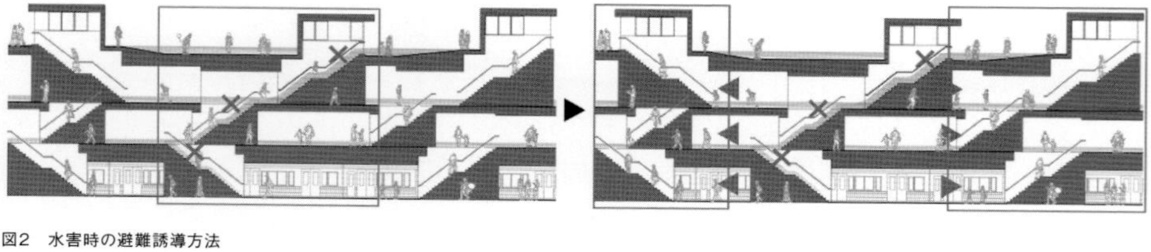

図2　水害時の避難誘導方法

細に検討するために、細かいセルごとの温度分布・気流速度等が把握できるFDS（Fire Dynamics Simulator）を用いる。

計算セルサイズを500×500×500mm、想定火源$Q=\alpha t^2$とし、最大発熱量は出火階性質に応じて設定した。FDSより、A駅地下の各セルの安全性が確保できる時間を求める。なおFDSでは煙層と下部層が明確に分離しないため、初期温度から5K上昇した点を煙層と下部層の境界とする。積算煙曝露量は床面から1.8mの高さ、煙層温度は天井面から0.5m下方の高さで算出する。

3.3.2. 避難安全検証

（1）火災時避難開始時間t_{start}

火災時避難開始時間t_{start}（s）は、下式（式4）で算出される。また先頭避難者に巻き込まれない非出火室在館者の避難開始時間t_{start}'（s）は下式（式5）で算出する。

$$t_{start}=2\sqrt{A_{floor}}+180 \quad \text{（式4）}$$

$$t_{start}'=8\sqrt{A_{floor}}+180 \quad \text{（式5）}$$

A_{floor}：当該階の各室の床面積の合計（m^2）

（2）避難困難時間

階段付近の積算煙暴露量または煙層からの輻射熱が限界値を超えた時間を避難困難時間とする。火災時避難安全性は避難安全性能に関する性能評価機関の業務方法書を基に判定する。

3.3.3 火災安全計画概要

A駅地下の防火シャッターを二段落とし防火シャッターに改善することを提案する。これは、防火シャッターを床から高さ2mの地点で一度止めて煙の流れを遮り、避難者が階段を通り抜けできるようにするものである。

3.3.4. 煙流動シミュレーション結果および考察

安全に避難できる人数が大幅に増加した。これは、二段落としシャッターによって、上階への煙の拡散を抑えている間に、避難警告による迅速な避難ができていることを示している。しかし、避難達成率100%には達していなかった。

3.4. 火災・水害双方に有効な避難安全計画の提案

以上の検討をもとに、ソフト・設備面における火災・水害双方に有効な避難安全計画を検討する。

3.4.1. 避難安全計画概要

この計画は、水害時に避難に利用しない階段を火災時には排煙階段として応用し、別の階段から避難させる（図3）ことで、火災・水害時の避難誘導を統一する計画である。避難誘導を容易にし、災害時の避難安全性を確保する。これは、水害対策の考え方を火災対策に応用したもので、排煙階段には出火階に応じて新設した2段落としシャッターや防煙垂壁や排煙設備を利用して煙を誘導する。

3.4.2. 煙流動・浸水シミュレーション結果および考察

大幅に避難達成率が改善され、排煙階段を利用した避難誘導の有効性が確認できた。しかし、避難達成率100%を得ることはできなかった。これは排煙階段に煙を誘導する際に、防火設備のみでは排煙階段以外の階段にも煙が拡散し、避難完了以前に積算煙

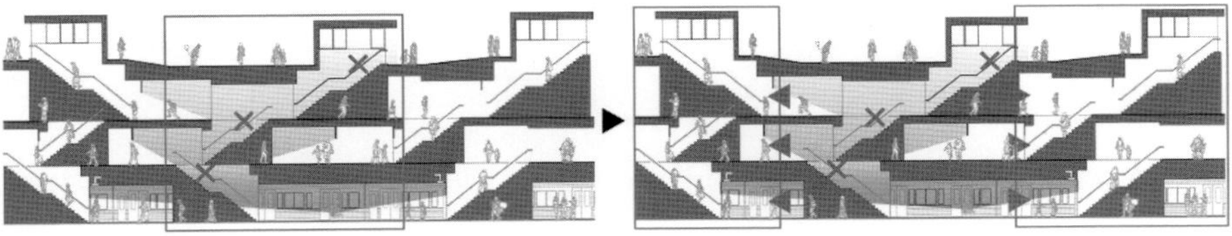

図3　火災時の避難誘導方法

暴露量が危険値に達するためである。

以上より、ソフト・設備面における対策のみでは、火災・水害時の避難安全性の確保は難しく、これらに加えて、ハード対策における煙・浸水制御計画の検討が求められる。

4. ハード面における煙制御計画の提案

4.1. 煙制御計画概要

防火設備に加えて、排煙階段である出口階段上部に吹き抜け状の自然排煙塔を設置することで、火災時避難安全性の確保を目指す（図4）。これにより、火災によって生じた煙が頭上高さまで降下する前に、排煙されることを目的としている。

4.2. 煙流動シミュレーション結果および考察

自然排煙塔により、どの階で出火しても避難達成率100%を得ることができた。これは排煙階段により誘導されてきた煙が自然排煙塔にたまり、拡散することなく排煙されていることを示している。

以上より複層地下空間において、水害時と同じ避難誘導で、避難安全性が確保されることが確認できた。

5. ハード面における浸水制御計画の提案

5.1. 浸水制御計画概要

浸水後の対策として、浸水危険性の高い出口階段地下部分の床面を20cm低くし、浸水をため、排水する遊水スペースを設置することを提案する（図5）。また、バリアフリーを考慮し、遊水スペース上部には細目のグレーチングを設置する。この考え方は、火災対策の考え方を水害対策に応用したもので、4.2にて確認済の「高天井の自然排煙塔が、火災時の煙が部屋全体に広がるのを防ぐことで、避難に有利に働くこと」と同じ発想である。

排水方法は、遊水スペース床面に排水用の開口

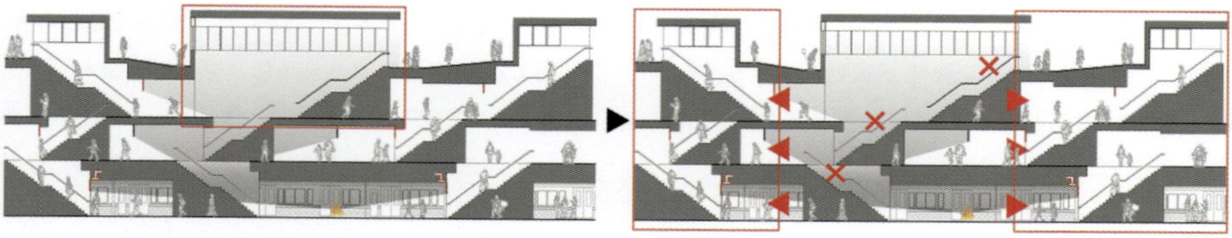

図4　自然排煙塔の提案

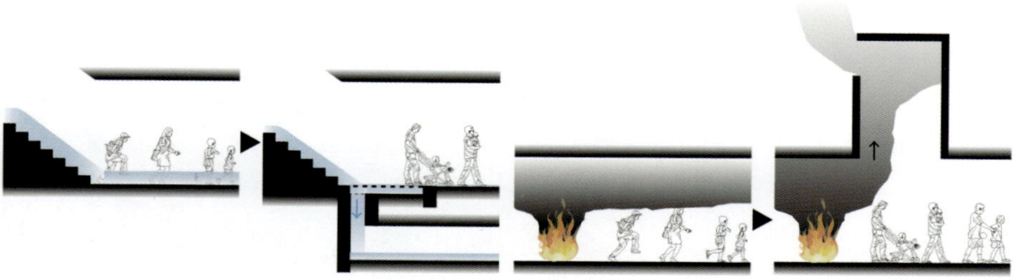

図5　遊水スペースの提案

部を設け、遊水スペースからさらに地下の湧水槽へ排水する（図5）とし、排水用開口部の横幅は階段と同じ幅に設定した。

5.2. 浸水シミュレーション結果および考察

避難達成率100%を得ることができた。これは浸水深の上昇に伴い排水量が増加していくことで、避難困難水深到達時間を遅らせることができたからである。また、浸水による物的被害の軽減にも効果的であると考えられる。

6. 火災・水害双方に有効な総合防災計画の提案

以上の検討より、浸水流動方向を考慮した避難誘導を基に火災・水害時双方の避難経路を統一して、浸水危険性の高い出口階段に自然排煙塔と遊水スペースを設置することで、災害時避難安全性が確保できると確認できた。

この計画の実現性を高めるため、現在進行中であるA駅街区土地区画整理事業の一環であるアーバン・コアの整備に着目する。アーバン・コアとは地下と地上を上下につなぎ、人々が快適に移動でき、憩い・集える空間である。このアーバン・コアに煙・浸水制御計画を付加することで防災的コアとしても機能させる。具体的には、アーバン・コア上部に自然排煙塔を設置し、地下部分の床面に遊水スペースを設置する（図6）ことで、火災・水害時双方の避難安全性を確保する。

6.1. 総合防災計画設計手法

さまざまな条件下でのシミュレーション結果より、効果的に排煙できる自然排煙塔は、「高さ10mの場合は排煙塔平面積が地下面積の10%以上」必要で、効果的に排水できる遊水スペースは「深さ20cmの場合は遊水スペース面積が階段幅の15倍程度、湧水槽容積はその面積の60倍以上」必要だと算出できた。

6.2. 総合防災計画の展望

現在、出口15においてA駅初のアーバン・コアが建設中であり、今後、出口8を含むさまざまな場所にアーバン・コアが配置される計画である（図7）。今後、建設されるアーバン・コアに本計画を付加させることで、アーバン・コアを介して地上と地下の人々の動きが活発になっていくだけでなく、より高い安全性が確保されていくことが期待できる。イメージ図を図8に示す。

本研究ではA駅を対象に検討を行なったが、火災・水害双方に有効な本総合防災計画は、浸水危険性の高いさまざまな既存地下施設に応用可能だと考えられる。

7. 総括

本研究より、以下の知見が得られた。

・地下空間の火災と水害にはさまざまな類似性があり火災・水害対策の考え方を相互に応用・統一できると考えられる。

・本総合防災計画は浸水流動方向を考慮した避難誘導をもとに火災・水害時の避難経路を統一して、アーバン・コアの上部に自然排煙塔を設置し、床部分に遊水スペースを設置することで災害時避難安全性を確保する計画である。

・本計画を付加したアーバン・コアは地上と地下の人々の動きを活発にするとともに、環境・防災的コアとしても機能し、快適な空間とより高い安全性を確保する。

・本計画の設計手法を以下のように算出できた。

「高さ10mの排煙塔の平面積は、地下面積の10%以上必要で、深さ20cmの遊水スペースの面積は、階段幅の15倍程度、湧水槽容積はその面積の60倍以上必要」

・本研究ではAターミナル駅を対象に検討を行なったが、本計画は、浸水危険性の高いさまざまな地下施設に応用可能だと考えられる。

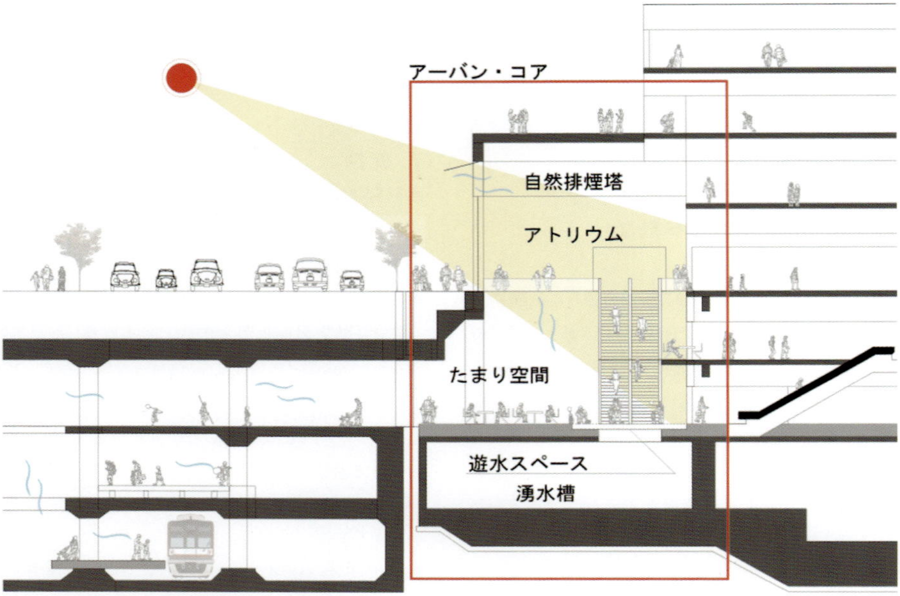

図6　総合防災計画概要

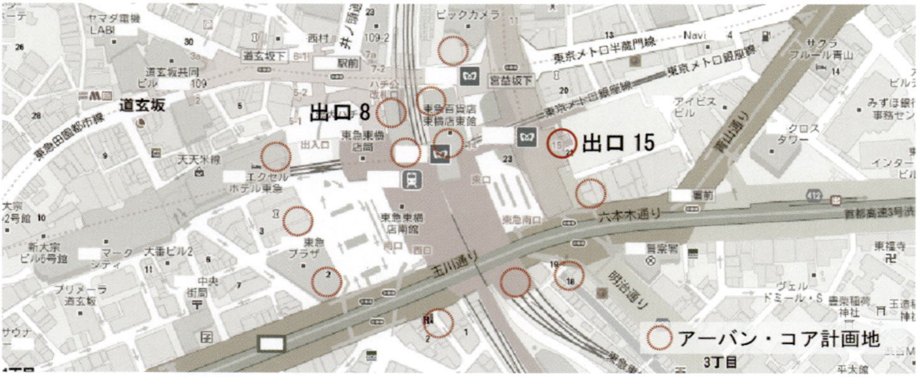

図7　アーバン・コア配置計画（Google Mapsをもとに筆者作成。地図データ ©2012 Google, ZENRIN）

図8　総合防災計画内観イメージ図

全国修士論文展

公開討論会

コメンテーター：

大月敏雄／金田充弘／倉方俊輔／田辺新一／中島直人／今村創平

参加者：

窪田真和（東京大学大学院）p.176／大島 隼（首都大学東京大学院）p.184／梶 隼平（京都大学大学院）p.192／河野泰教（新潟大学大学院）p.200／中田翔太（滋賀県立大学大学院）p.208／宮井早紀（京都工芸繊維大学大学院）p.216／青柳 佑（早稲田大学大学院）p.224／玉木裕希（横浜国立大学大学院）p.232／福原光太（横浜国立大学大学院）p.240／村井庄一（東京大学大学院）p.248／田沢孝紀（新潟大学大学院）p.256

「知らせていくことが役割」

今村：それでは、最後にまとめのディスカッションを行ないたいと思います。まず、お互いの発表を聞いて何か思ったことについてコメントをしてください。

大島：窪田君は建築設計といっても新築の設計を扱っていて、僕は改修の設計を扱っています。窪田君は新築の中でも最適化した一般解を求めている。改修では絶対的に既存建物の存在があって、それゆえに解が個別になりがちだと思うのですが、改修においても、手戻りをなくすような効率化が理論的にできるのかどうかを聞きたいです。こういう研究を進めていけば、改修の方にも反映されて、法律の改正につながるかもしれませんよね。

窪田：その辺は検討中で、まだまだパラメーターとして扱いきれない部分があります。さまざまな事象がありますが、パラメーターにもいろいろあって、その取り扱いは本当に難しいと感じています。法律では集団規定や単体規定など、いろんな情報を取り扱っていますが、BIMでは部材や材質の情報などは取り扱うことができますが、それ以外のものは全然整備されていないんです。大島さんの研究を見て、いろんなパラメーターのヒントがたくさんあって、その辺は進めていくうえで何かの糸口になるのかなと、大変参考になりました。

宮井：歴史分野が専門なので、玉木さんに聞きたいことがあります。農村舞台ができた時は、自発的に集落の住民たちがつくり出したものだと思うんですけど、この舞台をより活かすための具体的な可能性のようなものはありますか。最近は、アートプロジェクトが、地域を復興することに貢献していると思っています。実際に現地に行ってみて、歌舞伎や浄瑠璃以外の使われ方として、こういうものがあるんじゃないかなという可能性を教えていただけたらと思います。

玉木：大石神社の舞台は再生の事例を紹介しましたが、他の2つの神社の舞台はほぼ使われていない状態で、舞台としての機能は果たしておらず、門の機能だけになっています。住民の人たちも舞台だということを忘れているような存在なんですね。私自身はこれをどう使っていったら良いかということを提案するまでには至っていないというのが現状なのですが、こういうものがここに存在するということを、例えば、建築家や芸術家に紹介するとか、多くの人に知らせていくことが、自分の役割かなと思っています。

「震災をきっかけに変わったこと」

宮井：皆さんに質問したいのですが、修士1年の3月11日に起こった東日本大震災をきっかけに考え方の変化があって論文に反映していたり、直接反映していなくても建築を学ぶ者として自分の中で何か変わった部分はありましたか？

今村：宮井さんはどうだったのですか？

宮井：私は修士を設計でやるのか、論文でやるのかで悩んでいた時期でした。震災の当日はたまたま就職活動で東京に滞在中でした。当日の夜には京都の家に着いて、初めて状況把握をしました。言葉は悪いですが、映画のワンシーンのような大津波が家々を飲み込み、1つの都市が突然なくなっていく様があまりにも非現実的でした。そんな非日常が日常になってしまったにも関わらず、自分可愛さに次の日も就職活動をする自分がいました。皮肉にも建築を学んでいるわけですが、私はその時いかに建築家や設計が無力かを感じました。建物として形を残すことだけが建築じゃないのではないかと思い、今後もずっと継承されていく方法はないかと思い論文をやろうと思いました。歴史論文を書くことで、過去を引き継いで未来に活かすことができるのではないかと、それはきっと震災後、特に意識するようになったことだったのでこの論文を書いたのは震災がきっかけでした。

青柳：僕自身は論文のテーマを決めるにあたって、

震災から強く影響を受けたと思っています。その頃、大学3年生の授業TAをやっていたのですが、自分の出身小学校を設計するという3年生の課題があって、仙台出身の後輩の出身校がまさに被災した場所だったんです。その後輩の話を聞くと、被災地では被災後3日目ですでに建物が建ち始めていた。人間の力のポジティブな面が集まって、都市のあり方が変わっていく、そのように感じました。この話から影響を受け、震災同様のインパクトがあった戦後という時代から都市がどのように変わっていったのかを考えてみたいと思うようになりました。そういう意味では、震災は僕の中ではかなり大きな転期になったと思っています。

田沢：僕の論文は震災がきっかけとなっていますが、卒業論文からの意識も反映しています。卒論では、店主自らが商空間を整備している店舗の事例を調べました。仮設住宅では、住人自らが住環境を整えている点を見ました。今は建築のつくり手だけが空間をつくっていて、使い手はただ使うといった、つくる人と使う人に距離があるように感じています。建築を使う人自身が、少しでも環境整備に携わることで、その建築に愛着をもって、末永く使っていくことができるのかなと考えています。この建築の思想をもちつつ、震災に対して研究できたと思います。

今村：この中で他に被災地の支援活動に関わっているような人はいますか。現地に行ったとか、何かそういう視点からコメントがありますか?

中田：今回、プロジェクト展に出展している「木興プロジェクト」に参加しています。南三陸町に漁師小屋を建てる活動を通して、震災が起こってからいかに早く動けるかがすごく重要なんだということをすごく実感しました。仮設のトリセツは、もともとあった研究の蓄積を使って、迅速にすぐ行動に移したことが素晴らしいと思いました。

村井：僕は震災があった時に日本にいなくて、ずっと外からの視点で日本を眺めていました。海外はすぐにチャリティーコンサートをやって日本に募金しようというような流れがいっぱいあって、いろんな形で日本に貢献しようという人の温かさみたいなものがあったのですが、自分自身が日本に帰ってきた時にどういうふうに接していけば良いのかわからず、現場に行くには遅すぎるんじゃないかという葛藤みたいなものもありました。そこで、人にとって、空間や建築がもっと身近に感じられるような、そして、それがすぐに実行できるようなものがつくれないかと考えて、今回の論文を書きました。

「震災をどう扱うか」

梶：僕は今回の討論会を通じて、1つ大きなテーマとして価値という問題があると思っています。法的価値や性能価値、歴史的価値など、いろいろな価値が出てきましたが、その価値の問題を考えることこそ重要だと思います。震災の話につなげて考えると、津波によってさらわれて丸ごと消えてしまったまちを復興しなければならない。建築家は震災直後は無力だと皆さんおっしゃっていますが、それでも建築家や設計者はものをつくらなければならないという、ある種の使命がある。復興するために線を引かなければいけない。そのときに、理念や価値という問題をきちんと考えなければならないということが、今回の討論会を通じて分かってきました。僕はわりと理論に寄った研究をしていましたが、今回、数々の実践的な調査研究というものをいろいろと聞いていく中で、初めて自分の都市論の研究が位置づけられるのではないのかと考えています。

福原：宮井さんの質問に戻るんですけど、僕も震災の時は国内にいなかったから、実感があるかないかと言われたら正直ないというところがあります。僕自身はずっと意匠をやっていく中で開放的であることをずっと考えてきました。それは単純に明るいとか風が抜けるとか広いとか、そういう意味ももちろんあるのですが、それだけではなく、建築自体がもっと市井の人に開かれるとか、いろいろな開放的な部分というのをずっと考えてきて、それが今回の修士論文のコンセプトにもつながっています。だから、今回の田沢さんの話にはすごく共感します。震災で仮設に住むこと自体はもちろん全然良いことではないと思いますが、その中で住み手が主体になって家をつくっているというのは、自分が目指した、建築がより広く開放的になっているという状況ではあるのかなと思いました。僕もそうあっていきたいなと思いました。

大島：僕は震災の当日、建築学会の耐震デザインの委員会で、浜松の事例の見学に同行していました。新幹線で帰って来たのですが、東京駅に着いた瞬間に震災が起こり、ホームの上でグラグラ揺れて……。まさに東京が大混乱する様を目の当たりにして無力を感じました。4月になって研究の方針を固めるにあたって、担当の指導教授とも話し合いを重ねる中で、耐震を扱うということは決まっていたのですが、震災を受け止めるかどうか、扱うかどうかというところはすごく悩んだところです。結果的には、田沢さんみたいにグラウンドレベルで震災に対する研究はしていなくて、俯瞰的に制度的な問題やシステ

ムの話から、防災などについて既存の建物をどうするべきかというところを扱いました。自分なりに今後の展望みたいなものも見えて良かったと思っています。

河野：僕も大島さんと同じで、震災時は新幹線に乗っていて……東京駅に着いた途端に帰宅難民になりました。自分の研究テーマは、震災が直接的に反映しているとは言えないのですが、従来の常識が覆されるような出来事が起き、建築もより大きな問題意識をもつ必要があると思い始めたことはあると思います。なので今後も建築がもつ社会性みたいなものを考え続けていきたいし、今回先生方に指摘していただいた社会システムの知識も詳しく学んでいけたらと思います。

「現代の自分に引きつける」

今村：こういうイベントで違う分野の違う研究をした人同士が話せるということはとても意義があると思っています。いろんなことに関心があっても、修士論文ともなると、自分のテーマを深く掘り下げて、かなりフォーカスをすることが大切です。でも、それを引いて見た時にどういう位置づけにあるのか。現代、もしくは現代の自分に引きつけなければ、やっぱりそれは自分の財産にならない。そのためにも、こういう場があることは、非常に良いのではないかなと思いますので、ぜひ今後も盛り上げていってほしいです。最後にコメンテーターの先生方に一言ずつコメントをいただいてまとめにしたいと思います。

中島：1年前に3.11があって、あの状況の中で修士論文を書いたということで、当然普段の年に比べたら、よりいっそう社会的なことに関心をもったり、自分の研究の意義とは何だろうということを考えたと思います。一生記憶に残る年になったのではないでしょうか。論文としても、直接的にせよ間接的にせよ、非常に社会的意識の強いものが集まっていると感じます。修士論文というものは、自分で書いた後に、論文を愛して、本当にそれを人に伝えたいと思う、それくらいのものであるべきだと思います。こういう場があるということを、これからの後輩にもどんどん伝えていってもらえれば、いろんな研究が世の中の役に立つようなことになっていくんじゃないかなと思います。

金田：研究や論文というものは、必ずしも何かの役に立たなければいけないということはないと思います。例えば、数学だったら誰にも理解されないで、誰にも何の価値も認められなかったものが、30年後に実はすごかったとか、何かの役に立つことを他の人が発見するということもあるので、知の積み重ねという意味では、とても大事な面があると思うんです。でも、特に建築という分野において、自分が何か新しいものを設計するということに関して言えば、そこに問題意識がなければならない。アートではなく建築なので、なぜ今それを設計するのかという視点は絶対に必要だと思うんですね。そういう意味では問題意識をもった、今このテーマを取り上げたいという論文がここに出てきて、皆で分野をまたいでディスカッションできたことはすごく良いと思いました。

倉方：歴史は役に立たないと言われることもありますが、そうではないということが近年ますます明らかになっているのではないかと思います。そのいい例が今日の会で、これまでの「建築史」の枠組みが小さかったと分かるくらいに、多くが時間や歴史を扱っています。それは成長期を終えた時代の流れですが、震災がそれをより強めているのではないでしょうか。

震災という転期に遭遇して、「現在」が永遠に続いているわけではない。過去にも転期があった。そうした意識が歴史に向かわせているように感じます。このような場所で論文を発表して良いことはレスポンスを受け、今後も考え続けていく励みにできることだろうと思います。意見や仕事というのは、いつも同じようには伝わらないものです。時代の流れとかポジションとかタイミングによって、一回だけでも力が伝播することもある。だから是非、修士論文でやったことを粘り強く考えて、TPOに合わせながら表現してもらいたいと思うんですよね。そうすれば本当に日本も世界も変わっていくはずです。今日の発表では、皆さんそれだけの力をもっていたと思います。

大月：論文に関しては前から持論があります。卒業論文では、その大学でそのテーマについて誰よりも知っている。修士論文では、その国で誰にも負けないくらいその分野について造詣が深い。博士論文では、その分野で議論したら、世界中の誰にも負けない。少なくとも意気込みとしては、そうあるべきだと私は思っています。自分が日本で一番知っていると言うためには、自分が頑張ってると言うだけではなく、他人がやったことと比較しながら言わないといけない。でも、概して既往研究のレファレンスが足りない修論が多いと思います。他者の目というものが、自分の論文の中にちゃんと戦略的に織り込まれているかどうか。他者の目をどう上手く入れ込んでいるかは、実はプレゼンにおいて大変大事なことなんです。それが今日、おそらく日本一の修士論文のラインナップを見ても、そんなに意識されていなかったので、来年以降の人は頑張ってほしいと思います。

田辺：近代科学の研究は、デカルト的な方法で、ものをピースに切っていって、それぞれのピースの中で普遍的な解を得ようとする。重要なのは、どう切るかということ。資料をいっぱい集めたとか、実験をいっぱいやったとか、フィールドでいっぱい調査したということを売りにした論文が多い。確かにすごい作業量なので頭が下がりますが、やはり、切り口が大事だということを分かってほしいと思います。それから、先行事例があるかを調べることもすごく大切です。医学の世界では、百万件に一件の病気でも、報告しておくと、次の人が助かる可能性がある。建築にも同じようなところがあります。今すぐは役に立たないかもしれないけれども、きちんと整理しておくことは価値があります。また、ピースを分析したデカルト的な研究だけでは建築はできません。研究成果をどのように総合化するかに関しても考えていただければと思います。

プロジェクト展

M house project「五感でなら。」
観光案内所
東京大学　隈研吾研究室
協賛：メモリードグループ
東京大学　隈研吾研究室
協賛：メモリードグループ
ROOM 1 観光案内所
ROOM 2 聴覚
ROOM 3 視覚
A - A' section
ROOM 4 味覚　嗅覚
空間のつなぎ方
まとめ

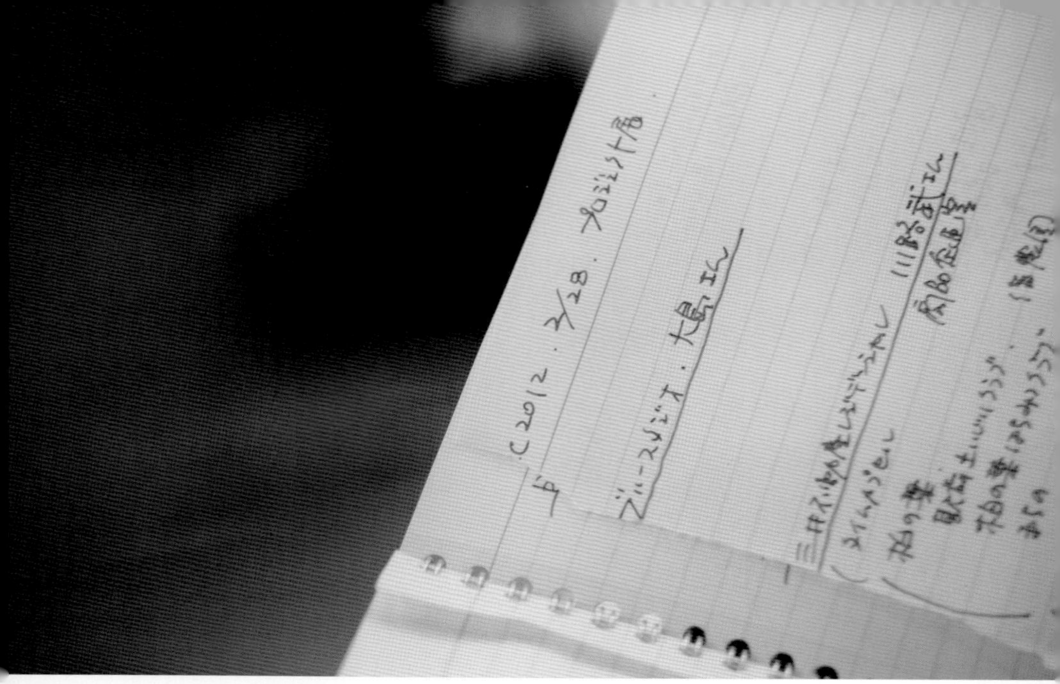

「プロジェクト展」開催概要

「プロジェクト展」は、大学院の研究室で行なわれているプロジェクトを展示し、また実際に社会で活躍されている実務者の方々と学生とで議論を行なう場です。研究室プロジェクトは、社会との協働によるものが多く、学生の活動の中で社会に対して最も対等な立場での成果であると考えています。

本企画は、こうしたプロジェクトの数々にスポットを当てることで、本展覧会のメッセージを明確に示すと共に、議論を通し、学生と社会の相互発信という性格をもつものです。

また、今年度は各プロジェクトの理解を深めると共に、「建築の発見」という全体テーマのもと、「外部からの発見」というサブテーマを掲げました。専門家との議論だけでなく、企業人や来場者との対話を通して、プロジェクトの意義や社会性を考える場となり、また建築学生の将来における新たな可能性を見出す場となることを目指しました。

トウキョウ建築コレクション2012実行委員

プロジェクト展コメンテーター

アネックストーク1

大島芳彦　Yoshihiko Oshima

株式会社ブルースタジオ専務取締役、クリエイティブディレクター。1970年東京都生まれ。1993年武蔵野美術大学建築学科卒業後、The Bartlett, University College London（英国）、Southern California Institute of Architecture（米国）に学ぶ。石本建築事務所を経て2000年にブルースタジオ専務取締役に就任。建築家、建築コンサルタントとして建築作品を多数手がける。2006-07年には「ラティス青山」をはじめとするリノベーション作品でグッドデザイン賞を連続受賞。その他、セミナー講演や執筆など幅広いフィールドで活動中。

川路 武　Takeshi Kawaji

三井不動産レジデンシャル株式会社 開発事業本部商品企画室商品企画G主査。1998年三井不動産入社。企画開発担当・ブランドマネジメントを経て、2011年より本社商品開発室。企画開発時代は主に大規模開発に携わり、新浦安地区における日本初の全戸3メートルバルコニーの集合住宅、柏の葉キャンパスシティ住居部分における、使用エネルギーの可視化モニターによる「CO_2（見える化）」プロジェクトなど、コミュニティづくりや環境対応をテーマとする案件を担当。

アネックストーク2

竹内昌義　Masayoshi Takeuchi

株式会社みかんぐみ共同主宰／東北芸術工科大学教授。1962年神奈川県生まれ。1995年みかんぐみ共同設立。2000年より東北芸術工科大学准教授、2008年同大学教授に就任。代表作に「愛・地球博トヨタグループ館」「マルヤガーデンズ」「伊那東小学校」など。共著に『団地再生計画/みかんぐみのリノベーションカタログ』（INAX出版）、『未来の住宅カーボンニュートラルの教科書』（バジリコ）など。エコハウスの建設、カーボンニュートラルシティ構想など環境に対して取り組む。

古田秘馬　Hima Furuta

プロジェクトデザイナー／株式会社umari代表。東京都生まれ。慶応大学中退。1999年にノンフィクション本『若き挑戦者たち』（イーハトーヴ）を出版。2000年に渡米し、NYでコンサルティング会社を設立。2002年の帰国後、山梨県・八ヶ岳南麓「日本一の朝プロジェクト」、東京・丸の内「丸の内朝大学」など、数多くの地域プロデュース・企業ブランディングなどを手がける。2009年に農業実験レストラン「六本木農園」を開店。2011年7月、つまめる食材屋「七里ヶ浜商店」を開業。

アネックストーク3

筧 裕介　Yusuke Kakei

博報堂生活総合研究所上員研究員。1975年生まれ。一橋大学社会学部卒業後、東京大学大学院博士課程修了（工学博士）。1998年博報堂入社後、社会課題をデザインの力で解決するソーシャルデザイン領域の研究、実践に取り組む。2007年hakuhodo+designを、2008年issue+design projectを共同設立。共著に『地域を変えるデザイン』（英治出版）など。2011年「できますゼッケン」にてグッドデザイン賞、「親子健康手帳」にてグッドデザイン賞・キッズデザイン賞審査委員長特別賞、日本計画行政学会・学会奨励賞ほか受賞。

西田 司　Osamu Nishida

オンデザインパートナーズ主宰。1976年神奈川県生まれ。1999年横浜国立大学卒業後、保坂猛とスピードスタジオ設立。2004年オンデザインパートナーズを設立。2002年東京都立大学大学院助手、2005年首都大学東京研究員、同年横浜国立大学大学院Y-GSA助手などを経て、現在、東北大学非常勤講師を務める。

MOOM

Tensegritic membrane structure

Group:
東京理科大学大学院 小嶋一浩研究室
+佐藤淳構造設計事務所+太陽工業

計画

東京理科大学小嶋研究室では能村膜構造振興技術財団の助成を受け、卒業論文として、「新しい膜構造を目指して」をテーマに、構造家の佐藤淳氏のアドバイスのもと、今までにない膜構造の創出や、膜構造の概念の拡張を目的とした研究を行なった。その研究をもとに、原寸模型で制作可能な膜構造の研究・設計を行ない、空気膜でもフレームでもない、離散した線材と膜が依存しあう、折半構造とテンセグリティを重ね合わせたような形態の膜構造「MOOM」(Tensegritic membrane structure)を制作した。

研究

膜構造は大きく分類すると、吊構造・骨組膜構造・空気膜構造がある。軽量で、倒壊しにくく、曲面を活かした意匠に柔軟に対応するなどの特徴があり、新たな意匠、構造を切り開く可能性を有している。しかし膜構造ならではの短所もある。開口がとりにくく断熱・防音・遮音性能をもつ層を構成するのが困難で、堪水ダメージを受けやすい。膜構造の採用は、駅前にある通路用屋根やバス停の屋根などの小規模なものから運動競技場など大空間を要する大規模な建築にまで及んでいる。そしてコンピュータが発達した近年においては、今まで容易につくり出せなかった形態を膜構

外観写真

造の柔軟性をもって現実のものとしている。大空間から難形態までを包括する膜構造は、さらなる可能性を秘めている。

設計

新しい膜構造を目指して佐藤淳氏（佐藤淳構造設計事務所代表／東京大学特任准教授）のアドバイスのもと実際にスタディを行ない、さまざまな案を出し合った。空気膜でもなく、骨組みに被せるようなものでもなく、膜そのものが構造体となるような形を1/50から1/10までのスケールを模型化し、探ることにした。膜材と別の部材の両者が依存しあうことで成立する構造体のスタディを始めた。スタディを進めていくと、引張構造と圧縮構造が一体化し、アーチ状にした時に剛性を得るモデルに可能性を感じ始めた。材の配置パターン、長さ、折れ線の角度、材の本数をパラメーターとしていくつかの図面を描き、意匠的な面と構造的な側面から形態の最適解を探り、設定した条件を満たすための断面を検討した。中心から長手方向に向かって除所に材が短くなるようにした。中心となる断面は2800、2500、2200、1900、1600mmの5つの材で構成される。そして、アーチを横に引っ張るために材を付加するのではなく、ドームに対して引張材としての役割をもたせる形を考えた。材の寸法や大まかな外形が決定した時点で展開図を描いた。部材の寸法は100mmピッチとし、またアーチからドームへと変化する部分の折れ線の角度を構造的に安定な

1/20模型写真。大きな膜に圧縮材の棒を接着させている。

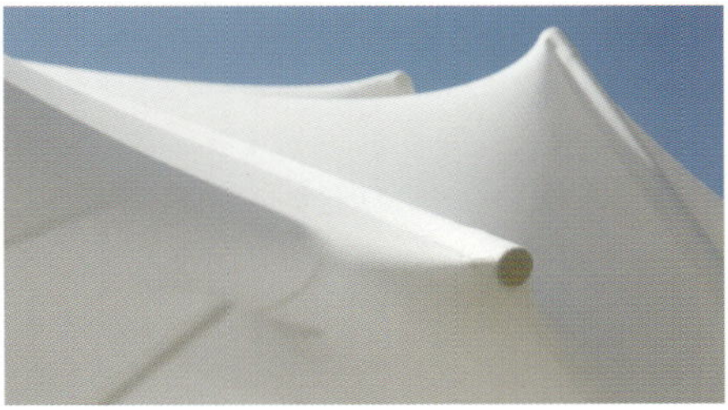

パイプと膜がたわみのでないようにお互いに支え合っている。

組立ワークショップ中。膜のポケットにアルミパイプを挿入していく。

一人ずつパイプを持ち上げて、膜を立ち上げている様子。

角度に修正する。裁断線は微小なカーブを描いた曲線とし、切り取る部分の幅、長さ、配置を変えたいくつかのパターンを検討した。こうして、模型としてのスタディを何度もトライ・アンド・エラーを繰り返しながら進めていった。

次に原寸模型での検証を行なった。部分モックアップを用いてディテールをつめていく。基礎パイプの角度、膜材の伸び、組立時に必要なものを確認し、モックアップと模型との誤差を考慮し、図面調整を加えたのち、最終模型をつくった。すべてのスタディにおいてさまざまなスケール間を何度も行き来し、現実とのギャップを埋めることは新しい膜構造を成立させる上で最も重要であった。その後、強度実験、基礎の検証を行ない、組立への調整を行なっている。膜の素材はシェードアスール、パイプはアルミを用いている。

組立ワークショップ

当日は以下手順に沿ってワークショップ形式で組立を行なった。

1. 膜を広げる場所にブルーシートを敷き詰める
2. ブルーシートの上に膜を広げて配置する
3. 各グループの区分けをビニール紐を用いて行なう
4. 図面に従って膜に長さや、紐を通す部分のナンバリングをする
5. 膜の周りに、グループごとに使用する材料をまとめておいておく
6. 当日来てくれたお手伝いの人にタイムテーブルなどを説明し、各グループに分かれて軽く自己紹介をした後に、作業に取りかかる
7. 膜に棒を差し込んでいく
8. 基礎に差し込む部材のビスにハトメを取り付ける
9. 基礎に差し込む部材の上の部分の仮止めをする
10. 足下の材に通し番号を貼っていく
11. すべての棒を差し終えたら皆で膜を持ち上げて基礎に差し込んでいく
12. その後、４年生とリーダーがビス止めを行なう
13. 基礎とハトメをロープで結び固定する
14. アンカーを打ち込む(長手方向に各5本、短手方向に各４本打ち込む)

竣工

東京理科大学や他大学の学生ら約60人が半日の短時間で、短手方向8m、長手方向26m、高さ4mの膜構造物を立ち上げることに成功した。組立完了後、

小嶋一浩氏、佐藤淳氏、太陽工業の望月利男氏、喜多村淳氏によるトークイベント。震災と建築をテーマにした。

MOOMの中で小嶋一浩氏、佐藤淳氏、太陽工業の望月利男氏、喜多村淳氏によってトークイベントとパーティーを行なった。このような大きな空間が短時間でつくられることは非常に魅力的な体験であった。

変形に対する所見

3月30日から31日にかけての夜中に降った雨の影響で、変形を起こした。31日にロープを用いて応急処置を行ない、4月2日にロープを外せるように修復作業を行なった。

・雨による自重増加もしくは、風の影響による、全体座屈

・一部張力が緩んでいる部位に、雨が集中しポンディングを起こし、突き上げ材が逆勾配になった。（素材はメッシュ〈充実率50%〉で雨は溜まらないが、瞬間的な雨量増によりメッシュ表面に雨水被膜が発生し排水が追いつかず、瞬間的に雨が溜まって、逆勾配になった。）

展望

実際にMOOMの組立ワークショップを通し、設計においてさらなる検討の必要を感じたのは「長手方向の端部の設計」「入り口付近の設計」である。検討を進めることによって、さらに安定した構造になると考えられる。また、模型によるスタディ結果と実際の部材の材質との関係性を予測し、図面化することが難しかった。しかし逆に言えば、不確定要素が多い状況でも、最低限構造が成立するための構造計算と強度の検証だけで、人力によりこれだけの大きさの空間を獲得することができたことは、「MOOM」の大きな成果である。

　また、「MOOM」の使用目的として、

・被災地における、炊き出しや物資配布の拠点となるテント

・幼稚園や小学校などの外遊び用の日よけ膜

・建築学生の初期教育用教材

などが挙げられた。今回の制作では試すことができなかった、「木材の使用」「防水加工の膜の使用」が実現すれば、さらに使用目的の幅が広がると考えられる。

[Project Members]
佐藤久美子、申 奉根、滝沢佑亮、針貝傑史、松下晃士、向井優佳、守谷英一郎、横前拓磨（以上、東京理科大学大学院 小嶋一浩研究室）

俯瞰写真

鹿児島県屋久島町口永良部島における離島活性化協同プロジェクト

Group:
慶應義塾大学大学院 松原弘典研究室+慶應義塾大学 長谷部葉子研究室+鹿児島県熊毛郡屋久島町口永良部島の島民の方々

01.逆転的活性化の発見

プロジェクト概要

2011年5月より発足した本プロジェクトは、鹿児島県熊毛郡屋久島町口永良部島において、「新しい交流場所」と「教育の機会」の提供による離島活性化を目的としたものである。慶應義塾大学松原弘典研究室は、同大学で教育・コミュニケーションを専門分野とする長谷部葉子研究室、並びに島民の方々と協働で活動している。いわゆる活性化事業は、どこか上から目線のものが多く、地域住民の反発が少なからずある。口永良部島も例外ではなく、島民の方は島のことをよく知りもしない「よそ者」が活性化に訪れることに大きな抵抗感を感じていた。そこで私たちは、島に長期滞在し島の生活に溶け込むことから始め、島民の方と信頼関係を構築しながら一緒に活性化について考える取り組みを行なっている。島には活力がみなぎっており、東京から来た人が島のありのままの生活を体験することで活性化されるような仕組みづくりを構築している段階である。

口永良部島

面積38km^{2}の火山島である口永良部島は、鹿児島県屋久島から西方12kmの地点に位置する離島である。人口は僅か150人で、高齢化率は40%を超え、子どもは山村留学の子を含めても20人に満たない。外部からのアクセスは、屋久島から出る1日1便のフェリーのみだが、天候や波の高さによって欠航も少なくない。当然ながら、その期間は島に入ることも出ることも不可能であり、物流も滞ってしまう。ここに住む

仮設テント屋根

プロジェクトの関係図

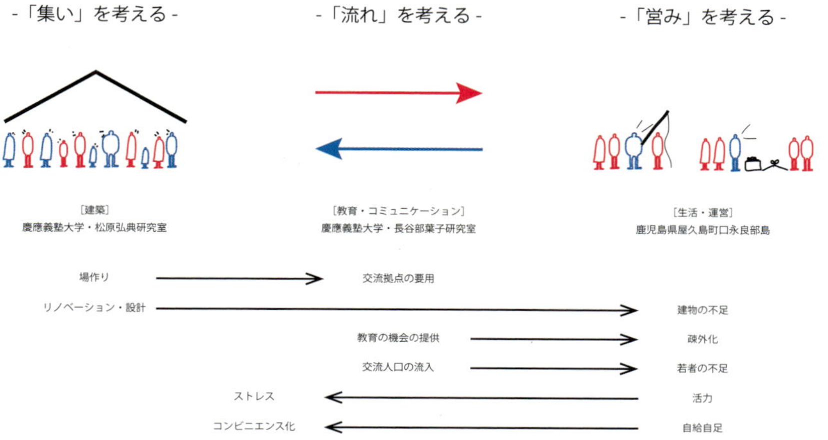

人々は、小さな商店で食料や日用品は調達できるが、多くは漁業や農業によって自給自足的な生活を送っている。自給自足と聞くとスローライフ的な生活をイメージするが、実状は異なる。数少ない働き盛りの者たちは、島を運営するために複数の仕事を掛けもち、多忙を極める。

2011年8月フィールドワーク

両研究室の学生総勢20名が2011年夏に2週間以上島に滞在し、フィールドワークを行なった。松原研究室は2011年5月から進めてきた設計をもとに築120年の古民家で教育・交流の場づくりを行なった。この古民家は学生が寝泊まりする合宿所であり、島の子どもたちに勉強を教える寺子屋でもある。また、島の方々をお招きして料理を振る舞うなど、交流の場として機能した。さらに私達はここを生活拠点としながら、島の仕事を体験する生活体験プログラムを実施した。島の中心となって活躍する方々に講師となっていただき、漁業や農業、家づくりなど東京では味わえないプリミティブな「生き方」を教わった。この時、私たちはあることに気付く。「活性化されたのは私たちだった」と。

02. 仮設的リノベーションの発見

傷付けない・対応するリノベーション

私たちはフィールドワークで滞在した古民家を島での

生活体験プログラムで農作業

拠点にするために改装することとした。改装するにあたり、いくつか考慮すべき点があった。1つ目は、大家さんから大掛かりな改装は遠慮してほしいという要望だった。そこで私たちは、建物内部は必要最低限の改修に留め、縁側部分と庭に大きな屋根を架け渡す方針で設計を始めた。このように、外部からの「よそ者」である私たちは、設計以前に島民の方との関係性を構築することは不可欠であり、東京から提案模型を持ってはるばる打ち合わせに行くなど、慎重に設計を進めていった。2つ目は、夏場は台風が多い地域のため、不安定で厳しい気候条件に上手く対応する必要があることだった。急な気候の変化の際に、すぐに片付けられるものが良いのではないかと考えた。そして、状況に応じて形態が変化したり、必要に応じて取り外し可能であったり、長期的な滞在の中で多様なシチュエーションが想定されたため、それらを許容するデザインを考えた。以上の条件から仮設的なものが適していると考え、仮設のテント屋根、すだれ、遊具を設計した。仮設テント屋根は、地面、既存ブロック塀、既存柱といった箇所に「傷付けない」ジョイントを設置し、それらと伸縮性に富んだ大きな生地の端部をターンバックルで接続し、引っ張った。さらに、現地の竹を使用した柱を下から突き上げている。この竹柱も、地面に埋め込んだコンクリートブロックの溝に差し込むように設計しており、仕込み口を複数用意すること、テントの端部の位置を変えることで、形態にバリエーションが生まれる。仮設すだれは、学生が長期滞在する上で、ある程度プライバシーを確保する必要があったため設置した。225mm角に切り出したシナ合板136枚をシュロ縄で連結すると、世界地図の柄が浮かび上がる。島の子どもたちが広い視野をもつことを願って、この柄を採用した。ジョイントは既存柱を合板で挟み込んだもので、そこにスナップフックを掛けてすだれを吊っている。仮設遊具は、9種類の小さなパーツを、金具を一切用いず、噛み合わせるだけで組立てることができる。スーツケースに全パーツが納まるため、どこにでも持ち運ぶことができる。古民家の庭、校庭やお祭りに設置し、子どものための移動式の秘密基地として活躍した。

03. 離島的建築の発見

離島的建築の特徴

島での生活を通して、離島建築の特徴として以下の3つを発見した。1つ目は、「仮設的」である。島では日常の生活が住居の外へとはみ出している光景をよく目にする。キャンプで使うようなテント屋根やビール

コンクリートブロックを埋めて、
溝に竹柱を差し込む。

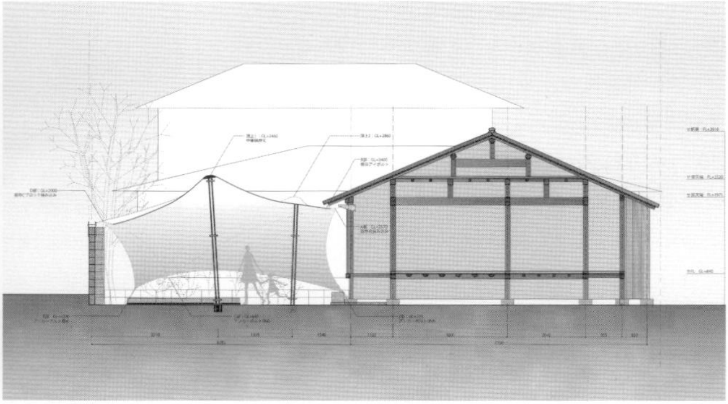

断面図

仮設すだれ（既存柱の挟込ジョイントとフックによる吊り下げ）

交流の様子

ケースに木材を載せた簡易的なベンチを設置することで、道路が突如パーティ会場になったり、校庭がお祭りの会場になる風景は、「必要な時に必要な分だけ」という離島ならではだと考えている。2つ目は、「多目的」である。建築の少なさゆえに、特に公共的な建築は使用頻度が非常に高く、多様な用途に対応することが求められる。公民館は、会議室にも宴会場にもなり、時には麻雀大会の会場にもなる。島では使用者が能動的に空間の使い方を考えていたり、限られた空間を使いこなそうという意志を感じることができる。3つ目は、「非商業的」である。島には3つの商店を除いて、商業建築は存在しない。自給自足的な生活が営まれている離島では、飲食店などの需要は低いと思われるが、逆に言えば大きな可能性も秘めている。交流人口が増えれば島の豊富な魚介類を提供するお店の必要性は増すと考えている。

今後の展望

現在、松原研究室では島民の方からいただいた設計依頼を受けている。1つは運送会社のオフィス設計で、もう1つは漁師の方の居酒屋設計である。上記の特徴を踏まえて、島のシンボルとなるよう設計を進めている。また、プロジェクト全体としては、東京の中学生や高校生を対象とした生活体験プログラムの実施を企画しており、それらの生徒が滞在する場や島民の方との交流の場を継続してつくっていこうと考えている。

[Project Members]
荻矢大介、正木和美、岡本諭志、西村智恵里、中谷茉里安、杉崎奈緒子、松井満恵、松永 仁、中岡詩保子、渡部 彩、坂井周史、立花 匠（以上、慶應義塾大学大学院 松原弘典研究室）
[HP] http://matsubara-labo.sfc.keio.ac.jp/blog/

離島的建築

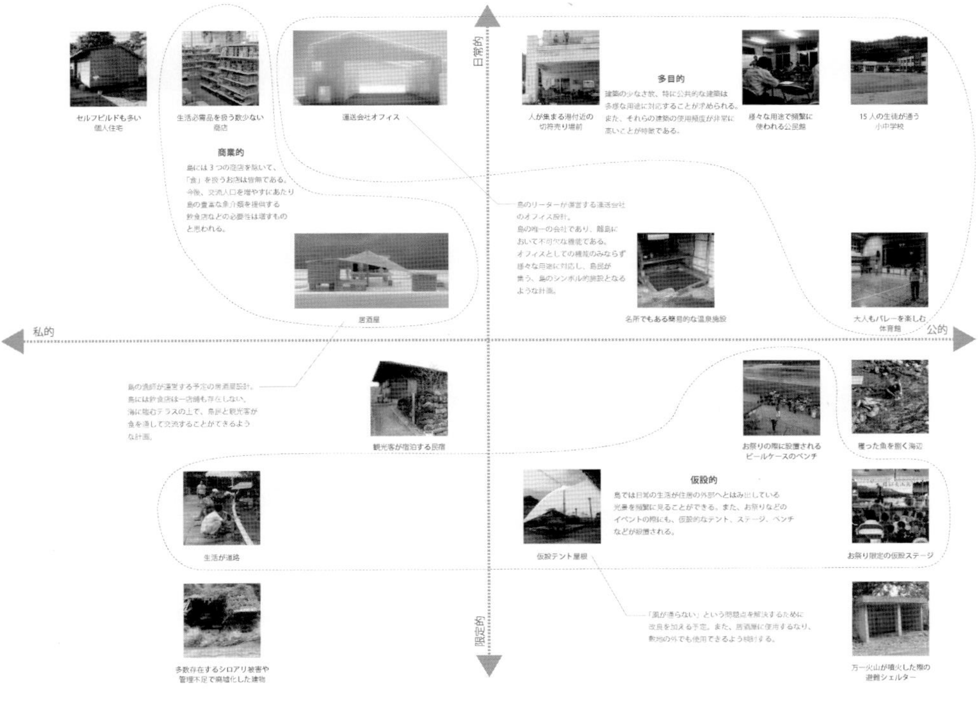

糸島空き家プロジェクト

Group:
糸島空き家プロジェクト
（九州大学大学院都市共生デザイン専攻
坂井猛研究室ほか）

00 概要

2005年から九州大学が統合移転を進める糸島市。福岡市のベッドタウンとして発展してきたが、若年人口の流出・高齢化が進んでいる。さらに近年の新築マンションの供給過剰とも相まって老朽化した空き家や空き店舗が増加している。地域の活性化に大学との連携が期待されたが、地域の期待とは裏腹に、学生は街に関わろうとしない。

これは、中心市街地が空洞化した地方中小都市で学生が地域と連携しながら、森の木々が家になるまで、学生が地域住民になるまでのプロセスをデザインし、地域に埋もれている「空き」を「地域資源」へと変えていくプロジェクトである。

01 背景

市街地の空洞化

糸島市では上述した空き家、空き店舗が増加している。自然の豊かさと都心への近接性から移住ニーズも高まっているものの、空き家と入居希望者がつながっていないのが現状である。

森林の荒廃

市の面積の45%を森林が占めているが、6割の所有者が森林の手入れをせず、たとえ間伐しても搬出しない森林がほとんどである。

キャンパス移転

2005年の移転開始から5年が経過。多くの学生住宅が建設されたものの、すでに供給過剰状態にある。

学生と地域の断絶

7割の学生はワンルームマンションなどに住み、4割の学生は地区に魅力を感じていない。

02 目的

学生と地域資源をつなぐ

地域に不足する若年人口としての学生を、地域の新たなユーザーとして捉え、ユーザーと地域資源をつなぎ合わせる触媒としてプロジェクトが機能する。具体的には、学生主体による空き家活用の企画・設計・材料調達・施工・入居支援とアフターケアを行なうことで、糸島地域に増加する空き家を活用し、糸島ならではの学生の新たなライフスタイルを提案する。

03 戦略

「空き」を地域資源に読み替える

高齢化、空洞化に伴って多くの空き家や手入れされていない森林が増加する地方都市。空き家や手入れされない森を活用し学生住宅に、また引退した大工や左官さんを指導者として学生の教育の場とする。このように地域に埋もれた人的・空間的「空き」を活用する。さらに、一時的な「空き」利用と定期的、恒常的「空き」利用を組合せ、継続的な地域の活性化につなげていく。

地域に開かれたシェアハウス

経済性や入居者同士のつながりを求めて首都圏を中心にシェアハウスが増加しているが、地方都市での魅力の1つがまさに、「近所づきあい」である。「近所づきあい」を地域の結びつきが残る糸島の資源として捉え、そこに住む入居者が地域を少しずつ変えていく。

住むプロセスをデザインする

家を「建てる」プロセスを通して、入居者が木を切り、加工し、釘を打ち、ペンキを塗る。手を加えるほど家に、地域に愛着がわく。その様子を公開し、多くの人に家づくりを身近に知ってもらう。さらに、その過程で地域とのつながりをつくり、住み始める時には顔なじみに。森が家になるまで、学生が地元住民になるまでの「住む」プロセスをデザインする。

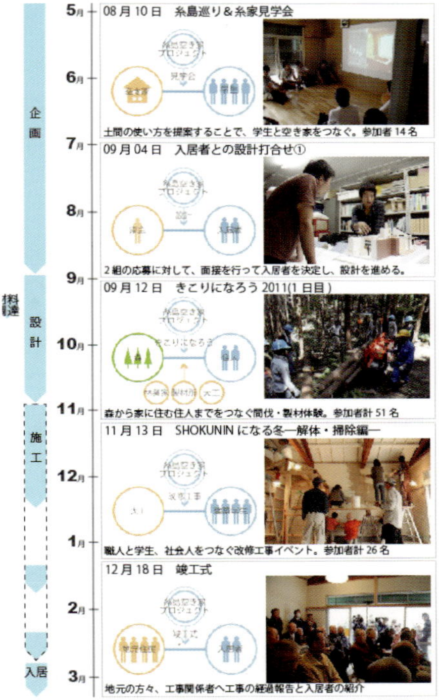

企画
設計
材料調達
施工
入居
5月
6月
7月
8月
9月
10月
11月
12月
1月
2月
3月
08月10日　糸島巡り＆糸家見学会
見学会
土間の使い方を提案することで、学生と空き家をつなぐ。参加者14名
09月04日　入居者との設計打合せ①
2組の応募に対して、面接を行って入居者を決定し、設計を進める。
09月12日　きこりになろう 2011(1日目)
森から家に住む住人までをつなぐ間伐・製材体験。参加者計51名
11月13日　SHOKUNINになる冬―解体・掃除編―
職人と学生、社会人をつなぐ改修工事イベント。参加者計26名
12月18日　竣工式
地元の方々、工事関係者へ工事の経過報告と入居者の紹介

04 組織体制

既存の関係から新たなネットワークを

学生を主体にプロジェクトを進め、大学OBやシルバー人材センターの大工、林業研究クラブに指導していただいた。林業、不動産業、建築設計業、建設業と業界を超えて企業が集まり、建築、農業と分野を

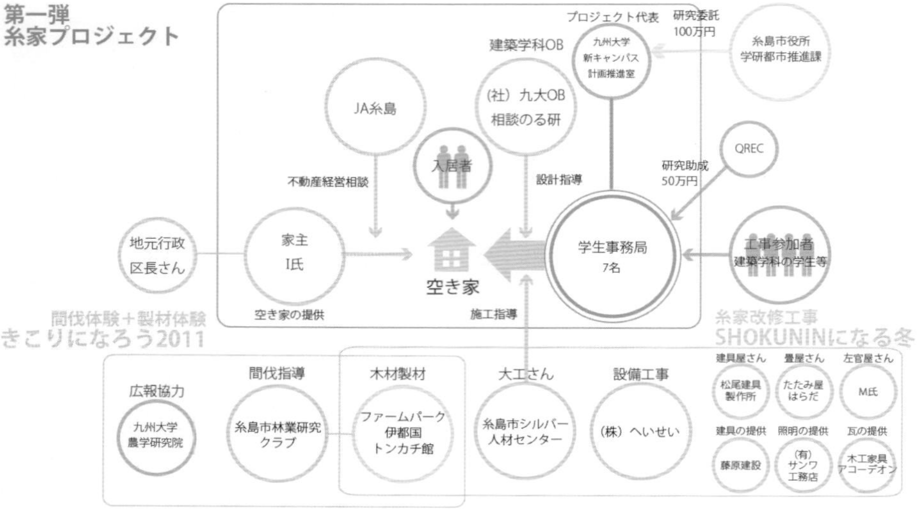

超えて連携している。さらにこれらは糸島市役所、JA糸島、地元行政区役員、地域の主婦サークルなど既存のネットワークを活かして、学生との間に新たなネットワークを築くことで支援・協力体制を強化していった。

05 設計内容

3つのスケールで「空き」を活用

[家スケール]空き家→シェアハウス

[部屋スケール]空き店舗→コミュニティスペース

[家具スケール]天井裏→小屋裏現し・押入→書斎、ベッド

対象物件は築30年の木造平屋店舗付き住宅。オーナーに固定資産税分程度の家賃で物件を提供していただき、糸島市からの研究助成で改修工事を行なった。30年前に流行した形式は、現代では家族向けには小さ過ぎ、店舗経営は成り立たない。単身者には押入が多すぎる。これらをこの家の魅力として読み替え、入居者のライフスタイルに合わせて改修することで、家賃を上昇させ、不動産価値を高める。

06 プロセス

①物件を決定

JA糸島を通してオーナーを紹介してもらい、築30年の店舗付き住宅を対象とした。同敷地内に建つ4件中3件が空き家、空き店舗となっている。15畳の店舗部分が最大の特徴であり、使い方を含めて、入居者を募集した。

②入居者を決定

見学会を行ない、学生10名、社会人4名の参加を得た。他の工事現場を見学し、改修方法を提案した。その後、2組の応募があり、面談を行なって、土間の使い方、居住期間、地域の行事への参加を確認し、決定した。

③家を設計する

入居者と5回の設計打ち合わせを行ない、建築学科OBの指導を受けて設計を進めた。入居者の希望を

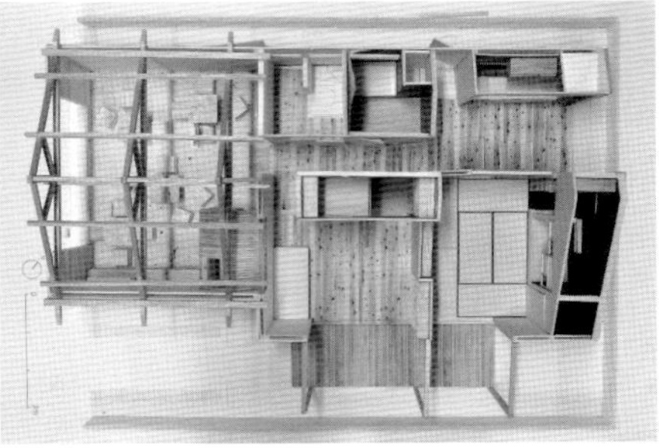

取り入れながら、家主にも、次の入居者にも魅力的になるよう配慮した。

④きこりになろう

糸島市林業研究クラブの指導のもと、九州大学農学部の学生とともに森林整備と併せて、間伐・搬出・製材・乾燥を行ない、木が木材になるまでを体験した。5日間で参加者は延べ51名。

⑤家を建てる

糸島市シルバー人材センターの大工の指導のもと、入居者とともに建築学生を中心にして改修工事を行なった。43日間、予算100万円での工事となった。

⑥SHOKUNINになろう

工事の節目ごとに大工、左官、家具職人など、各職人の指導のもと、一般参加イベントを開催した。計3回のイベントで学生、社会人、子供の参加者は計26名。

⑦入居とイベント活用

糸島市長、地元行政区役員の方々、工事関係者を招待しての竣工式を行なった。2月末の入居後も一般参加のイベントや子どもを対象にしたイベントを継続的に開催している。

07 成果

・14件のマスメディアでの報道
・学生と企業、学生と地域の新たなネットワークの形成
・空き家オーナー、入居希望者からの23件の問い合わせ（問い合わせの中から、2件が次期プロジェクトへと発展している）

08 おわりに

今後の課題と改善策

プロジェクトの継続性が今後の課題である。具体的には、以下の4つが挙げられ、現在進行中のプロジェクトの中で改善策を実践した。

①組織体制の確立・情報伝達・引継ぎ
暫定的にサークル化、来年度法人化を検討。プロジェクトリーダーの設置。学部生向け説明会の開催。

②事業スキームの確立
オーナー負担、入居者負担、第3者負担などの事業スキームのメニュー化。

③入居後のアフターケア
イベント活用の実践。不動産管理業者への委託。

④学生の活動時間の制限
週末、長期休みの活用などを検討中。

今後の展開

2件が次期プロジェクトへと発展しており、今後も継続的に空き家活用とライフスタイルの提案を行なっていく。また、他地域や社会人への展開も検討中である。

[Project Members]
中川聡一郎、樋口 翔、石神絵里奈、瓜生宏輝、深田享佑、長谷川 伸、山口浩介、赤司小夢、赤田心太、宇都宮明翔、浦山侑美子、山田大輝、山内彩友美、桑原 花、鹿野 翔、立石明子、福井崇郎、田中伸穂（以上、九州大学大学院 坂井猛研究室および九州大学大学院、九州大学）
[HP] https://sites.google.com/site/itoyaproject2011/
[Mail Address] itoya.2011@gmail.com

戯曲をもって町へ出よう。＋墨田区／豊島区在住アトレウス家

University:
日本大学大学院
理工学研究科建築学専攻
佐藤慎也研究室

アーティストたちとのコラボレーションによって、劇場外で行なう演劇作品を制作する2つのプロジェクトである。それは、既存の劇場における舞台と客席の関係を解体し、上演場所を再構築する試みであり、同時に演劇自体の構造を再考するものであった。佐藤慎也研究室は、演出家や俳優との共同作業の中で、上演場所のリサーチからはじまり、その進行や出演に至るまで、作品制作に幅広く関わっている。劇場というハードをデザインすることなく、新たな上演場所をデザインするプロジェクトである。また、このプロジェクトでは、東京藝術大学大学院音楽研究科音楽文化学専攻芸術環境創造において、演劇およびダンスを実践する市村作知雄研究室とのコラボレーションを行なっている。

戯曲をもって町へ出よう。

現在の東京のまちなかに戯曲をもち出すプロジェクトである。海外の名作戯曲と特徴あるまちとをゆるやかな日常の中で出会わせることで、意外な「読み」を引き出し、観る側、つくり演じる側の双方が新たな「東京」の姿を見出すことを目的としている。3人の演出家（中野成樹、長島確、矢内原美邦）を招いた3部作で構成され、東京文化発信プロジェクト室における「学生とアーティストによるアート交流プログラム」の一環とし

［しあわせな日々］鉄橋を背後に繰り広げられる男女の会話を、異なる場所に配置した客席より鑑賞する © 山本尚明

[エレクトラ]ダイニングテーブルに座った観客の前で、突然はじまる母娘の対立© 山本尚明

て行なった。

[しあわせな日々]ベケット

劇場として機能するかもしれない場所を発見するためのリサーチを行ない、120カ所におよぶ候補の中から、かつて演出家自身が生活したことのある小岩を選んだ。現地でのフィールドワークを重ね、最終的に「東京の果て」に位置する江戸川の河川敷を上演場所に決定した。そして、鉄橋が背後に見える場所に、対岸のマンションの一室を切り取った舞台装置を設置して上演を行なった。上演当日は、小さなホールに観客を集め、プレトークと戯曲のリーディングを最初に行なった。その後、観客は河川敷へ徒歩で移動する。その移動の体験もまた、作品を構成する1つの要素である。河川敷では、背景の見え方、台詞の聞こえ方が異なる3カ所に客席を設定し、観客は好きな場所を選ぶことができた。同じ戯曲が再度上演され、台詞が聞こえることだけを重要視するのではなく、鉄橋を渡る電車とその音、少年野球の声援といった周囲の環境が作品と交じり合う上演体験を獲得できた。

[エレクトラ]ギリシャ悲劇

戯曲を読み込む中で、「家族」というキーワードが浮かび上がり、上演場所に一軒家を使う提案が出された。不動産屋を何件もまわり、最終的に谷中の民家にたどり着く。ここをエレクトラ一家の住まいと設定し、家の中で演劇を行なうことになった。家をくまなく見てまわることから稽古をはじめ、それぞれの部屋で台詞の読み合わせをしながら、作品をつくりあげていった。上演は、3つのシーンが家の3カ所で同時多発的にはじまり、好きな順に3つのシーンを見てまわることができる。狭い室内で、観客は突然行なわれるパフォーマンスに巻き込まれていく。シーンとシーンの間は、家の内外を自由に見てまわることができ、さまざまな場所にいるパフォーマーが、「エレクトラ」のエピソードを交えながら家の痕跡を解説する。すべてを体験することで、観客自身が作品を構成していく。

[桜の園～最後の実験～]異なるシーンを演じるパフォーマーを追いかけてきた観客が、小川を挟んで向かい合う© 山本尚明

[墨田区在住アトレウス家]観客は自由に民家を歩きまわり、パフォーマーと出会う©冨田了平

[豊島区在住アトレウス家]観客は公民館の一室を居場所として過ごし、その中にパフォーマーも紛れ込む©冨田了平

[桜の園〜最後の実験〜]チェーホフ

演出家が公園での上演を希望したため、公園のリサーチを行ない、最終的に調布の庭園を選んだ。園内に散らばった4つの場所で上演を行ない、それぞれに異なったシーンを用意した。観客は、受付で受け取った地図を片手に目的の場所へ移動する。各シーンは約10分間で、1つのシーンを見終えたら、次のシーンへと移動を繰り返し、4つのシーンを順番に体験する。俳優のそばに近寄ったり、一緒に移動したりすることが促され、4つのシーンの重なりを観客自身が構成していく。移動するさまざまな視点を観客にもたせることで、異なるシーンが園内で出会い、シーンの背後に別のシーンの観客が存在するような、複雑な上演体験を獲得できた。

墨田区/豊島区在住アトレウス家

ギリシャ悲劇を現代の実在する家やまちにインストールするプロジェクトである。演出家(長島確)や俳優(福田毅、武田力)たちとのコラボレーションにより行なわれた。「墨田区」は「墨東まち見世2010」の一環として上演され、4部作で構成されている。「豊島区」は「東京アートポイント計画」の一環として上演された。

[墨田区在住アトレウス家]

墨田区東向島に一軒家を借り、そこにギリシャ劇の一家がかつて暮らしていたという設定で、家やまちを再発見していく作品である。実際の家やまちのディテールを手がかりに、アトレウス家の親子三代にわたる生活を具体的に想像し、数々の事件をたどる。作品づくりの土台となる地域のリサーチからはじめ、地域住民を交えたお話会やギリシャ劇の読書会などを重ねた。その結果、向島の歴史や暮らし方、住民までを、作品を構成する要素として取り入れた。柱や壁に残された傷や落書きは、かつてこの家に住んでいた住民の痕跡であり、それらをたどることから登場人物たちとの接点を想像し、現実とギリシャ悲劇を錯綜させていく。Part.1では、戯曲をもとにしたシーンと並行して、地域住民による家やまちの解説が行なわれ、それらを観客がつなぎ合わせていく。Part.2では、同時多発的にさまざまなシーンが各部屋で行なわれ、観客は上演場所とシーンを示すタイムテーブルを見ながら自由に移動し、パフォーマーと出会う。Part.3×Part.4では、まちを舞台にした上演が計画され、決められたルートを巡回するパフォーマーに従いながら、観客はまちを歩く。これらは、一方的に作品を鑑賞する演劇とは異なり、多くのことが観客の意思に委ねられていた。

[豊島区在住アトレウス家]

豊島区にある公民館を舞台に、ギリシャ劇の一家がそこで「借り暮らし」をしている設定の作品である。「墨田区」のPart.3×Part.4が東日本大震災の影響で中止になり、「住む家を失った家族が、一時的に暮らした建物とまち」というテーマを掲げ、公共空間をいかにして住まいに変えるかを考えた。施設にある椅子やテーブルなどの身近にある備品だけを使って「居場所」をつくり、そこで実際にある時間を過ごし、「居心

[豊島区在住アトレウス家]パフォーマーと一般の公民館利用者が同居する上演空間、観客にはその違いは明らかにされない©冨田了平

地のよさ」を探っていく。上演は2時間にわたり、観客の意思によって施設内で自由に時間を過ごすことだけが促された。この作品の特徴の1つは、公共空間を使用したことにより、パフォーマーと日常生活を送る利用者達の見分けがつかないところにある。観客は、ある日常のワンシーンに放り出され、その場を読み取ろうとする。それらを結びつけるのは、あちこちに置かれた短いテキストだけである。非日常と日常が交錯し、パフォーマーと観客の関係に日常生活を送る第3者が加わった新しい上演体験を獲得できた。これらは、既存の建物やまち、その土地に根付く人々の生活を作品に取り込むことから、作品と日常との接点を見つけ出していくプロジェクトであった。一連の流れの中で発見した「場所」を活かす上演形態を探ることは、劇場における既存の演出スタイルを解体し、新たな演劇や劇場の可能性を提案することへとつながる。同時に観客に対して、場との接点を見つけ出すきっかけを与えるプロジェクトとなった。

[Project Members]
〈しあわせな日々〉演出:中野成樹
〈エレクトラ〉構成・演出:長島 確
〈桜の園〜最後の実験〜〉テキスト・演出:矢内原美邦
コンセプト:長島 確、佐藤慎也/出演:稲継美保、坂本沙織、山崎 朋、石田晶子、立川真代、藤井友理、吉中詩織、東 彩織、碇笑美子、苅部将大、田島由深(以上、東京藝術大学)、竹田英司、鈴木将一朗/美術:佐脇三乃里、原 友里恵、藤井さゆり(以上、日本大学)/制作:横堀応彦(東京藝術大学)、宮武亜季/主催:東京都、東京文化発信プロジェクト室(財団法人東京都歴史文化団)、日本大学理工学部/共催:東京藝術大学音楽学部音楽環境創造科、mmp
〈墨田区在住アトレウス家〉〈豊島区在住アトレウス家〉コンセプト・構成・演出:長島 確/コラボレーター:福田 毅、武田 力/出演・参加:稲継美保、冨田了平、山崎 朋、立川真代、吉中詩織、聞谷洋子、石田晶子、東 彩織(以上、東京藝術大学)、藤井さゆり、西島慧子、坂上翔子、原 友里恵、堀切梨奈子、佐藤慎也(以上、日本大学)、福田 毅、武田 力、大谷能生、EAT&ART TARO、須藤崇規、L PACK、宮武亜季、石田龍太郎、和田匡史、國武 葵、北條元康、小林賢弘、大橋加誉/ドラマトゥルク:佐藤慎也、横堀応彦/制作:戸田史子、宮武亜季、西島慧子、堀切梨奈子/主催:東京都、東京文化発信プロジェクト室(公益財団法人東京都歴史文化財団)、特定非営利活動法人向島学会(墨田区)、特定非営利活動法人アートネットワーク・ジャパン(豊島区)

やぼろじプロジェクト

University:
首都大学東京大学院
都市環境科学研究科都市システム科学域
饗庭伸研究室

概要

東京都国立市の甲州街道沿いに江戸時代から残る旧家がある。その一角の320坪の敷地には手付かずの母屋と大きな樹木が生い茂っており、人の手が入らぬまま、何年も放置されていた。ここは江戸時代からこの地域の町医者、名主として地域の中心的な場所だったが、周辺の都市化が進み、中心地域が移り変わっていくにつれ、その面影も失われていった。オーナーの祖父が続けた歯医者もたたみ、現在はオーナーも別の場所で生活している。私たちは縁あってこのプロジェクトを進めることとなった。これは、地域の中心として栄えてきたという歴史的な文脈を汲み取り、その賑わいを取り戻すことを目的とし、地域住民やさまざまな人々を巻き込んでこの場所を活用していく方法を考えたものである。

やぼろじの変遷

1930年代

オーナーは江戸時代よりこの地域の名主として広大な土地を持っていた。甲州街道を挟むようにして農地が広がっており、現在のJR国立駅周辺が開発されるまで谷保村の中心地として栄えていた。

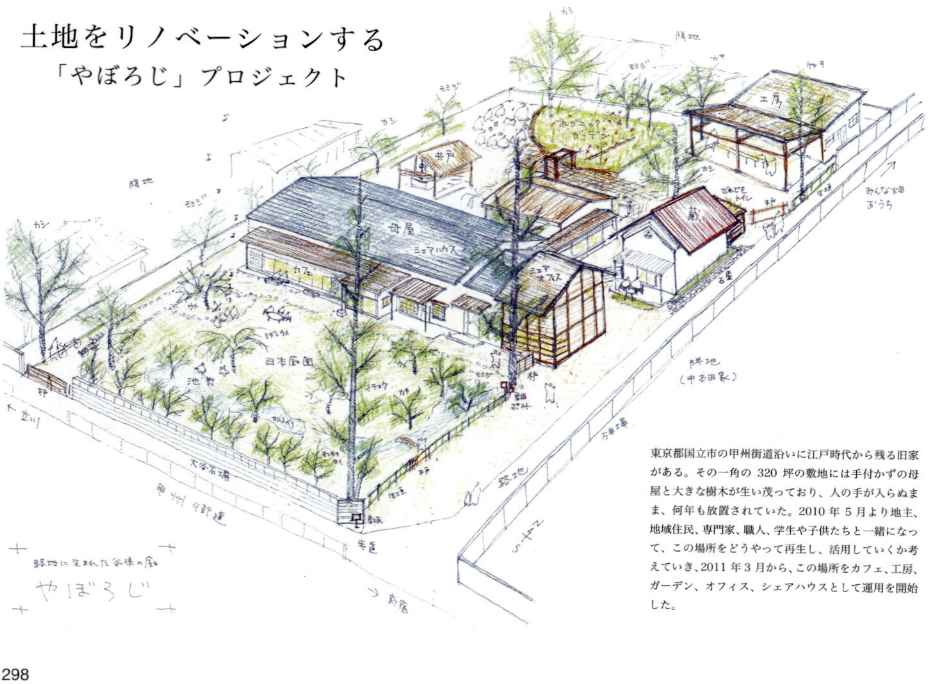

東京都国立市の甲州街道沿いに江戸時代から残る旧家がある。その一角の320坪の敷地には手付かずの母屋と大きな樹木が生い茂っており、人の手が入らぬまま、何年も放置されていた。2010年5月より地主、地域住民、専門家、職人、学生や子供たちと一緒になって、この場所をどうやって再生し、活用していくか考えていき、2011年3月から、この場所をカフェ、工房、ガーデン、オフィス、シェアハウスとして運用を開始した。

1970年代

時が経つにつれて、周辺の市街化が進み、中心地はJR国立駅周辺に移っていった。相続などによりオーナーの持っていた土地は分割して売られ、これにより敷地の裏側に住宅地が形成される。

2000年代

敷地の裏側にできた住宅地は市場にのり、借り手が見つかるが、オーナーが別の場所に移り住み、この場所を貸そうとしても市場に乗らず空き家になってしまう。しかし、先祖代々受け継いできた土地として手放したくない想いがあった。

場所のポテンシャルを高める

建築ストックとしての価値や、ワークショップの参加者のネットワークを用いてこの場所のもつポテンシャルをいかに高めていくかを考えていった。そこで、まずオーナーが年間にかかる固定資産税分の収入と、改修による費用を回収することができるようなプログラムを考案し、持続可能な運営体制をつくり上げることを目指した。その結果、安定した家賃収入を見い出すことのできるシェアハウスと集客能力を高めるカフェなどを2011年3月から運営することとなった。また、この場所をこの地域の地名である谷保と、敷地内に通っていた路地を掛け合わせて「やぼろじ」と名付けた。やぼろじでは持続可能な運営体制をつくり上げるために多様なジャンルの入居者を集めた。それぞれのもつスキルやネットワークを駆使してイベントやワークショップを開

1930年代

1970年代

2000年代

現在

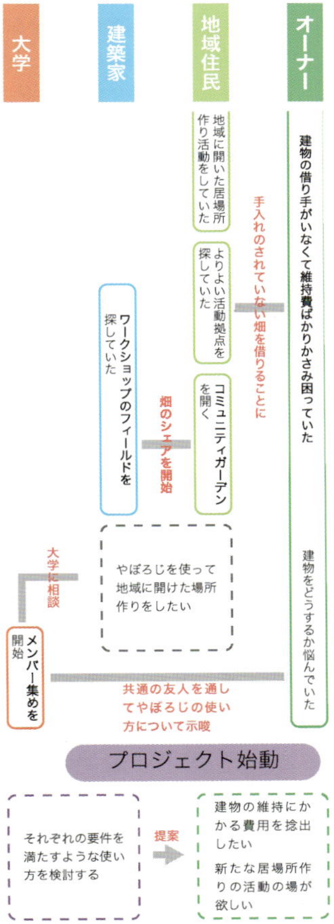

ネットワークの形成過程

催していくことで、少しずつ地域活動の拠点となっていった。

さまざまなワークショップを重ねて、ワークショップの参加者、オーナー、地域の三者の立場からそれぞれの背景を見出し、それをいかに計画に組み込んでいくかを、それぞれ目標を立てていった。そして、建物の現状を把握し、それぞれの目標に達するためにどのように手を加える必要があるかを考えていった。それをもとにどのようなプログラムを挿入するかを考え、オーナーに提案した。

やぼろじの現在

最終的に、この場所をカフェ、工房、ガーデン、オフィス、シェアハウスとして運用していくことに決定し、それぞれのルールづくりや体制づくりを行ない、2011年3月より実際に運営が開始された。入居者以外の人々の活動の場にもなりつつ、日々さまざまなワークショップやイベントなどが開催されている。現在、やぼろじでの活動に刺激を受けて、周囲に空き家をもつ地主が今後の空き家ストックの活用を徐々に考え始めている。それに応じて活動の場を広げていけるよう新たな体制づくりを行なっている。

[Project Members]
首都大学東京大学院 饗庭伸研究室
（山崎健太郎、国重安沙、小森谷奈月、石橋一希）
[HP] http://www.yabology.com

入り口

2010

小枝えんぴつワークショップ
企画ミーティング
調査
アイデア出しワークショップ
草刈りワークショップ
合宿ワークショップ
目標の作成
企画書の作成
蔵出しワークショップ
ビアガーデン
フィージビリティースタディ
オーナーに提案

2011

契約
改修工事
入居開始
オープニングパーティー
コモンミール
レコード鑑賞会
ビアガーデン
秋のさんま祭
秋のガーデンパーティー
コショコショ市
来年度の計画開始
餅つき

やぼろじでの活動

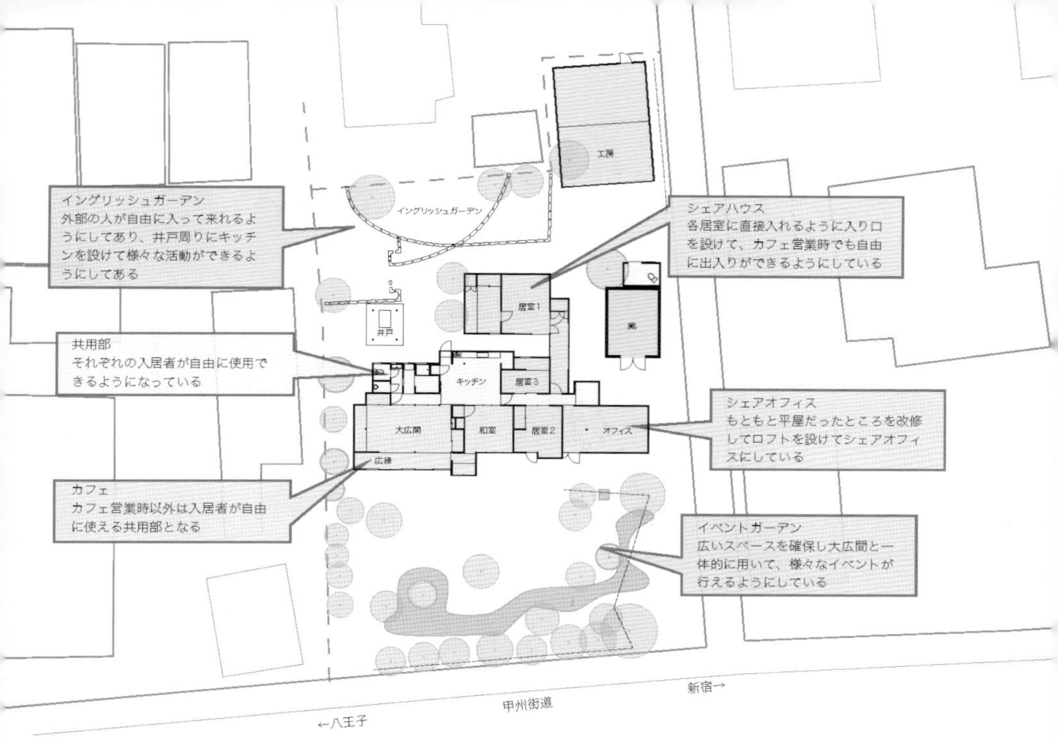
工房
イングリッシュガーデン
外部の人が自由に入って来れるようにしてあり、井戸周りにキッチンを設けて様々な活動ができるようにしてある
イングリッシュガーデン
シェアハウス
各居室に直接入れるように入り口を設けて、カフェ営業時でも自由に出入りができるようにしている
居室1
井戸
蔵
共用部
それぞれの入居者が自由に使用できるようになっている
キッチン
居室3
シェアオフィス
もともと平屋だったところを改修してロフトを設けてシェアオフィスにしている
大広間
和室
居室2
オフィス
広縁
カフェ
カフェ営業時以外は入居者が自由に使える共用部となる
イベントガーデン
広いスペースを確保し大広間と一体的に用いて、様々なイベントが行えるようにしている
新宿→
甲州街道
←八王子

完成後の配置図

やぼろじでの祭りの様子

GTSアートプロジェクト

Group:
GTS_MIST
（東京藝術大学大学院美術研究科建築専攻
元倉眞琴研究室）

橋での展示風景

2011年9月11月、GTSアートプロジェクト（G=東京藝術大学、T=台東区、S=墨田区）が行なわれた。そこでは複数のチームが期間限定で作品を隅田川を挟んだ両岸の地域に点在させた。その中で私たち元倉研究室と3つの研究室・学科が合同となったチーム、そして有志による「MIST」は、墨田区の子どもたちとのワークショップを通し、自然と人々の熱動力を融合する場、「霧」のような非日常の風景をつくり出した。個が参加する風景をつくることによって、環境を考え直す契機を街に仕掛けていった。

環境を考える

多くの大規模開発は、経済性・利便性など得られるものが多い。しかしつくる過程に個が参加できず、さらには自然環境をも変化させてしまう欠点もある。このように一般的な大規模開発では「個」と「環境」との関係が無視される傾向がある。そこで、本プロジェクトでは、地域の子どもたちがつくった風車と絵を描いた布によってできたオブジェを設置し、「個」による風景をつくった。オブジェは、訪れた人に風や光など「マチ」の自然環境について考えるきっかけを与えた。また参加した人に「一緒につくった」という当事者の視点に立ってもらうことで、設置した橋から広場、さらにより大きな環境について考えてもらうことを狙った。

出来事をつくりだす

MISTでは、「ワークショップ」「インスタレーション」「空間設計」「舞台美術」など創造活動とイベントを行なった。

1.風車・布に絵を描くワークショップ

墨田区の4つの児童館で風車づくりと布に絵を描く

ワークショップを行なった。風車は、子どもたちに素材を与えて、彼らの創造性を重視し、自由につくってもらった。また、東京藝大染織専攻のワークショップでは、計100mもある長い布に絵を描いてもらった。自分の顔より大きい風車の制作や布へのお絵描きなどは、彼らにとって特別な体験となり、思い入れのある物になった。プロジェクト期間終了と同時に風車と布は児童館へ寄贈した。

2. インスタレーション「空のまつり 風のおどり」

ワークショップでつくってもらった風車と布を、インスタレーションとして11日間、東京スカイツリーの麓を流れる北十間川に架かる2つの橋「源森橋」「枕橋」に設置した。また、風車の支柱には地元の産業として根付いている「竹」を使用した。都・区から出された条件により、橋への接合方法、構造体の高さなどが決定された。子どもたちの作品が集まることによって非日常の風景がつくりだされた。

3. 自然の要素によるお祭りの空間

10月23日、24日の2日間、隅田川の東岸に位置する墨田区役所とアサヒビール本社前のうるおい広場にお祭りの空間をつくった。そこでは、「八百屋」「焼き芋屋」などの屋台が出たり、常にイベント(演奏や大道芸)が行なわれたため、各要素に合った土台を用意した。また、風車づくりのワークショップも同時に行ない、風車を随時増やしていった。

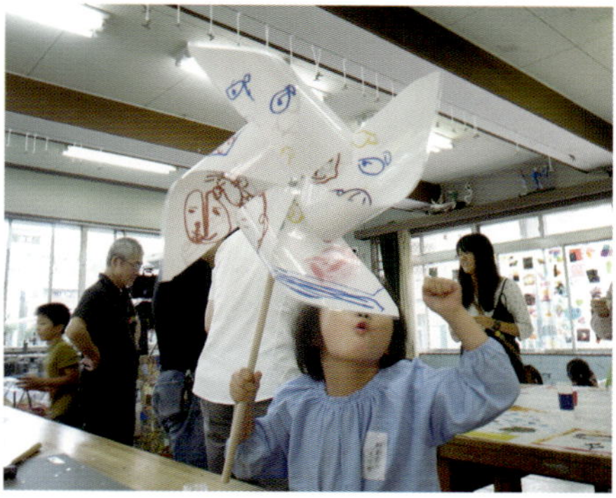

風車づくりワークショップ

4. マチに現れる舞台劇場

24日の最後のイベントとして、大道芸による舞台劇が行なわれた。うるおい広場に集まった屋台が、さま

お祭り広場

ざまなベンチや舞台装置につくり変えられ、舞台としての心地よい場所を提供した。そうして観客と役者、演奏家などが一体となるような空間ができあがった。

まちとのつながり

アーティストが外から来て作品を置いていくのではなく、地域に住む人が作品に関わることによって、マチの風景や環境の変化に住人が当事者としての意識をもち得るのではないかと考えた。そこで児童館と図工室でのワークショップに計120名程、また祭りで同時に行なったワークショップにも多くの人に参加していただいた。

公共の空間であり、かつスカイツリーのビューポイントである枕橋・源森橋での展示ということで、設置や展示期間中にも賛否両論が寄せられたが、身近な風景の変化に対して住む人、訪れる人が意見をもち、それを私たちが知ることができたという点でも得るものは大きかったと思う。

また、素材として用いた竹は地元の竹材屋から仕入れたもので、材料以外にも協力とアドバイスをいただくことができた。

チームとしてのMIST

3年計画のGTSは2011年度で2年目を迎えた。昨年度は元倉研究室単独での参加であったが、本年度は4科合同でのMISTというチームでスタートした。建築科、工芸科(染織専攻)、先端芸術表現科、油絵科、さらにOBや学内公募の参加者といった大所帯による活動であり、各専門を活かしながら1つの作品としていかにまとめるかが課題であった。それぞれの作品が最終日の祭りにおいて集結し、1つの作品となることを目指した。

プロセスの公開と共有

制作段階でのワークショップや、台風で中止になってしまったが橋から広場への作品の移動をパレードとすること、また広場の設営などすべて地域の方や訪れた人が参加できるように工夫した。そのために現場で容易に組立られるディテールを考えた。制作の過程はFacebookで公開し、イベントの告知にはチラシ、ポスターを用いた。

ワークショップ風景

舞台のベンチとして

舞踏劇場

広場全景

[Project Members]
山内晃洋、本田耕次郎、川上華恵、NELSON MITSUAKI ANZAI（以上、東京藝術大学大学院 元倉眞琴研究室）
[HP] http://www.facebook.com/#!/pages/team-MotokuraMIST/240090959368891

プロジェクト展

アネックストーク1

コメンテーター：

大島芳彦、川路 武

参加プロジェクト：

MOOM―Tensegritic membrane structure（p.282）

鹿児島県屋久島町口永良部島における離島活性化協同プロジェクト（p.286）

糸島空き家プロジェクト（p.290）

戯曲をもって町へ出よう。＋墨田区／豊島区在住アトレウス家（p.294）

やぼろじプロジェクト（p.298）

GTSアートプロジェクト（p.302）

「互いの利益がつくる継続性」

大島芳彦：多少経緯が違うかもしれませんが、今日のグループはまちがテーマですよね。一次審査で、川路さんと僕で選ばせてもらった際に、「一般人が担える公共性」をポイントにしました。ここで一般人とは、生活者（利用者）、オーナー、管理者など公共ではない立場にいる人のことです。その人たちが担う公共性が主体的なまちづくりにつながるし、これから社会福祉制度が崩壊していくであろう世の中で重要になるだろうと思っているからです。なかなか継続性が分からないプロジェクトが多かった。でもその中で「やほろじプロジェクト」にすごく共感をしました。多様性があり上手く土地に入り込んでいるプロジェクトだなと。国立という場所だからかもしれませんね。これはいつまで続けるのですか？

山崎健太郎（やぼろじプロジェクト／以下、やぼろじ）：一応5年間という契約をしていますが、5年後に評価していただいて継続につながる可能性もあります。また他の場所や他の空き家でも対応できるような団体をこのプロジェクトとは別につくっていて、いつでも相談されたら対応できるような体制で活動しています。

大島：続けるというのは、学生だけで続けるということですか？

山崎（やぼろじ）：これは特殊なプロジェクトで、学生が計画に関わっていますが、住民が盛り上がっているお陰で地域が団体を立ち上げ、活動が続いています。そこのアドバイザーとして学生が入っています。

大島：次の段階に入っている感じがしますね。「糸島空き家プロジェクト」はまだこれからなのでしょうね。建物はまだ1つですよね。建物のプロジェクトではないと思うので、今後がどうなるのか楽しみです。

中川聡一郎（糸島空き家プロジェクト／以下、糸島）：1件目は3年契約でオーナーさんと契約をしています。オーナーさんは3年後に壊すつもりです。今後は木を切る部分は農学部の人と一緒に企画の側に入ってもらうなど、研究室を超えて後輩に引き継ぐ形にしたいなと思っています。

大島：地域社会が地元の学生あるいは別の場所からやってきた学生と活動する時に、ただ単に「学生が木を切る体験やワークショップをしました」だけじゃなくて、地域の技術者やオーナーもいろいろな経験をさせてもらっている。お互いに利益があるはずですよね。オーナーたちが、もっと真剣に、自分たちの持っている空き家は学生たちの暮らす場、つまりキャンパスの延長だとか、そういう考え方をしてもらえるといいのかな。学生がそこで3年間暮らしてただ楽しかった、で終わってしまうのでは、物件を提供した人にとっては貸してやったという自己満足で終わってしまうのではないでしょうか。

「経済性を超える社会性」

川路 武：トリプルボトムラインという言葉をみなさん知っていますか。継続性を考えた時に、サステイナビリティが非常に重要です。社会・環境・経済の3つが重なる中心がサステイナビリティです。社会や環境は分かりやすいけど、経済となるとついつい見落としてしまい、続かないプロジェクトになってしまう。だから社会・環境・経済という3つのボトムラインを考えることがプロジェクトの継続性の根底にある。社会性はあるプロジェクトでも、維持費は少なからずかかりますよね。浮世離れした地主はそれに対応できるかもしれないけど、通常それだけではだめです。しかし、経済性を超える社会性を発見したときにはじめて地主が共感してくれる場合があ

る。経済性というのは簡単です。ディベロッパーも、小さなプロジェクトでも経済性の高いものであれば歴史的・社会的資産を残して開発するケースもあります。ところが、古くても良いものをと、大島さんがやられているプロジェクトのように社会性が高まってくれば、経済性を超える価値が生まれてきます。ただ今の段階ではプロジェクトが地主さんに対して経済性を超える社会性を提示させてあげないと続かないと思います。「やぼろじ」でいうと、地主的にはどんな価値を与えてあげられたと思いますか?

山崎(やぼろじ):まず、維持費と固定資産税を負担するということで金銭的にはクリアしていますし、5年後に建物を使える状態まで改修することもしています。それから地主は江戸時代から16代続いている家で、ここは元々地域の中心的場所だったのですが、今は途絶えてしまっています。その中心であったという意識を取り戻してあげたいと思っています。

川路:具体的に、例えば参観日は必ず地主さんを連れて来るなどしていますか。

山崎(やぼろじ):イベントごとに地主さんを誘って参加してもらっています。

大島:他のチームでなかなかプロジェクトが持つ社会性が分からなかったという人に質問したいと思います。「戯曲をもって町へ出よう。+墨田区/豊島区在住アトレウス家」は、まちを知るための1つのツールになっていると思いました。実際やってみてどうでしたか?

西島慧子(戯曲をもって町へ出よう。+墨田区/豊島区在住アトレウス家/以下、戯曲):自分たちが住んでいるまちや家屋が、自分にとってどういう問題であるか、またどんな関係性の中で生活やコミュニティがあるのかということを、地域や観客の方々、またパフォーマーに対して可視化できたプロジェクトだと思います。

大島:どういうプロモーションをして観客に来てもらったの?

西島(戯曲):通常の演劇と同じようにチラシを配布する他に、フィールドワークで地域の方がお話をしてくださった際にお誘いしました。また、稽古していたら「何をやっているのですか?」という質問があったり、上演の際に引っ越してきたばかりの夫婦が話しかけてきたり、ということもありました。やっていくこと自体が地域の物語性を住人の方と観客、そして私たちに投げかける機会になったと思います。

川路:もしこれを一般化するとしたら、事前準備を含めてどのくらいの経費や人数が必要だと思いますか?

西島(戯曲):作品によって異なると思います。劇場

だったら常に同じ場所で同じような空間で、音や光も調整ができます。しかし今回の形だと、やはり日常の生活の音や気温や住んでいる人たちのリズムを取り入れてつくっていくのでかなり時間がかかりました。

川路:本質を失わずにライトバージョンにした時にこの位でできるというのが見えてくると可能性が広がると思います。

大島:「MOOM」は、今後どう活用されていくのですか。社会との関係性について教えてください。

佐藤久美子（MOOM）:基礎部分の加工をすれば体育館での組み立ても可能です。体育館の壁と床のエッジに固定するようなかたちで、例えばバレーボールの柱スパン規格に合わせてつくることも考えられます。

大島:ちなみに、たたまれた時はどれくらいの大きさなんでしょうね。

佐藤(MOOM):布だけで両手で抱えられるくらいです。

大島:空間をつくるだけだったら、おそらくこういうテントは軍事用にもっとすごいものがいっぱいある。このプロジェクトの可能性は、例えば被災地に突然できあがると求心性ができるデザインにあると思います。MOOMはただ空間が立ち上がるだけではなく、いろんなシチュエーションが想像できますね。

滝沢佑亮（MOOM）:MOOMを組み立てるときにみんなで一緒に立ち上げたというイベント性がすごく大きかったと思います。雨が降ったら下から突いたりして、設置期間中は毎日世話をしに行きました。

大島:これは雨などの天候で凹んじゃいますっていうのが面白いですね。それってすごいことで、いちいち関わってやらなきゃいけない。他のプロジェクトとまったく違うように見えるけど、このプロジェクトも関わってあげないと持続しないんです。はいできました、で終わらないところが良いですね。

「助成金頼みではなく」

川路:「GTSアートプロジェクト」もそうですよね。毎日見に行かなきゃいけない。風車はその後子どもにプレゼントしたのですか？また、このプロジェクトの目的は何ですか？

山内晃洋（GTSアートプロジェクト／以下、GTS）:はい、つくってくれた子供たちにあげました。はじめは東京スカイツリーが建設されることに否定的な人もいましたが、徐々に肯定的な意見が多くなりました。今回僕たちが橋に風車を設置したことでスカイツリーが見えないと言う批判的な人もいたし、良いと言ってくれる人もいましたが、僕たちは個人が少し手を加えただけで風景は変

えられるということを表現したいと思いました。

大島:これは個人の力だけではだめで、これをシステム化してみんなが参加することで目的が見えてくると思います。

山内(GTS):今回風車というだれでも簡単につくれるものを選択しました。イベントが終わった時に風車の型やつくり方の説明書を小学校の図工室に渡しました。これが勝手に1人歩きしてまちの中に風車の風景ができていけば、まち全体でなにか1つの大きな流れができるのではないかと思います。

大島:風景を変える意味はどこにあるのですか。

山内(GTS):スカイツリーなどの巨大建築物によって風景が決定的に変わるけれど、実は小さいものでも変えられるんだよということが言いたかったのです。

川路:まちづくりは自分たちでできるということを喚起させるという主旨は賛同できるのだけれど、一般の人たちには伝わりづらいと思います。

大島:これが助成金でやっているプロジェクトである以上、何らかの問題意識をもってそれに答えなければいけません。どのプロジェクトに対してもですが、お金を使う権利はどこにあるのか——その意識が建築学生には足りないなと思っていて、お祭りにしちゃいけないと思います。

プレゼンで島に行って、自分が癒されたと言っていましたが、「鹿児島県屋久島町口永良部島における離島活性化協同プロジェクト」について詳しく教えてください。

荻矢大介(鹿児島県屋久島町口永良部島における離島活性化協同プロジェクト/以下、鹿児島):新しい活性化のモデルを考えています。今、行政がやっている活性化のような押し付けではなくて、島の人の生活がそのままビジネスになり、なおかつ東京から来た人を活性化させて結果的に島のためになるような仕組みを考えています。僕らは島の人たちと一緒になって仕組みを考えていこうと思っています。このプロジェクトの発展性としては、行政を巻き込もうとしていて、そこから継続性が出てくるのではないかと思っています。

大島:いかにお金を使わないかという考えが大事で、助成金頼みの考えはやめたほうがいい。学生のプロジェクトならば、学生も、オーナーや参加してくれる人も、何か体を使ってできるようなプロジェクトであってほしいと思います。

荻矢(鹿児島):今、島の建物がシロアリ被害にあっていて、改修は難しい状況です。しかし新築するにはお金がない。こういった状況では行政のお金は有効ではないかと思います。

大島:後からプロジェクトを焚き付けるためにそれは有効かもしれないが、お金がないからはじまらないというのは違うと思います。

川路:すごくいい経験をしたのであれば、「お金を出してでもまた来年行きたい」と思わせる価値を見い出さないと、助成金が切れた瞬間にそこでプロジェクトは途切れてしまう。離島だからビジネスがつくりにくいというのはみんな理解しています。でもプロジェクトをやったきっかけでその社会変える何かが少しでも見

えるといいのですが。

荻矢(鹿児島):一度行ったらもう一度行きたい、と思わせる不思議な力がこの島にはあります。それが発揮できる場をつくっていけたらいいと思います。

大島:地域の人にその地域の良さを気づかせてあげることを「場の力のリノベーション」と僕は呼んでいますが、そういうことをやっていかなければいけないと思います。

「プロジェクトの先にあるもの」

大島:今は黙っても予算や仕事が入ってくる時代ではなくて、僕ら建築家にも社会性が問われる時代です。君たちも考えなければいけないし、自分自身の職能そのものを問い直さなければいけない。だからこういうプロジェクトの話を聞いてみたいと思いました。学生は潜在的にそういった意識をもっていて、震災後にボランティアに行ったりして自分の存在意義を確認している。それをどんどん他の領域に広げていってほしいと思います。さっきの口永良部島もそうだけど、場をつくる、流れをつくる、というように役割分担していましたね。場だけつくっても意味がなくて、他の部分も一緒に考えなければいけない。

僕たちは首都圏という、経済合理性が前提の場所で仕事をしているけど、口永良部島や糸島のような地方で経済合理性が成り立たないからプロジェクトができないということはないと思うんです。どれだけの収益を生んで、何年で投資を回収するかではなくて、幸福度をどう回収するか、どれだけ高められるか、そういうことの方が地方では大事なのです。東京も糸島も建設工事費はほとんど変わらない一方で家賃収入には大きな違いがある。そうすると、そもそもリノベーションや建築工事自体の経済合理性が成り立たなくなる。その時こそ領域をまたぎながら、いろいろなポテンシャルを発見しなければいけません。見る角度を変えていくべきだと思います。

川路:その通りですね。プロジェクトをただやるだけじゃなくて、経済合理性を超える社会合理性の芽を発見できたらいいと思います。その根本にあるのはさっき大島さんが「幸福度」とおっしゃいましたが、楽しいとか、心地いいとか助かったとか、そういうことをどれだけ可視化できるかだと思います。例えば地主さんに感謝状を出すなど形にするだけでも違うと思います。アイデアはたくさんあるので一度やってみたらいい。企業も経済性を超えて突き動くこともあるので、そういう動きが起業の種になると思います。

M-house project 2011
五感でなら

University:
奈良女子大学大学院
人間文化研究科
住環境学専攻修士1回生有志

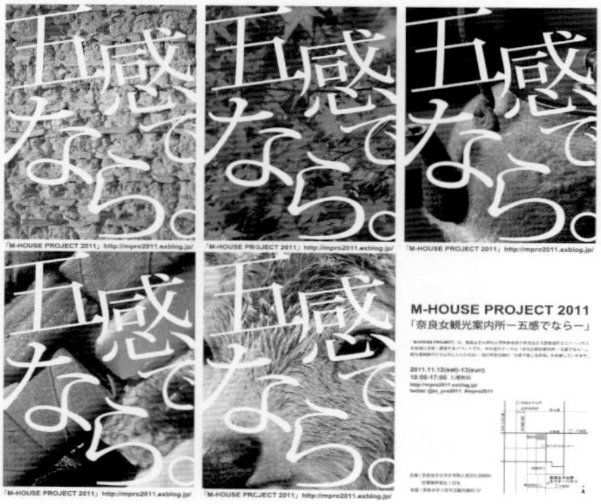

ポスター

奈良女子大学奈良町セミナーハウスＭ邸

背景と概要

本プロジェクトは、「奈良女子大学奈良町セミナーハウスＭ邸」を利用し、奈良女子大学大学院住環境学専攻修士1回生有志が中心となって企画・運営する短期型イベントである。2006年から現在までに講師の方を招いての多種多様なワークショップ、大学での設計課題の作品展示、町家の空間演出などが行なわれている。そこでは「建築」を中心として、さまざまな視点から奈良の魅力を伝えることを目指している。例年、多くの人が訪れる奈良国立博物館の正倉院展と同時期に開催される。

奈良女子大学奈良町セミナーハウスＭ邸

奈良女子大学奈良町セミナーハウスＭ邸は、歴史的町並みが現在も残る奈良町と呼ばれる地区に存在している。奈良町は近鉄奈良駅から徒歩15分程度であり、観光客と生活する地域の人々両方の姿が見られる。2003年から2004年の地域貢献特別支援事業で、奈良町の町並み保全、活用支援事業に取り組んでおり、空き家調査などからＭ邸が2005年度から10年間奈良女子大学セミナーハウスとして利用できることが決定した。建築年代に確かな資料はないが、構造の様子や座敷の構えから明治時代中頃だと考えられている。また、外観はそれより古く江戸時代後期の様相を呈している貴重な町家である。

奈良にはこの地区以外にも多くの町家が残っており、このＭ邸での活動が、歴史的価値のある建築を現在のニーズと合わせて残す1つの方法として提示できれば良いと考えている。

M-house project2011

今年度のテーマを決めるにあたり、昨年起きた震災から、自分たちが生活する町やコミュニティをさらに大切にしなければならないという結論に至った。自分たちの生活する町には普段意識せずとも、たくさんの魅力や

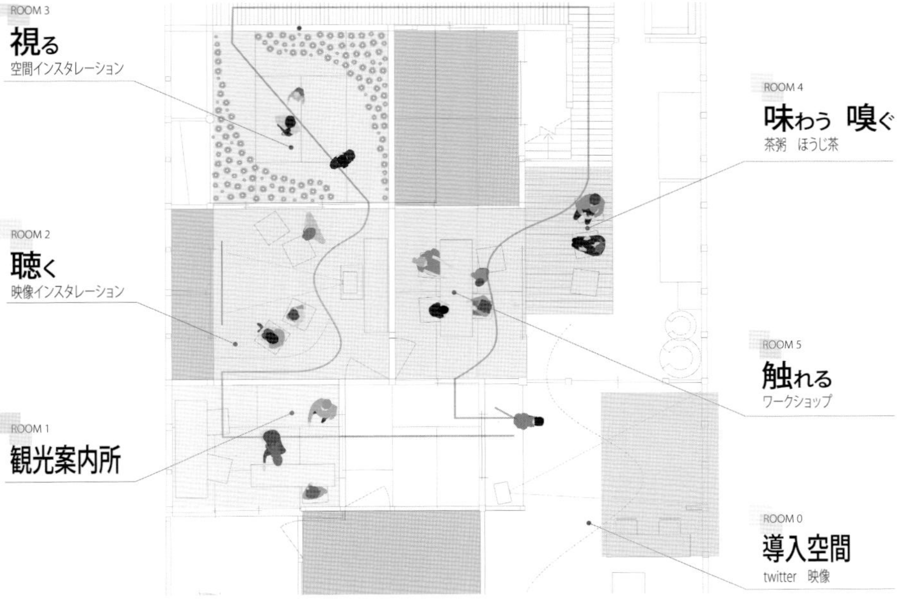

平面および導線計画

価値がある。そこで「奈良女観光案内所」をメインコンセプトに掲げ、私たちが暮らす奈良の魅力を再認識し、地域や観光客の方に奈良の魅力を伝えるという試みを行なった。私たちの視点から奈良を発信することを目標に、町家の限られた空間・限られた時間でそこに訪れる人に、どう伝えるかが課題となった。

そこで、サブテーマを「五感で感じる奈良」に設定し、会場を構成した。具体的には、M邸の各空間に、聴覚ー奈良で撮影した映像を利用したインスタレーション、視覚—奈良をイメージした空間インスタレーション、味覚ー茶粥の提供、触覚ーモビールワークショップ、嗅覚ーほうじ茶の香りというようにテーマを割りあてることにした。また、事前にフライヤーを作成し地区の飲食店などに設置していただいた。

会場構成

入り口は道路に面していながらも、町家という特性から内部の様子がうかがいにくく、入りずらいという問題があった。そこで入り口付近にポスターを設置し、スタッフが道行く人に声をかけ対応した。

ROOM 0 思いを見せる

土間部分の暗さを利用し、壁面上部にtwitterを投影し流した。開催以前からプロジェクトのアカウントを作成し、告知や準備期間の様子などを文字として流した。開催期間中も、来場者が感想を打ち込めるようにした。壁に流れる文字は、来場者が感じた思いをリアルに表していたと言える。

ROOM 1 観光案内所

ここでは、私たちの作成したオリジナルマップを配布し、奈良に関する書籍が閲覧できるようなスペースを設けた。オリジナルマップは、「学生コース」「王道観光コース」「グルメコース」「おしゃれコース」の4コースを用意し、各々がお勧めするスポットをピックアップしてまとめた。訪れた人に気に入ったコースを選んでもらい、各コースをトレーシングペーパーに印刷したものを奈良の地図に重ね、自分仕様のマップになるという仕組みにした。

ROOM 0 映されたtwitter

ROOM 2 聴覚インスタレーション

ROOM 1 オリジナルマップ

ROOM 2 聴覚ー空間インスタレーションー

各自思い思いの場所を撮影し、それを編集した映像を上映した。音声には奈良独特の鹿の鳴き声や、観光客のにぎやかな話し声、ツアーのアナウンスなどが含まれていた。普段意識しない音という観点から奈良を感じてもらった。同時に自分たちも映像化されたものを改めて見ることで奈良独特の音に気付かされた。さらに、空間は続き間の和室であるため、隣室との差別化を図り、部屋への導入を考える必要があった。そのために、二重のカーテンを設けた。透過性のあるカーテンを設置し、光が柔らかくもれる仕組みにした。また、カーテンは人の動きや風とともに揺れ、この空間を印象づけるものになった。

ROOM 3 視覚ー空間インスタレーションー

奈良の町並みを再解釈し、それを空間で表現することを目指した。奈良の町並みに特徴的な身代わり猿の色彩、格子の連続性、奈良の特産品である菊の花のフォルムを抽出し、1つのモチーフにたどり着いた。これを2000個ほど作成し、空間を埋めていった。動線となる空間と、たたずむ空間に着目し、密度の操作を行なった。部屋の中心部分では、赤いモチーフに内包された感覚を抱く。

ROOM 4 味覚・嗅覚ー茶粥とほうじ茶ー

来場者に奈良の食文化である茶粥と奈良漬けを試食してもらった。茶粥に使用するほうじ茶の香りは会場内を包み込み、奈良を印象づける。味や匂いと同時に町家の空間をゆっくりと座って見て感じてもらえるようにも配慮した。会場の入り口に近い場所に配置することで、香りは会場の外へ漂っていく。会場に入っていただくきっかけにもなった。

ROOM 5 触覚ーモビールワークショップー

奈良をイメージさせる鹿や、お茶をモチーフにしたモビールを作成するスペースを設けた。来場者にはそれらの作品を思い出として持ち帰ってもらった。

ROOM 3 空間インスタレーション

ROOM 4 茶粥を味わう

ROOM 5 モビールワークショップ

まとめ

会場で実施したアンケートでは意見や感想を聞くことができ、今後の課題を発見できた。このM-house projectは毎年異なったイベントを行なっている。自己満足に終わるのではなく、建築を学ぶ学生としての経験を活かしながら、地域あるいは住民にどんな影響を与えるのか、そして社会的にどう貢献していけるのかを意識して続けていかなければいけないと実感した。

[Project Members]
内野 愛、福井麻友、真木梨華子、溝渕祥子、三宅景子、山口明日香、渡邉佳子、渡邊まりこ（以上、奈良女子大学大学院住環境学専攻）
[HP] http://mpro2011.exblog.jp
[Mail Address] mhouseproject2011@gmail.com

花火のなか

カプセルを用いたインタラクティブな空間構成

Group:
DACC/Digital and Computational Commune（東京大学大学院）

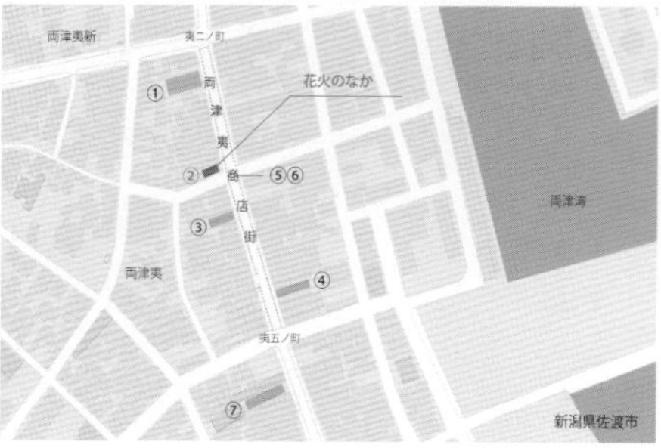

両津夷商店街

展示前の空き店舗

ガチャガチャを集める

概要

このプロジェクトはガチャポンを使用した空間デザインの提案である。新潟県佐渡島にある両津夷商店街活性化事業「ムーンナイト・フェスティバル」が2011年9月9日から11日まで行なわれた。私たちのプロジェクトはフェスティバルの7つの展示中の1つであり、商店街の20m^{2}ほどの空き店舗の中で行なった。商店街は現在、このような空き店舗を多く抱えている。とくに、夜間ともなると、人通りもほとんどなくなってしまう。しかし、今回、私たちが展示を行なった数日間は、地域の人や佐渡住む人が集まり、多くの人が空間を体験した。

素材

この空間では子どもから大人までより広く空間の楽しさや非日常性を体験してもらうことを目的とした。素材を選ぶ際にガチャポン、ガチャガチャと呼ばれる、おもちゃのカプセルを使用した。ガチャポンは子供にも大人に馴染みのある素材である。また、安価もしくは無料で手に入り、その一つひとつの構成部材が、空間形態を保持するのに十分に強く、カプセルの中にものを内包できるという特性をもっている。

3500個のガチャポンのカプセルを集めるところからスタートした。地道におもちゃ屋をめぐるのにはさすがに限界であり、最終的にはスポンサーとなってカプセルを提供してくれる企業がいくつかみつかった。

JointとUnitでつくる形態

1. ガチャポンのカプセルには上下に2つずつ、計4つの穴が空いている。

2. その穴にプラスチック製の結束バンドを通して、カプセルをつなぎ、UnitとJointをつくる。Unitは固定された足部材であり、JointはUnit同士を回転しながらをつなぐ役割をもつ。
3. 4つのUnitと4つのJointをつなげ、8角形の輪を構成する。
4. 3.で作成した8角形をつなぎあわせ、6面体をつくる。
5. 4.の6面体を基本として、立体を構成していった。

空間設計

この手法を用いて空間を設計した。カプセルは天井を覆い、部屋の中心にある既存の柱を囲うように、筒状となって床に降りていくかたちとなった。3Dモデリングによって、構造的に自立する下部と、天井面から吊るす上部の形態シミュレーションを行なった。

音と光の仕掛け

空間を覆う3500個のカプセルの中には、センサー、スピーカー、照明が入り、インタラクティブな装置として機能する。人の手を叩く音に反応し、音と光で6パターンの花火を再現する。センサーとなる6個のマイクはカプセルの中に点在し、そのどこで反応するかによって、線香花火から打ち上げ花火まで異なる花火

展示前の内観

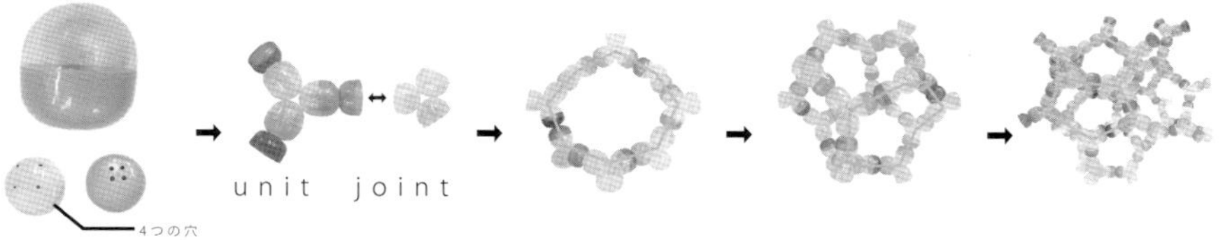

UnitとJointのつくりかた

3Dモデリングよるシミュレーション

が打ち上がる仕組みである。

商店街を歩いていると突然花火の中に入り込んでしまったような体験となった。手を叩く音で花火が打ちが上がることによって、子どもから大人まで長く滞在し、繰り返し訪れる人も多くいた。インタラクティブな操作によって街と空間を接続することができた。

[Project Members]
DACC/Digital and Computational Commune（東京大学大学院）

カプセルにセンサーを入れる

制作過程

展示風景（外観）

展示風景（内観）

月影小学校
再生プロジェクト

Group:
月影小学校再生プロジェクト
（法政大学大学院 渡辺真理研究室＋早稲田大学大学院 古谷誠章研究室＋横浜国立大学大学院 北山恒研究室［現Y-GSA］＋日本女子大学大学院 篠原聡子研究室）

宿泊施設に生まれ変わった月影小学校。

つながりをデザインする

このプロジェクトでは10年ほど前から廃校の再生を行なってきた。場所は新潟県上越市浦川原地区にあった月影小学校である。法政大学渡辺研究室が着手し、その後早稲田大学古谷研究室、横浜国立大学北山研究室、日本女子大学篠原研究室が参加する合同プロジェクトへと発展した。最寄りの駅からも幹線道路からも遠いというあまり恵まれないロケーションの中で、農業体験や郷土料理などグリーンツーリズムと連携した宿泊体験施設を目指した。2000年からの5年間を施設の改修などのハード面の計画、それからの5年間をワークショップや空き教室を使った民具の

商店街での活性化を町内に提案。

展示などのソフト面の計画を行なった。そして体験型の宿泊施設として生まれ変わった月影小学校は2010年度に宿泊体験施設「月影の郷」として完成し、10年間の契約が終了した。

ところが地域の方々と接するなかで、まだまだ地域の拠点として認識されていない、本当の意味で地域のためのものになっていないという問題意識を抱くようになった。そこで今年度は私たちの活動を見直すことにした。これまで学生が敷地の中だけにとどまっていた活動から、地域に開いた活動へと変革を目指した。

有島商店街活性プロジェクト

月影小学校近くの町内会長さんから廃れてしまった商店街を元気にしてほしいと要望を受けた。まず地域の人が何を求めているのか、どんなことを考えているのかを知るために、地元の夏祭りに私たちのブースを出店させていただいた。ここで子どもやお母さん方、古くから住んでいる方など幅広くお話を聞くことができた。話を聞く中で、意外なことに不便に感じていることは少ないと分かった。ちょっと車を出せば、大きいスーパーもあるし、田舎で暮らすことに不満を抱いている人は少ないようだった。一方で地域の人が一同に集まれる機会は夏祭りくらいなもので、地域の人同士の交流の場をつくることが重要だという印象を受けた。

そこで私たちは、今は空き家になっている商店街の中心であった郵便局を地域の中心としてもう一度復活させることにした。商店街で白い壁、緑の屋根の特徴的な外観の郵便局をこの地域の核として、夏祭りや暑気払い、町内会議など、イベント時に集まれるような場にしたいと考えた。予算が少なかったため、コウ

夏祭りを手伝いながら意見を聞く。

モリの死骸が転がっているような古びた室内の掃除から始め、建物正面の壁を白く塗り直して人が集まれる空間をつくった。不審そうに見ていた町内の人も、私たちが活動を続けていると、差し入れを持ってきてくれたり、道具を貸してくれたりするなど、しだいに打ち解け、夜は一緒に飲み会をしたりと交流も深めていった。きれいになった郵便局は一応の完成を迎え、暑気払いのイベントで地元の方にお披露目をした。

この活動では、私たち学生と地域の人の交流だけでなく、地域の人同士の交流を生めたことが一番の成果である。電気も水も通っていない郵便局に寝泊まりしながら活動する中で道具を貸り、ペンキの塗り方を教わる中で自然と地域の方々と学生が一体となったと感じた。後日、町内会長さんにうかがった話では、

郵便局の改修

ペンキを塗って昔の姿を取り戻す。

郵便局改修後

その後行なわれた地域のイベントの参加者が前年の倍に増えるなど効果もあったということで、今後も継続して関わっていきたいと考えている。

つなぐかべプロジェクト

月影小学校に面した道路が地面より2メートル上がった形で改修されることになり、それに伴って高さ2メートル、幅60メートルのコンクリートの擁壁が校庭にできた。この壁をデザインする依頼を受けた。学生と地域、地域の人同士などさまざまなつながりのシンボルとしてデザインすることをこのプロジェクトの目標とした。地域の人とワークショップを通してデザインを決めていく予定だ。これまでの4大学の学生に加えて、月影小学校の活動を通して知り合ったアーティストの原高史さんをはじめとする東北芸術工科大学、女子美術大学、多摩美術大学の3大学の学生を交えて行なっていく。単に壁のデザインを行なうだけでなく、校庭の空間づくりとして5年から10年かけて徐々に整備していくプロジェクトを目指している。今年度行なった初回のワークショップでは、地区の人や施工会社、役所の人などに集まっていただき、このプロジェクトの目標、問題点、アイデアなどを話し合った。その中で、地域の人が日常的に使えるものが良いという意見や、メンテナンスしていくことで人が常に関わっていけるものにしてはどうかなどの意見があった。コンクリート壁からはじまり、校庭に放置されているプールや敷地に流れる川などをつなぐように散歩道をつくる案を考えている。今はまだ構想段階ではあるが、来年、再来年とだんだんと整備されていく校庭の姿をワークショップを通じて提案していく予定である。

月影小学校のある新潟県上越市の浦川原地区の集落の2割は65歳以上の高齢者が半数というい わゆる限界集落だが、料理もおいしく、満天の星や、蛍が住んでいるような豊かな自然環境が魅力である。この魅力ある資源をいかに結びつけるかが、この場所のポイントだと感じている。私たちの活動では人と人や、すでにあるものをつなげるような活動やデザインをしていきたいと考えている。

[Project Members]
平岡諒太、黒木梨恵子、坂下渓谷、笹川絵里、中村圭佑、持永篤史、渡辺苗子（以上、法政大学大学院 渡辺研究室）、及川 輝（早稲田大学大学院 古谷研究室）、小林佑輔、友杉明香、原田奈央子、山口結花（以上、横浜国立大学大学院 北山研究室）、加藤 悠、飯塚るり子、鈴木優子（以上、日本女子大学大学院 篠原研究室）
[HP] http://www.tsukikage.net/
[Blog] http://tsukikag.exblog.jp/
[Mail Address] tsukikage_r@hotmail.co.jp

コンクリート壁のデザインのための調査。

多摩川源流域における木の小屋づくりプロジェクト

Group:
緑の家プロジェクト実行委員会
（法政大学大学院建築学専攻を中心とした学生有志）

本プロジェクトは多摩川源流域における木の小屋づくりである。人と人との縁をつなぐという願いを込めて通称「緑の家プロジェクト」と呼ぶ。この緑の家プロジェクトは多摩川源流域の木材を見直し活かすことが目的である。

民家研究の結果や課題をきっかけとして、村を元気にしていく方法を模索した結果、間伐材を使用して小屋づくりを行ない、それを活用していくこととなった。

結果として木の伐り出しから設計、製材、運用までを自分たちで行なうことによって、間伐材の利用の方法について具体的に掘り下げることはもちろん、「建築」に関わるさまざまな人やものの「縁」をつなげることができた。

きっかけとテーマ

私たちが活動をした山梨県小菅村は東京都の水源を支える多摩川の源流域にあたる。人口は約800人程度で、村の面積の約95%を森林が占めている緑豊かな村である。本プロジェクトのきっかけは、発起人が自然と向き合うための知恵を探りたいと考え、民家研究をしたことにある。その民家研究より、建築を地域の状況と切り離したり、材料と建築を無関係にして考え

正面から見た緑の家。

ずに、一体として考えることが重要であることが分かった。よって、本プロジェクトのテーマを地域・木材・建築教育の3つとした。自然と共生していくための知恵としての地産地消を目標とし、建築を建てる一連の工程を考え、計画し、実行したのである。大都市東京の水資源を支える多摩川源流域で活動を行なうことは、自然の循環を考えるうえでも大いに意義のあることであった。自然界で生きていく中で、循環は重要なキーワードである。建築を考える際に、その材料の循環を現場で体感し、理解し、活かすことが重要であることは当然のことだが、現在学生がそういった機会に恵まれることは稀である。本プロジェクトは間伐材利用と学生の取り組みに関して、幸い、村の住民の方々やNPO、行政にご理解をいただき実現した。

課題とアプローチ

本プロジェクトではさまざまな課題に対しアプローチしている。特に、テーマとした地域・木材・建築教育において、以下のような課題を整理することができる。

〈地域〉農林地の放棄、少子高齢化、財政難
〈木材〉森林の荒廃、複雑な制度、期待できない収益
〈建築教育〉リアリティの欠如、川上教育（材料など）の不足、単一職能教育への偏り、社会貢献の不足

これらの課題に対し、「価値の見直し」「現状を知る」「現場を知る」という方法を解決策として位置づけ、「木に関するデザイン付加価値という手法により、源流域の可能性を広げ、実用化し、実践する」ことにした。具体的に読み替えて、「民家研究により、継ぐべきものを整理し、設計要素を考察し、デザインする。また、建物の用途を源流の木でつくった造形物のための展示場兼店舗とし、多くの人に源流の木に触れてもらう」ことを内容とした。実際には管理の問題などがあり、展示場兼休憩所、イベント拠点としてできあがった。

また、加えて東日本大震災により、自然の驚異と恵との向き合い方はもちろん、人と人との絆や、エネルギー資源の活用の仕方などを再考する機会となった。資源としての木材について、深く考え、人と人との協力で成し得る本プロジェクトは有意義であることを再確認した。

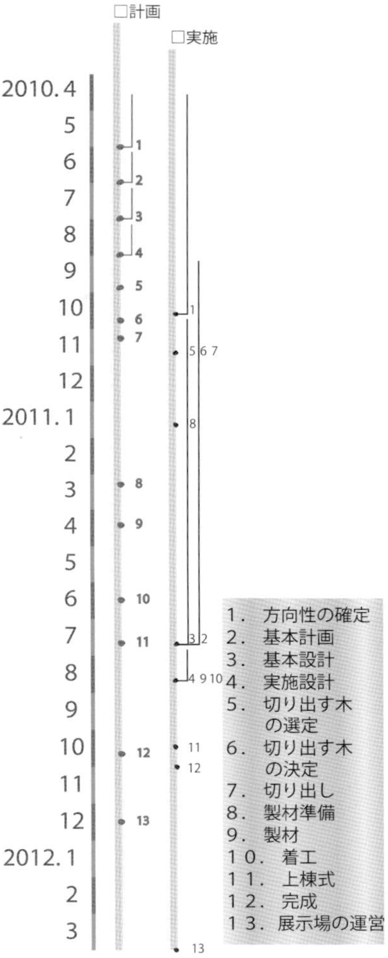

プロセス

森林ボランティアでの間伐体験。

プレーナーがけ

半円部分の建て方

地元大工さんや土木屋さんに教わりながらの遣り方や杭打ち。

関連プロジェクト

緑の家プロジェクトには「ものづくりワークショップ青空＊図工室」「周遊型イベントこすげお散歩ゆ〜の路《みち》」という関連プロジェクトがあり、当初「こすげデザインプロジェクト」として同時に提案された。緑の家プロジェクトは、ものづくりワークショップにて制作を行なった。周遊型イベントはNPOこすげ主催イベントとして開催され、そこに緑の家プロジェクトを出展させていただいた。一方、小金井野菜直売所制作プロジェクト「金菜屋」と、地産地消という1つの目標が一致し、間伐体験や同じ小菅産の間伐材を使用するといった点で連携を取ることができた。

プロセス

方向性の確定（2010年4月〜）

全体の計画として、木の伐り出しから乾燥、製材、製作、運用を含めると、乾燥の期間を考えると少なくとも1年半は必要であり、一冬を越さねばならないことが分かる。実際のところ、学生にとって、乾燥のプロセスなどは普段の学習において実感がない。しかしこれらの過程を得ることで、身をもって、木の長所・短所について学ぶことができた。また、プロジェクトを開始する際には村の方々、NPO、行政、教授との協議が非常に重要であった。

木の選定・伐り出し（2010年11月）

秋から冬頃にNPOこすげが毎年行なっている、間伐体験「緑のボランティア」に参加させていただいた。決して効率的ではないが、山の「現状を知る」という点において効果的であった。講義を受けた後に、指導者のもと二人一組で木口をつくり、ロープを引き間伐していった。NPOのご厚意で伐った木を使わせてもらうことになった。

製材準備（2010年冬）

木が狂わないよう乾燥期間が必要である。乾燥については天然乾燥と人工乾燥があるが、費用や設備などの問題より、天然乾燥とした。知識不足のため、十分な乾燥が得られなかったことは、大きな課題である。

計画・設計（2010年4月〜8月）

基本設計・実施設計の他、スケジュール、資金計画、敷地の交渉、材料の調達・搬入・搬出方法、道具の借用、製材や施工方法、などさまざまな計画が必要であった。

製材練習と製材（2010年1月～8月）

製材に関しては、東京農業大学から借りたロゴソールと小菅村のサークルゆうゆうクラブ所有の帯鋸の2種類の製材機を用いた。（*ロゴソール：伐採後の木材を山林現場で高速製材ができる小型軽量の移動式製材機。*帯鋸：「おびのこぎり」の略。鋼製の薄い帯状ののこぎり。片刃で、輪状に溶接してある。）

制作（2010年8月～10月）

杭づくり、遣り方、墨付け、加工、杭づくり、床板張り、調整、建て方、節取りワークショップ、垂木・野地板・鼻隠しの加工・取り付け、銅版水切り制作、防水シート張、上棟式、しつらえなどを、ものづくりワークショップ「青空＊図工室」にて行なった。時間がかかったため、当初予定していた青空＊図工室の回数を増やし、各回で参加者を募る形式をとった。

完成（10月29日）

制作を開始してから約3カ月で完成することができた。プロジェクトを進めるにあたって、通常の授業との関係上、隔週で制作した。時間的な制約をどのようにクリアするのが課題であった。

　これらは緑の家プロジェクト実行委員を中心として、各回5名程度で延べ参加人数252名、設計や準備を除いた実働日数は50日間であった。

おわりに

地域・木材・建築教育の分野にまたがる活動をすることで、さまざまなつながりをつくれたことは、緑の家プロジェクトという名称の通りであった。人と人との縁をつなぐことができた。ここに感謝の意を表したい。今後、さまざまな連携を取りながら、循環で成り立っているという生態学的思考を、実践を通して学習する絶好の機会として、事業化も視野に入れた継続的な取り組みにしていきたい。その方法の1つとして、現在、冒頭に述べた関連プロジェクトの「青空＊図工室」、「金菜屋」との連携や再編の協議が進んでいる。

緑の家内観

集合写真

[Project Members]
森川久美子、梅村知足、柴雄 毅、笹川慎太郎（以上、法政大学大学院築学専攻 永瀬研究室）、山中 元（同大学院 陣内研究室）、松永竜弥、鈴木良朗（以上、同大学院 富永研究室）、海老原翔太、石塚侑也（以上、同大学院 永瀬研究室）、金子修一（同大学院 網野研究室）、滝沢裕史、坂本拓也、Xiaoyu Feng、道明由衣、米澤佳央、石川詩織、大森淳平、川田涼一（以上、同大学学部生）、内田 健、半田祥子（以上、同大学院都市環境デザイン専攻）、後藤大介（東京工業大学大学院）、新井元気（東京農業大学）
[HP] https://www.facebook.com/pages/青空図工室/172562806145345
[Mail Address] aozora_zuko@yahoo.co.jp

プロジェクト展

アネックストーク2

コメンテーター：

竹内昌義、古田秘馬

参加プロジェクト：
鹿児島県屋久島町口永良部島における離島活性化協同プロジェクト(p.286)
やぼろじプロジェクト(p.298)
M-house project 2011―五感でなら(p.312)
花火のなか―カプセルを用いたインタラクティブな空間構成(p.316)
月影小学校再生プロジェクト(p.320)
多摩川源流域における木の小屋づくりプロジェクト(p.324)

「地域活性とは何か」

古田秘馬：皆さん、地域活性とは何でしょうか。この問いにはそれぞれに答えがあります。しかし「地域活性のためにやってるんですから」というと何でも許されがちです。だから皆さんがどんなものを地域活性だと考えているのか聞いてみたいと思います。中にはそれが考えられているものもあれば、自己完結になっているものもあると思いました。

及川 輝(月影小学校再生プロジェクト／以下、月影)：僕たちは小学校を交流体験宿泊施設にリノベーションしました。当初の目的は宿泊客が地域の人と交流できる場をつくりたいと考えていました。そして、地域の人を取り込むことは成功しました。しかしどういうお客を取り込んでくるかということは見定められないまま進んできたように思います。

山口明日香(M-house project 2011／以下、M-house)：私たちのプロジェクトは、地域活性化になるかどうかはあまり関係していないと思います。実際に奈良町は、古い町並みが有名ですし、まちとして整っていると思います。

古田：「M-house project 2011」ではターゲットについてどう考えていましたか？

山口(M-house)：私たちが思うターゲットは言ってしまえば、「誰でも」だったので、ターゲットを定めなけれ

ばいけないという古田さんのお話を聞いて、「痛いな」と感じていました。

古田:「地元の人たちは自分たちの良いところに気づいてないですよ」という地元の人向けの観光案内ならばすごく面白いと思います。もしくは、外の人がそこに来ると思わず外を歩きたくなるようなものなのか、どちらでしょうか。

山口(M-house):プロジェクトの準備をしながら、どうしても私たちが何を表現したいかという点にこだわってしまいました。そういった部分で観光案内からはズレていると思います。奈良町のマップをつくったのですが、それは観光客向けと言われるとそうですし、空間インスタレーションは私たちが感じている奈良を表現したのものなので、地元の方が見た際には奈良の良さを再認識してもらえるものです。

竹内:プロジェクトの宣伝や盛り上げ方は自分たちでデザインしましたか?

山口(M-house):私たちは、2006年からプロジェクトをやっていますが、どうしても年による連携が難しい状態です。ツイッターやポスターを使って宣伝をするなどの準備をしながら私たち自身を盛り上げていきました。

竹内:自分たちが何をするかということに対して時間を費やしているとは思いますが、外の人に対しての働きかけがあまり強くないようですね。

山口(M-house):ちょっと自己満足的だとは思います。

竹内:いや、自己満足が悪いとは思いません。しかし地元の人にとっては外の人がやって来て押し付けがましく活動されても困るということもあります。学生たちの内輪での到達目標と、それによって地域や社会にどう影響するのかという、常に2つの視線がないといけません。僕は山形で蔵を使ったリノベーションプロジェクトを教員として学生と一緒に9年くらいやっていて、そこでも毎年違うことをやります。僕は先輩のやったことを受け継いでいくことは相当つらいと思っていて、最初から始める苦労がありますが、毎年違うことをして良いと思っています。

古田:皆さんSNSで告知しますって言いますが、地域のおばあちゃんがツイッターをやっているとは思えません。ともあれ、ツールは何でも良いんですが、どんなメッセージで告知しているのかが大事です。

山崎健太郎(やぼろじプロジェクト/以下、やぼろじ):僕たちは地域活性という意識ではやっていません。どちらかというとオーナーと関わる中で地域の人も巻き込めたら良いなというくらいに考えていました。しかし実際のところたくさんの地域の方が来てくれています。また、近くの古い空き家を変えていかなければいけないという意識が、このプロジェクトに影響されて少しづつですが地域の方にでできたと感じています。

古田:いつまであそこに住む予定ですか?

山崎(やぼろじ):僕が住むのは3月の末までですが、入れ替わりでいろいろな人たちが入っていくかたちで運営しています。

「地域のメンタリティ」

荻矢大介（鹿児島県屋久島町口永良部島における離島活性化協同プロジェクト／以下、鹿児島）「活性化とは何か」という質問はすごく難しいと思います。島の方にも同じことを聞かれるのですが、何を答えたら良いか分からなくて困っています。

古田：実際にあのプロジェクトは向こうから来てくださいと言われて始まったんですか？

荻矢（鹿児島）：違います。一緒に活動している研究室が他に主宰した活性化のイベントであの島に行って、そこで島の人からなにも分かっていないくせに、と言われたそうです。その学生が東京に帰ってきて、一緒に地域に根ざしたことをやりたいと誘われました。

古田：じゃあ、島の人たちは「いまだに何やってるの」と思っているのでしょうか。

荻矢（鹿児島）：最近ようやく打ち解けてきたところです。

竹内：さっきの発表で、この島には男湯を通らなければ女湯に行けないお風呂があると言っていましたね。もっと人が来てほしいなら、男湯と女湯を分けるべきですよね。それなのになぜあのテントをつくることになったのですか？

荻矢（鹿児島）：僕らがまずテントをつくったのは、最初に僕らが生活する島の拠点をつくって、次のステップとして島のことを考えていこうと思ったからです。

古田：それは自分たちの別荘やアジトつくったということで、まだ地域に入っていないですよね。

竹内：島の人に「活性化って何？」って聞かれて、それに答えられないことよりも、じゃあ「活性化って何だと思いますか」って島の人に聞けないことの方が問題だと思うんですよ。島の人は何を望んでると思いますか？

荻矢（鹿児島）：島の人たちは、ありのままの生活をしながら、特別なことをしたくない、島の良さを活かしたいと言っています。

古田：逆に言えば来なくて良いということですか？

荻矢（鹿児島）：いや、島には労働力が少ない上にお金もないので、島の人たちはどうにかしなくてはい

けないと思ってます。森林事業や水道のメーターを測るなどといったインフラ的な仕事が、すべて若者たちに任されている状態です。

竹内：少なくとも矛盾していて、君らには変えられたくないけど、君らには来て欲しいという、複雑な気持ちがあるようですね。離島は、限られた世界でできることが面白いと思います。しかし観光で人を呼ぼうという考えだと、どの地域でも同じことを考えているから、誰も来ないですよね。

古田：このようなことは、他の地域でも起きているんです。静かに暮らしたいけど、観光でお金は落としてほしい。その矛盾は誰しもが抱えています。だからなぜ人が来ないのかという原因を考えなくてはいけない。しかし悪い点だけではなくて、それぞれの地域に良い部分があります。それを見つけることは、テントを張る前にやるべきことだと思います。

竹内：やっぱり建築をやっていると、どうしてもハードをつくりたい気持ちがある。でも「お前らつくりたいから来てるんだろ」って地元の人に言われることが一番痛いんですよね。

荻矢（鹿児島）：私たちは望まれていない、こっちが勝手に行って何かしようとしているという状態だということは分かっています。夏につくったテントも、まず最初にやるべきことなのか迷いもありました。しかしいきなりは何もやらせてもらえません。そんな状況もあって、テントにいきついたんです。

古田：今後、卒業後も口永良部島と関わっていこうと思っていますか。

荻矢（鹿児島）：正直にいうと、この島での生活は人との距離がすごく近いので、疲れてしまう部分もあります。けれどやっていきたいと思っています。

古田：僕のような実際にまちづくりをしている者からすると、学生は卒業して、また次の代が来て、それはそれで良い場合もあれば、結果何やってるのか分からない場合もある。地域活性において「学生だからできない」っていう言い訳をせずしっかりやれば「学生なのに勉強もしながらこんなにやってるんだ」というプラスの評価になると思います。

「どう自走するか」

隈 太一（花火のなか／以下、花火）：僕らはもともとデジタルやコンピュータを使ってデザインをしようという団体で、そもそも地域活性は考えていませんでした。

古田：あの作品はガチャポンでできているけど、佐渡でしかできないものではないよね。

隈（花火）：竹や和紙など佐渡にあるものに着目してデザインすることも考えました。しかし僕らは子どもをターゲットに考えていたので、竹や和紙が子どもにとって身近なのか考えた時そうでもないと思いました。

古田：そこだからこそつくれたものならば、さらに地元の人たちも関わってこれただろうと思います。別に地域活性を仰々しく考えなくても良いけど、そこに呼ばれた意味を考えると、もうひとつブレイクしていくと思います。それから、建築分野での地域活性は建物ができたら完成というイメージがありますが、みなさんどう考えていますか。「月影小学校再生プロジェクト」や「やぼろじプロジェクト」は、どこまで自分たちが関わるつもりなのですか。

及川（月影）：コミュニティをつくり出したいとは思っています。しかし自分たちの活動はボランティアじゃないかという不安に駆られることもあって、本音をいうと何かつくりたいと思っています。

山崎（やぼろじ）：僕は建築ではなく都市計画やまちづくりの研究室に所属しているので、そもそもコミュニティづくりを専門としています。建物をつくることはやはり重要だと思いますが、建築をつくるために、さらに使うためにはコミュニティが必要だと考えています。

竹内：学生はこのプロジェクトにどこまで関わっていくつもりですか？

山崎（やぼろじ）：プロジェクトが軌道に乗った時に主体的にやる役割から組織の一部として活動する役割へ変わるように考えています。今ちょうどその転換期で、僕が抜けた後は学生たちが相談役として関わっていくつもりです。

古田：ちなみにプロジェクトの資金はどうなっていますか？

山崎（やぼろじ）：事業者である建築家の方が全額改修費を負担していて、それを5年間の家賃収入でまかなっています。いまは事業展開をもう少し広げようと、銀行から融資を受けています。

古田：他のプロジェクトの資金はどうなっていますか。

及川（月影）：10年間は国からの補助金で活動していましたが、今は何もない状態です。イベントを通して発生した利益を地域に還元しました。それがきっかけで2年間活動して良いと言ってもらっています。

古田：実際に建築家の方って収益モデルまで考えて設計していますが、皆さんはビジネスモデルについてどう考えているのでしょうか。そもそも授業で教えてもらうことはあるんですか。

竹内：大学のカリキュラムでは教えないですね。

古田：コミュニティをつくっても最後はやっぱりお金の問題で終わってしまうものが多いです。「どう自走するか」ということは大事で、僕がやった「丸の内朝大学」も受講生などからの受講料で続いています。「多摩川源流域における木の小屋づくりプロジェクト」はこういった点が考えられそうだと思いました。

「価値やつながりをつくり出す」

森川久美子（多摩川源流域における木の小屋づくりプロジェクト／以下、多摩川）：地域の木材を売ることも計画したのですが、私たちが管理や経済的なことに詳しくないので実現はしませんでした。もう一つ問題なのが地域活性を、経済的な軸で考えて良いのかという疑問です。例えば、水やエネルギーなど、お金以外の循環するものの価値でも良いと思いました。

古田：その通りだと思います。価値をちゃんとつくっていくと、お金や、それに変わる何かが循環すると思うんです。地域活性ってものを売るということではないけど、絶対稼ぐべきです。その収益を地域の中でどう使うかが問題です。

森川（多摩川）：使い方も考えるという点で、ものづくりワークショップとの連携を考えました。

竹内：このプロジェクトは、林業の問題から民家とのつながりを考えている点では良いですが、僕は地域の問題は都市の問題とつなげないと分かり合えないと思っています。

森川（多摩川）：都市とのつながりをもてたら素晴らしいと思います。しかし製材所などが少ないので、まずは基盤づくりが必要だと思います。この話に関連して、他のプロジェクトで実際に多摩川源流の木でつくった寮が世田谷にあります。多摩川の流域の人たちを対象に間伐体験も行なっています。

竹内：そういう活動をしている人たちが建てる家ってログハウスみたいになってしまうので、デザインを学んでいる学生が設計しなければいけないと思います。

古田：農業も、最近でこそ自分で野菜を育てる体験や農家レストランがあるけど、10年前まで全然なくて、あっても田舎のおばあちゃんがやってるような店が多かった。林業も同じで、ログハウスではなくてデザインしたものであれば、流行になる可能性が十分にある。大きな枠組みの中で考えた時、学生が林業をしている人と都市に住む人、役場の人たちをつなぐ重要な役割を果たすと思います。

竹内：社会に出るとプロジェクトの評価が経済的な価値として下されます。その時に、遥か遠くを見ながら地道に活動することが評価につながる思います。また、相手に何を与えられて自分が何を得るのかを考えながら活動してほしいと思います。

古田：「よそ者、若者、馬鹿者」という言葉を地域活性ではよく使います。よそ者の目線と地域の中に「俺はやるぜ」みたいな馬鹿者がいて、そこに若者が集まってくるのです。外の目線ってすごく大事です。ぜひ皆さん、学生の時期に詰め込んだものを社会で活用するためにも、今頑張ってください。

番屋プロジェクト

University:
宮城大学大学院
事業構想学研究科
竹内泰研究室

概要

本プロジェクトでは東日本大震災を受け、南三陸町志津川、東松島市浜市、気仙沼唐桑町鮪立に一日も早い漁業の復興を目指す漁師の方々とともに小さくも力強い番屋を建設した。「番屋」とは漁師小屋のことで、簡易的な建物であり倉庫や作業小屋として使用される。また、時には集い、語り合い、食をともにする場としても使われる。番屋の設計・発注などは本研究室の学生により行なわれ、施工は地元漁師と他大学を交えた学生・社会人有志により実施された。

南三陸町志津川、東松島市浜市、気仙沼唐桑町鮪立の3つの浜に生まれた番屋は小さな拠点となり、人が集まることのできる場となった。震災から1年が経った今、番屋はそれぞれの役割を果たし、復興への足掛かりとなっている。志津川番屋では、番屋に加え、本設のわかめ加工工場が新たに建設された。番屋は周辺の盛土が施され始めたことなどにより移設された。東松島番屋は、将来を担う子どもたちの居場所がなかったことや、浜市の記憶をつなぎたいという地元漁師の要望から、子どもたちが参加するアート・ワークショップが開催されるなど活動の場となっている。唐桑番屋は、採れたてでおいしい牡蠣を提供できる場をつくりたいという漁師の声が実現し、番屋から牡蠣小屋へと機能を変えた。牡蠣小屋として、より良い環境を整えるため新たにウッドデッキが施工された。

被災地の変化はめまぐるしく、出会う人たちのニーズにきめ細かくスピード感をもって対応することが重要である。できることはできるだけ自分たちで行なうことを心がけ、時にはセルフビルドで対応しつつ、復興に向けた一つひとつの要望に取り組んでいる。

竣工を終え、餅まきが行なわれた

プロジェクトの経緯

2011年3月11日の震災後、まずは状況を記録しようということで、宮城大学竹内研究室を中心として学生が集まった。身近なところからはじめ、被害の大きかった沿岸部を調査・記録し始めた。得た情報をFacebookで公開するとともに、日本建築学会の災害・復旧復興アーカイブにもまとめて報告した。

現地の状況から、仮設住宅が緊急に必要であることが分かった。同時に地域の生活を支えていた産業施設の被害の大きさに直面した。とくに、季節とともに営まれてきた漁業は、再起の時機を逸すると復興が簡単に1年ずれ込んでしまうことが理解できた。スモール・スケールであっても、地域の漁業復興に必要なことがあると調査に参加した者たちは強く感じた。

出会い

南三陸町志津川では家だけでなく工場や牡蠣の養殖施設なども津波によって失われた。その南三陸で我々はある漁師と出会い、番屋の設計を依頼された。家も流され、津波によってほとんどすべてを失った彼は、漁業再開を悩んでいた。しかし、同時に彼は津波で一掃された志津川の海に可能性も見い出していた。「おめえらで番屋を設計してくれ」という漁師の一言に、我々は今やるべきことが何かを知った。

浜のネットワーク

番屋を建設するために、依頼者である漁師は南三陸町志津川の漁業協同組合の青年部に呼びかけた。彼は、自分の番屋をつくるのではなく、みんなの番屋をつくることにこだわった。浜の若い次世代の漁師たち

志津川番屋移設

東松島番屋でのアート・ワークショップ

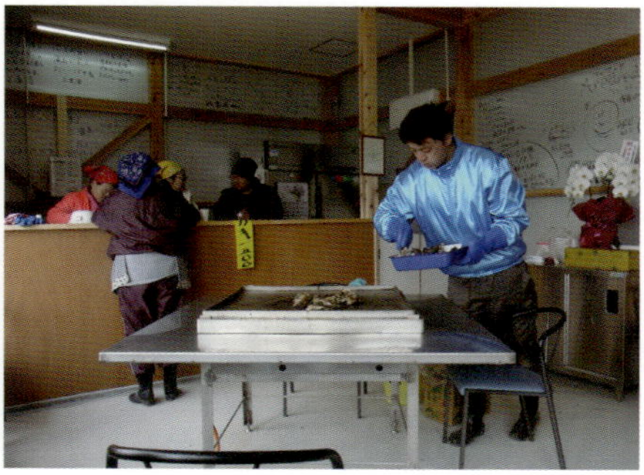

地元漁師が運営する牡蠣小屋(唐桑番屋)

が、互いに協力しあい、新しい漁業を始める気持ちを共有することをこの番屋に込めたいと思ったのである。

木のネットワーク

材料となる木材は、岐阜県加子母村の中島工務店が名乗りを上げてくれた。その背景には、地域という実地で木のものづくりを学ぼうというプログラム「木匠塾《もくしょうじゅく》」のネットワークがあった。木匠塾は、1991年岐阜県高根村から始まった活動である。この活動が岐阜加子母村、奈良川上村、秋田角館、京都美山町などへと広がり、多くの大学・学生が参加し巣立っていった。木のネットワークが海の復興に名乗り出てくれたのである。

唐桑番屋で施工されたウッドデッキ

大学のネットワーク

施工には大学のネットワークが生きた。木匠塾がつくり上げていた全国の大学ネットワーク、さらに、プロジェクトに賛同する学生、社会人、教員たちが現地に集結した。木匠塾で技能をもつ学生はその能力を駆使し、初めて作業する者たちも持ち得る技量で、被災地でのリアルな復興に貢献した。

海のネットワーク

海はつながっている。かつては海の海運があったように、今もそれぞれの浜をつなぐネットワークがあるはずである。震災から復興するためには、新しい海のネットワークが構築されるべきではないか?それが番屋を通じて生み出されるのではないかと、番屋プロジェクトを始める当初、我々にはその直感があった。そして志津川番屋建設後、三陸牡蠣復興プロジェクトを主催する株式会社アイリンクが、東松島浜市と気仙沼唐桑鮪立に番屋を提供したいと申し出てくれたのである。番屋建設には志津川の漁師も参加し、浜と浜の漁師たちの新しい交流が生まれた。

牡蠣小屋へと変化した唐桑番屋

志津川番屋施工　2011年5月3～7日

将来のネットワーク

番屋プロジェクトを通して、多くの学生たちが被災地に訪れ、自らのもてる技量を駆使して復興に参加した。日本は地震の活動期に入り、東海・東南海・南海地震の連動や首都直下型地震などが現実的に想定されるなか、この経験をそれぞれ地元に持ち帰ったことが、来る災害にも適切に対処できる経験となるはずである。また、その時再集結できる強いネットワークを形成したに違いない。

[Project Members]
本馬奈緒、岩城和昭、相澤啓太、青木 裕、阿部直人、高橋香奈、遠藤誠也、金尾正太郎、工藤茂樹、熊坂友輝、酒井拓実、千葉大生、横田広果、信樂知里、加賀谷咲（以上、宮城大学 竹内泰研究室）
施工者:地元漁師・地元大工・東京理科大学宇野研究室・滋賀県立大学布野研究室・滋賀県立大学山根研究室・千葉大学安藤研究室・高知工科大学渡辺研究室・横浜国立大学有志・東北大学有志・社会人有志
[プロジェクト動画サイト]
〈番屋施工及び移設の様子〉
志津川番屋(作成:東京理科大学)
http://www.youtube.com/watch?v=3fBQaxhhKhs
東松島番屋(作成:宮城大学)
http://www.youtube.com/watch?v=2WFtj8g9UZM
唐桑番屋(作成:東京理科大学、宮城大学)
http://www.youtube.com/watch?v=PBN6DFt-S5o
http://www.youtube.com/watch?v=RIJfzPZekMI
志津川番屋移設(作成:宮城大学)
http://www.youtube.com/watch?v=6VwHyIAeB1I
http://www.youtube.com/watch?v=q6PfMjxzBIU

施工の様子

仮設のトリセツ

University:
新潟大学大学院
自然科学研究科環境科学専攻
岩佐明彦研究室

仮の住まいを住みやすく

「仮設のトリセツ」は、2011年3月の東日本大震災によって建設された仮設住宅に向け、住みこなしのノウハウの情報提供を試みた活動である。

仮設住宅は住居再建までの暫定期間を過ごす場所であるが、突如住まいのすべてを失うという危機に直面した被災者が、生活を回復し、その後の良好な居住環境へステップアップしていくための場所であり、仮の住まいとはいえ、その居住環境は決して軽視できない。仮設住宅はどこでいつ起こるかも予想できない大規模災害に備えて準備されており、地域環境に沿った細やかなデザインが求められるわけではない。良好な居住環境を迅速に構築するためには、建造後の居住者自らによる住みこなすための工夫が不可欠である。

仮設のトリセツの背景

「仮設のトリセツ」の背景にあるのは、新潟県中越の仮設住宅で教えていただいた住みこなしの知恵である。

新潟県は2004年に7.13水害、中越地震、2007年に中越沖地震と、立て続けに災害に遭遇した。そこで建てられた仮設住宅では、玄関回りの風除けパネルを活用し、囲いや戸を取り付けて玄関前を風除室にしている住居、さらに拡大して物置を増築してい

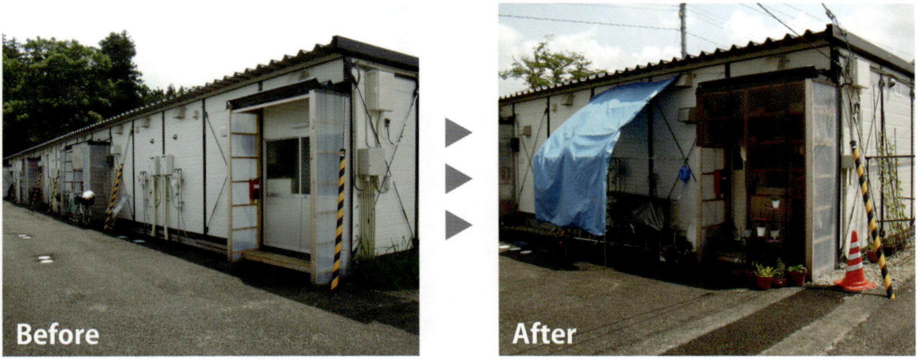

新潟の仮設住宅では、居住者が風除室や物置を付け足すなどして、居住環境を改善していた。

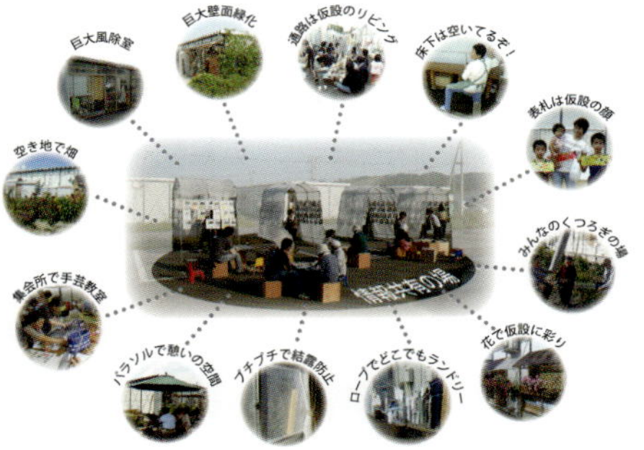

新潟県中越地震の際に実施した「仮設de仮設カフェ」。オープンカフェをきっかけに、住みこなしノウハウ流通のためのワークショップを行ない、居住者からさまざまな住みこなしの工夫や知恵を教えていただいた。

「仮設のトリセツ」ホームページ画面。仮設住宅のさまざまな工夫事例を目的や部位、材料別で検索できるようにした"仮設住宅の取扱説明書"。

る住居や、日よけを兼ねた植物栽培など、居住者がそれぞれ暮らしやすいように工夫を凝らしていた。その一方、建造されたまま、手つかずの状態で暮らす居住者もおり、住みこなしの差が生じていた。その原因の1つが情報格差であり、それを改善するための試みとして、「仮設de仮設カフェ」というプロジェクトを実施した。

「仮設de仮設カフェ」では、オープンカフェをきっかけとしたワークショップを行ない、仮設住宅の住みこなしの工夫や知恵を教えていただいた。得られた情報は、カフェ内で展示することで居住者へフィードバックし、居住者同士で住みこなしの工夫や知恵の共有を行なった。

中越の知恵を東日本へ

東日本大震災発生から数カ月経過した頃から、仮設住宅の十分ではない居住環境が話題になるようになった。我々はこうした状況の中で、中越で教えていただいた仮設住宅の知恵が役に立つのではないかと考え、ホームページ「仮設のトリセツ」を立ち上げた。

ホームページは、仮設住宅を居住者自らが住みこなしていくためのノウハウのデータベースのようなものである。当時の住みこなしの事例を改造目的や部位、材料別で検索できるようにした他、必要な道具や材料の調達方法なども紹介することで、建築に詳しくない人でも自分の住まいを過ごしやすいように工夫できるようにした。また、掲載した情報はカード形式で印刷可能にすることで、データをダウンロードして、仮設団地で回覧できるように配慮した。実際に「知人が被災したので、代わりに印刷して送る」「ボランティアへ行く際に持っていく」といった利用者の声も聞かれた他、ホームページは開設後半年で25万アクセスに達するなど、多くの方々にご利用いただいている。

冊子やコンテスト展示への展開

「仮設のトリセツ」ホームページの開設をきっかけに、さまざまな支援団体と連携し、さらなる活動へと展開することとなった。

その1つがNGOワールド・ビジョン・ジャパンと協力して制作した「仮設のトリセツ」の冊子である。インターネット環境が整わない仮設団地や、高齢者の方に配慮し、手に取って見てもらえるように冊子を制作した。冊子は岩手県を中心とした2万3千戸の仮設住宅へ配布された。

また、福島で仮設住宅支援をしているNPO団体や、東北工業大学新井研究室による「仮設カスタマイズお助け隊」と連携し、仮設団地で「仮設のトリセツ出張編集部」というワークショップを開催した。これは開催団地内で行なわれている仮設住宅の住みこなしの工夫を居住者同士で共有するための試みである。団地内に見られる工夫事例を写真撮影やヒアリングを通じて即日で収集し、それを元に事例シートを作成した後、団地内の集会所の外壁面にシートの展示を行なった。また、お気に入り事例にはシールを投票してもらう「仮設カスタマイズコンテスト」も併せて行なうことで居住者参加を促し、居住者の改造ニーズの調査を行なった。展示を見に訪れた居住者にとっては、仮設住宅は共通の話題であり、参考になる事例を見つけては熱心にシートを眺めたり、実際に行なっている居住者から話を聞いたりするなど、仮設住宅の住みこなしについての活発な情報交流が行なわれた。また、ワークショップを通じては居住者へフリーインタビューを行ない、団地内の実状や改造に対してのさまざまな意見の汲み取りを行なった。こうして得られたさまざま

仮設住宅地から生まれた知恵や実例を集めた「仮設のトリセツ」カード。ホームページからカードのPDFデータがダウンロード可能となっており、印刷して保存や回覧に使用できるよう配慮した。

NGOワールド・ビジョン・ジャパンと協同制作した「仮設のトリセツ」冊子版。岩手県を中心に2万戸を超える仮設住宅へ戸別配布された。

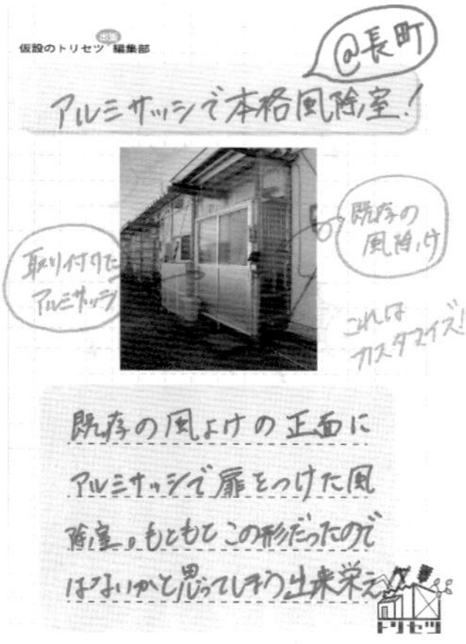

仮設団地で実施したワークショップ「仮設のトリセツ出張編集部」の展示風景(左)。中越の事例の紹介の他に、住みこなし事例を即日で収集し、シート(右)を作成して、集会所の外壁面に展示した。展示した事例からお気に入りの工夫を選ぶ「仮設カスタマイズコンテスト」は、多くの居住者を巻き込み大いに盛り上がった。

な情報は、「仮設のトリセツ新聞」という壁新聞を後日制作し、フィードバックすることで当日参加できなかった居住者に対しても情報提供を行なった。

東日本で芽生える知恵

こうして東日本の各地の仮設住宅を回る中で、さまざまな住みこなしの工夫が行なわれていることが分かってきた。今後は、東日本で見られた事例をまとめ、「仮設のトリセツ東北版」としてフィードバックする予定である。

今後も続く仮設住宅の生活では、居住者同士で知恵を出し合い、互いに協力し、「住みこなし力」を醸成していくことが復興の支えとなる。我々はその一助となれるよう、継続して取り組みを続けたいと考えている。

[Project Members]
田沢孝紀、會澤裕貴、新井規之、大図健太郎、河野泰教、植松拓人、亀田浩平、田邊健人、野口剛正、深澤新平、下田邦比呂、友松真吾、落合一真、珊瑚 岳、佐藤雅善、船崎直也、長谷川 崇、市川パオラ大塚
[HP] http://kasetsukaizou.jimdo.com/

ワークショップの成果物を壁新聞にまとめ、後日仮設住宅に訪問、掲示した。

仮設住宅団地内では、大工作業が得意な人が隣人の居室の棚をつくるなど、仮設住宅のカスタマイズを媒介とした居住者同士の交流が起こっている。

カーボベルデ共和国日本人村計画

Group:
山下和正＋東京工業大学大学院
総合理工学研究科人間環境システム専攻
奥山信一研究室

1 計画趣旨

本計画は、イタリア人空港建設コンサルタントであるハンス・フィッシャー氏が東日本大震災被災者への支援の一環として、カーボベルデ共和国に日本人の移住を企画したものである。同氏はかつて、カーボベルデの2つの国際空港の建設に参画し、この国に深い関わりをもっている。彼は、両国双方のためにこの計画は資することが多いと考えた。

その趣旨を汲んで具体的な敷地、規模を想定してまとめたのがこの提案である。未曾有の大震災によって、岩手、宮城、福島の3県を中心とした多くの人々は住む場所と職を失い、長期間にわたり避難所や仮設住宅などで過酷な生活を強いられている。このような被災者の中で、新天地での生活を望む人々がいることを想定し、本計画を進めた。

カーボベルデは、西アフリカの大西洋上に位置し、ヨーロッパ諸国のリゾート客が多く訪れる自然豊かな島国である。この国に日本人移住者を誘致することによって、日本人が得意とする漁業や観光業などの技術を活かし、カーボベルデ経済の活性化を促して島の魅力を促進させることを目的としている。

日本とカーボベルデの文化は大きく異なるため、日本人被災者の移住計画は困難に見えるかもしれない。しかし、私たちは異なる文化の融合が魅力をつくり出すものであると考えている。本計画はフィッシャー氏の提案を視覚的な面で補強するものであり、雇用や情報提供など、カーボベルデ政府の協力を期待している。

2 カーボベルデ共和国概要

2.1 地理

カーボベルデは、西アフリカの沖合い500kmほどに位置する。火山活動によって生じた約15の島々で構成され、総面積は東京都の2倍程の大きさに相当する。首都はサンチアゴ島南端のプライアである。

気候は半乾燥地帯（サヘル地帯）であり、平均気温は25度と非常に温暖な気候である。北東からの貿易風が吹く北部の島々の海域では、マリンスポーツが盛んだ。また、カーボベルデは、地震多発地帯には位置しておらず、太平洋沿岸部のような津波を発生させる海溝型地震は起こらないと専門家が述べている。

2.2 歴史

15世紀にポルトガル人に発見されるまでは無人島であったが、発見の翌年からポルトガル人の移住が始まり、その後西アフリカ諸地域の人々の移入も進んだ。このような歴史的背景から、現在カーボベルデの人々

カーボベルデ共和国の位置

はポルトガル人と西アフリカの人々を祖先とし、宗教は主にキリスト教（カトリック）。公用語はポルトガル語であるが、一般的にはポルトガル語と西アフリカ諸国の言語とが融合した、ポルトガル・クレオール語が使われている。

2.3 産業

主要産業は農業・漁業・観光業である。農業では主食であるトウモロコシ、サトウキビ、落花生、バナナなどの栽培が行なわれている。乾燥した気候であるため野菜などの栽培は難しく、耕地面積は島全体の面積の10%程度である。漁業では、マグロやロブスターを中心に豊富に収穫され、国内の消費をまかなっている。観光業では、いくつかの島でリゾート開発が進んでおり、ヨーロッパからの観光客が多く訪れる。観光業の発展に伴い、エネルギー資源を持たない国として初めて、後発開発途上国の指定を解除されるに至った。

3 計画地の選定

カーボベルデの主要な島の1つであるサル島は、海外からの玄関口である国際空港を有する。サル島の名前の由来にもなっている塩田やサンタマリアの白い砂浜など、天然の観光資源が豊富である。島の中央に位置する空港には、ポルトガルをはじめヨーロッパ各国からの便が就航している。その空港から島の先端まで幹線道路が東西南北に延びており、空港に隣接する最大の市街地エスパルゴス、その西の海岸沿いの漁村パルメイラ、ヨーロッパからの観光客向けのリゾートが広がる南端のサンタマリアなど、主要な市街地にアクセスしている。

本計画の計画地を選定するにあたり重視したのは、雇用の機会が多いと考えられる既存の漁港の付近であること、サル島の豊かな水産資源や美しい夕陽の景色を享受できることである。したがって、既存市街地の近くで現地の人々と関係をもつことが容易であり、かつ海辺の漁港の近傍であることが計画地の条件となった。こうした観点から、海に隣接する漁業の街であるパルメイラ近辺を計画地として想定した。既存市街地に隣接することで、人同士のつながりができることはもちろん、インフラ等の面でもコストが抑えられるといった利点が考えられる。

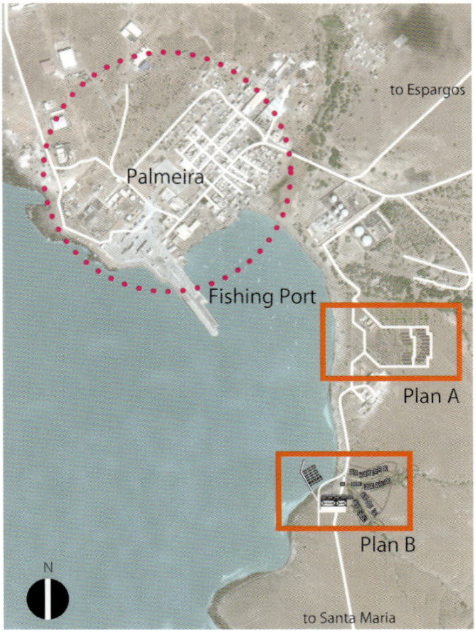

日本人村の敷地想定

4 日本人移住計画のあらまし

今回の震災によって一時は40万人を超える人々が避難した。現在も復興活動は続いているが、復興には長い月日と困難が伴うことが予想される。本計画における移住予定者数は、東日本大震災の地震・津波などで被災した岩手・宮城・福島県民を中心に200人程度とし、漁業やリゾート産業を中心に生計を立てて生活することを目指す人々である。

このような被災者およびカーボベルデの人々にとって、日本人の移住は心理的にハードルが高いが、日本人がその文化を保持し、カーボベルデの人々がそれを享受できるような集落施設を形成することを目指している。この日本人村は、住居群と集会所、レストラン、公共浴場などの小規模公共施設、それらに囲まれた広場からなる。この公共施設群や広場は日本人だけでなく、現地住民や観光客との接点になるような場所として考えている。また、広場では日本独自のお祭りやイベントなどを行なうことを計画しており、現地の

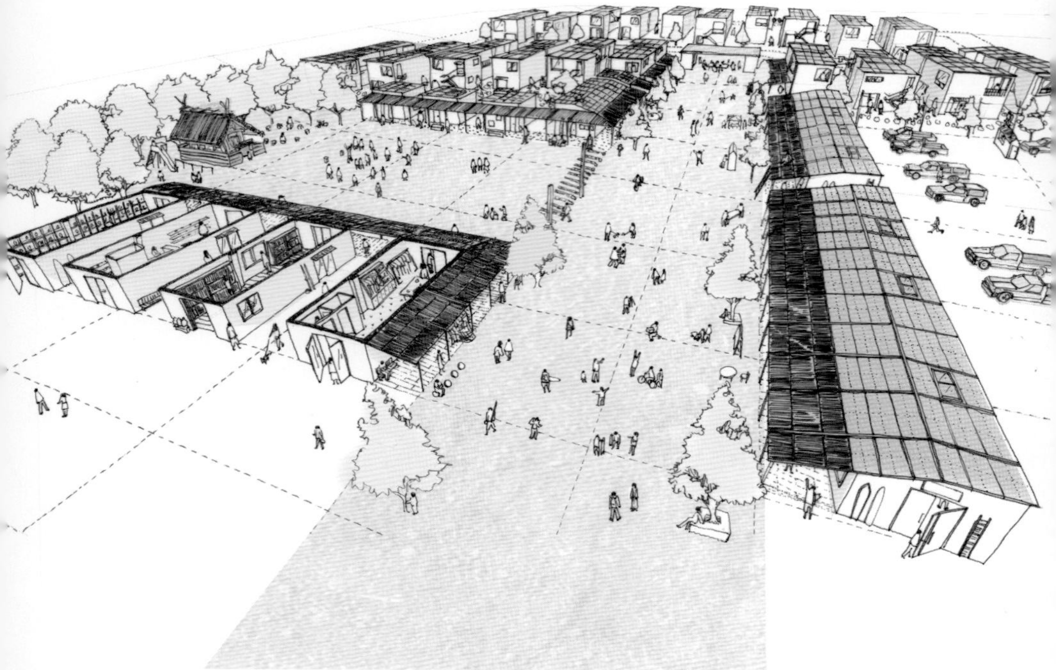

プランA:村全体の鳥瞰図

人々との交流の場になると同時に観光で訪れた人々にも楽しんでもらうことを期待している。

5 雇用や産業の拡張を視野に入れた2つのプラン

今回、既存の漁業に参加しながら宿泊業や農畜産業を営む「プランA」と、自立型漁業中心の生活を想定した「プランB」の2つを提案した。プランAは、既存の漁港を利用して村が成熟した後、宿泊施設と畜産施設の拡張を行ない、観光産業や食料自給への貢献を目指すものである。具体的には、島内で豊富に獲れる海産物と村で生産される畜産物を日本料理として提供していく。農畜産業は、養鶏を中心に想定している。島内ではトウモロコシなどの穀類が生産されているため、それらを養鶏のための飼料としながら畜産を営む。この計画案では、長期的な視点で村がどのように拡張していくかを考えている。

プランA: 公共施設の軒下から海を見る

プランBは、サル島の豊かな海産物の加工工場を中心として計画し、雇用の創出を目指すものである。日本では、収穫した海産物を遠隔地に運ぶ必要から、さまざまな工夫がなされてきた。その結果、干物、塩

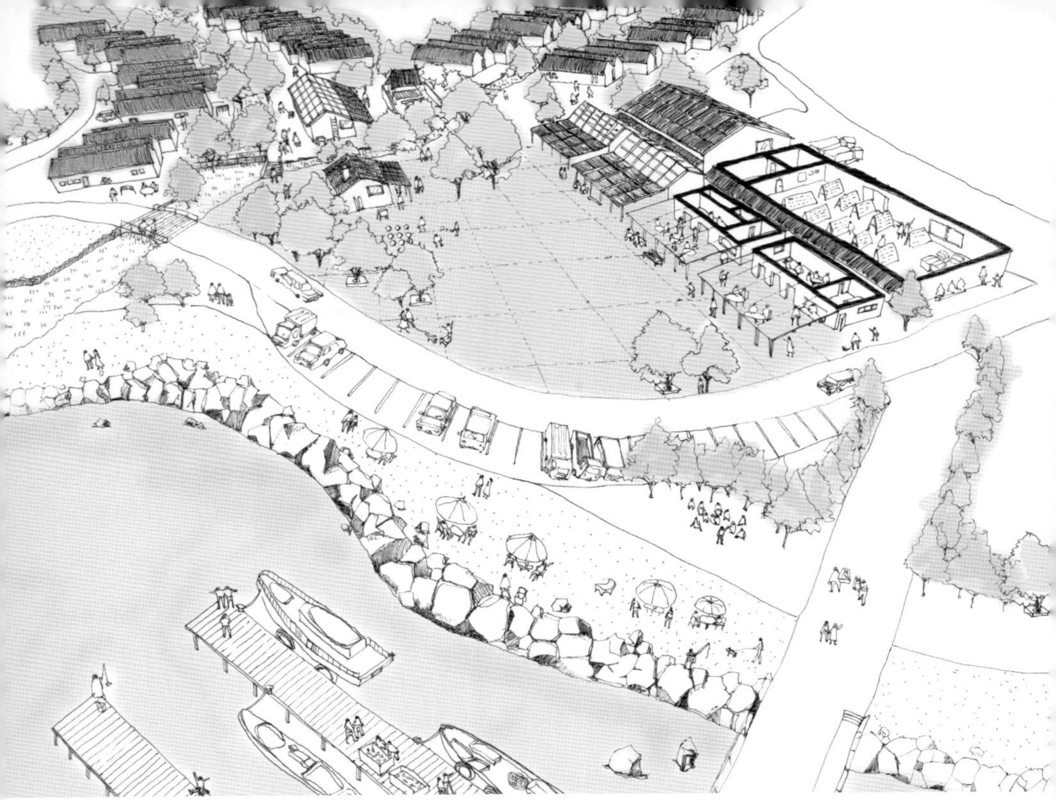

プランB：村全体の鳥瞰図

漬け、発酵、薫製などの優れた加工技術とその食文化が発達した。この日本独特の文化をカーボベルデでも提供したいと考えている。また初期の移住者の生活が定着すれば、たとえばリタイア後など海外でのゆとりある生活の選択肢を日本人にも提供できる可能性がある。カーボベルデにとって、日本人村が新しい観光資源になることを期待している。

また、日本人村でも豊作や大漁などを祈願する日本の祭りや花火を行なえば、移住者たちが日本独特のにぎわい・文化を身近に感じられるとともに、カーボベルデでの異文化交流のきっかけとなると考えている。

どちらの案においても、現地住民をはじめ観光客や移住者にも双方にとって魅力的であり、利益を生むプロジェクトとなることが私たちの最大の願いである。

プランB：緑地に面する住宅街を見る

[Project Members]
岩崎桃子、金森麻紀、北澤悠樹、佐野 亮、中村義人、藤本章子（以上、東京工業大学大学院 奥山信一研究室）、山下和正、奥山信一
[プロジェクト動画サイト]
http://www.youtube.com/watch?v=7c6mtGe_pg4

木興プロジェクト

宮城県本吉郡南三陸町歌津字田の浦漁港に番屋を建てる

Group:
木興プロジェクト
（滋賀県立大学大学院 布野修司研究室＋ベルデホ J.R ヒメネス研究室＋迫田正美研究室＋山根周研究室）

1. 木興プロジェクトとは

東日本大震災という未曾有の事態を目の前にし、建築・デザインを学ぶ私たちに何かできないかという思いから、滋賀県立大学の学生が集まった。私たちは木造や林業について、実地で学ぶことができる木匠《もくしょう》塾に毎年参加してきたことから木造建築の設計・施工による復興支援を考えていた。

2. つながり

宮城大学竹内研究室から震災直後に南三陸町志津川番屋建設を手伝ってほしいとの依頼があった。番屋とは、漁師の方々が集う作業小屋である。漁業復興のためにも早急に番屋が必要であった。私たちは志津川番屋の施工を手伝った。材料は加子母の中島工務店によって提供された。

3. 田の浦

その後、6月初旬頃に宮城県本吉郡南三陸町歌津字田の浦を訪れた。田の浦は南三陸町の北東に位置し、漁業を生業とし、震災前は特にホヤ、ホタテ、

田の浦番屋

ワカメの養殖業が盛んであった。平成21年時点で、世帯数96戸、人口354人、船は100隻以上あった。10mを超える津波が押し寄せ、その中の55戸が被災。2011年7月の時点では35戸が仮設住宅での暮らしであった。田の浦の港に残されたのは小型の船が4隻と屋根のない作業場のみであった。田の浦は震災当初、道路が遮断され陸の孤島となった。私たちが訪れた時も、支援車両が通り過ぎ、ボランティアもほとんど入っていない取り残された地区だった。

港には屋根のない作業場で次の養殖に向けて働く漁師の方々がいた。残された船に乗り合わせ海に出たり、ワカメの種付け用の網を編まれていたのが印象的だった。「ここは団結力があるし、やる気もある。けんど、すべて流されてしまった。できるなら人の集まれる場所がほしい」田の浦の漁師さんの言葉である。この言葉がきっかけで、志津川番屋での経験を活かし、田の浦でも番屋を建設することになった。

滋賀県立大学大学院加子母木匠《もくしょう》塾を母体とし、現地の宮城大学竹内研究室・番屋プロジェクト(p334参照)、NPO法人環人ネットの協力をいただき、資金面では近江楽座・環人ネットによる助成をしていただいた。

作業場内の基壇

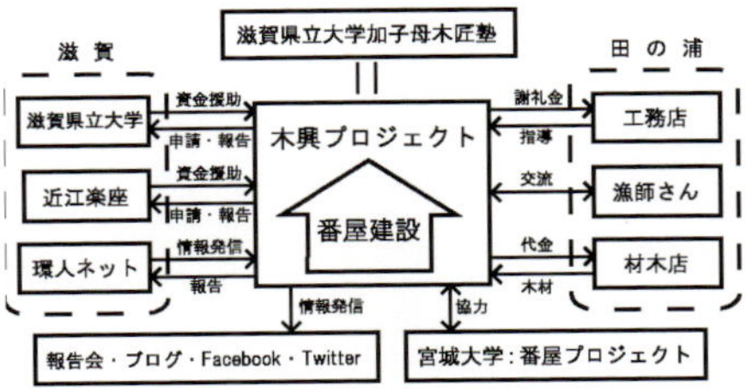

プロジェクトの関係図

4.海と作業場と高い基壇

番屋は仕事場である海の近くに求められるが、漁港の多くは地盤沈下を起こしており番屋を建てることができなかった。田の浦漁港も満潮時には作業場所が冠水していた。しかし、田の浦漁港には作業場内にこの基壇があった。この上に番屋を建てることになる。

5.集まる場所・海の見える窓

・1.5メートルの基壇の上
・強い海風に耐える
・移築の可能性があるので移築できること
・海が見える窓

以上の設計条件のもとで、番屋の設計を進めていった。最終的な設計コンセプトが以下である。

《人の集まる番屋》できるだけ多くの人が集まれるように、既存基壇の上の基礎を利用し、最大限床面積を確保した。そこには仕事場の海が見える窓がある。

《丈夫な番屋》「田の浦は海風が非常に強い」何度も田の浦の方々に言われた。木質フレーム構造とし、外壁には構造用合板24mmを使用した。

《運べる番屋》移築・解体に備え、柱梁をL型のパーツにし、解体の手間を少しでも省けるようになっている。L型フレームは2tトラックに載せることができるサイズである。

6.夏期制作活動

7月1～4日に現地で番屋のプレゼンテーションを行ない、8月6～18日の13日間、田の浦にて施工をした。

自分たちの手でつくる

今回のプロジェクトは木匠塾が母体となっている。例

基壇の上に載る番屋

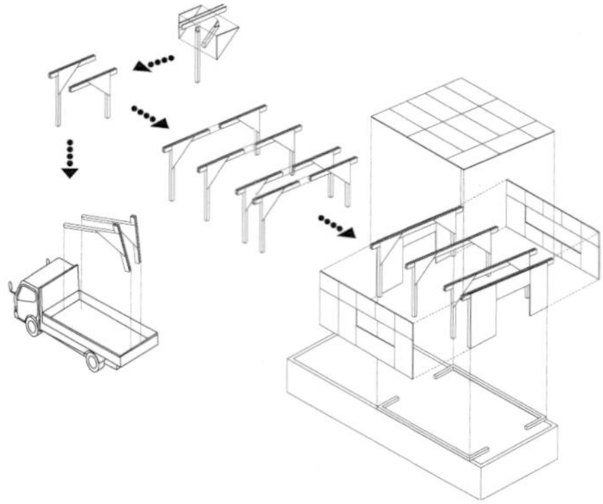

運べる番屋

年制作物を手刻みでつくってきた。プレカットではなく、材選別に始まり、罫書き、墨付け、部材切り出し、仕口加工、基礎打ち、組立まですべての作業を参加メンバーが行なった。設計・施工をともに行なうことで、建築をつくるということを頭と体で学ぶことができる。同時に、工費の削減もできた。

地元の協力

番屋制作にあたり、地元の方々の協力をいただいた。工費削減と被災地にお金を落とすという目的で、木材は現地の製材所から、外壁材は石巻の合板工場から被災合板を購入した。施工時には地元工務店の大工さんに指導をしていただいたり、漁師の方々にはフォークリフトを出していただくなど共同で作業を行なった。

7.田の浦で暮らす

つい数カ月前までは田の浦という名前も知らなかった。田の浦の方々は、そんな私たちを温かく迎えてくださった。高台の作業小屋をお借りし、雑魚寝をした。ハエが大量発生しており、何度追い払っても食べ物や体についてきた。漁師さんや近所の方がほぼ毎日、新鮮な魚や野菜の差し入れをしてくれた。朝の漁に連れて行っていただき、魚の捌き方も教わった。本当に被災地か?と錯覚してしまうほど現地の方々は優しく力強かった。最初は、なまり言葉を理解するのも難しかったが、だんだんと慣れていった。作業中は毎日漁師さんからアイスの差し入れをいただいた。作業の手を休め漁師さんと話に花を咲かせた。飲み会の最中、漁師さんが、うれしそうに「こうやってみんなで集まって飲むのは震災あってから初めてだわ」とつぶやいた。現地に行き、現地の人と暮らし、他愛のないことをすることがどれほど大切かと気付かされた。

地元大工さんと漁師さんと共同作業

8.番屋の使われ方

「漁業復興まで女性の仕事がない。その間何か皆で集まる場と仕事をつくれないか」こうして始まったのが「ほたてあかり」である。田の浦のほたて貝と滋賀の

組立作業

漁を体験する

お寺で出る残蝋を使い、田の浦の女性が手づくりするキャンドルで、売上げの半分を女性たちに、もう半分を復興資金へあてている。木興プロジェクトは、こうした継続的活動のきっかけとなった。ハード（番屋）とソフト（交流、ふれあい）が同時に準備できていたことは、非常に重要であったと感じる。

番屋は漁師の手によってどんどん手が加えられている。最高気温が零度ほどになる12月には、「助かってんの。これがながったら皆が集まって話すごとがないから」と、漁師さんたちはストーブを囲み談笑していた。

9.漁師の腹、漁師の背中

よく聞いたのが田の浦に外から人が来てくれることが嬉しいという言葉だった。私たちが訪れた当初は、「本当にもう一度来てくれるのか」という疑心暗鬼の気持ちでいたという。「5年後、10年後また来てくれ、その時はもっと良いものを食わせてやる」作業の傍ら毎日岸にあげられる瓦礫、送り盆に供えられる果物。「これがおれたちの仕事だ」と諭す漁師の背中は震災の爪痕の深さを教えてくれた。土地があり、人がいて、必要とされるものがあって、それをつくらせてもらう私たちがいる。建築は人と土地を強く結びつける力をもつことを、多くを失った場所から学んだ。

番屋内に集まり話し合う漁師

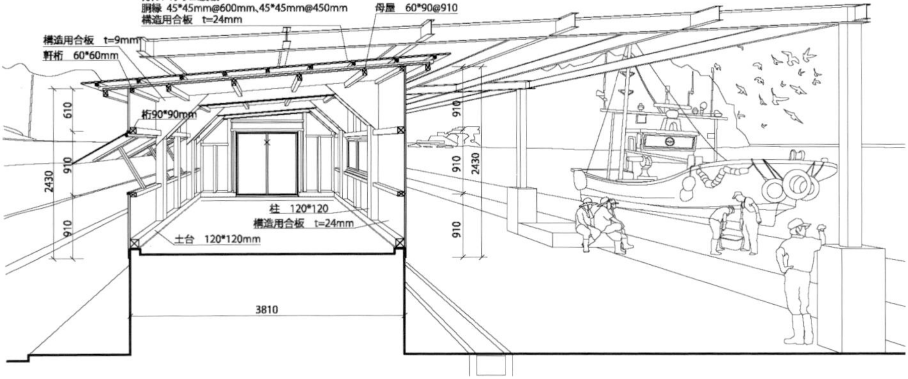

田の浦番屋断面パース

[Project Members]
大北 篤、櫻井 藍、河野菜津美（以上、滋賀県立大学大学院 布野修司研究室）、芦井絵利子、梅谷敬三、山田香波（以上、同大学ベルデホ J.R ヒメネス研究室）、中村敬介（同大学院 迫田正美研究室）、上西慎也（同大学院 山根周研究室）、浅田龍太、石橋優子、井上悠紀、井上遼介、榎本雅司、加茂菜都子、川尻大地、小寺磨理子、塩田哲也、諏訪昌司、高野由記、高橋志帆、尖 遼子、中島響子、中嶋万葉、中田翔太、中西政文、西川 了、林 裕太、福島 渚、藤澤泰平、松宮一樹、宮浦 栞、山田大輝、湯澤綾佳（以上、滋賀県立大学）
[HP] http://blog.canpan.info/siga_kasimoku/

ぼくらはまちの探検隊

University:
東京大学
生産技術研究所
村松伸研究室

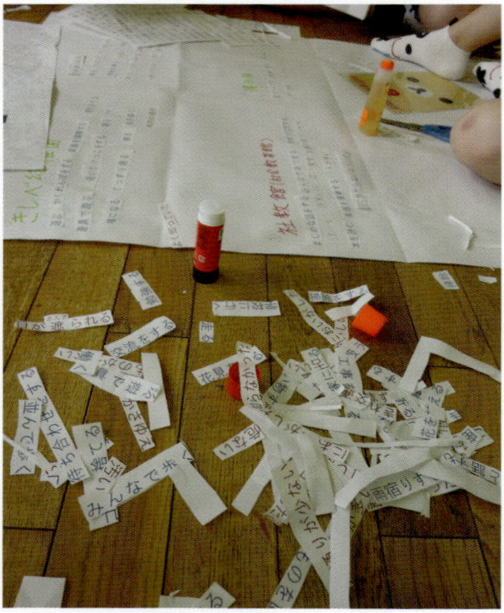

探検のなかで感じたことを教室に帰ってから整理する。それぞれの場所にぴったりの言葉を当てはめて整理していくなかで、場所の特性を読み解いていく。

はじめに

東京大学生産技術研究所村松伸研究室と渋谷区立上原小学校の協働で、2004年に始まった「ぼくらはまちの探検隊」の活動は、2011年度で7周年を迎えた。毎年変わる隊員（小学6年生）や隊長（大学院生）の顔ぶれに対応しながら、プログラムや方法論を洗練させている。今後は本活動を他の大学や国内外の地域へ普及させたいと考えている。

本年度も前年度に引き続き、研究室や大学の枠組みを越えて幅広く学生を募った。それに従って探検の指令も、村松研究室が専門とする建築史・都市史のみならず、建築計画、都市計画、人とのつながりなど切り口が多様化しており、前年度までの蓄積と合わせ、体系化を進めている。本活動は東京大学の学部および大学院の授業科目に認定され、隊長・副隊長たちによる毎回のレビューとともに、成果報告会を設け、大学院生・大学生の活動成果としてより学術的な洗練を目指している。

「里まち」：

自らの住む（帰属先としての）まちを意識するための呼称。まちとは相互に顔を認識できるくらいの居住範囲を指し、都市の中にも多数含まれる。

「まちリテラシイ」：

「里まち」にある／いる様々なこと、もの、ひとなどを観察・理解し、その不具合を変え、いい点をのばす為に責任をもって関与するスキルのこと。

「まちリテラシイ」の3つのスキル

活動の目的

本プログラムは、子どもたちと大学院生・大学生が一緒にまちを探検しながら、まちを観察・分析し、“いい「里まち」”とは何かを考え、自ら責任をもってまちに関与していくことを学ぶプログラムである。その目的は以下の3つである。

1.「まちリテラシイ」の構築と普及

住まい手である子どもたちが、自分たちのまち「里まち」の再考・発信を通して、自らの視点でまちを評価し識別する力「まちリテラシイ」を養う。

2. 専門教育への貢献

都市・建築をはじめさまざまな専攻の学生が、自らの興味・研究テーマをまちに重ねて、住まい手である子どもたちとともに再考し、都市理解の手法や社会との連携方法を学ぶ。

3. 地域社会への貢献

大学と地域との連携を図る。

探検のなかでスケッチしてきた風景を、分析とともに模造紙にまとめる。文字でまとめるのが得意な子ども、絵で表現するのが好きな子ども、両方が一緒になって分析を進めていく。

探検範囲

上原小学校の東側を通る上原仲通り商店街を中心に、500m程度の圏内を目的に合わせて1、2時間で探検する。過去には、普段立ち寄らないモスク（東京ジャーミイ）や、駒場野公園まで足をのばしたチームもある。

地図の上に探検したときに撮ってきた写真を配置する。上原のまちにどんな空間があったか可視化することで、まち空間を俯瞰的に捉え、理解を深めていく。

活動の成果

今までの活動の成果として以下の3つが挙げられる。

1.「まちリテラシイ」の獲得

子どもたちのまちに対する関心が増大した。また子どもたちが各自のチームで得た成果を、1つのまちの見方として獲得した。さらに、秋に行なう探検隊の復習授業ではチームを越えてまちの見方を共有し、まちにある多様なものごとのバランスを考える機会となっている。

2. 地域とのコミュニケーション

子どもたちと学生が、探検という形でまちを歩き、会話や聞き取りなどを行なうことで、地域内でのコミュニケーションが活発化している。毎年活動を継続することで、地域にも子どもたちの探検を受け入れサポート

まちにはどんな空間があり、どれだけ人が集まりやすいかを視覚的に表す。どんな場所に人が集い、アクティビティとつながりが生まれていくかを考える。

する姿勢が馴染んだ。

3. 教育プログラムの構築とその普及

未来を担う子どもたちへと、まちの見方を教える方法論を確立する。上原小学校でのプログラムを他大学とも連携して他の地域へ普及させている。

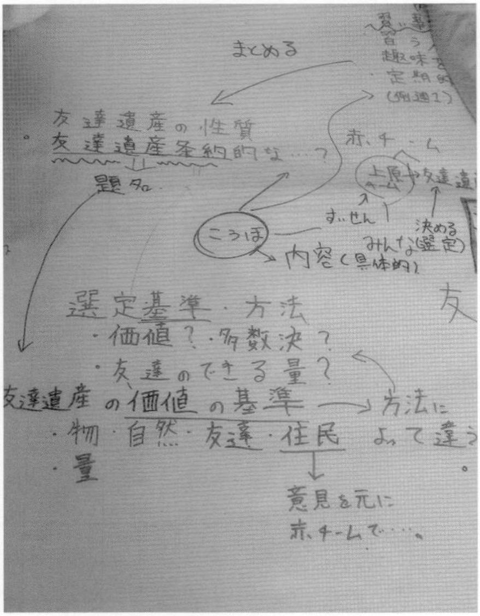

子どもたちは村松博士からの指令を受けて、まち探検を始める。指令に込められたまち探検のエッセンスを大学院生と一緒に解読していく。

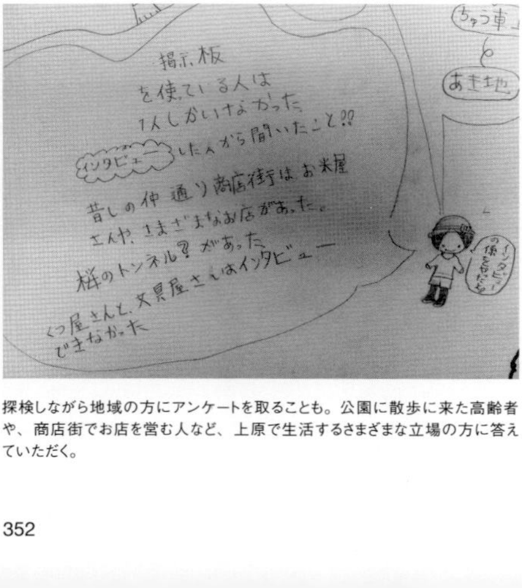

探検しながら地域の方にアンケートを取ることも。公園に散歩に来た高齢者や、商店街でお店を営む人など、上原で生活するさまざまな立場の方に答えていただく。

活動プログラム

プログラムは以下のように進められる。

0. 指令作成

各隊長は自らがまちに対して抱いている疑問や関心を切り口に、まちを観察・分析する方法、まちとは何か理解する方法、それらを通してまちへ関与する方法を考え、指令を作成して、村松博士のチェックを受ける。

1. 指令発表・指令解読

子どもたち（隊員）は博士から指令を受け取り、まちを探検して指令を達成するよう任命される。隊長は子どもたちに指令を解読するためのヒントやキーワードを与え、まちを見る新しい視点を提示し、子どもたちが興味をもって主体的に探検できるよう進めていく。

2. まち探検

隊長、副隊長、子どもたちからなる複数のチームが指令に基づいた新たな視点でまちを実際に歩き、五感を使ってまちを観察する。直接見たり、触れたり、嗅いだりして、そこで感じたことや発見したことを記録する。インタビュー、実測調査なども行なう。

3. 古地図の読解・地形模型制作

江戸時代から現在に至るまでの古地図を読み、上原のまちの形成・変遷を理解する。子どもたちは隊長、副隊長とともに上原のまちの地形模型を制作し、地形を俯瞰するとともに模型のつくり方を学ぶ。時間軸を伴った新たな視点を獲得する。

4. 分析・議論

これまでの探検で得た知見をチームの皆で共有・整理し、何がポイントなのか明確にする。疑問に思ったことをさらに深く調べる方法や計画を主体的に考える。

5. 発表準備

子どもたちは探検で発見したこと、分析した結果、それらから考えたまちへの関与（方法、実施内容）を他者に伝えるための方法を考える。隊長は、発表の構成、成果物作成のアドバイスを行なう。

6. 発表

東京大学生産技術研究所のオープンキャンパスにあわせて発表会を開催する。子どもたちは、住民や研究者の前で成果を発表し、質問やコメントをもらう。

7. 復習授業

探検隊で獲得したまちの見方を全員で復習する。コーディネーターと隊長は、再構成したチームでのディベート（2008年度）、ゲーム形式のディベート（2009年度）、再編成したチームで他チームの指令の理解（2010年度、2011年度）を導く授業を計画し、チームを越えた議論を促す。

ぼくらはまちの探検隊 in 大槌 2011

2011年12月には、このメソッドを応用し、岩手県上閉伊郡大槌町において「ぼくらはまちの探検隊 in 大槌 2011」を開催した。この活動は、東京大学生産技術研究所村松伸研究室「大槌町復興過程記録プロジェクト」（http://www.shinlab.iis.u-tokyo.ac.jp/otsuchi/）の一環として行なわれたもので、大槌町の小学生有志7名に使い捨てカメラと探検の指令を渡し、探検と同時に写真記録を行なうというものである。

「大槌町復興過程記録プロジェクト」では、震災後各時点（3カ月、6カ月、9カ月）において町内各所のまちの風景を撮影し、まちの復興過程を視覚的に記録していた。しかし大槌町の人々が自身のまちの風景の記録に参入できる仕組みを有していなかった。そこで我々は地域復興協議会等の公の場に挙げられることが少ないであろう、大槌町の子どもたちのまちに対する声を拾い上げるという目的のもと、探検を行なった。地元の小学生に使い捨てカメラを提供し、助手として加わった大学院生と写真家の淺川敏氏とともに、赤浜地区と惣川地区を歩いて探検しながら、彼らにとって大事な風景、場所、もの、人などの写真記録を行ない、最後にはそれらの写真をコメントとともに回収した。

富士フィルム「写ルンです」（27枚撮り）を1人1台使用し7人で撮影、内、有効枚数163枚。
事前に、カメラで撮りたい対象を効果的に捉えるためのレクチャーを実施。撮影のルールは、

① 1枚目は自分の顔を撮る（グループの仲間に撮ってもらう）
② インタビューで聞きだした遊びを実行し、撮影する（遊びに名前をつける）
③ 新しい遊びを考えたら、実行し、撮影する（遊びに名前をつける）
④ その他、まちのなかで好きなもの、気になったものを撮る。

写真の主題と思われる対象を、近景（ともだち・自分、周りの大人、植物・動物、沢・水溜り）、中景（学校、街並・道、丘、坂、空き地、線路・トンネル）、遠景（海、空）に分類し、上図に示した。

淺川氏のレクチャー

「ぼくらはまちの探検隊 in 大槌 2011」で子どもたちが撮影した写真。主題から12に分類した（うち、2分類は写真未掲載）。

[Project Members]
金指大地、簗瀬亜沙子、汪 哲、新倉正啓、近藤佑子、島 広匡、大江美幸、長谷川由葵、川名 桂、一杉泰生、郷路健朗、ハーパニエミ・アンナ、黒田 漢（以上、東京大学）、佐藤美緒、川上那華（以上、東京理科大学）、田中淳士（青山学院大学）、吉澤銀河（武蔵野美術大学）、川嶋里奈（大妻女子大学）
[HP] http://www.shinlab.iis.u-tokyo.ac.jp/
[Mail Address] shin@iis.u-tokyo.ac.jp

稲敷市新利根地区 小学校プロジェクト

小規模小学校3校統合の為の 地域ワークショップ

University:
千葉大学大学院
工学研究科建築都市科学専攻
柳澤要研究室

茨城県稲敷市新利根地区の田園地帯にある小規模小学校3校が統合することになった。新設小学校を計画するにあたり、2011年5〜6月にかけてワークショップを行なった。これは学校の計画に地域住民や児童の意見を反映させるため、設計事務所や行政に依頼され、当研究室がファシリテーターとなって行なったものである。約1カ月に渡り、児童を対象とした「子供向けワークショップ」と、教師や保護者、地域住民を対象とした「大人向けワークショップ」の2つを実施した。

子ども向けワークショップ

子ども向けワークショップでは、各学校の全児童約420名を対象とし、児童の潜在的な建築評価や、新設小学校への要望の把握、また小学校の計画に参加することで新設小学校へ愛着をもってもらうことを目的とした。児童に楽しい感覚で参加してもらえるよう、低学年と中学年と高学年に分けて、それぞれ次のように学齢に合わせた内容とした。

低学年(1・2年生):「どっちがいい?ゲーム!」

学校の空間に関する対照的な2枚の写真を見せ、好

1・2年生「どっちがいい?ゲーム!」

3・4年生「こんな学校に通いたい!」

きな写真を選んでもらった。選んだ写真に対して好きな理由、嫌いな理由をたずね、記録した。

中学年(3・4年生):「こんな学校に通いたい!」

新設小学校への夢を書いた絵と作文を事前に宿題として課しておき、当日はその発表会を行なった。作文に表れた傾向を読み取り、児童に質問を投げかけ多くの意見を抽出した。

高学年(5・6年生):「好きな場所を教えて!」

児童と一緒に学校探検をした。気になる場所の写真を撮り、その理由を記録することで、絵や言葉で伝わりきらない児童の好きな空間イメージをつかむことを目的とした。

結果として児童の多様な意見や、思いがけない視点を捉えることができた。低学年は私たちの意図を超えてどの写真に対しても意見が積極的に出された。写真から得た情報をもとに、何ができそうか、何がやりた

5・6年生「好きな場所を教えて!」

いかを挙げる児童もおり、予想を上回る空間認識力や学習意欲の高さが感じられた。

中学年は校舎でどのように学習をしたいか彼らなりのイメージをもっていることが分かり、ビオトープや図書室など、既存の小学校で気に入っている場所を引き継ぎたいという意見も見られた。高学年は私たちを引っ張って校内を案内する場面もあり、熱心に一つひとつの場所を説明する様子から、それぞれの学校への愛着が感じられた。

全体を通して児童は自分たちの生活空間の質の向上に意欲的であり、お気に入りの空間があることや、学校のシンボルや歴史を大切にしていることを知ることができた。また、東日本大震災直後であったこともあり、老朽化した施設を心配する声や、防災に関連した意見も多くあった。

大人向けワークショップ

大人向けワークショップでは、各校の校長やPTAなど約30人を対象とし、新設小学校に対する意見を抽出すると同時に、地域住民と設計者が現状を把握し、その情報の共有を図ることを目的とした。3つの地区（既存小学校の地区）のメンバーが入り交じるように7人程度のグループ4班に分かれ、4回にわたって次のような内容を図面や付箋紙を使用しながら議論する手法をとった。

第1回：「小学校の先進事例についてのレクチャー」

先進的な学校建築を例に挙げ、学校施設や空間の使われ方について、写真を用いてレクチャーを行なった。その後グループに分かれ、レクチャーの感想を中心に新しい学校に関する意見を交換し、地域住民同士の意識共有を図った。

付箋を用いて意見を出していく。

各回のワークショップ終了時に、班ごとの議論を全体で共有する。

大人向けワークショップ発表の様子

第2回：「新設小学校に対する課題と希望の抽出」

模造紙を「環境」「地域」「校舎」「教育」の4項目に区分けし、付箋を用いて意見を出し合った。意見の種類を『課題（現在の学校の問題点）』と『希望（新しい学校に期待すること）』とに分け、2色の付箋に分けて書くことで、それぞれの意見の対比を可視化した。

第3回：「周辺敷地と校舎についての具体的な要望、現状を議論」

体育館と教室棟の位置を記した校舎配置図をもとに、周辺環境を考察した教室配置などが議論された。また、敷地を取り囲む道路の安全性や校舎までのアプローチ、近隣住宅や隣接する中学校の通学路など、地元住民にしか分からないような情報を得ることができた。

第4回：「校舎に対する具体的な空間イメージや使い方を議論」

具体的な校舎内の教室配置図案をもとに、床材や壁・窓などの内装や、ベンチ・本棚などの家具、自家発電・冷暖房・防音などの設備に関する意見が交わされた。また、空間構成や教室間の関係性、収納するもの、教室の利用方法など、利用者の目線から見た多岐にわたる活発な議論がなされ、ワークショップの締めくくりとして有意義な結果が得られた。

このように、登下校・敷地環境・学校環境・構造・メンテナンス・教室・特別教室・バリアフリー・設備・教育・生涯学習・地域開放・中学校との関わり・耐震・防犯・エコなどに関する、地域住民ならではの意見を抽出できた。先進的な事例に関心が高く、同時に児童の教育や生活に関する意見もあった。

地域住民の望む教育方針や多様な意見、児童の思いがけない視点を捉えることができ、ワークショップ手法を通した設計者とユーザーとの対話の有用性を感じた。さらにワークショップの進行に伴い、思い出の品や学校の歴史を継承したいという思いが強く感じられるようになった。全体を通して、大人も子どもも積極的な姿勢での参加がみられ、既存の学校と同様に、新設小学校への愛着も感じることができた。これらは少子化が進み、学校の統廃合が増加する現在の日本において、注目できる成果と言えるのではないだろうか。

[Project Members]
高橋美帆、有上希実、中林美悠、本多浩子、江崎ひかる、原 和昌、馬ミョウ、田島春菜、海野遥香、後藤由佳、江頭佑一、玉田義剛、田中絢子、榊原史織

トウキョウ建築コレクション2012

Group:
トウキョウ建築コレクション2012
実行委員会

設計展出展者によるプレゼンテーション。本展覧会で最も盛り上がる企画の1つ。

日本初の全国規模の修士学生の修士設計作品、修士論文を一同に集めた展覧会として2007年度より発足し、今年で6年目を数える。初年度から一貫して、会のコンセプトは、社会と学生との接点をつくりだすとともに広い議論の場を設けることであり、これまでさまざまな企画が発展を遂げてきた。

まず初めに、なぜ今年、私たちトウキョウ建築コレクション実行委員会自体がプロジェクト展に出展したのかについてお話する。一言でいえば、会のコンセプトをもっと広く認識していただきたかったということだ。展覧会自体を「全国の建築系修士学生によるプロジェクト」として捉えることで、その認識をさらに広めることができるのではと考えた。

ではなぜ広く知ってもらいたかったのかというと、私たちの会のコンセプトを知ってもらうことが、今後の学生展をつくることにつながっていくと考えたからである。なぜならば、もともと私たちが掲げるコンセプトには、学生展の場を「問題発見、もしくは可能性発見」の場にしていきたい、という考えが含まれているからである。かねてから私たちには、学生展は“大きな花火を打ち上げて終わり”なのか? という問題意識があった。自己アピールの場として捉えるのは結構だが、それだけだろうか? 講師の方々の評価で一喜一憂する場だけで終わって良いものか? もっと「私たち(この場合は本展覧会実行委員に限らず、全国の建築系学生)にも主導権があるはずだ」、それに「学生ならではのエネル

論文展討論会。全国の論文を集め、分野間をまたいだ議論を行なう場である。学生だからこそ考えられること
は何なのかを発見する場として、本展覧会のコンセプトを良く表している企画の１つである。

論文展討論会のワンシーン。昨年度から出展者だけでなく、本展覧会実行委員が
積極的に議論に加わるというスタイルを取っている。

昨年度の講演会の様子。それまでは著名人をお呼びするだけの講演が主だったが、実行委員が学生コメンテーターとしてその場に積極的に関わるようになった。その後も講演会企画が、学生が全国や社会にメッセージを投げかける場として定着していくことを狙った。

ギーが一同に集まるまたとない機会であり、必ず別の可能性が潜んでいる」と考えていた。そういった認識がこれから学生展に参加する人たちには必要だと感じているのである。

ご存じのように2011年度は、日本において震災に見舞われた年度である。それに卒業設計展のメッカである「せんだいデザインリーグ」の方々にとっては10周年であり、また我々にとっても5年目を経ての6年目であった。日本社会としても大きな節目であり、建築学生の活動も、一度再考できるタイミングであり、その必要もあると感じたのが出展の大きな背景にある。具体的にプロジェクト展では、今年度を1つの大きな「転期」と捉え、せんだいの方々とともに今後学生展がどうなっていくべきなのかについて語る場をもった。我々がこの場で発表することによって、少しでも学生展の今後、学生有志活動の今後について一石を投じることができればと願っている。

発表では本展覧会の発展の軌跡を紹介するために、5年目までの流れを追った。初年度は、全国修士設計作品展示および公開審査会、全国修士論文展展示、講演会の3つが企画された。

2年目には展示のみだった論文展に、ゲストを招いた公開討論会が追加された。

3年目からは、大学の研究室で行なわれるプロジェクト（大学院の研究室が民間企業や行政からの委託を受けて行なう研究開発、イベントなどの総称）の展示、ゲストを交えたトークショーが加わった。これがプロジェクト展である。

4年目は、3年目までに成長してきた企画の、「定着」を狙った年。せんだいデザインリーグと比べても、知名度に不安があり、組織も安定していない面があった。また展覧会自体を急速に拡大したがために、毎年開催される会として、安定したイメージを来場者が抱けないのではないかという不安があった。拡大させるより、まずは会として安定させることが求められた年である。そのために全国修士設計展（展示・公開審査会含む）、全国修士論文展（展示・公開討論会含む）、プロジェクト展、講演会の4つの企画を、しっか

昨年度講演者、秦郷次郎氏(実業家。元ルイ・ヴィトン ジャパン、LVJグループ代表取締役社長)への取材の様子。実行委員が会のコンセプトを構成していく活動の一環として、昨年度より著名人への事前取材を行なっている。今年度は西沢立衛氏への事前取材を行なった。

りと本展覧会の大きな核として位置づけた。新しい企画はせず、こなすべきフローチャートや企画の枠組みづくりに取り組んだ。

5年目の昨年は、著名人を招いた講演会を、例年は1日のみだったが、3日間かけて行なった。ゲストも多くの方をお呼びし、建築分野外からも著名人をお呼びした。分野の枠を超えて、問題提起を行なう場として機能することを狙った。挑戦的に言えば、これまでの建築界にはなかった議論を呼び起こしたかった。注目度も高く、求心力のあるイベントへと成長していくことを狙った年である。詳しくは、毎年のトウキョウ建築コレクション記録集をご覧いただきたい。年を重ねるごとに、企画にバリエーションが生まれることで、全国の建築系大学院での活動が次第に集まってくる様子が分かっていただけるはずだ。

そして6年目の今年は、実行委員が会へ積極的に関わっていくことに挑戦している。講演会企画も、実行委員が積極的に提案を行なうことで、学生が社会へのメッセージを発信するメッカとしてこの展覧会が捉えられることを狙い、もともとのコンセプトをより強く打ち出していったと感じている。建築学生の有志団体の活動ゆえ、まだまだ改善の余地は大きい。しかし一過性ではなく、ゆくゆくは社会への本質的な問いを投げかけられる場として、今後も成長していきたいと考えている。

今年度の目立った成果としては、1つ目にはプロジェクト展では事前審査会が実施されたこと。応募数が例年の倍となったことで、全国の大学院の活動が集まり、より視野の広い議論ができたと思う。2つ目に、講演会では、西澤立衛氏と猪子寿之氏による講演会が行なわれ、コーディネーターも学生がつとめたこと。誰も思いつかなかった意外な組み合わせで注目を集め、社会的にも新しい知見が得られたと思う。学生展ならではの、積極的な自主提案が実った好例だと感じている。

[HP] http://www.tkc-net.org/
[Mail Address] info2012@tkc-net.org

せんだいデザインリーグ2012 卒業設計日本一決定戦

Group:
せんだいデザインリーグ実行委員会

1 組織体制

せんだいデザインリーグ卒業設計日本一決定戦（以下、SDL）は宮城県仙台市で行なわれる、今年で10周年を迎えた日本最大級の卒業設計展覧会である。SDLは仙台建築都市学生会議（以下、学生会議）とせんだいメディアテークの共同で運営されている。学生会議は2001年のせんだいメディアテーク開館を機に設立され、仙台を中心に建築を学ぶ有志学生（東北大学、東北芸術工科大学、東北工業大学、宮城学院女子大学、宮城大学）が、大学の枠を超えて集まり活動している団体である。

2 コンセプト

「公平性」

——学校の枠や師弟の影響を超えて、応募した学生の誰もが平等に立てる大きなプラットフォームを用意すること。

・学校推薦／出展料不要

・学生による大会運営

「公開性」

——誰もが見ることのできる公開の場で審査すること。

・広く市民に開かれた場での審査

・書籍・展覧会による、審査記録を含む大会記録の公

せんだいデザインリーグ2012
卒業設計日本一決定戦実行委員会

仙台建築都市学生会議

東北大学
宮城大学
東北工業大学
東北芸術工科大学
宮城学院女子大学

お手伝いスタッフ
東北大学、東北工業大学、東北芸術工科大学、
宮城大学、宮城学院女子大学の有志学生

全国サポートスタッフ
建築を学ぶ全国の有志学生

↔ せんだいデザインリーグ
卒業設計日本一決定戦
共同開催

せんだいメディアテーク

↔ 定期的な情報の受け渡しと
アドバイスの享受

アドバイザリーボード

阿部 仁史	(UCLA)
小野田 泰明	(東北大学)
五十嵐 太郎	(東北大学)
石田 壽一	(東北大学)
本江 正茂	(東北大学)
堀口 徹	(東北大学)
櫻井 一弥	(東北学院大学)
槻橋 修	(神戸大学)
竹内 昌義	(東北芸術工科大学)
馬場 正尊	(東北芸術工科大学)
中田 千彦	(宮城大学)
厳 爽	(宮城学院女子大学)
福屋 粧子	(東北工業大学)

組織図

開／アーカイブ化

「求心性」

——卒業設計大会のシンボルとなるような、誰もが認める建築デザインのメッカとなりうる会場を選ぶこと。

・せんだいメディアテークでの開催

・世界的に活躍する一線級の審査員による講評

上記のような大会運営によりSDLは出展者数・来場者数を増やし、全国の建築学生から認知されるようなイベントへと成長した。

3 被災

SDL2011は展覧会期中に東日本大震災により被災した。スタッフは全員避難し、模型の取り残されたせんだいメディアテークの5階、6階に入れたのは震災から約1カ月後のことだった。フロアにある模型は机から落ち、スプリンクラーの水によって破壊されていた。学生会議の活動拠点であった7階は震災により天井が崩れ落ち、使用不可能になった。我々の活動に最も重要であった場所を失った経験は、建築とは何か、そしてその出発点となる卒業設計の展覧会はどうあるべきなのかをもう一度考え直すきっかけとなった。

4 せんだいデザインリーグ2012

現在まで拡大していく大会の中でより目立つようになってきたものが「賞」である。SDLでは日本一を決定する。それは、本来は順位をつけることが不可能である卒業設計に対し、その年の審査員が個人の視点により評価を下すものである。しかし、大学4年間の思いをぶつけた作品にはSDLで勝つために設計されたものは1つもないだろう。出展された作品すべてに意味があり、それぞれのベクトルはまったく異なってい

公開審査

10周年イベント プレゼン会場

る。各作品が個人に与える影響の大小は見る人によって変わるはずである。とすれば、SDLに求められるものは「賞」以外にもあるのではないか。それは全国最大規模だからこそ意味のある「議論」だ。SDLの公開審査を通じての気づきや他の作品を見て思ったことについて、せんだいメディアテークを訪れた人々が、一緒に来た友人、またはまったく別の地域から来た人々と議論し今後に活かしていただくことが、全国から人の集まるSDLの価値だ。このような考えからSDL2012のテーマは「卒計から建築へ」と設定した。

早朝の川内萩ホール

5 前夜祭プレゼンテーション大会

テーマを体現させるために、従来の大会構成を見直し、展覧会初日に10周年イベントを行なった。それが「せんだいデザインリーグ前夜祭プレゼンテーション大会」である。

今まではSDLでのプレゼンテーターはファイナルの公開審査に選ばれた10人のみであった。しかし、できる限り多くの卒業設計に込められた思いを伝えてもらい議論を生み出すためには、よりフラットな状態でより多くの人がプレゼンテーションをすることが必要だと考えた。このため出展者の中から応募を募り、審査に関係なく選抜し、誰でも自由に観覧できる会場でのプレゼンテーション大会を開催。7階のシアターでプレゼンテーションを行なってもらい、1階オープンスクエアで中継を行なった。こうした仕掛けにより多くの聴衆を集め、活発な議論の場を生み出すことができたと

10周年イベント 中継会場

自負している。

6 これから

せんだいデザインリーグが開催されてからの10年で世界は大きく変わり、人の考えも変わってきた。激動する世界の中でSDLにとって重要なことは、一定のコンセプトや軸をもちながらも常にその時代で求められているものを提供し続けることである。その時代ごとの社会の意思をしっかりと汲み取り、そこに我々なりの考えを付加し大会をつくり上げていく。さらにそれは10年間の積み重ねに裏付けされたプロフェッショナルなものでなければならない。せんだいデザインリーグは行きつくことのないゴールを見据えてこれからも続いていく。

せんだいデザインリーグ2012実行委員会

[HP] http://www.gakuseikaigi.com/index.html
[Mail Address] info@gakuseikaigi.com

プロジェクト展

アネックストーク3

コメンテーター：

篔 裕介、西田 司

参加プロジェクト：

「震災と向き合う」

篔 裕介：一次審査の段階では「カーボベルデ共和国日本人村計画」は、どこか仮想の国の話でもしているのかなという印象だったんです。ところが実際に話を聞いてみて、僕がお手伝いさせていただいた、日本海の離島の高校に都会住まいの中学生を留学させるプロジェクトに近いものがあるなと思って。

北澤悠樹（カーボベルデ共和国日本人村計画）：そうですね。日本人だけでなく、両国にとって利益のある計画を目指しています。また被災されて目の前の生活に不安を抱えている方々に、望めばこのような生活ができると提案することは意義のあることではないかと思っています。

篔：「仮設のトリセツ」ですが、最初にこういったものをつくろうと思ったきっかけは何だったんですか?

植松拓人（仮設のトリセツ）：3月11日に震災が発生して、研究室のみんなで何かできないかという話をしている中で、僕らの先輩が過去につくったものを活かせないかと考えたのが始まりです。2005年と2006年に行なった「仮設de仮設カフェ」の調査結果をデザインし直して、トリセツをつくりました。

筧：過去にやったものをちゃんと再編集しているんですよね。歴史を教訓にして次につなげている。今回の地震でいえば、阪神淡路大震災の時とは状況がだいぶ違うんですね。新潟の方が距離的にも時間的にも状況的にも近い。

西田 司:「仮設のトリセツ」がいいなと思ったのは、今までのプロジェクトを言語化するだけでなく、アーカイブを更新していっている。インタビューされる人たちもちょっと誇らしいですよね。大学の研究対象として紹介されちゃった、みたいな。そういうスモールメディアのようなことが起こっているのが非常に面白いなと。筧さんが「issue+design」で、普通は注目しないようなところに矢を投げて、課題をふっと浮き上がらせるようなものに近いと思ったんですけれども。

筧:そうですね。僕も「仮説のトリセツ」には「やられたな」と思いました。震災が起きた時に、みんなが何かやらなきゃいけないと思ったんだけれども、やはり大抵の人はできない。できないのは準備がないからなんです。中越のノウハウを活用したというアイデアはなかなか素晴らしいなと感じました。

西田：次に番屋のプロジェクトが2つ、「番屋プロジェクト」と「木興プロジェクト」。どちらも即効性が高くて、プラットフォームが生まれた。ものをつくることのリアリティが実感できるプロジェクトで、社会的な波及力があると感じたんですね。こういうものを自分たちが世の中に生み出したという経験をもとに、次の一歩はどう展開したいと考えていますか？

本馬奈緒（番屋プロジェクト）：このプロジェクトをやるまで、のこぎりも触ったことがなかったんです。設計も施工も初めて自分たちで行なう中で学ぶことが多かったので、安直ですが、それをこれからの設計に活かしていきたいというのが一番です。あと「もっとこういうものが必要だ」といった話が漁師さんから出てきているので、つくった番屋にも継続的に関わっていきたいと思っています。

西田:「木興プロジェクト」の方がプレゼンテーションで"「学生」として何ができるか"と、学生をカッコでくくっていましたよね。震災に対して1人の人間として何ができるかという問いではなく、「学生」としたのはなぜだったんですか？

上西慎也（木興プロジェクト）:そうですね……学生である自分としては、まだ動けなかったというのが正直なところだったのかもしれないです。

筧：個人として自信があったわけではなく、学生みんなで、ということなんでしょうね。そこは1つの強みであるような気もしています。コレクティブ・イノベーションというか、色んな人が集まることによって新しいことを生み出す。あとは学生の時ってやっぱり、ものすごく負荷をかけることができるじゃないですか（笑）。学生時代というのは、それができる貴重な時間でもあるので、特に今回の震災の時にこうした活動に取り組んだのはすごく良い経験だったんじゃないかなと思います。

「パブリックを発生させる」

西田：「ぼくらはまちの探検隊」では里山からとった「里まち」という言い方をしていますが、これは「コモンズ」、つまり自分の場所でもあり他の人の場所でもあるという感覚ですね。「稲敷市新利根地区小学校プロジェクト」では“自分の好きな場所”といったことを子どもたちにきいています。そこにあるのはケヴィン・リンチの『イメージマップ』のような、公共空間を自分の場所としてどう感じて、どうそこに接続していくかという感覚だと思います。今の時代、公共性だとかシェアとかパブリックと言われるものが、行政がやるパブリックではなく、自分が身近なところでどんな共感をもって生きるのかということなのではないのかと感じます。最近「新しい公共性」といったことが言われていますが、公共といっても大きな意味ではなくて、自分と友達がシェアできる場所を持つとか、普段通っている坂に座って休憩するとか、そのくらいの距離感で居場所を獲得したいという思いに、非常に共感しました。「戯曲をもって町へ出よう。＋墨田区／豊島区在任アトレウス家」の写真を見て、ここは避難所なんじゃないか、と思うほど実験的でした。こうした体験は、大きな意味では公共空間を自分のもの化している、とも言えると思うのですが、どうですか。

西島慧子（戯曲をもって町へ出よう。＋墨田区／豊島区在任アトレウス家／以下、戯曲）：どういった場所なら居場所として捉えることができるのか、自分自身でも試行錯誤しながら探っていきました。公共空間での居場所づくりについて考えるとともに、地震の時に帰宅できなくなった人がこうした公共空間に2時間いられるのかどうかという実験としても勉強になりました。

筧：参加者にとっては、自分とパブリックとの関係性に気づく、そういう場になっているんでしょうね。「稲敷市新利根地区小学校プロジェクト」は完成度が高いなと思ったのですが、そもそもどういう問題意識で、何を解決しようと思って始めたのですか？

高橋美帆（稲敷市新利根地区小学校プロジェクト／以下、稲敷）：新しい学校は地域の中心となる学校で、3校が統合します。さらに3校とも100年以上の

歴史がある学校で、地域の人たちもずっとそこに住んでいる方たちです。ですから新たに小学校をつくるというのは非常に大きなプロジェクトなのですが、地域の人たちから「自分たちの声はどこに反映されるのか」という意見が市に上がってきたことがきっかけです。

筧：では、どちらかと言えば市民の声を出してもらう場としてのワークショップだったということですね。こういうワークショップには、いくつか目的があると思います。ひとつは参加者から意見などを引き出して、いいものをつくるため。それから本人たちにそこを自分たちの場と認識してもらい、関わってもらうため。そして、そこの人たちが交わるため。この場合は3校統合ということで、ある程度垣根があるところを融合させていくという目的もあったのかなと思ったのですが。

高橋（稲敷）：そうですね。班のメンバー構成をどうするかという話になった時に、3つの小学校ごとに班を構成するという案もあったのですが、全部ごちゃ混ぜにして、幼稚園も校長先生もPTAもいろんな地区の人がみんなで話し合うようにメンバーを配置しました。

西田：「ぼくらはまちの探検隊」は、もう7年もやっているんですね。「人を育てる」ということがキーになっていて、継続性があり、次の世代、そのまた次の世代へと更新されていく。まちの人のリテラシーが上がっていく一方で、逆に指令を出す側のリテラシーが上がっていくという面はありますか？

島 広匡（ぼくらはまちの探検隊／以下、探検隊）：リテラシーそのものと言えるか分かりませんが、その背景にあたる部分では、よくあります。隊長もある程度仮説を立てて指令を出すのですが、その仮説を超える言葉が子どもたちからよく出てくるんですね。参加者からのフィードバックがものすごく大きくて、それによって自分たちのもっているまちへの感覚や考えが変化していく部分があると思います。

西田：筧さんに質問があります。僕らは建築の設計をする側にいるので、図書館を考えましょうと言われれば図書館と周辺地域のことを、学校を考えましょうとなれば学校とその周りの住宅地のことを考えます。ところが「issue+design」の場合は、まちを「まち」とい

うひとくくりでなく「学校教育」とか「親子」とか「結婚」とか、コミュニティやカテゴリーを通じて見直すやり方とっていると思います。今見た3つのプロジェクトは始めに場所ありきで、そこから発生させているパブリックだと思うのですが、そのあたりの違いについてはどうでしょうか?

筧:僕の場合、“issue”つまり問題点だけがはっきりしているところからスタートすることが多いんです。だから、やり方もアウトプットもすごく自由。例えば、高校の活性化プロジェクトをお手伝いしていたら、行政の人から「未婚男性の増加で悩んでいるんだよね」と言われて、何かできないですかね、というところから仕事が始まる。そこで地域の人々の行動や、なぜ出会いがないのか、なぜ結婚というアクションにつながらないのかというところを一つひとつ読み解きながら、その課題を解決できるスイッチを探していく。そうやっていろんなアイデアを考えていって、今のまちの中でできることとして最終的にアウトプットしたら、シェアハウスという形になった。ゴールまでがそういう道筋になるのは、起点の違いですよね。

西田:そういうやり方は、すごく健全だなと。学生さんにも感想を聞いてみたいんですけど。

島(探検隊):私たちのプロジェクトは始めに問題が提示されていてそれを解決するのではなく、問題を掘り起こしてくるという形です。今のお話を聞いて、別のアプローチの仕方もあったのではないか、改善点として大事な視点をいただいたと思いました。

高橋(稲敷):私たちの場合は「地域の人たちがこうしたいと言っているから、じゃあやりましょう」というスタートだったので、問題の捉え方や、スタートをどうするのかという考え方はすごく参考になりました。

西島(戯曲):私たちはプロジェクト自体が、地域に眠っている歴史のようなものを、フィールドワークや作品を通じてアウトプットするということから始まっています。ですがもともとは、まちに住んでいる人自身が自分の生活を再発見できるようなプロジェクトにしていきたいと思っていたんです。もっと問題意識からアウトプットへつなげていきたいなと思いました。

「建築をひらく」

筧:僕は建築の卒業設計展といったものにまったく疎いのですが、やはりまだ閉じられているという印象は感じますね。社会とどう接点をもっていくのか。一般企業の中でも建築のスキルをもっている人間が非常に求められている時代だと思います。もっと企業や行政との接点をもてる場にしていった方が、社会への影響力を上げられるのではないかな、と感じました。

西田:建築家の役割とは何か、建築とは何を含むのか。そこに本当にコミュニティとか現実的な人々の日常があるのか。それをどうやって建築プロジェクトを通して引き受けたらよいのか。僕がここ10年くらい感じてきたことは、「トウキョウ建築コレクション」や「せんだいデザインリーグ」の方たちが話していたことと、

かなり近いように思いました。

筧:建築の人ほど、複雑な要素を1つの形にデザインする行為がうまい人っていないんじゃないかと思うんです。ごちゃごちゃで何をしていいか分からないような状況の中で、課題を読み取り、一つひとつ組み立てて、解決策をつくる。そうした、今の時代に求められるデザインというものと建築家は非常に相性がいいのではないか。今回のプロジェクト展もハコモノ的な話ではなく比較的ソフトや場づくりの話が多かったので、だいぶ流れが変わってきているんだろうなという印象をもちました。でももっと活躍の場があるはずなので、どんどん外に出て行ってほしいですね。

國分足人(トウキョウ建築コレクション):今回のプロジェクト展を見ても、モノをつくるだけでないプロジェクトが多く集まったことは非常によかったなと思っています。また社会に開いていくという意味では、筧さんや三井不動産レジデンシャルの川路さんのように、外部の方の目をどんどん入れていく試みは今後も続けていきたいです。

熊坂友輝(せんだいデザインリーグ):目先の卒業設計が重要なのではなく、例えば今回の震災の10年後、20年後に本格的な建物が建っていく。それを担う今の10代20代の学生が、こうした場で意見をもらってより考えることが一番大事だと思うんです。ですからプレゼンテーション大会を設けるなど、そういう流れをつくっていきたいなと思っています。

筧:先ほどお話ししたコレクティブ・イノベーションに必要なのは、自分とはまったく違う考え方やバックボーンの人からどれだけもらえるのかということです。最初は共通言語もないし、圧倒的に時間がかかる。ところが共通言語がない人間同士が、ガツガツとお互い圧力をかけて最後まで頑張り抜くと、たいていそっちの方がいいアイデアになる。そういう意味でも閉じられた世界でやることの弊害は結構あると思うので、どれだけオープンに建築の世界を広げていけるのかが楽しみですね。

西田:せっかくなので、会場からも質問を。

会場:「木興プロジェクト」の者です。今も毎月、田ノ浦に足を運んでいまして、むこうのお母さんたちと一緒にホタテのキャンドルというものをつくって一つ500円で売っています。売上の半分がお母さんたちに、もう半分が田ノ浦に分配されるのですが、今2000個ほど売れて100万円くらい集まっています。そのプロジェクトは建築学生の他にも看護学部、人文学部や環境科学部からいろんな人が集まって、共通言語もない状況でやっていたんです。でもその中でできたキャンドルは共感を生んで、滋賀の近江鉄道とコラボレーションもしています。そこで得たものは大きいのですが、それを自分の建築にどうやってフィードバックしていったらいいのか、悩んでいるのですが。

筧:ホタテのキャンドルはすごく素敵な取り組みだと思います。一次審査での段階では、ただ番屋をつくるだけで解決できるのかな、と疑問に思っていました。あのキャンドルはそういうところから生まれたんだと思うんです。その時の自分の気持ちや感覚を大切にして欲しい。あのプロダクトが2000個売れているっていうのは、それを買ってくれた人たちの心を動かしているってことじゃないですか。機能的で使いやすいこととは別に、受け手に共感してもらえてその先のアクションにつながっていく。そういうものがデザインだと思います。今回と同じくらい、それ以上に自分の気持ちが動くようなものを建築の世界でつくればいいんじゃないかなと思います。

プロジェクト展

その他の出展作品

FRU project

土岐謙次＋東京藝術大学大学院美術研究科建築専攻 金田充弘研究室＋平野晴子

宮城大学の土岐謙次氏と東京藝術大学金田充弘研究室による共同研究「乾漆を応用した炭素繊維漆コンポジットの制作工程の最適化と構造材料としての強度試験」。リサイクル可能な天然素材である漆と炭素繊維を用いた漆コンポジットが造形性と強度においてFRPを代替しうる可能性を実証する試みの第一弾としてスツールを制作。3Dモデリングによる設計など、デジタル技術と伝統工芸の新しい関係も模索している。

「FRU stool」乾漆の強度の実証・制作工程の検討のため、布と漆のみで制作された椅子と型。

the flying

針貝傑史＋村上翔(構造協力)＋神戸大学工学部建築学科および東京理科大学理工学部建築学科の方々(制作協力)

http://www.kobe-biennale.jp/

1200×1200mmの合板を立体的に組み合わせることによって成立する構造体を制作した。金具を使用せずに立体的な切れ込みのみによって接合された構造体は、重量を感じさせずに浮遊しているかのようである。コンペで選出された後に、構造解析やモックアップを通して実現に至った。

Casa Shelter

東京大学大学院工学系研究科建築学専攻
隈研吾研究室

http://kuma-lab.arch.t.u-tokyo.ac.jp/index.html

市販のビニール傘でつくるシェルターハウスの試み。災害時に傘を持ち寄って、雨風をしのぐ場所をつくる。組み合わせ次第で、1人用の仮設テント～数人が集まれるスペースをつくることができる。

市販のビニール傘でつくるシェルターハウスの試み。

静岡済生会総合病院
テラスアートプロジェクト

千葉大学大学院工学研究科
建築・都市科学専攻 柳澤要研究室

静岡済生会病院小児病棟の使われていなかったテラスを、子どもたちの遊び場にしようと実施されたアートプロジェクト。当院の病棟保育士の呼びかけで千葉大学柳澤研究室が中心となり、看護師・医師・患児・看護学生と共にワークショップ形式で行なわれた。主な内容は、地面の塗装・椅子の作成・屋根の施工の3点。病院職員と打ち合わせを重ね、「海」をテーマに、子どもたちが自ら遊び方を発見できるようなデザインを詰めていった。

施工後のテラス。保育士・看護師・医師・柳澤研究室で水玉や魚を描き、看護学生・患児がそこに好きな模様とサインを描きこんだ。

こどもの隠れ家

Creative for Humanity＋東京藝術大学大学院美術研究科建築専攻 金田充弘研究室

http://www.creativeforhumanity.com/kakurega/
http://www.geidai.ac.jp/labs/ kanada.std/

kanada.std@gmail.com

避難所に子どもが自由に楽しく遊ぶ時間と空間を——。このプロジェクトは、原発問題により外で自由に遊ぶことができない子どものために、避難所の中に遊ぶ場所を確保することが目的。「隠れ家」は柔らかい布で覆われ、高さは低く抑えられている。それにより子どもに安心感を与え、見守る大人は透過性のある布を通して中の様子を伺える。子どもが安心して遊び、そして避難所内のコミュニティの中心となることを目指した。

避難所である福島市のあづま総合体育館にて2011年6月に行なわれたワークショップの様子。子どもたちが思い思いに遊んでいる。

志津川小アクションリサーチプロジェクト
——プレイグラウンド・サポーターズ2011-12活動記録

千葉工業大学大学院工学研究科
建築都市環境学専攻 石原健也研究室

http://www.denefes.co.jp/lab/index.html

i_labm2@yahoo.co.jp

私たちは2011年4月11日、建築の学生として被災地に対して「何ができるのか」という考えから、プレイグラウンド・サポーターズを設立した。まずは子どもたちと遊ぶことから始まり、家具やベンチ、野点の床、シェルター、テラスなどを制作。遊ぶ場所から次第に人の集まる場所につながっていった。強制的ではなく、自然とコミュニケーションをアフォードする装置や場所をデザインすることが目的である。

子どもにとって原風景になる大事な場所

DANWASHITSU

滋賀県立大学環境科学部環境・建築デザイン学科

http://danwashitsu.jimdo.com/

sby00g@gmail.com

滋賀県立大学は滋賀県彦根市という、大学の先生以外の建築家と接点をもつことが難しい環境にある。DANWASHITSUは、現在社会で活躍されている学外の建築家や研究者の方を滋賀県立大学にお呼びし、堅苦しい講演会という形ではなく、さながら談話をするかの雰囲気の中で、ざっくばらんに交流をもつ機会を設けようという企画。運営は滋賀県立大学環境科学部環境建築デザイン学科の学生有志によって行なわれている。

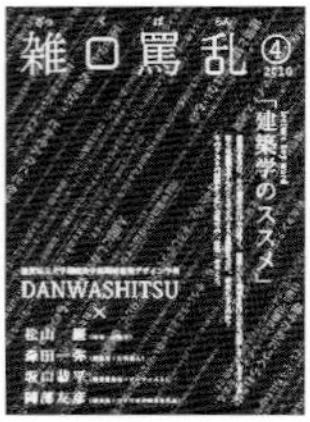

DANWASHITSUの内容を収録した書籍『雑口罵乱』

Underground Festival

東京理科大学大学院理工学研究科
建築学専攻　岩岡竜夫研究室

都市環境をより豊かなものに改善するため、新しい膜の使用法を提案する。この膜は地下鉄の排気口に設置され、地下から排出される汚れた空気を光触媒などによって浄化し、風圧により発電される光とともに地上へと表出させる。地上では見えない地下鉄の活動により地上の膜が踊りだすように呼吸し、都市ににぎわいを与えることができる。実際にモックアップを制作し実験を行ない、膜が呼吸する様子を検証した。

吉貝的建築類型
——台湾都市サーヴェイ2011

明治大学大学院理工学研究科建築学専攻
建築史・建築論研究室

http://d.hatena.ne.jp/aoi-lab/

台湾本島の西側に浮かぶ小さな離島、吉貝（チーペイ）島で集落内のすべての建築を調査し、類型化した。この集落では限られた範囲での集落の変容過程が明瞭に見てとれる。伝統的な三合院、その半分だけ短冊状の平面を重層したもの、その4分の1に建つ塔のような縦に細長いものなど。調査の結果、宅地分割、空間構成、構法・素材の3つの条件が拘束し合って4つの類型を生み出していると分析し、実測した11軒の特徴をカードにまとめた。

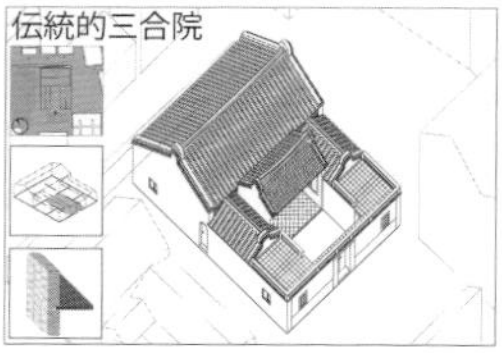

[実測カード] 条件をアイコン化し、アクソメによって周囲との関係を、各階で切ったアクソメによって室構成と動線を示した。

WebAR インテリアシミュレータ

千葉大学大学院工学研究科
建築・都市科学専攻 平沢研究室

http://hlab.ta.chiba-u.jp/

http://hlab-annex.ta.chiba-u.jp/webar/WebAR_InteriorDesignSimulator/

AR（拡張現実感）は、現実を点景として情報を付加することで、直感的な情報提示・操作を可能にする技術であり、建築プロジェクトに関わるアクター間の合意形成を支援する有効なツールとなり得る。私たちは、ユーザが建築におけるARに求める要件を把握し、ARシステムの評価指標をまとめるため、ARを利用したインテリアシミュレータのWebアプリを作成・公開し、ユーザの評価を得た。本アプリは現在、Web上で利用可能。

ユーザに公開したWebアプリケーション

千葉県館山市 まちなかプロジェクト

千葉大学大学院工学研究科
建築・都市科学専攻 岡部明子研究室

2010〜11年度に行なった千葉県館山市中心市街地における地域再生プロジェクト。「協働」をテーマにした低利用建物のリノベーション、中心市街地の魅力の共有を目指した「たてやま まちなか塾」の開講、また地域のコモンズ・メモリーを新たな歴史的価値として捉えた研究調査やワークショップを行なった。現在は、消えていったコモンズ・メモリーを現代的に翻訳し蘇生するまちづくりプログラムの作成を行なっている。

コモンズ・メモリー・ワークショップの様子

千葉大学建築展 プロジェクト

千葉大学大学院工学研究科建築・都市科学専攻 栗生明研究室+鈴木弘樹研究室

千葉大学工学部建築学科の有志学生が企画する卒業設計の学外展示会に対する取り組み。現在の学内展示は「作品展示の採点の場」に留まっており、展示会とは言いがたい。また教授と生徒の間の質疑応答は生まれず採点の内容も不透明である。本プロジェクトは学生主体で企画／運営する学外展示会を行なうことでこれらの問題を解消し、学生が卒業設計を通じて社会に発信する場を創造することを目的とする。

千葉大学工学部建築学科卒業設計展2012「建築展」ポスター

地域リ・デザイン シンポジウム

千葉大学大学院工学研究科
建築・都市科学専攻 岡部明子研究室

地域デザインに取り組む学生の議論・共有の場をつくる試みで、11研究室が参加した。学生の地域デザインは「まちを変えていく力を備えている」という社会的な認知を獲得できていない。そのため意識の高い学生が地域リ・デザインを行ないたくても交渉の場に出してもらえないことや制度の障害など、さまざまな問題がある。学生による地域デザインの可能性を拡張していき、社会的評価を獲得し、学生が活躍できる場を広げていきたい。

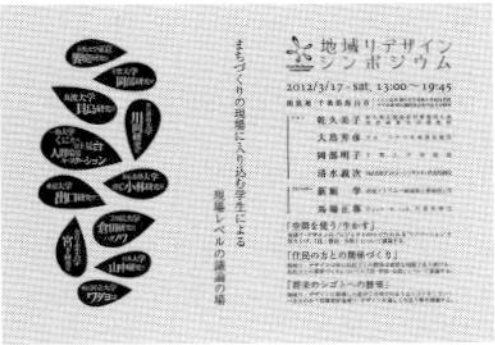

「地域リ・デザイン シンポジウム」ポスター

ムーンナイトフェスティバル

東京大学大学院工学系研究科建築学専攻
隈研吾研究室

シャッター通り化した新潟県佐渡市夷商店街の空き店舗対策として開催されたアートプロジェクトに参加。1つの空き地と2つの空き店舗を利用した計3つの展示を行なった。佐渡の素材や、廃棄された素材を用いて空間を構成し、建築を媒介として地域資源の魅力を再発見、再発信する「場」を創造。地方都市商店街における地域を題材とした建築は、商店街を行き交う人々の交流を誘発し、まちづくりの基盤となる可能性があると考える。

展示の1つ「竹のパビリオン」

アーキエイド 新・港村展示

加藤優一+関東有志学生（Y-GSA ／横浜国立大学+東京工業大学+千葉大学+芝浦工業大学+日本大学+多摩美術大学+女子美術大学+東京理科大学）

http://archiaid.org/

震災後に開催された、横浜トリエンナーレ2011の連動企画「新・港村」において、仙台・東北を中心に活動する「Archi+Aid」・「SSD」の活動展示を行なった。東北と関東一丸となった復興を目指し、ブース・展示物の設計・施工および会期中の運営は関東の有志学生18名で行ない、会期中は週替わりでの展示に加え、被災地の方を招いたトークイベントなどを開催することで、多くの人が被災地の今と向き合える場を創出した。

コンセプトを踏まえつつ展示を開放するための「覗ける家型」。チーム結成からブース設営までを3週間という短期間で行なった。

特別対談
「日本における発見」

西沢立衛　Ryue Nishizawa

西沢立衛建築設計事務所代表。1966年東京都生まれ。1988年横浜国立大学工学部卒業。1990年同学大学院修士課程修了後、妹島和世建築設計事務所入所。1995年妹島和世と共にSANAA設立。1997年西沢立衛建築設計事務所を設立し、現在に至る。現在、横浜国立大学大学院建築都市スクールY-GSA教授。主な作品と受賞に、「国際情報科学芸術アカデミーマルチメディア工房*」(日本建築学会賞)、「金沢21世紀美術館*」(日本建築学会賞)、「十和田市現代美術館」、「ROLEXラーニングセンター*」、「豊島美術館」(村野藤吾賞および日本建築学会賞〈作品〉)、「軽井沢千住博美術館」、2004年ヴェネチア・ビエンナーレ第9回国際建築展金獅子賞、2010年プリツカー賞受賞など。(*は共同設計)

特別対談開催概要

「トウキョウ建築コレクション2012」では、展覧会最終日である3月4日に「日本における発見」と題した特別対談を行ないました。昨年の震災以降、これからの建築やデザインを社会の中でどう捉えていくべきか、建築家やデザイナーにとって重要な課題となっています。また、最先端テクノロジー、アニメや漫画、東京や郊外などの都市まで、日本独自の文化がグローバル社会で確かな認識を得てきています。このような現代日本の特徴を踏まえ、これからの日本のデザインについて分野をこえた幅広い視野で考察、発見していくことが重要であると考えました。

本対談は、世界的に活躍し、新しい建築を環境とともにつくり出している建築家の西沢立衛氏と、最先端の技術を用いながらインタラクティブなデザインにより新しい日本のデザインを生み出している猪子寿之氏による分野をまたぐ企画となっています。大学を卒業し社会へ出ていく学生が、これからの日本において新たなデザインを構想していくうえでのヒントを、お二方の「日本における発見」から得られるのではないかと考えます。

トウキョウ建築コレクション2012実行委員

猪子寿之　Toshiyuki Inoko

ウルトラテクノロジスト集団チームラボ代表。1977年徳島県出身。2001年東京大学工学部計数工学科卒業と同時にチームラボを創業。大学では確率・統計モデルを、大学院では自然言語処理とアートを研究。チームラボは、プログラマ、ロボットエンジニア、数学者、建築家、Webデザイナー、グラフィックデザイナー、CGアニメーター、絵師、編集者など、情報化社会のさまざまなものづくりのスペシャリストからなる。主な実績として、『百年海図巻』と『チームラボハンガー』が文化庁メディア芸術祭審査委員会推薦作品（2011）に選出。『生命は生命の力で生きている』を第54回ヴェネツィア・ビエンナーレ関連企画展、スイスバーゼルの「VOLTA」（2011）などに出展。2011年12月、メイドカフェとテクノロジーが融合した電脳喫茶、『電脳喫茶　電脳酒場　めいどりーみん』をオープン。2012年、国立台湾美術館にて、「Future Pass」に参加。「360 degree cyclorama screen」、「We are the future」を開催。

西沢立衛の仕事——環境と空間

西沢：自己紹介として、最近つくった作品をいくつか説明します。

「豊島美術館」(fig.1-2)は自然の中にあって、内藤礼さんの作品を一点、永久展示しています。ここでは、自由曲線によってワンルーム空間をつくりました。数学的な円弧や放物線と違って、自由曲線は形が変わってもその特性が失われません。そして平面・断面ともにそれを使うと、周辺の豊かな起伏によく合って、建築と自然が調和してくる。

高さ4.5mくらいの低いシェルです。土を盛ってそれを雌型とし、丸一日かけてコンクリートを打設しました。あとで真ん中の穴からアプローチして、土を掻き出します。ここでは、こうした穴にガラスを入れないことを提案しました。外の音や雨、風などが室内に流れ込んできます。中と外を同時に感じるような、開いていてかつ閉じている建物、環境的なものをつくろうとしています。建築をつくるだけでなく、建築によって生まれる周辺の環境をつくることに興味があります。

次は「Garden & House」(fig.3)です。これはまわりを40mくらいの高いビルに囲まれた、すごく小さな土地に建っています。女性ふたりがここに住み、編集の仕事もして、というプログラムです。非常に現代的なライフスタイルを感じました。それに対して家っぽい形やオフィスっぽい形ではなく、なんだかよく分からないような、曖昧な形をつくりたいと思いました。

壁のない建物で、4×6.5mくらいの小さな床が積層されていきます。各床には、中と外、部屋と庭の両方があって、各階で違う関係になっています。都心の中で開かれた生活、街の雰囲気を感じる建物を目指しました。

「House A」(fig.4-5)は、その前につくった住宅で、同じ都心でも木造密集地域にあります。南北方向に長い土地に、違うサイズの部屋をずらしてつないでいます。

ずらすことで、外の雰囲気が建物に入ってくる。それから、屋根を開けると、室内が外のようになって、中庭式住居のようになる。東京の雰囲気、アジア的な雰囲気が入ってきて、自分がどういう環境に属して住んでいるかを感じながら、しかし快適に住める家をつくろうとしています。

最後は「ROLEX ラーニング センター」(fig.6-7)です。スイスのローザンヌにある学生会館の計画でキャンパス全体のセンターになるものが求められました。そこで170×120mくらいの大きなワンルーム空間をつくり、全学生と教職員が一緒にいられるようにしました。平屋ですが、歩いてきた人は建物をくぐって、そのまま通り抜けられる。また大きな建物というのは、通常、エントランスが端にあって、中でいろんな部屋を横切らなければならないけれど、ここでは建物を部分的にジャンプさせて、エントランスを真ん中につくりました。中に入ると、行きたいところにどこまでも歩いていけます。

床と屋根が平行な関係を維持しながら上下することで、建築が開かれていきます。庭の向こう側に建物が見えて、さらにその先にキャンパスや湖が見えたりする。大きい建築は内部に閉鎖感がありますが、この建物は中央部でも外とダイレクトにつながるような開放感を目指しました。中と外とを同時に考えた、環境的な規模の空間をつくろうとしています。

猪子寿之の仕事——デジタルメディアの拡張

猪子：チームラボというデジタルっぽい会社をやっています。

最近では、昨年のNHK紅白歌合戦で、嵐のメドレーの演出をしました。空間にはトラスが組んであるんですが、裏側の映像によって、トラスが割れてダンスがはじまり、またトラスの空間に戻るというものですね。

別の演出作品で、早乙女太一さんの舞台があります(fig.8)。舞台美術の代わりにデジタルメディアを使って、通常は人と行なう剣舞を、影絵の映像と行なう。人が相手だと能力の差が出ますが、映像相手なので太一さんの能力がフルに活かせます。

これは書家の紫舟さんの展示会で、「世界はこん

西沢立衛の仕事

fig.1｜豊島美術館(2010)　設計:西沢立衛建築設計事務所

fig.2｜同前。アート:内藤 礼「母型」(2010)

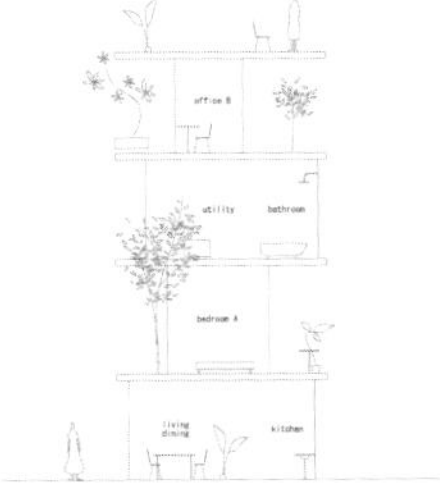

fig.3｜Garden & House (2011)、断面図　設計:西沢立衛建築設計事務所

fig.4｜House A (2006)
設計:西沢立衛建築設計事務所

fig.5｜同前

fig.6｜ROLEX ラーニング センター (2010)　設計:妹島和世+西沢立衛／SANAA

fig.7｜同前

なにもやさしく、うつくしい」です（fig.9）。広い展示会場に大きなスクリーンを1つ使い、デジタルメディアだけで、書を体験するというものです。鑑賞者の影が書に触れると、「花」だと花が咲いたり、「雪」だと雪が降ったりして、世界ができていく。アニメーションはいろんな関係性がリアルタイムに演算されていて、蝶は花が好きで、でも動きすぎる人間は嫌いで、とか。音楽もそれぞれの書がもっています。

手を触れるとディスプレイに写真や映像が出てくるという「チームラボハンガー」です（fig.10）。ECサイトでは、物《ブツ》撮りの写真だけよりも、コーディネートされた写真のある方が圧倒的に売れます。そのWEBのノウハウを店舗に応用して、コーディネートされた写真を手元に出そうと。ハンガーをつくることが目的ではなかったのですが、うちの会社では、目的のための行為に、新しい価値を足そうという考え方があるんです。RFIDタグをかざすと情報が引き出されるというのはよくあるけど、そうすると新しい行為が増える。そうでなく、服を気に入ると誰しも手に取りますから、その行為をインターフェースにして情報を呼び出します。

同様に、これは「チームラボボール」というボールです（fig.11）。音楽のイベントでVJをやりますが、もっとユーザーに参加してもらいたい。あるとき、EXILEのコンサートを見たら、客席に黒いボールが放り込まれると、みんなが飛びついて叩くんです。あ、ボールを放り込むと叩くんだから、それをインターフェースにしようと。技術的には、無線によるP2P（Peer to Peer）で連動しています。みんなが触ると、スクリーンや照明が変化し、だんだん音楽ができていって、もっとテンションが上がっていく。

これはルーブル宮殿でやったエキシビジョンで、20×10mの空間全体に、高さ2.7mのLEDディスプレイを12台並べました（fig.12）。コンピュータ上に3Dの物語空間があって、それを12個の画面で切り取って実空間に展示しました。実際の空間を歩くと、物語の中の空間を歩いているのとよく似た体験ができます。

「百年海図巻」という、ちょっとマニアックなアート作品です（fig.13）。昔の日本人は、いまとは違う空間の見方をしていたと僕は思っています。この作品では、かつての空間認識でコンピュータ上に空間をつくり、それを射影しています。

メイド喫茶のデザインを東京と大阪でやりました（fig.14）。空間のすべてが通信しています。例えば、キッチンでクリームソーダができると、壁のディスプレイではアニメの小さなメイドさんが「あ、クリームソーダができたっぽい」といって、「誰のだ、誰のだ」とか騒ぎ出す。トランポリンで跳ぶと「ピヨーン」と鳴ります。

つくりながら考える

進行：お二方で議論するキーワードとして、「インタラクティブであること」というのはいかがですか。

西沢：住宅を設計すると、最初に設計条件があり、和室が1つで、個室が2つで、などといわれます。それで案を出すと、驚いた住まい手が要求条件を変えてくることがある。そういう建物だったらこう住めるな、とか。するとこちらも案を変えるというように、お互いに影響を与えていく関係があります。そこで気づいたのは、彼の、和室が1つで、個室が2つで、といったいわゆる要求条件というのは、やりたいことに対して出した彼らなりの解法なのかなと。漠然としたやりたいことがあって、それに形を与えて解法をつくると、例えば4LDKになる。なので僕は、美術館でも学生会館でも住宅でも、要求条件をそのまま再現するというより、それが出てきた理由の方に関心をもつようになりました。それを考えた方が、要求条件をそのまま形にするよりも、よりストレートなものができる。

建築をつくるときに機能は重要ですが、僕としては、「使いやすい」建築より、「使いたくなる」空間をつくりたい。機能をそう考えていくと、住宅だとしても、住宅にとどまらなくなることがある。例えば以前、「森山邸」（fig.15）で、バラバラに部屋が分散した集合住宅みたいなものを提案しましたが、それに隙間が

猪子寿之(チームラボ)の仕事

fig.8｜「早乙女太一×チームラボ［吉例］新春特別公演「龍と牡丹」ー剣舞／影絵ー」:チームラボ、2011、映像、2min 32sec、製作:UBON、協力:S.J.K.

fig.9｜「世界はこんなにもやさしく、うつくしい」:紫舟＋チームラボ、2011、インタラクティブインスタレーション、書:紫舟、音楽:高橋英明

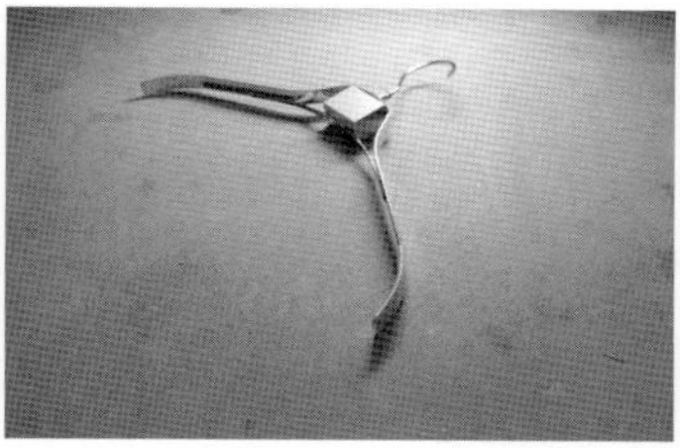

fig.10｜チームラボハンガー:チームラボ、2010〜、インタラクティブハンガー

fig.12｜日仏交流150周年記念事業「感性 Kansei - Japan Design Exhibition」、メインホールの映像空間プロデュース。花と屍　アニメーションのジオラマ:チームラボ、2008、映像、12min 28sec、音楽:［椎谷ハレオ(サウンドディレクター)＋阿尾茂毅(作曲(Ending Ambient)&ミキシング&レコーディング)＋渋谷慶一郎(第3項音楽)＋山川冬樹(ボイス(ホーメイ))＋シュリ(ボイス)＋武田朋子(篠笛)＋内藤哲郎(和太鼓)＋高野山真言宗総本山金剛峰寺(声明常楽会)／和歌山県高野山(フィールドレコード)］

fig.11｜チームラボボール:チームラボ、2009、インタラクティブボール、φ1.5m

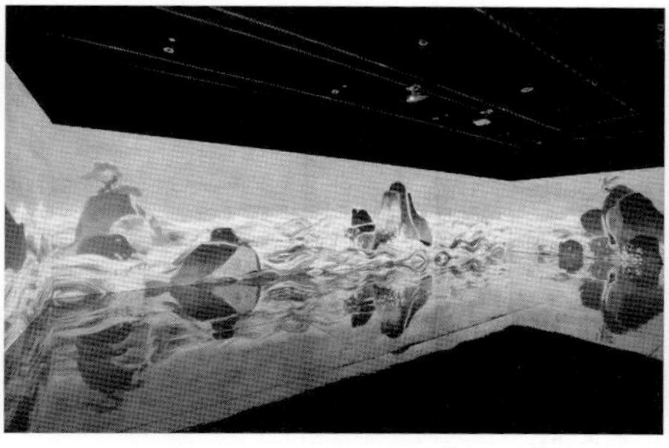

fig.13｜百年海図巻　アニメーションのジオラマ:チームラボ、2009、映像インスタレーション、10min 00sec（19m 200mm×2m 400mm)、音楽:高橋英明

fig.14｜電脳喫茶:チームラボ、2011〜

あって人が入ってくるものだから、住む人がカフェをやりたいと思い始めた。人間が何かを使いたいという発想はすごく原初的なものです。それは歴史的な建造物ではなくて、現代的な建築でも現在進行形で起きていると思います。

猪子：本当に、おっしゃったように、お客さんが来るときは、本来の要件と解答がごちゃごちゃになっていると思うんです。「解答付きの要件」みたいなもの。僕らも、やっちゃえ、やっちゃえみたいな感じで（笑）。僕らがやっていることは言葉ではなかなか説明ができないし、デジタル領域というインタラクションがあるので、触って体感しないと分からない。だから、つくりながら、ゴールを決めていく感じ。昔の大工さんもそんな感じがあったと思うんですよ。

西沢：僕が子供のときに住宅をお願いすると、大工さんは地面にしゃがんで、プランを描いて、それでおもむろに立ち上がってつくりはじめましたからね（笑）。でも、つくりながら考えるというのは、本当にありますよね。

集積していく変化

猪子：西洋は、比較的先に設計してつくる感じがあって、設計とつくり手が分かれている。産業革命後の社会は、その方が圧倒的に効率よく機能したんです。それが、情報化社会のデジタル領域になると、設計なしでつくる方法も復権してきます。完璧なコピーができて、複製に対する労力がゼロなので、西洋的なプロセスでなくてもその長所が享受できるんですね。自分のどうしようもなさを肯定してみた感じですけど（笑）。

西沢：つくることの新しい概念というか、設計と施工的な区分が限りなく一体化している。コンピュータの登場でそういうものが出てきたのかなと思います。僕はそれを西洋と東洋とはあまり考えていなかったんですが、ヨーロッパの街にはやはりマスタープランがあって、プランニングにしたがってつくるものが多い。一方でヨーロッパの人が来日して東京を見て驚くのは、マスタープランがないという点です。使いながらその街をつくっていく感じですね。巨大な不法占拠の街というか。

猪子：今っぽくいうと巨大なインターネットですよね。

西沢：本当にそういう感じです。ヨーロッパの街に行くと、永遠の都市というのを感じるんです。人間の生活の器として、街は永遠で不変だという。ところが、東京とかアジアの都市に行くと、人間の生活のために街があるから、街は変わらなきゃ駄目なんだといっている。例えばビルの中にカフェが入って、それがCDショップになると外観も変わってしまう。ああいうことはパリではまず起きない。

猪子：昔の日本は、設計・施工・ユーザーの境界線が比較的曖昧だったと思うんです。情報社会はそれと案外相性がよくて、設計と施工が曖昧でも成り立つ。うちの会社でいうと、建築でいう設計者はいない。プロセスでいうと、末端の人たちがつくりながら設計していく感じで、ディレクターのような職がないんです。

日本の都市では秋葉原が好きで、いま住んでいます。もともと戦後闇市の街だったのが、無線という技術が出てきて無線の街になり、さらにラジオの街になり、世の中の興味が家電に移ると家電一色の街になる。1990年代にはパソコン一色になり、今度はパソコンの中で使うコンテンツ、いわゆる2次元の美少女とか、二次元の街になり、それから2.5次元の街、つまり街中メイドだらけになります。いまはアイドルたちの3次元の街。誰も設計していないけど、すごい勢いで

fig.15｜森山邸(2005)　設計:西沢立衛建築設計事務所

集積されていて、世界一面白い街です。

都市のもつ多様性

西沢：日本の街はお隣さんに関心がない感じがしますね。横にとんでもない建物が建っても、他人事みたいにすげえなぁといって見ているような。それが結果的に自由を与えているという皮肉がある。逆に、おっしゃったように、伝染というか広がっていくところもあって、インターネット的なのかと感じます。

猪子：そうですね。西洋は物事に客観的なものがあると思っている。客観的な美しさとか、客観的に正しいことがあるはずだとか。日本人はそれがないと思っているから、お隣さんがとんでもないものをつくっても、その人の好みと捉える。また、好みに対して自由だから、そういう好みの人たちが集まってきて、土地の流動性が高くなって、良い街になる。「オレは昔から住んでいるから」とか「この街を愛しています」とかいう人たちがいる街は、土地の流動性が低くて、おぞましい街になっていく。マスタープランがあるような街、品川とかはおぞましいですよね。

西沢：近代都市計画はマスタープランをつくりますが、それでつくった都市は全部失敗した。できてから何十年か経って行くと、あまりいい感じがしないんですね。都市のベースには多様性があると思うのです。都市の原形は、言語や価値を共有しない相手どうしが出会う場所ということですね。シルクロードの上に都市ができ、他文化どうしで絹とお米を交換する物物交換的場所です。それは、農村とは違うものだと思います。

猪子：本当にそうですね。日本の都市も、農村の発展では絶対に起こらない。昔は武士と農民までしか社会の中に体制概念がなくて、その外側は法律が届かなかった。要は土地をもたず、その代わりに職能をもっている人たち、刀鍛冶とか職人とか、いまでいうエンジニアとかデザイナーとかが、都市みたいなものをつくってきた。それが集積して、流動性が高くて良い都市になった気がします。

ネットワークの向こう側

西沢：先ほどの映像を拝見して感じたのは、人間がコンピュータという道具をつくり、その道具によって新しく感受性がつくられるという、関係の面白さです。建築も道具の1つですが、もともと人間と道具には、そういう双方向性がある気がします。こういうものをつくりたいというので、まず道具をつくりますが、道具によってわれわれの価値観がはっきりするし、その道具を使うことで自分たちの価値観が変わっていくこともある。建築の場合だと、1990年代に皆がパソコンをもつようになり、一人ひとりがすごい計算能力のある道具をもつことで、建築がずいぶん変わった。感受性も変わりました。昔は線というのは単に線でしたけど、コンピュータはどこまでも拡大できるので、線に巨大な厚みができる。線と線が交わるのも、線の外側で接するか、完全に重なるか、いろいろな状態が区別されるようになりました。コンピュータ以前にはなかったような感受性だと思います。

猪子：僕は思想的にカルトなので、ネットワーク側に圧倒的に新しい付加価値があると思っています。人間は物理的な肉体をもっているので、その残念な人間のために、一応、モノもつくっておくかという感じです。先ほどのハンガーも、ネットワークの向こう側へのインターフェースでしかない。

西沢：でも、バーチャルリアリティが育つと、逆にわれわれの現実の世界は非常に激しいものになっていくと思うんです。もともと人間は、コンピュータの登場前から、バーチャルリアリティを使ってきた。言語活動自体、きわめてバーチャルなものです。僕らは太古からバーチャルリアリティを獲得して、リアリティとの2つを同時にもつことの豊かさがあるように思います。

猪子：そうですね。ハンガーの話にしても、「手に取る」というのは肉体的に気持ちいい行為なんだけど、それが微小すぎて気づいていない。iPhoneにしても、モノを肉体で動かすのは快楽だと思うんです。

西沢：そうですね。また、バーチャルリアリティが活気

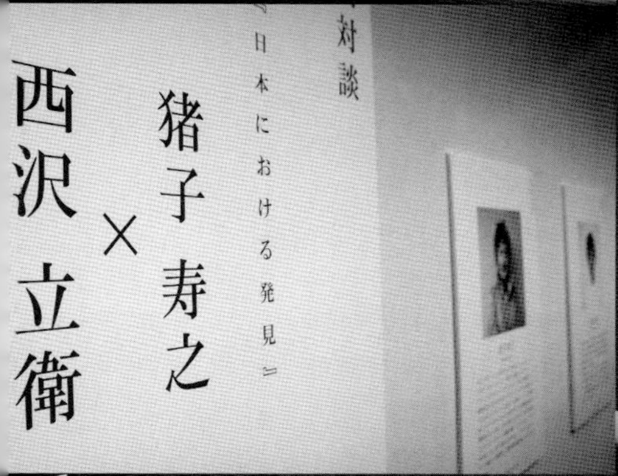

対談
『日本における発見』
猪子寿之
×
西沢立衛

づけば活気づくほど、逆に現実が尊く見える。バーチャルリアリティとリアリティはどちらもお互いを盛り上げている気がします。

猪子：実際に数字も出ていて、ネット依存度が高い人ほど、イベントにも来る（笑）。ネットをする人がリアルで遊ばないとか、リアルで遊ぶ人はネットをしないとかいうのは、嘘で幻想なんです。

西沢:それは面白い。そうかも知れないですね。

共有できるもの

猪子:その話の延長として、情報化されるほど、身体の価値がすごく上がって、原始的になるというのがあります。例えば、1980年代に、ラルフローレンを着ているとオシャレ、という認識があったとします。これは、ある程度共通の価値概念があって、すごい量の情報を共有しないと成り立たない。ところが現在は、それから想像を超えるくらいに情報量が増えている。すると、ものすごい多様化によって、価値概念がほとんど共有できないんですね。ブランドものを着るよりも、化粧がうまいとか、整形する方がかっこいいと。もう、生物レベルでしか共有することがなくなってくる。

西沢：バーチャルリアリティというのは、建築の大きな課題の1つである、人間の経験とは何かということに重要な影響を与えています。建築は、とりあえず実空間をつくるという分野ではあるけど、同時に理念的な空間をつくっているからです。建築の起源の1つにパルテノンがあります。これは人間のためのものではないから、中に入らない。伊勢神宮と同じで、存在そのものが経験です。その後、パンテオンが出てきます。これはローマ時代で、円形神殿というとんでもないものでした。市民社会なので序列がなく円形で、聖壇が円形に並ぶのです。真ん中に広場ができて、建築が人間のものになった。室内空間が生まれ、建築が閉鎖的になり、外観がなくなって、内部に無限の世界がつくり出されるようになった。皆で同じことを目撃する、経験を共有するということが空間化された。実空間だけでなく、同時に、情報社会、バーチャルリアリティが同時に経験される世界で、それは概念や想像力をもつことが重要だということでもあります。

空間認識の方法

猪子：これは「百年海図巻」をつくるプロセスです（fig.16）。上の画は、3Dを西洋的な遠近法で2D化したもので、単にパースペクティブで平面化しています。空間認識でいうと写真やビデオも同様で、論理構造で空間を平面化しているんです。一方、日本画は、普通にああいうふうに見えていたと僕は思う。つまり、当時の文化で育った側頭葉が脳にあって、共通化されていた。遠近法と同じように、論理構造なのではないか。なぜそう見えていたのか、そう見えることの長所はなにかというのに、すごく興味があります。これはコンピュータによる試行錯誤で、

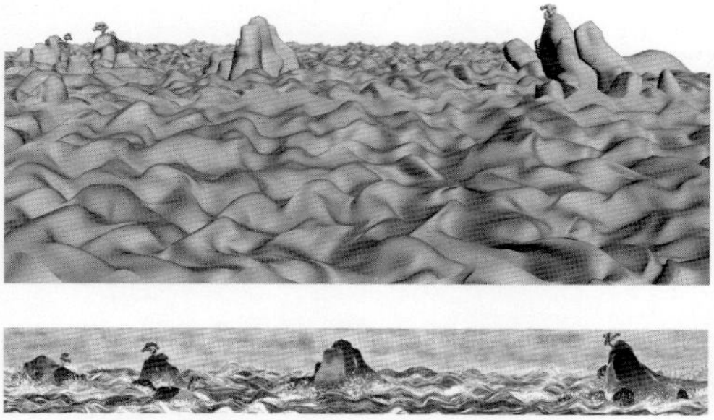

fig.16｜「百年海図巻」の製作プロセス

fig.17｜モナリザの視点

fig.18｜日本画の視点

日本画に見える論理構造をひたすら探しています。この下の画は、空間で立体的にオブジェクトをつくってから、日本的な射影をしているだけですけど、止めるとやっぱり、べたっとした日本画です。それが動いた瞬間、脳が勝手に空間をつくってくれるわけで、やはり普通に空間に見えていたのではないか。「この作品は空間そのものです」と説明しても、見た人はレイヤーの数ばかり聞くので頭にくるんですけど（笑）。

昔の日本人の空間認識では、世界がレイヤーに見えやすかったのか、逆にレイヤーで空間をデザインしていたのか、と思いはじめています。西洋人はパースペクティブで空間をつくっていたから、左右の動きに弱い。歪んでしまうんですね。日本画は左右の動きに強いので、動線が左右になる。だから人類で初めて、スーパーマリオを思いついて、レイヤーで空間を表現したんじゃないか。例えば、モナリザはここにいて、絵の登場人物になりきると見えている風景が変わります（fig.17）。しかし例えば日本画は、こういうふうに空間を見ていて、絵の中の登場人物になりきっても、見えている風景が変わらない（fig.18）。ゲームというのは主人公になりきらないと遊べないので、かつての日本の空間認識が受け継がれて、世界的に成功したのかと思います。

進行：西沢さんの建築にも、そうした空間構想を感じることがあります。

西沢：「森山邸」をつくったとき漠然と思っていたのは、自分が中心にいる感じというか、たとえ自分が端にいても、そこを中心と感じられる、あるいは中心が一個ではない、または中心を自分でつくれる、そんなものを目指していたと思います。都市計画にしても、マスタープランのように一丁目、二丁目というと、それぞれ真ん中と端がありますが、しかし「近所」とか「界隈」といういい方で考えると、都市計画的なボーダーを越えた広がりになって、いつも自分が中心にいるわけですね。生物が本来もっているような、自然な空間把握というか。

質疑応答——日本的価値の創造

会場：日本的価値をいかに創造していけるかについて、お聞かせください。

猪子：何も考えていないんだけど、日本に生まれて、日本のいろんな人がつくったもののまわりで育っているから、自分はすごく長い連続性の一部にいると思っています。他の国の新しいものとか考え方がかっこいいからといって、無理やり乗ったところで、その国の人たちには負けてしまう。ただ、あまり日本を意識しすぎると、形式の方ばかり見ることになる。例えば、歌舞伎の何が面白いかというと、不細工でも男前に見えるフォーマットを見つけたことだと思うんですよ。見得を切るとかね。それは西洋にはなくて、男前がより男前に見えるものなんです。ファッションもそうだと思う。そう考えると、日本の伝統を守っているのは、形式だけを残した歌舞伎役者ではない。どういうポーズが可愛いかをいつも考えている、アキバのメイドたちじゃないかと僕は思う。まあ、いろいろ教育を受けると、何も考えないのは難しい。受けた教育の中で切り分けをしていくために、いろいろと考えているという感じですね。

西沢：20代、30代の頃、海外のコンペや大学のワークショップで海外に行くと、まわりから日本的とか、日本らしさとか、すごくいわれて、最初は違和感があったんだけど、でも確かに横にヨーロッパ的なものが置かれると、僕も日本ってなんだろうと考えることになっていく。日本というのは、世界史の中で意味が決まり、意味が変わっていくようなことのような気がします。日本というのは、国際的なものでもあり、地域的なものでもある、ということなのかと思います。

トウキョウ建築コレクション2012
全国修士設計展
1次審査採点一覧

氏名	所属大学	作品タイトル	新居	工藤	千葉	タルディッツ	山梨	計
西村 翼	神奈川大学大学院	Resilient Landscape ―大船渡市三陸町越喜来おける復元力を生かした復興まちづくりの提案―		△		△		2
田中麻未也	日本大学大学院	国立西洋美術館更新計画　現代における装飾を用いた建築の更新手法		△				1
新森雄大	滋賀県立大学大学院	道具にみる建築の夢　物体の実体と属性による概念の書き換え			△		△	2
友枝 遥	東京大学大学院	**Circulating Architecture**			△		○	4
中村隆志	日本大学大学院	戦没学徒―雲―の博物館 様相の変化と知覚による表象的空間の思考		○				3
山梨綾菜	前橋工科大学大学院	**人々のあつまる風景を広げる建築群の設計**			○	○		6
横前拓磨	東京理科大学大学院	put architecture	△					1
高橋優太	東京都市大学大学院	**Transit Space―変異する身体―** 衣服のすき間と身体の関係性から建築をつくる試み	◎		△		△	7
小野晃央	京都工芸繊維大学大学院	**Gradational Landscape** 人工造成地における地域・建築設計手法の提案			○	△		4
木下和之	神奈川大学大学院	**山間村落輪唱風景**	△			○		4
山中浩太郎	神奈川大学大学院	**A butterfly in Brazil** リンク機構を用いた建具の研究	◎	○		◎	○	16
八木優介	東京都市大学大学院	新島、光の東屋					△	1
香川翔勲	信州大学大学院	Phenomena Resolution 一歩先の風景					○	3
田中裕大	京都工芸繊維大学大学院	ひらかれた伽藍	△				△	2
薗 広太郎	東京都市大学大学院	**Weathering Temple** コンクリートの風化デザインを用いた空間と時間の設計	△				○	4
杉山幸一郎	東京藝術大学大学院	**幸せにみちたくうかん** 新約エル・カミーノ		○		△		4
加藤隼輝	神奈川大学大学院	うねうねの群れ			△	△		2
堀越優希	東京藝術大学大学院	in・sense-pective	△	△			△	3
高島春樹	東京藝術大学大学院	**旅するサヴォア邸**	○	◎	◎	△	○	17
棚橋 玄	東京藝術大学大学院	**Record of a Living Being**					◎	5
井上湖奈美	横浜国立大学大学院	浮揚する大学―建築における多中心性と求心性―			○			3
宮坂夏雄	神奈川大学大学院	生き続ける既存				△		1
益留亜弥	筑波大学大学院	地方駅のこれから		△	△			2
栄家志保	東京藝術大学大学院	**居くずし**	○	◎			△	9

氏名	所属大学	作品タイトル	新居	工藤	千葉	タルディッツ	山梨	計
國又 要	東京都市大学大学院	住宅地の余白 —密集市街地における外部空間を活用した再開発手法の提案—				○		3
平崎 昂	東京都市大学大学院	柔らかな境界	△	△				2
松井夏樹	明治大学大学院	仮設集合体 —アルゴリズミック・デザインを用いた集合体の生成手法に関する研究—				△		1
峯村祐貴	武蔵野美術大学大学院	**図式から空間へ**—Le-thoronet修道院の光と影について—					◎	5
池田雅彦	神戸大学大学院	堆積する記憶—新たな弔い空間のあり方—	△				△	2
山崎雅嗣	筑波大学大学院	屏風浦半農斜面住宅地				△		1
山下徹朗	東京都市大学大学院	屋根の装い—自然の中に住まう野外教育施設の提案—			○			3
原田雄次	横浜国立大学大学院	風景のオード		△				1
針貝傑史	東京理科大学大学院	**biblioteca da floresta**	○		○	○	△	10
冨田雅俊	京都府立大学大学院	深性の建築—垂直方向性のある新しい空間言語としての奥性の提案—	△		△			2
坂爪佑丞	横浜国立大学大学院	**線状共住体研究**—都市の線状空間を用いた地域居住モデルの提案—			△	◎		6
清水基宏	工学院大学大学院	「表出空間」研究			△			1
南野 望	神戸芸術工科大学大学院	今日の月が示すこと　空間試考実験的建築のあり方 —大阪南港副都心化計画と題して				△		1
鈴木政博	武蔵野美術大学大学院	無意味な空間への試行		△				1
太田 翔	東京理科大学大学院	**奥行き感を生成する空間設計手法の提案** —空間の屈折を変数としたパラメトリックデザイン—	○	△				4
浜田晶則	東京大学大学院	**流動と磁場**—地方型コワーキングスペースの提案—			△	○	△	5
高橋孝太	芝浦工業大学大学院	「ずれ」の空間 —2つの表層と開口部による空間の相対化—					△	1
横井丈晃	芝浦工業大学大学院	PHENOMENAL GEOMETRY—建築と現象的幾何学—	△					1
西島 要	東京電機大学大学院	**敷地境界から建築へ**	○	○	△	△		8
加藤 学	工学院大学大学院	**木造都市**			◎			5
佐野穂高	早稲田大学大学院	しなやかな暮らし方—3.11を経て、学びの場への体験的提案—		△				1
一瀬健人	神戸大学大学院	**共鳴する中心**—白川静の漢字論に基づいた建築空間—	△	○				4
野村綾子	早稲田大学大学院	未完成のまちづくり		△				1

※◎=5点、○=3点、△=1点として集計　計47作品
※全応募123作品のうち得点を獲得した作品のみ掲載

トウキョウ建築コレクション2012
全国修士論文展採点一覧

分野	氏名	所属大学	作品タイトル	大月		金田		倉方		田辺		中島		今村	計
				共通	専門	共通	専門	共通	専門	共通	専門	共通	専門	共通	
計画	義山宗燮	東京大学大学院	総合学科高等学校における生徒の居場所形成に関する研究		1										1
	水落裕樹	早稲田大学大学院	供応福祉実現の為の建築計画学的研究 ～移動手段と情報がもたらす車椅子使用者の 外出負担に関する調査～			1									1
	村上文昭	東海大学大学院	関東圏の市町村庁舎ストックの実態と職員の施設各室空間に 対する評価について		1										1
	堀田浩平	横浜国立大学	認知症高齢者グループホームの共有空間における 環境変化への対応行動に関する研究		1										1
	泰永麻希	東京工業大学大学院	東京を舞台とした流行歌の歌詞にみる都市の空間イメージ (The urban image of lyrics of popular songs set in Tokyo)							2					2
	中田翔太	滋賀県立大学大学院	キャンベイ(インド・グジャラート州)の都市組織の 構成とその変容に関する研究					1						2	3
	田沢孝紀	新潟大学大学院	応急仮設住宅における環境構築 ―「仮設のトリセツ」による支援の試みと復興へ向けた考察―		1	1				3		2		1	8
	野口理沙子	神戸大学大学院	絵本にみる住宅のイメージの研究			1									1
都市	川村浩一	滋賀県立大学大学院	地域コミュニティおける落語空間に関する考察 ―大津市石山商店街を事例として―					1				1			2
	梶 隼平	京都大学大学院	ジンメル、ジェイコブズ、ルフェーブルにみる都市のイデア					1				1		2	4
	青柳 佑	早稲田大学大学院	戦後ヤミ市を起源とする都市組織体の変容過程 ―河川埋立地の権利変動と建築形態に着目して―	1				1					1	2	5
	佐長秀一	東海大学大学院	街路線分による都市空間体験の複雑さの記述	1											1
	河野泰教	新潟大学大学院	ネオ高齢者によるアーバニズム ―高齢化に侵食される都市―			1				1			1		3
	佐々木潤一	東京大学大学院	広場のパーミアビリティと建築 ―その配置と形態がもたらす影響―										1		1
	新井規之	新潟大学大学院	環境移行に伴う社会関係の再構築 ―北京市住宅小区の転居高齢者の事例研究―	1									1		2
	吉岡優一	筑波大学大学院	埼玉県北本市市街化区域における住宅地と農地の関係 ―既存住宅地における農地のコモンスペース化に向けた 基礎的研究―									1			1
	川崎翔一	明治大学大学院	広島・基町における旧軍用地から都市施設用地への 転用過程に関する研究 ―戦後の応急住宅・不法住宅群の形成と整理に着目して―	1								1			2
	村上隼也	明治大学大学院	改良工事からみた駅空間の流動施設の変遷に関する研究 ―国鉄新宿駅における停車場機能の集約と占有―					1							1
歴史	岡村和明	東北大学大学院	写真家・村井修に関する研究 ―1950―70年代の雑誌建築写真における―			1		1							2
	萩原裕加	東京藝術大学大学院	満洲国で選択された建築様式と都市景観			1									1
	石田 遼	東京大学大学院	ピラミッドからネットワークへ ―オットー・ノイラートの5つの活動とその現代性―									1			1
	宮井早紀	京都工芸繊維大学大学院	戦前の百貨店装飾部の成立と展開に関する研究 ―高島屋装飾部を中心として―						2					2	4
	又吉重太	滋賀県立大学大学院	トニー・ガルニエの『工業都市』にみられる造形思想に関する研究 芸術性と合目的性の相関関係に着目して						1						1
	玉木裕希	横浜国立大学大学院	神奈川県旧藤野町の農村舞台に関する研究 ―地域社会における芸能文化の役割とその変遷―	1					1					1	3

分野	氏名	所属大学	作品タイトル	大月		金田		倉方		田辺		中島		今村	計
				共通	専門	共通	専門	共通	専門	共通	専門	共通	専門	共通	
	伊良部頌	東京大学大学院	幕末・明治期の「建築」とその表象 —「建築写真」概念の形成過程分析—											2	2
構造	**福原光太**	横浜国立大学大学院	**Reciprocal Frame構造による 木造自由曲面架構とその構法に関する研究**	1			4								5
環境	**平田裕信**	早稲田大学大学院	**既存駅複層地下空間における火災・水害双方に有効な 総合防災計画手法**—Aターミナル駅地下のケーススタディに 基づく都心駅地下空間モデルの提案—	1		1					3				5
	窪田真和	東京大学大学院	**BIMデータの再利用による最適建築設計支援手法の開発**								1				1
	木村真也	滋賀県立大学大学院	中山間地域における茶園景観に関する研究 —滋賀県東近江市奥永源寺地域について—									1			1
生産	上原一太	琉球大学大学院	現代タイにおける新しい土の家の導入とその普及に関する研究					1							1
	村井庄一	東京大学大学院	**日用品の空間化に関するデザインプロセス論**	1				1							2
	大島 隼	首都大学東京大学院	**耐震性向上を伴う総合的改修における 建築関連法規制への設計対応に関する研究**			1				2					3

●多分野にわたる作品を審査するため、コメンテーター(大月、金田、倉方、田辺、中島)は、専門票(自身の専門分野の論文のみに有効)4票、共通票(全分野に投票可)8票の計12票投票。コーディネーター(今村)のみ、共通票12票を投票。投票後、議論を重ね、各作品について理解を深めたうえで、全応募47作品のうち最終的に、計12作品を選出した。(※投票にあたって、持ち票を使いきる必要はない)

あとがき

「トウキョウ建築コレクション」は、おかげさまで今年で6年目を数えます。

今年度は「実行委員が積極的に会自体に参加する」ことが1つの核であったと感じています。「トウキョウ建築コレクション」という団体そのものに、「展覧会を通じ、社会と学生に対してメッセージを発信することで、その間を編集してゆけるはずだ」という考えがあるからだと、私個人は思っています。

まだまだ発展途上な展覧会ではございますが、そのような考えを皆様に少しでも伝えられていたら幸いです。

本展覧会を開催するにあたり、多くの協賛企業各位、特別協賛いただいた総合資格様、ご協力いただいた鹿島出版会、清野運送、代官山ヒルサイドテラス、デジタルアドバタイズコンソーシアム各位、ご後援いただいた建築業協会、東京建築士会、日本建築家協会、日本建築学会、日本建築士連合会、また特別協力として本記録集を出版くださった建築資料研究社／日建学院様には多大なるご支援とご厚情を賜り、心より御礼申し上げます。また審査員、コメンテーター、講演を引き受けてくださった先生方をはじめ、数多くの方々のお力添えをいただきました。そしてご出展、ご来場いただいた皆様にも感謝申し上げます。

私の至らなさにより多大な迷惑をかけましたが、最後まで一緒に運営を頑張ってくれた実行委員のみんなにもこの場を借りて心から感謝します。

本展覧会は、関わってくださったすべての皆様のおかげでこのような素晴らしい会となることができました。重ねて感謝申し上げます。

学生展は自分を主張する場では決してなく、学生の「明日を変えたい」、「より社会を良くしたい」という幼いながらも強いその気持ちに本質があり、それこそが社会を動かす原動力になると信じています。次年度の実行委員をはじめ、これからの会を盛り上げる学生のみなさんには臆せず行動を起こしてもらいたいと願っています。

今後とも「トウキョウ建築コレクション」を、よろしく御願い申し上げます。

トウキョウ建築コレクション2012実行委員会
代表　國分足人

全国修士論文展
全国修士設計展
トウキョウ建築コレクション2012
プロジェクト展

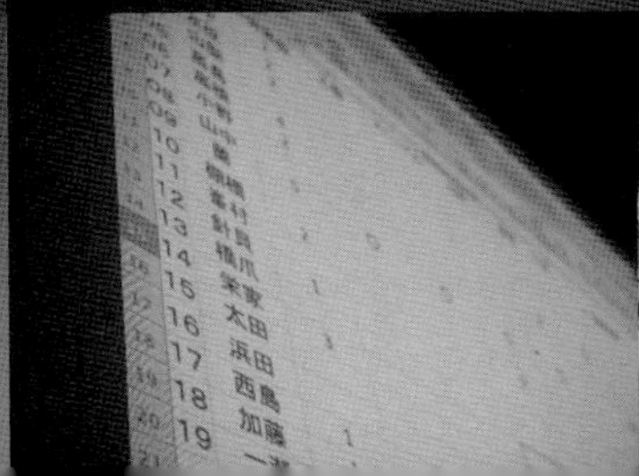

株式会社 乃村工藝社

三菱地所設計

トウキョウ建築コレクション2012

URL http://www.tkc-net.org/
twitter https://twitter.com/#!/TKC2012_
Facebook http://www.facebook.com/tkc2012

「トウキョウ建築コレクション2012」は、
以上23社の企業からの協賛により運営することができました。
また、次の企業・団体様からは後援、協力をいただきました。
[後援]社団法人 東京建築士会、社団法人 日本建設業連合会、
社団法人 建築家協会、社団法人 日本建築学会、
社団法人 日本建築士連合会
[協力]株式会社 鹿島出版会、清野運送 有限会社、
建築・空間デジタルアーカイブスコンソーシアム、
代官山ヒルサイドテラス、
[特別協力]建築資料研究社/日建学院
この場を借りて深謝いたします。
トウキョウ建築コレクション2012実行委員会

photo credit

かくたみほ:表紙

青木勇策:p.001、p.008-010、p.166、p.168、p.171-174、p.272-280、p.306-311、p.328-333、
p.366-372、p.376-377、p.382、p.385、p.393、設計展・論文展出展者顔写真(※p.264のぞく)

鈴木研一:p.379左上

森川 昇:p.379右上

茂手木秀行:p.381下段左

ただ(ゆかい):p.381下段右

編集協力

全国修士設計展:阪口公子

全国修士論文展:大家健史、境 洋人

プロジェクト展:石神夏希

特別対談:豊田正弘

トウキョウ建築コレクション2012実行委員

代表:國分足人(早稲田大学大学院)

副代表:浜田晶則(東京大学大学院)

設計展企画進行:佐野穂高(早稲田大学大学院)

論文展企画進行:肥後伯子(明治大学大学院)、今江 諒(早稲田大学大学院)

プロジェクト展企画進行:小西洋平(千葉大学大学院)、大石将平(早稲田大学大学院)

特別対談企画進行:友枝 遥(東京大学大学院)、浜田晶則(東京大学大学院)

会場:香月 歩(東京工業大学大学院)

制作:斧田裕太(芝浦工業大学大学院)、加々美理沙(東京大学大学院)、竹内里美(東京大学大学院)、横井丈晃(芝浦工業大学大学院)

協賛:坂根知世(東京大学大学院)、堀 萌菜(早稲田大学大学院)、武者 香(日本女子大学)、村岡知美(早稲田大学大学院)

会計:今江 諒(早稲田大学大学院)

Web:三橋正典(株式会社ステッチ)、田邉剛士(明治大学大学院)

出版:田邉剛士(明治大学大学院)、肥後伯子(明治大学大学院)

トウキョウ建築コレクション2012

全国修士設計・論文・プロジェクト展・特別対談

トウキョウ建築コレクション2012実行委員会編

2012年7月30日 初版発行

編集:フリックスタジオ(高木伸哉、石田貴子、宮畑周平、山道雄太、井上倫子)

アートディレクション&デザイン:為永泰之(black★bath)

製作:種橋恒夫(建築資料研究社 / 日建学院)

発行人:馬場栄一(建築資料研究社 / 日建学院)

発行所:株式会社建築資料研究社

〒171-0014 東京都豊島区池袋2-68-1 日建サテライト館7階

TEL 03-3986-3239 FAX 03-3987-3256

http://www.ksknet.co.jp

印刷・製本:大日本印刷株式会社

ISBN978-4-86358-191-3